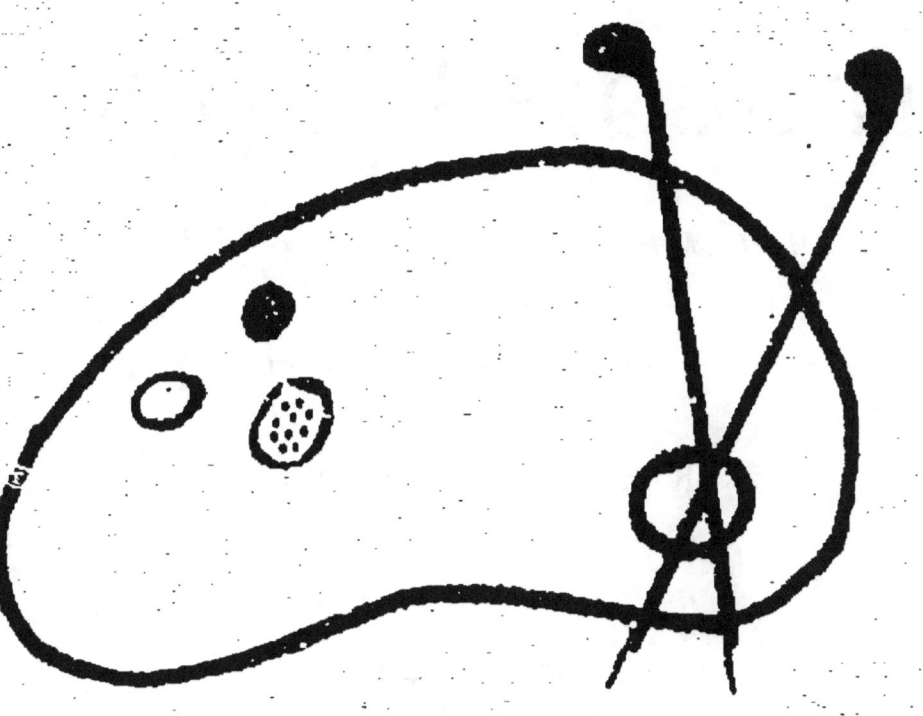

Couvertures supérieure et inférieure
en couleur

M. DE LESCURE

François Coppée

L'HOMME, LA VIE ET L'ŒUVRE

(1842-1889)

AVEC DES FRAGMENTS DE MÉMOIRES

PAR

FRANÇOIS COPPÉE

PARIS

ALPHONSE LEMERRE, ÉDITEUR

23-31, PASSAGE CHOISEUL, 23-31

M DCCC LXXXIX

ŒUVRES COMPLÈTES
DE
FRANÇOIS COPPÉE

Édition in-18 jésus, papier vélin.

POÉSIE

Premières poésies (*Le Reliquaire.* — Poèmes divers. — *Intimités*). 1 v.	3 »
Poèmes modernes. 1 vol.	3 »
La Bénédiction, *poëme*. 1 vol.	» 50
La Grève des Forgerons, *poëme*. 1 v.	» 75
Lettre d'un Mobile breton. 1 vol.	» 50
Plus de sang! (*Avril 1871*) 1 vol.	» 50
Les Humbles. 1 vol.	3 »
Le Cahier rouge. 1 vol.	3 »
Olivier, *poëme*. 1 vol.	2 »
Le Naufragé, *poëme*. 1 vol.	» 50
Les Récits et les Élégies (*Récits épiques*. — *L'Exilée*. — *Les Mois*. — *Jeunes filles*.) 1 vol.	3 »
La Veillée, *poëme*. 1 vol.	» 50
La Marchande de journaux, *conte parisien*	» 75
La Bataille d'Hernani, *poésie*. 1 vol.	» 50
La Maison de Molière. 1 vol.	» 50
L'Épave, *poëme*.	» 50
L'Enfant de la Balle. 1 vol.	» 75
Contes en vers et Poésies diverses. 1 vol.	3 »
Pour le Drapeau. 1 vol.	» 50
Aux Bourgeois d'Amsterdam. 1 vol.	» 50
Les Boucles d'Oreilles. 1 vol.	» 75
Le Petit Épicier. 1 vol.	» 50
La Nourrice. 1 vol.	» 75
En province. 1 vol.	» 75
Le Liseron. 1 vol.	» 75
La tête de la Sultane. 1 vol.	» 75
Résurrection. 1 vol.	» 50
L'Amiral Courbet. 1 vol.	» 50
Le Banc. 1 vol.	» 50
Le Défilé. 1 vol.	» 50
Le Roman de Jeanne. 1 vol.	» 75
Arrière-Saison. 1 vol.	2 »
Une mauvaise Soirée. 1 vol.	» 75
A une pièce d'or. 1 vol.	» 50
A l'Empereur Frédéric III. 1 vol.	» 50
A Brizeux. 1 vol.	» 50

THÉATRE

Le Passant, *comédie en un acte, en vers*. 1 vol.	1 »
Deux douleurs, *drame en un acte, en vers*. 1 vol.	1 50
Fais ce que dois, *épisode dramatique en un acte, en vers*. 1 vol.	1 »
L'Abandonnée, *drame en deux actes, en vers*. 1 vol.	2 »
Les Bijoux de la délivrance, *scène en vers*. 1 vol.	» 75
Le Rendez-vous, *comédie en un acte, en vers*. 1 vol.	1 »
Prologue d'ouverture pour les matinées de la Gaîté. 1 vol.	» 50
Le Luthier de Crémone, *comédie en un acte, en vers*. 1 vol.	1 50
La Guerre de Cent Ans, *drame en cinq actes, avec prologue et épilogue, en vers, en collaboration avec A. d'Artois*. 1 vol.	3 »
Le Trésor, *comédie en un acte, en vers*. 1 vol.	1 50
La Korrigane, *ballet fantastique en deux actes, en collaboration avec L. Mérante*. 1 vol.	1 »
Madame de Maintenon, *drame en cinq actes, en vers*. 1 vol.	3 »
Severo Torelli, *drame en cinq actes, en vers*. 1 vol.	2 50
Les Jacobites, *drame en cinq actes, en vers*. 1 vol.	2 50

PROSE

Une Idylle pendant le siège. 1 vol.	3 »
Contes en prose. 1 vol.	3 50
Vingt contes nouveaux. 1 vol.	3 50
Contes Rapides. 1 vol.	3 50

Paris. — Imprimerie A. LEMERRE, 25, rue des Grands-Augustins.

François Coppée

« J'ai été le témoin de cette simple et noble vie. »

F. Coppée. *Discours aux orphelines d'Alsace-Lorraine, au Vésinet, 22 juin 1885.*

OUVRAGES DU MÊME AUTEUR

Couronnés par l'Académie française

Henri IV. (2me prix Gobert, 1872-1873.) P. Ducrocq, lib-édit.

Éloge de Marivaux. (Prix d'éloquence 1880.) Firmin Didot, éditeur.

Les Femmes Philosophes. (Prix Marcellin Guérin, 1882.) Dentu, éditeur.

Rivarol et la Société française pendant la Révolution et l'Émigration. (Prix Guizot 1885.) E. Plon et Nourrit, éditeurs.

Étude sur Beaumarchais. (Prix d'éloquence, 1886.) Paul Perrin, éditeur.

Tous droits réservés

M. DE LESCURE

François Coppée

L'HOMME, LA VIE ET L'ŒUVRE

(1842-1889)

AVEC DES FRAGMENTS DE MÉMOIRES

PAR

FRANÇOIS COPPÉE

PARIS

ALPHONSE LEMERRE, ÉDITEUR

23-31, PASSAGE CHOISEUL, 23-31

M DCCC LXXXIX

I

PRIME JEUNESSE

1842-1863

UN beau jour du mois de mai 1885 j'avais passé la matinée et une partie de l'après-midi chez François Coppée. Le poète a toujours eu l'humeur hospitalière, même à ces jours lointains du *res angusta domi* où le nécessaire plus que le superflu d'une pauvreté toujours fière, cordiale et libérale faisait les frais du festin et où, comme au logis de Scarron, l'abondance des joyeux devis suppléait aux insuffisances du menu.

Coppée d'ailleurs n'a jamais été un gourmand ni un gourmet. Il a la frugalité patriarcale. « Il ne sait pas ce qu'il mange, » dirait de lui en empruntant sa formule au paysan, plus d'un confrère rabelaisien. Mais il adore la causerie à table entre amis; il se plaît à penser tout haut avec eux, en suivant d'un œil distrait les spirales bleues de la fumée de ces cigarettes qui sont pour lui, il l'a dit par un mot digne d'un Espagnol, « la récompense du repas ». C'est à table, au déjeuner ou au dîner de famille, servis avec une abondante simplicité, qu'il donne volontiers rendez-vous à des convives peu nombreux, mais choisis selon son esprit et selon son cœur.

Après un gai déjeuner, entre sa sœur, compagne dévouée de sa vie, vivante Providence de son foyer, et lui, et quelques tours de promenade dans ce jardinet dont il pourrait dire comme Mme Helvétius à Bonaparte, dans son jardinet d'Auteuil : « Vous ne savez pas ce qu'il peut tenir de bonheur dans quelques pieds de terre, » le poète avait jeté sur un fauteuil son veston de flanelle rouge que connaissent bien tous ses familiers, et qui leur réjouit l'œil dès l'entrée. Coppée, comme tous les poètes, est épris de cette belle couleur de la pourpre, faite pour eux; et pour les heures de travail et de rêverie, il aime ce rouge et souple harnais qui enveloppe d'une moelleuse chaleur ses reins frileux de sédentaire.

Une fois revêtu de ces habits de ville toujours de gamme sombre (il faut être vu au logis et ne pas être vu dans la rue) sans complaisance pour la mode, mais où le goût ne trouve rien à redire, qui remplacent au dehors sa rutilante livrée de travail, et qu'il porte avec une élégante aisance, le poète sortit avec moi du logis. Sur un point de la grande artère de la rue de Sèvres, nous coupâmes court par une rue transversale, qui n'a pas échappé, malgré sa modestie, à ces vicissitudes de nom que multiplie notre édilité, et que maudit notre commerce. Coppée m'arrêta devant le numéro 9 de cette rue qui s'appelait autrefois rue Saint-Maur-Saint-Germain, qui s'est appelée ensuite rue des Missions, et est aujourd'hui placée sous le vocable de l'abbé Grégoire, un des rares abbés qui aient mérité de détrôner les saints sur la plaque du coin des rues.

La maison est grande, droite, maigre, propre dans sa vétusté, d'une bonne physionomie bourgeoise et boutiquière, avec beaucoup de fenêtres, comme autant d'yeux laborieux et bien ouverts, et des pots de fleurs aux balcons, luxe modeste, honnête poésie des ménages pauvres.

C'est au second étage de ce numéro 9 de la rue Saint-Maur-Saint-Germain, puis... puis, etc., que François Coppée naquit le 26 janvier 1842, le dernier venu, le plus faible, le plus doux et le plus aimé parce qu'il avait le plus besoin de l'être. Il en est ainsi dans ces familles nombreuses dont les enfants successifs, fruits de l'union conjugale ininterrompue, s'échelonnent depuis le premier âge jusqu'à la pleine jeunesse, où la sœur aînée déjà grande joue à la petite mère, et où à côté du père en cheveux gris, la mère a pour le tard-venu, le préféré, des caresses attendries de précoce grand'mère.

Coppée me montra, avec une émotion pleine de tristes et doux ressouvenirs, la maison natale, et le couvent-pensionnat d'en face tenu par les dames de Saint-Maur. C'est là que ses sœurs étaient élevées; elles en sortaient pour le repas commun du soir, et la veillée aux gais chuchotements et aux rires étouffés, pendant qu'à la lueur de la lampe, la mère tricotait ou reprisait, et que le père lisait son journal, en jouant avec son favori.

Après cette minute de halte pieuse et de commémoration attendrie dans cette rue qui s'appellera peut-être un jour rue Coppée, nous reprîmes notre route vers le Luxembourg, ce jardin toujours cher au poète d'aujourd'hui comme à l'écolier d'autrefois, ce jardin dont chaque sentier le connaît, où il ne peut faire un pas sans réveiller un souvenir, où à chaque détour d'allée lui sourit mélancoliquement le fantôme de sa jeunesse...

François Coppée est né à Paris de parents nés à Paris eux-mêmes, chose rare, comme le remarque avec raison Jules Claretie. Le poète a donc été marqué du sceau d'une origine parisienne sans alliage. Aussi est-il de la forte, fine et souple race des parisiens *parisiennants*. Il a le sens intime et profond de Paris, comme tous ceux qui ont entendu dès le berceau les bruits de cette mer humaine, comme tous ceux dont l'œil s'est éveillé de bonne heure sur cet horizon de toits et de clochers.

Ce n'est pas que Coppée, comme ces boulevardiers obstinés, Véron, Roqueplan, Auber ou Meilhac, n'ait jamais voulu perdre de vue le clocher de Notre-Dame. Mais il l'a toujours quitté pour peu de temps et revu avec plaisir. Il revient à Paris comme on revient au nid, au lieu préféré où on est toujours soi-même et partout chez soi. Cette affection filiale de Coppée pour Paris, Paris la lui a rendue. C'est Paris qui a fait sa gloire, qui fut bien parisienne avant d'être française et européenne. A d'autres célébrités que Paris a vues d'un moins bon œil, où il ne s'est pas assez reconnu, il demeure toujours quelque chose de provincial.

Le nom pourtant n'est point parisien si celui qui le porte l'est à un si haut degré. Il a la consonnance étrangère, wallonne, (la famille est originaire de Mons). Et dans les yeux pers du poète n'est-il pas demeuré comme un reflet de ce bleu gris du ciel du Nord wallon, du Nord français? La tête est pourtant bien droite, bien fine, bien sèche, bien profilée pour la médaille pour avoir été taillée en chair pleinement française. Peut-être en fouillant jusqu'au fond dans le lointain des influences ataviques on trouverait quelques gouttes de sang espagnol et même de sang arabe.

Mais trop s'occuper de ces mystères a sa puérilité. Ce qu'il y a de certain, c'est que le nom a pour un poète une vraie force, une vraie grâce d'état. Il sonne bien aux lèvres françaises, qui l'ont appris très vite et ne l'oublieront pas. Il est bref, sonore, sans fanfaronnade. Il rappelle des mots chers au soldat et au poète : épée, épopée. Il a pour l'oreille le bruit sec et sourd du flot qui tombe de haut et ronge doucement la rive. La muette finale en prolonge et euphémise la chute.

C'est bien un nom de poète, comme Hugo, Musset, Lamartine, Vigny, Brizeux, Banville, Théophile Gautier, et qui convient à celui qui le porte, avec son éclat assourdi, au point de donner déjà l'idée de son talent tour à tour vif et brillant, discret et profond. Ces menus détails ont leur valeur, comme leur intérêt. Ils ont frappé avant nous tous les biographes. C'est au meilleur d'entre eux que nous emprunterons sur ces questions de nom et d'origine une page curieuse, évident écho des souvenirs du poète lui-même. On y verra combien c'est avec raison que Voltaire a dit « que notre langue est la seule qui ait des mots terminés par des *e* muets » :

Si l'on remontait pourtant au grand-père maternel, le nom *Coppée* serait belge. Il paraît qu'à Mons et aux environs, tout le monde s'appelle Coppée. C'est « du vieil françois »; cela signifie « coupée » : une coupée de bois. N'importe : le mot est joli, sonne bien, rime richement avec *épée*, mot sublime. Il y a un Coppée de Mons, — le parent du poète peut-être ? — qui est fort riche, a une écurie célèbre, fait courir. Il signe F. *Coppée*, et d'aucuns prennent l'auteur du *Passant* pour un sportman, quand il n'a dans son écurie d'autre cheval que Pégase (vieux style).

Revenons aux origines. Du côté paternel il y a une grand'mère (Coppée montre chez lui un délicieux portrait d'elle, par une dame, élève de Greuze) qui a dans le sang de la vieille noblesse lorraine; de ce côté on trouverait des gendarmes de la maison du roi et des chevaliers de Saint-Louis. Du côté maternel, le contraste est frappant. Le grand-père (Baudrit de son nom) est maître serrurier, et, pendant la Révolution, forge des piques pour armer les sections. La maison Baudrit existe encore. Le petit-fils, Auguste Baudrit, cousin-germain de Coppée, est un serrurier d'art du plus grand mérite. On pourrait conclure, si l'on voulait, d'après ces sources, que l'auteur d'*Olivier* est un aristocrate qui aime le peuple *.

Le père de Coppée était employé au ministère de la guerre où son fils après lui devait pendant plusieurs années tenir la plume du commis et grossoyer de sa belle écriture régulière, *moulée*, des rames de ce papier timbré de rubriques militaires, raide et rude comme du drap d'ordonnance.

C'est une chose à remarquer que le ministère qui semble le moins fait pour ce rôle, le ministère de la guerre, a de tout temps servi d'asile à plus d'une vocation littéraire naissante et combattue. Dans plus d'un bureau, si l'on secouait les paperasses officielles, on en ferait tomber le fruit de méditations qui n'ont rien de militaire. Depuis Ducis, commis au ministère de la guerre et secrétaire du maréchal de Belle-Isle, qui se lassa vite du métier, que de noms littéraires connus et même célèbres parmi les employés du ministère de la guerre : Musset-Pathay, père du poète ; Gabriel de Chénier, neveu d'André, fils de son frère Constantin ; Camille Rousset, de l'Académie française, l'historiographe de Louvois, l'*historiogriffe* des Volontaires, les pseudo-sauveurs de la France en 92 ; le père et l'oncle de Théodore Barrière, et un moment, croyons-nous, Théodore Barrière ; et parmi nos confrères contemporains, Ch. Grandmougin, Alfred Bonsergent, Henry Céard, etc.

Le père de Coppée était, au témoignage de

---

* *François Coppée*, par Jules Claretie. Quantin, 1883.

son fils, un homme instruit, lettré, rêveur, ayant le goût du théâtre ; en politique, légitimiste ardent par tradition de famille et goût généreux des causes militantes, mais d'un patriotisme sincère et discret (rien du *patrouillotisme* révolutionnaire, comme disait Camille Desmoulins, ni du trop théâtral *Deroulédisme*).

Il avait pour voisin de palier, rue Saint-Maur, le bonhomme Charlet, peintre des *grognards*, l'artiste inspiré des épiques batailles, le reproducteur, plein de verve comique, des scènes populaires. On se voyait volontiers, on causait ensemble et l'on fredonnait ensemble du Béranger, que Charlet admirait au double titre de poète de la gaudriole et de poète de la légende impériale, que son voisin et ami goûtait plus discrètement par goût d'épicurisme littéraire et par esprit d'opposition : l'un préférant les chansons politiques et l'autre les chansons anacréontiques et littéraires.

La famille quitta la rue Saint-Maur. « On s'aime mieux, a dit de ce temps le poète lui-même, à vivre à l'étroit, les uns serrés près des autres. » Mais il arrive un moment où le logis est vraiment trop étroit pour les corps, bien que les cœurs y battent toujours à l'aise et à l'unisson. C'est le moment où les filles grandissent, où les dames de Saint-Maur n'ont plus rien à apprendre à leurs élèves, où il faut songer à les établir, où le dernier-né lui-même va commencer son apprentissage de la vie, aller aux écoles, au collège.

C'est à ces besoins, à ces aspirations, à ces combinaisons, non à une mobilité inquiète, que correspondent et satisfont les migrations successives de la famille Coppée, d'abord dans la rue Vaneau, puis dans la rue Monsieur-le-Prince. C'est le moment où François Coppée fut élevé à la pension Hortus, puis externe au lycée Saint-Louis. C'est le moment aussi où il convient de rechercher dans les souvenirs du poète le tableau de cet intérieur où il apprit doucement la famille et rudement la vie, et d'en détacher ce portrait de son père et de sa mère que sa piété filiale n'a voulu laisser à personne le soin de tracer, parce que lui seul pouvait le faire dignement.

Un de ses souvenirs précis, gravé par l'émotion dans sa mémoire : c'est celui du jour où, âgé de six ans, en 1848, il voyait, du balcon de ses parents, dans les jardins de l'hôtel Monaco, alors quartier-général de Cavaignac, bivouaquer les soldats pendant les journées de juin.

En ce temps-là Coppée prit une première vue, une première impression, qui devait laisser sa trace en lui du Paris en rumeur, en colère, en folie, du Paris révolutionnaire, broyant les trônes à coups de pavés, du Paris de guerre civile et sociale. L'année 1870, le séjour à Paris pendant la fièvre obsidionale, complétèrent sur ce point son éducation. On ne connaît bien que les mers où on a frisé de près le naufrage.

Une fois les flots et les vents calmés et la révolution rentrée dans son lit, Coppée faisait plus intime connaissance avec le Paris bourgeois et populaire, le Paris des barrières et de la banlieue, le Paris des jours de fête et des dimanches. Pendant la semaine, auprès de ce père, à nature de rêveur, qui adorait les lettres, qui lui apprit à les aimer, le jeune écolier faisait son thème, le soir, à la lueur de la lampe unique qui réunissait autour d'elle toute la famille. La mère vaquait à quelque travail de ménage ou d'aiguille ou copiait « des rôles » pour les entrepreneurs du voisinage. Les deux sœurs aînées se reposaient, en lisant ou en restaurant de vieux tableaux, de leurs stations au Louvre. Mademoiselle Annette, qui avait un joli talent de peintre, a fait à cette époque un portrait de son père enfant « tout à fait remarquable, très vivant et solidement peint, » qui orne encore le salon du poète arrivé, célèbre, et qui serait riche si le succès honnête enrichissait, et si les généreux étaient jamais riches.

C'est aussi à cette époque que se rapportent les souvenirs de promenade à travers les faubourgs, la main dans la main avec ce père qui n'eût pas contrarié, pas plus que sa mère, la vocation littéraire, peut-être devinée, de son fils, et qui eût souri, sans la paralysie du cerveau qui ferma les yeux de son intelligence, à ces essais précoces dont le poète de seize ans n'eut pas le bonheur de lui faire confidence.

C'est à propos de ces souvenirs que Coppée, dans *Olivier*, a tracé le portrait de son père en termes d'une beauté durable, et l'a ainsi associé à sa gloire :

. . . . . Souvent, tout seul, je me promène
Au lieu qui fut jadis la barrière du Maine,
C'est laid, surtout depuis le siège de Paris.

On a planté d'affreux arbustes rabougris
Sur ces longs boulevards, où naguère des ormes
De deux cents ans croisaient leurs ramures énormes.
Le mur d'octroi n'est plus; le quartier se bâtit,
Mais c'est là que jadis, quand j'étais tout petit,
Mon père me menait, enfant faible et malade,
Par les couchants d'été, faire une promenade.
C'est sur ces boulevards déserts, c'est dans ce lieu
Que cet homme de bien, pur, simple et craignant Dieu,
Qui fut bon comme un saint, naïf comme un poète,
Et qui, bien que très pauvre, eut toujours l'âme en fête,
Au fond d'un bureau sombre après avoir passé
Tout le jour, se croyait assez récompensé
Par la douce chaleur qu'au cœur vous communique
La main d'un dernier-né, la main d'un fils unique.
C'est là qu'il me menait. Tous deux nous allions voir
Les longs troupeaux de bœufs marchant vers l'abattoir,
Et quand mes petits pieds étaient assez solides
Nous poussions quelquefois jusques aux Invalides,
Où mêlés aux badauds descendus des faubourgs
Nous suivions la retraite et les petits tambours;
Et puis, enfin, à l'heure où la lune se lève,
Nous prenions, pour rentrer, la route la plus brève;
On montait au cinquième étage lentement,
Et j'embrassais alors mes trois sœurs et maman,
Assises et causant auprès d'une bougie.
Eh bien! quand m'abandonne un moment l'énergie,
Quand m'accable par trop le spleen décourageant,
Je retourne tout seul à l'heure du couchant
Dans ce quartier paisible où me menait mon père
Et du cher souvenir toujours le charme opère.
Je songe a ce qu'il fit, cet homme de devoir,
Ce pauvre fier et pur, à ce qu'il dut avoir
De résignation patiente et chrétienne
Pour gagner notre pain, tâche quotidienne,
Et se priver de tout, sans se plaindre jamais.
Au chagrin qui me frappe alors je me soumets,
Et je sens remonter à mes lèvres surprises
Les prières qu'il m'a dans mon enfance apprises.
Je le revois, assez jeune encor, mais voûté

De mener des petits enfants à son côté,
Et de nouveau je veux aimer, espérer, croire. . . . .

François Coppée a eu d'excellents parents, pratiquant sans ostentation, sans murmure, la religion du foyer, la loi du sacrifice, qui n'ont jamais contrarié dès leurs premiers signes la vocation artistique de leurs filles ou la vocation littéraire de leur dernier enfant. Elle n'a été combattue que par la nécessité du pain quotidien, le devoir nourricier du chef de famille, auxquels, à vingt ans, à la mort de son père, le poète à son tour, refoulant l'inspiration au risque d'étouffer, s'est héroïquement immolé.

Mais quel admirable fils il a été ! Nous avons été plus d'une fois le témoin attendri de son culte pour sa mère; et quand il l'a perdue et ensevelie heureuse, dans sa première gloire, nous l'avons vu verser, en pleurant nous-même, les seules larmes qu'elle lui ait jamais coûtées, cette excellente femme qui ne causa jamais à son fils d'autre chagrin que celui de sa mort.

Aussi ne serons-nous pas surpris de le voir saisir toute occasion de rendre publiquement hommage, dans ses vers ou dans ses discours, au dévouement, à la tendresse, à la clairvoyance de celle qui la première crut en lui, qui guérit de ses baisers les premières blessures de sa vie, qui s'ingénia à lui rendre la lutte moins dure et le triomphe plus doux, qui a si bien mérité, ayant, sans se ménager, été à la peine, d'être à l'honneur, et de jouir des premiers rayons de cette gloire qui luit maintenant sur son tombeau.

Voici dans quels termes François Coppée, dans une solennité récente, saisissant avec son tact habituel l'à-propos d'un tel éloge, a dignement payé à cette héroïne obscure et modeste du devoir conjugal et du devoir maternel, le tribut de l'admiration, de l'affection et de la reconnaissance filiales. Le lundi 22 juin 1885, le *Figaro* et le *Temps* reproduisaient avec un empressement bien justifié et des éloges bien mérités le discours prononcé par le jeune académicien à la distribution des récompenses aux jeunes filles de l'Orphelinat Alsacien-Lorrain du Vésinet * où il a obtenu ce dimanche-là un de ses plus beaux succès, de ceux où le cœur a plus de place encore que l'esprit, et où il a conquis d'un coup une popularité égale à celle du regretté distributeur ordinaire de ces prix, qu'il a si dignement remplacé. Tout le discours, qui est charmant, mériterait d'être cité. Nous ne reproduisons que le passage qui se rapporte directement à notre sujet. C'est celui où le poète prend prétexte des justes éloges qu'il adresse aux bonnes sœurs de Saint-Charles sur la manière toute maternelle, toute pratique, dont elles ont entendu l'éducation de ces orphelines doublement adoptées par la France, pour glorifier dans la personne

---

* « La distribution des récompenses aux jeunes filles de l'orphelinat du Vésinet a eu lieu hier après-midi dans le parc de l'établissement, sous la présidence d'honneur de M. François Coppée, de l'Académie française, assisté de MM. le comte d'Haussonville, président de la Société de protection des Alsaciens-Lorrains, Mannberguer et Rumpler, vice-présidents; Alexandre, ancien président à la Cour d'appel de Paris; Rothan, ministre plénipotentiaire; Lefébure, ancien député du Haut-Rhin; le général Hartung, le docteur Riégé, Paul Leser, etc.

« La fanfare du 11ᵉ chasseurs à cheval prêtait son concours à cette cérémonie.

« Au début, M. François Coppée a prononcé un discours, dans lequel il retrace en termes exquis les premières années de sa propre enfance. »

de sa mère ce titre vulgaire de bonne ménagère, qui peut comporter tant de noblesse, de grandeur et de vertu :

Elles désirent tout simplement faire de vous de bonnes ménagères, et au premier abord, cela semble assez facile. Mais je sais, moi qui vous parle, ce qu'il faut de mérites de toute espèce et de tout instant pour être une bonne ménagère, car j'en ai connu une que j'ai tendrement aimée, et, si vous le voulez bien, je vous parlerai un peu d'elle.

C'était la femme d'un employé de ministère. Elle avait eu huit enfants, et il lui en restait quatre, trois grandes filles et un petit garçon. Faire vivre tout ce monde avec les modestes appointements du père, quel problème ! Car on voulait garder son rang, malgré tout ; on était fière, on voulait rester une bourgeoise, une « dame ». Eh bien ! le courage et les doigts de fée de l'excellente mère suffisaient à tout. Les fillettes avaient des robes fraîches ; le petit bonhomme était bien tenu. Il existe encore, ce petit bonhomme, et, bien qu'il ait aujourd'hui dépassé la quarantaine, il se souvient toujours d'un certain caban en étoffe écossaise, chef-d'œuvre de l'industrie maternelle, dont il était très fier et qui faisait l'envie et l'admiration de ses camarades de la pension Hortus. C'était merveilleux ce que cette bonne ménagère déployait d'économie, de patience, d'invention, d'activité, pour que sa maison et sa famille lui fissent honneur. Celle qui, lorsqu'on n'était pas trop pauvre, aimait à recevoir quelques parents, quelques amis de son mari, et leur servait le thé avec grâce, s'était levée à cinq heures du matin, comme une servante, et avait quelquefois fait elle-même un petit savonnage, pour que ses filles eussent des collerettes blanches.

Il y avait de mauvais moments.

Vers la fin du mois, le dîner était souvent très court et très maigre ; mais on le servait toujours sur une nappe éclatante, et, en été, on mettait un petit bouquet sur la table pour la parfumer et la fleurir. Je vous parlerais jusqu'à demain si je vous racontais tous les tours de force qu'a faits cette pauvre femme plus encore avec son vaillant cœur qu'avec ses mains laborieuses. Et elle était toujours gaie : elle riait en travaillant, pour communiquer aux siens la confiance et l'énergie dont elle débordait. Que dis-je ?... Aux jours de grande pauvreté, elle redoublait de bonne humeur, et ce logis, où souvent on n'aurait pas trouvé deux écus à faire tinter l'un contre l'autre, était plein de chansons du matin au soir.

J'ai été le témoin de cette simple et noble vie ; et c'est, j'en suis sûr, parce que j'ai grandi auprès de cette admirable femme, qui avait toutes les forces et toutes les délicatesses, que la fleur de la sensibilité s'est un jour épanouie dans mon cœur et dans mon imagination et que je suis devenu poète. Car, vous l'avez sans doute deviné déjà, le petit bonhomme dont je vous parlais tout à l'heure et qui était si fier de son caban écossais n'est pas un autre que celui qui a l'honneur de présider votre distribution de prix ; et c'est en voyant à l'œuvre sa bien aimée mère qu'il a compris, dès sa première enfance, tout ce que le devoir de la bonne femme de ménage a d'auguste et de touchant.

Lisez, dans le *Reliquaire*, parmi les premiers vers de Coppée, la pièce intitulée : *Une Sainte*, et dédiée à sa mère, et vous y trouverez, discrètement voilé, encore un écho de ces souvenirs d'enfance que le poète évoque volontiers, et qu'il évoque rarement sans y mêler quelque hommage à cette sollicitude maternelle dont, mieux que personne, il a connu les miracles.

François Coppée n'est pas seulement le digne fils du père et de la mère qu'il a si justement et si noblement loués. Il est aussi le digne fils de ce Paris qui, après eux, l'enfanta moralement et intellectuellement, de ce Paris qu'il connaît dans ses moindres replis, dans ses moindres verrues, dirait Montaigne, dont tous les aspects lui sont familiers et qui n'a pas pour lui ce mystère narquois qui effarouche les étrangers, qu'il aime pour ses qualités et même pour ses défauts, qu'il admire jusque dans ses fureurs et ses folies, qu'il pardonne jusque dans ses ivresses sur lesquelles il jette le manteau indulgent des fils de Noé, de ce Paris dont il a sondé toutes les intimités, fait ressortir les poésies cachées, glorifié les patriotiques grandeurs.

Nous l'avons déjà dit, mais il faut le répéter parce que c'est un trait caractéristique de la physionomie de Coppée : nul poète de ce temps n'a eu comme lui le sens parisien, l'intelligence, l'amour, l'orgueil de la ville par excellence. Il convient lui-même de fort bonne grâce de cette prédilection enthousiaste, et dans la chaleur avec laquelle il l'exprime dans une de ses conférences de Bruxelles les plus applaudies, on sent qu'il n'y a rien de factice :

Le vrai Parisien aime Paris comme une patrie ; c'est là que l'attachent les invisibles chaînes du cœur, et s'il est forcé de s'éloigner pour un peu de temps, il éprouvera, comme Mme de Staël, la nostalgie de son cher ruisseau de la rue du Bac. Celui qui vous parle est un de ces Parisiens-là. Dans cette ville dont, comme s'en plaignait Alfred de Musset, il connaît tous les pavés, mille souvenirs l'attendent, dans ses promenades, au coin de tous les carrefours. Une paisible rue du faubourg Saint-Germain, dont le silence est rarement troublé par le fracas d'un landau ou d'un coupé de maître, lui rappelle toute son enfance ; il ne peut passer devant une certaine porte de cette rue sans regarder là-haut ce balcon du cinquième, sans se revoir tout petit sur sa chaise haute, à cette table de famille dont les places, hélas ! se sont peu à peu espacées et où il n'y a plus aujourd'hui d'autres convives que lui et sa sœur aînée, qui l'aime pour tous les morts et pour tous les absents. Il ne s'arrête jamais devant les librairies en plein vent des galeries de l'Odéon — qui sont, entre parenthèses, une des aimables originalités de Paris — sans se souvenir de l'époque où, ses cahiers de lycéen sous le bras, il faisait là de longues stations et lisait *gratis* les livres des poètes qu'il aimait déjà. Enfin il y a quelque part — il ne dira pas où — une petite fenêtre qu'il aperçoit en se promenant dans un certain jardin public, et qu'il ne peut regarder en automne, vers cinq heures du soir, quand le coucher du soleil y jette comme un reflet d'incendie, sans que son cœur se mette à palpiter, comme il le sentait battre, il y a longtemps, il y a bien longtemps, mais dans la même saison et à la même heure, alors qu'il accourait vers ce logis avec l'ivresse de la vingtième année, et que la petite fenêtre, alors encadrée de capucines, s'ouvrait tout à coup et laissait voir, parmi la verdure et les fleurs, une tête blonde qui souriait de loin.

Heureux, ah ! heureux, bien heureux celui qui habite la campagne à ce délicieux moment de la vie ! C'est un lit de mousse sous les chênes ; c'est le bord d'une petite rivière où bouillonne l'eau d'un moulin, c'est un chemin creux dans la vallée, c'est une prairie de fleurs et de papillons, ce sont de durs et doux paysages qui garderont, pour les lui rendre, les impressions de sa jeunesse, et qui lui offriront plus tard, quand aura fui le bonheur, un asile de solitude, de fraîcheur et de paix. Mais l'enfant de Paris qui, toujours privé d'air libre et d'horizon, ne voit dans son passé lointain que des rues tortueuses et les quatre murs d'un collège, il faudra bien, s'il est poète, qu'il récolte les souvenirs semés au temps de sa jeunesse sur des chemins dépavés et dans des maisons de plâtre, et qu'il sache faire tenir dans un couchant vert et rose, aperçu au bout d'un faubourg, toute la morbide mélancolie de l'automne, et dans une matinée de soleil près des lilas, au Luxembourg, toute la joie divine du printemps.

Nul ne s'en plaint, poète, et vous auriez bien tort de vous en plaindre. Il y aurait ingratitude de la part du lecteur, ingratitude de la vôtre à oublier que c'est précisément à cette enfance, à cette jeunesse parisiennes, sevrées de cet air des champs qui a été vivifiant et fécond pour quelques rares artistes sincères, mais qui a fait fleurir aussi tant de pastiches, tant d'artificielles variations sur le thème rural, que nous devons la révélation d'un art nouveau, d'une poésie nouvelle, la poésie de Paris. Pourrions-nous, pourriez-vous regretter la circonstance qui fit de vous un maître original? C'est comme si Burns regrettait de ne pas être né à la ville, comme si Wordsworth maudissait la vue des lacs, comme si Guardi déplorait son séjour à Venise ou de Nittis son séjour à Paris.

C'est François Coppée qui nous racontera lui-même, parlant à des écoliers, sa vie d'écolier, en la donnant pour exemple, non pour modèle, à ses jeunes camarades. Nous lui emprunterons donc les principaux passages de cette causerie menée « vivement, rondement, à la française, » dont la franchise originale a été si goûtée des auditeurs de la distribution des prix du lycée Saint-Louis (le mardi 5 août 1885), de même que les auditeurs de la distribution des prix du

Vésinet avaient trouvé heureuse et touchante cette pensée de raconter aux orphelins d'Alsace-Lorraine la vie de sa mère, et d'ensevelir dans ces pures mémoires le souvenir béni de l'angélique gardienne de son enfance.

Après avoir félicité les élèves du lycée Saint-Louis de leurs succès au concours général, qui excitaient chez lui une grande joie et une grande fierté, François Coppée a continué par cette spirituelle confession dont d'unanimes applaudissements ont formulé l'absolution :

Une fierté, ai-je dit, mais à ma fierté se mêle un peu de confusion, car, en ce moment, mes souvenirs d'enfance me reviennent en foule; car je me rappelle que, lorsque j'étais écolier, j'ai très rarement reçu l'accolade des gros personnages qui présidaient les distributions d'alors, et, à l'heure qu'il est, je crois faire un rêve, quand je pense que c'est moi qui suis devenu le gros personnage, chargé de vous distribuer ces prix et ces couronnes. Eh bien! puisque le passé me revient à la mémoire, laissez-moi vous en parler et vous dire comment il se fait que le médiocre élève dont vous trouveriez difficilement le nom dans les vieux palmarès, ait gardé une si profonde reconnaissance pour ses maîtres et une si vive tendresse pour la maison où il a grandi.

Ceci se passait, mes jeunes camarades, il y a bien longtemps; ni le quartier latin, ni le lycée Saint-Louis ne ressemblaient à ce qu'ils sont à présent. Notre vieux collège d'Harcourt n'avait pas de façade monumentale; son mur et sa porte d'entrée, tristes comme une prison, se trouvaient dans la rue de la Harpe, une voie étroite, escarpée comme un chemin de montagne, et dont le silence n'était guère troublé qu'aux heures de l'arrivée ou de la sortie des externes. A quelques pas de là, sur une petite place qui n'existe plus, s'élevait l'ancienne fontaine Saint-Michel, dans le goût du dix-septième siècle, sculptée et vermiculée comme une écorce de melon, où je vois encore, sur une plaque de marbre, ce distique de Santeuil, composé à la gloire de la savante montagne Sainte-Geneviève :

Hoc sub monte suos reserat sapientia fontes
Ne tamen hanc puri respue fontis aquam.

C'était là du vieux, du très vieux Paris, et tout le quartier, où restaient beaucoup de maisons à toit pointu et à tourelle d'angle, sentait le moyen âge. Faut-il le dire ? on retrouvait un peu cette impression d'archaïsme dans l'intérieur du collège, et même jusque dans les études. Nos professeurs, parmi lesquels on trouvait beaucoup de vieilles gens, étaient tous très respectueux des traditions, grands observateurs des formes ; ils faisaient leurs cours, la toque sur la tête et drapés dans la robe noire. On cultivait avec amour le vers latin ; le *Jardin des Racines grecques* fleurissait encore.

Je n'évoque point ces choses disparues pour les railler, croyez-le bien. Elles avaient beaucoup de bon. Ces vieux maîtres, aux manières surannées, étaient pleins de bonté paternelle. Si j'ai encore quelques bribes de grec dans un coin de la mémoire, c'est que j'ai su par cœur mes décades ; et c'est peut-être pour avoir inutilement « pioché » mon *Gradus* et fait de détestables vers latins que j'ai fini par me décider, comme dit Pancrace dans le *Mariage forcé*, pour la langue vulgaire et maternelle, et que j'ai écrit en vers français.

Dans ce milieu patriarcal, mon enfance s'est écoulée. Externe paresseux, mais un peu excusable d'être paresseux, parce que j'étais un enfant débile et maladif, je venais, deux fois par jour, au lycée, ayant à peu près fini mes devoirs ; mais, toujours en retard, je ne savais pas mes leçons et je promettais à mes parents de les apprendre en traversant le Luxembourg. L'intention était bonne, mais le jardin était délicieux et invitait à la flânerie. Il y avait là, au printemps, de si beaux feux d'artifice de fleurs, et, à l'automne, de si merveilleux couchers de soleil derrière les arbres dépouillés ! Ah ! le Luxembourg a bien nui à mes études ! Les étalages des bouquinistes leur ont aussi fait beaucoup de tort. On en trouvait partout, des casiers bondés de livres, dans ces antiques ruelles du Pays Latin ; et c'est là que j'ai feuilleté, que j'ai lu les poètes, tous les poètes ; car alors je n'avais que les joies de l'enthousiasme, et pas encore les tristesses du goût. Bref, j'arrivais au lycée avec l'éblouissement de vingt vers de Victor Hugo ou d'Alfred de Musset, admirés à la hâte dans un volume entre-bâillé, ou avec une branche de lilas « chipée » à la Pépinière et écrasée entre les pages de ma grammaire de Burnouf. Mais, lorsque j'étais en classe et qu'on me priait de décliner mon verbe grec ou de passer au tableau, plus personne ! Je gardais le silence d'un *cancre !* Et M. Pierron, le bon traducteur des tragiques grecs, qui m'estimait quand même, à cause d'une ode d'Horace, *O fons Blandusiœ, splendidior vitro*, traduite un jour par moi en vers passables, levait les bras au ciel en disant : « Ah ! si vous vouliez ! » Et notre savant professeur de mathématiques s'écriait, avec une conviction profonde et un fort accent du Midi : « Mon *povre* M. Coppée, il vaudrait mieux pour vous n'avoir pas fait votre première communion que de ne pas savoir la géométrie ! »

Vous le voyez, mes jeunes amis, je n'ai pas de bien brillants souvenirs de collège à vous raconter ; et cependant j'aime mon vieux lycée, je garde un sentiment attendri pour mes professeurs. Pourquoi? C'est qu'il m'a fallu, par la suite, regagner le temps perdu, reprendre en sous-œuvre l'édifice peu solide de mon instruction, veiller près de la lampe devant les livres jadis dédaignés, et conquérir avec sujétion, par une studieuse jeunesse, ce que mon enfance, moins négligente, eût pu s'assimiler facilement et comme par jeu. Depuis lors seulement, j'ai compris que, dans toute intelligence, même dans celle d'un artiste, le travail doit être le frère du rêve, et j'ai béni mes anciens maîtres : alors je leur ai su gré des pensums qu'ils m'avaient infligés ; alors je leur ai été reconnaissant de leurs remontrances, faites d'une voix que leur indulgence naturelle avait peine à rendre sévère; alors surtout j'ai senti germer et fleurir dans mon esprit les semences qu'ils y avaient jetées.

Voici la péroraison de ce discours, que nous regrettons de ne pouvoir donner en entier :

Faites de la science, mais ne négligez pas absolument les lettres. Gardez dans votre esprit une place pour elles; gardez-leur, pour me servir de la jolie expression anglaise, le « coin vert », le petit coin où poussent les fleurs de l'imagination, qui parfument la vie et qui l'embellissent. Vous le saurez plus tard, quand vous aurez fait le rude apprentissage de l'existence. Le bonheur n'est point dans les certitudes; l'idéal seul, l'idéal qu'on ne peut, hélas! concevoir et contempler que dans de trop rares moments, en donne l'illusion; et il suffit d'un peu de poésie mêlée à nos sentiments et à nos actes pour accomplir ce miracle consolant. Mettez donc, mes amis, pour le grand voyage que vous commencez à peine, ce viatique de la poésie dans vos pensées et dans vos cœurs. C'est un poète, c'est votre vieux camarade qui vous en prie.

François Coppée allait avoir grand besoin de cette fleur de l'idéal dont il recommandait à ses jeunes camarades le parfum consolateur, réparateur, préservateur. A peine adolescent il allait être mis avec sa famille à l'épreuve des plus dures réalités. Il avait à peine douze ans quand elles commencèrent par la mise à la retraite de son père. Tout un ménage, toute une famille honnête, honorable, de goûts élevés et délicats, étaient réduits à vivre sur la trop modeste retraite d'un commis à la guerre, c'est-à-dire au maximum sur la moitié de son traitement. Mais nos législateurs, nos administrateurs s'inquiètent-ils de ces détails-là ?

Faut-il s'étonner que dans des pays où la vie des bureaux est encore plus dure qu'en France, d'une hiérarchie plus tyrannique, d'une servitude plus lourde de joug et plus dénuée d'espoir des libératrices rançons, en Allemagne, par exemple, et surtout en Russie, le mouvement de réforme et de révolte, qui va du socialisme au nihilisme, soit surtout parti des bureaux de ministère, des salles d'université, et que ces mécontents de leur sort, ces désespérés de la lutte pour la vie dont le romancier Dostoiewski a peint les misères et les chimères, soient surtout des employés, des étudiants, plutôt que des ouvriers?

Quoiqu'il en soit, le père mis à la retraite, en vertu de quelque stricte et imprévoyante consigne légale, adoucie sans doute par la promesse de prendre le jeune homme à sa place, aussitôt qu'il aurait l'âge du surnumérariat, la famille fut obligée de se resserrer. Le mariage prit une des trois sœurs, qui épousa le peintre-verrier Lafaye, la mort prit la seconde, emportée à vingt-deux ans. Seule demeura au foyer la sœur aînée, renonçant déjà dans son cœur à toute espérance d'établissement, par un sacrifice du dévouement que récompensait la joie d'aider sa mère, de soigner son père, d'être auprès du jeune frère la mère par adoption, par intérim, en attendant le titulariat de cette vocation de la maternité fraternelle.

Le jeune frère, il l'a dit, préférant s'accuser lui-même, qu'accuser le sort qui y eut pourtant bien sa part, de l'interruption et des lacunes de son éducation universitaire, était « un enfant débile, un écolier paresseux ». Mais est-ce faute de santé, faute de travail, qu'il renonça au collège après la *troisième?* Non sans doute, et c'est aussi parce qu'il sentait qu'il n'aurait pas le temps d'attendre la fin régulière de ces études universitaires, combinées, il faut bien le dire, trop exclusivement en vue de l'enfant dont les parents sont riches, du moins aisés, et peuvent perdre le temps, faire les frais de ce luxe intellectuel, pratiquement et socialement souvent si stérile. Mais outre que ce régime trop régulier, trop mécanique, trop monotone, n'était pas fait pour plaire au jeune homme, épris de liberté, et dont l'imagination repliait douloureusement ses ailes froissées par les disciplines et les contraintes du système aux roideurs jansénistes de notre vie de lycée, outre cela, il y avait la gêne du logis dont le tribut scolaire trimestriel contrariait les difficiles équilibres. Le jeune écolier, qui en avait conscience, prit le parti de contribuer à l'allégement de ce modeste budget, et supprima, en attendant qu'il pût y subvenir, la charge du collège.

Il poursuivit alors intrépidement l'œuvre interrompue volontairement de son instruction littéraire, par des lectures quotidiennes ou plutôt sérales, sous les becs de gaz de la bibliothèque Sainte-Geneviève. Là il lut et travailla, et profita dans la solitude de ces leçons que nous nous donnons à nous-mêmes, par la lecture et la réflexion, les meilleures, les plus fécondes que nous puissions recevoir. Car au collège, on n'apprend guère qu'à apprendre. C'est la lecture, la réflexion personnelle et indépendante qui nous ont enseigné ce que nous savons le mieux. Les leçons de la vie ont fait le reste. L'adversité est une rude maîtresse. Mais ses brutalités trempent mieux un homme que les émulations et les illusions de l'Université.

François Coppée, l'académicien, n'est donc pas bachelier ès-lettres. Celui qui a victorieusement traversé, à quarante et un ans, le pont des Arts, qui mène à l'Institut, n'a pas dans son tiroir de diplôme attestant qu'il a passé avec le même succès, vers ses dix-huit ans, le pont aux ânes.

Que les fruits secs et les ratés qui pullulent dans notre société n'aillent pas trop tôt se frotter les mains et s'honorer d'un tel précédent, qui n'est sans doute pas le seul*. Nous savons à quels honorables motifs, à quels dévouements, à quels sacrifices est due cette interruption des études universitaires, dont Coppée a d'ailleurs depuis longtemps réparé les brèches, comblé les lacunes. Quoique non bachelier, c'est un humaniste d'un goût fin et aiguisé, un lettré nourri de la moelle des bonnes lettres. Ne doit-il pas le meilleur de ce qu'il est, de ce qu'il vaut, à cette initiation indépendante, personnelle, solitaire, qu'on se donne à soi-même avec des livres, c'est-à-dire avec des maîtres choisis, à cette éducation volontaire, la meilleure de toutes, car celle-là instruit,

---

* « J'étais un savant et je n'étais pas bachelier, » a dit un autre écrivain illustre qui s'est aussi fait ou du moins achevé lui-même, en dehors du hiératisme universitaire : Ernest Renan.

et l'autre n'apprend qu'à s'instruire, qui énerve les faibles, mais qui vivifie les forts, et à ce qu'y ajoute l'expérience précoce de la pauvreté, de l'adversité, de la douleur? C'est parce qu'on a souffert de bonne heure, qu'on devient un homme. Et le meilleur de nous, nous vient d'avoir pleuré. Tout ce petit drame intérieur, tout le mystère de dévouement, de courage, de prévoyance, de cette éducation libre, personnelle, de ce noviciat prématuré de la vie, auxquels nous devons un médiocre normalien de moins et un grand poète de plus, François Coppée, dans ces confidences où il ne loue que les autres, l'a modestement dissimulé sous ces mots indifférents :

« Plus tard, j'ai été pris d'une fringale de lecture et j'ai complété tant bien que mal mon instruction. »

Cela cache par trop le plan et le projet secret dont le succès fut le premier et le plus doux des succès de Coppée, parce qu'il faisait plus d'honneur encore à son cœur qu'à son esprit. Il ne dit pas qu'à ces lectures du soir à Sainte-Geneviève, il se livra avec tant d'ardeur qu'il y prit une maladie d'yeux, et que par suite de l'excès de ces précoces lectures nocturnes dont il a gardé le goût, et aussi peut-être un peu de l'abus de la fumée de la cigarette, il a l'œil un peu délicat, un peu tendre, quoique sa vue soit demeurée excellente.

Il ne dit pas surtout que le but de ces efforts fut atteint le jour où il fut jugé capable d'entrer au ministère de la guerre comme expéditionnaire surnuméraire... *Sans traitement*. Il est rare que les faveurs administratives n'aient pas leur ironie. Coppée abandonna donc les travaux de copie pour des entrepreneurs dont le maigre salaire aidait le ménage, et renonça à l'école des Beaux-Arts, vers laquelle le poussait son patron, M. Montagne, architecte, chez lequel il était entré en qualité de commis, et qui lui trouvait de rares dispositions. Il fit pendant deux ans, à *ses dépens*, son apprentissage d'employé et aussi son apprentissage de chef de famille, car le père miné par la fatigue avait succombé intellectuellement ou du moins moralement à la maladie avant d'y succomber physiquement, et il subissait cette première défaillance générale de la paralysie. La famille quitta le quartier témoin de l'enfance et de l'adolescence de Coppée. On alla habiter Montmartre, et chef de famille à vingt ans, chose si dure et si douce à la fois, Coppée perdit la jouissance de la bibliothèque Sainte-Geneviève, du jardin du Luxembourg, et il exila sa jeunesse que ne réjouissait plus la double source de vie, la fontaine de l'étude et celle de la nature, la fontaine des livres et celle des fleurs, sur les pentes aux rues abruptes et aux maisons tristes du *Mons martyrum*.

A vingt ans, chef de famille et successeur, sur le champ de bataille de la lutte obscure de la pauvreté et du devoir, de son père blessé et mort à la peine, François Coppée, de vingt à vingt-trois ans, devenu à son tour commis à la guerre, apportait à son tour à sa mère et à sa sœur ses appointements à la fin du mois pour faire aller le ménage.

Le jour, il vivait pour le sacrifice et le devoir. Le soir et la nuit, il pouvait vivre pour lui-même, se chercher à travers son rêve, écrire pour lui, en attendant d'être assez riche pour se payer un public, des vers à la fois naïfs et forts, frustes et doux, dont la vigoureuse ingénuité devait bientôt déconcerter la critique des dilettanti épris seulement de virtuosité, mais où quelques bons juges allaient vite démêler l'originalité d'inspiration des poètes qui ont le génie, qui ne doivent rien au collège, mais beaucoup à la solitude, à la misère, et, en un mot, à la vie.

II

VITA NUOVA

1863-1868

Nous n'insisterons pas sur ce drame tout intérieur, aux vicissitudes monotones et dont le dénouement seul importe : triomphe du travail et du courage, ou suicide de l'ennui et du désespoir ; ce drame de la vocation contrariée non par l'opposition des parents (ici la mère et la sœur qui avaient deviné le génie latent, pressenti l'avenir étoilé de cette destinée encore sombre, étaient complices de l'ambition de leur fils et de leur frère et croyaient en lui avant lui-même), mais par les inexorables exigences de la vie, la nécessité du travail subalterne mais nourricier, la loi du sacrifice nécessaire, volontairement accepté, de l'art au métier, des vers aux chiffres, du talent au devoir.

François Coppée n'aime pas à raconter ces années de songes stériles, d'ambitions refoulées, de servitude et grandeur littéraires, où le vampire du travail nocturne, agrandissant la blessure du travail diurne, but mystérieusement le plus pur de sa jeunesse sans amour et sans joie. Il a gardé quelque chose de la pâleur indélébile de ces maigres années de lutte obscure et résignée et du pli des lèvres de ceux qui ont longtemps caché le secret de leur vie, et tenu stoïquement fermée sur leur poitrine la robe aux plis toujours corrects couvrant le renard furtif qui leur ronge le cœur.

Ce noble chagrin, ce sublime souci de l'esprit qui cherche sa voie, du talent qui se heurte à la fois aux difficultés de l'art et à celles de la vie, de l'affection qui aspire au bonheur, de l'ambition qui aspire à la gloire, nul ne pourrait mieux les peindre que celui qui les a éprouvés.

Nous respecterons et nous imiterons un silence fait des plus délicates pudeurs, des plus généreuses modesties d'un cœur qui ne veut être ni loué ni plaint d'une attente payée, d'un sacrifice récompensé par les plus purs baisers et les plus douces larmes. Ces années furent heureuses après tout puisqu'elles furent bénies par la reconnaissance, par les espérances de cette mère, de cette sœur dont Coppée était le soutien et dont il voulait être l'honneur, se préparant, s'essayant sans cesse à ce rôle de fils tutélaire, de frère protecteur.

En attendant l'occasion favorable, la lueur propice, la mise au soleil de ce talent qui s'étiolait comme une fleur à l'ombre dans la nostalgie de la lumière, François Coppée mangeait aussi gaiement que possible sa vache enragée, et attendait avec cette énergie patiente et tenace dont la mâle douceur est un trait de son caractère d'avoir économisé sur ses appointements de scribe mercenaire, sur ses rares profits de petit journaliste et de copiste supplémentaire, de quoi se payer un éditeur et un public, et « déballer sa marchandise, » comme le dit pittoresquement Montesquieu de l'auteur à ses débuts.

Nous arrivons bien vite à ces circonstances décisives, à ces succès libérateurs, à cette chaleur, à cette lumière de la gloire à son aurore si douce aux yeux mouillés d'un fils qui peut en dédier les prémices à sa mère.

De cette aube de la vie nouvelle de Coppée nous ne savons que ce qu'il nous en a dit — et il a toujours été peu communicatif sur ces années ternes et mornes, — ou ce que nous avons deviné. Nous ignorons si elle eut, comme celle de Dante, sa Béatrice. En tout cas, elle est demeurée et demeurera voilée. Il ne nous déplaît pas d'ailleurs de voir, et peut-être sommes-nous en cela d'accord avec la vérité, sous les traits maternels et fraternels à la fois, la première Muse de Coppée. Que dit-il lui-même, dans son auto-biographie en raccourci, de ces années de transition et d'attente, de vie domestique laborieuse et dolente? Le voici : Voici le thème sur lequel nous aurons à broder, grâce à quelques confidences ultérieures, de discrètes variations :

J'étais encore bien jeune quand une de mes sœurs se maria ; puis une autre mourut, puis le père s'en alla à son tour, et je restai seul, avec ma mère et ma sœur aînée.

Chef de famille à vingt ans ! C'était dur et doux à la fois.

A mon tour, j'étais devenu commis de la guerre, et, comme le père, j'apportais mes appointements à la fin du mois pour faire aller le ménage.

J'écrivais toujours — et toute sorte de choses : des nouvelles, du théâtre, des vers surtout. J'ai plus tard condamné tout cela.

Il existe une petite revue, *Le Causeur*, où l'on m'imprima quelques contes en prose. Qu'est devenue la comédie en trois actes que j'ai faite avec Charles Yriarte, que j'avais connu chez des peintres ? En somme, une vie en famille, très calme, très retirée ; aucune bohème.

C'est à vingt-trois ans que je commençai seulement à croire que certaines de mes poésies méritaient peut-être d'être publiées. On m'encouragea dans le cénacle présidé par Catulle Mendès, où je venais de pénétrer.

Je dois une reconnaissance infinie à Mendès. Jamais sans lui je n'aurais pris confiance en moi. *Le Reliquaire*, mon premier recueil, parut en 1866 ; *Les Intimités*, en 1867 ; j'avais déjà donné quelques pièces au fameux *Parnasse contemporain* qui fit tant crier, mais qui a rendu, en somme, si grand service à la poésie.

Mais j'étais toujours profondément inconnu ; quelques lettrés, quelques poètes avaient lu mes vers, et c'était tout.

Il y a là autant de jalons, plantés par le poète lui-même, qui tracent la route où nous devons marcher. Nous ne le ferons pas à l'aventure en nous tenant dans ces lignes. Dans des confidences ultérieures, qui lui sont échappées, dans son feuilleton de la *Patrie*, chaque fois que le chômage des théâtres et l'occasion d'un volume de vers signé d'un de ses compagnons des jours militants et souffrants lui permettaient ces digressions rétrospectives et ces expansions personnelles, Coppée nous a fourni lui-même ce tableau et ces portraits qu'il ne s'agit plus que de reporter et de placer dans le cadre.

Toute vie littéraire a son initiateur, son précurseur. C'est au cours de la première de ces pâles années de 1863 à 1866, où François Coppée se cherchait lui-même, bien loin de chercher encore un éditeur, en ces temps lointains où flotte déjà vaguement la légende de son hégire, que Coppée rencontra à point son initiateur aux mystères de la vie littéraire, son compagnon des heures inquiètes de travail et de doute, dans un très jeune aîné d'apprentissage qui se fit un plaisir fraternel d'apprendre les secrets du métier à celui qui avait déjà deviné tous ceux de l'art, dans Catulle Mendès.

Ce n'est que longtemps après cette rencontre, ce n'est qu'après trois ans d'incubation, de gestation, que le poète publia chez Alphonse Lemerre son premier recueil de vers, *Le Reliquaire*, dédié à *son cher maître*, Leconte de Lisle. C'est l'année suivante, en 1867, qu'il publia son second recueil, *Les Intimités*, chez Lemerre, aux frais cette fois de l'éditeur, qui avait deviné en lui, avec ce flair qui est le génie du métier, la première gloire, la première fortune, la première Providence de sa maison naissante.

Dans son feuilleton dramatique de la *Patrie* où Coppée interrompait si volontiers sa tâche de critique pour broder le reste de la trame des fleurs d'azur et d'or du souvenir, il n'a pas manqué, à propos de la publication de ses *Poésies* et de la représentation des *Mères ennemies*, de payer à Catulle Mendès le juste tribut de sa reconnaissance :

In illo tempore, — comme nasille le diacre au début de l'Évangile, — vivait, sur les hauteurs de Montmartre, un jeune homme pour qui une pièce de cinq francs était une somme considérable, mais qui était très riche d'illusions et de rêves. Tout le jour, il faisait des expéditions dans un ministère, car il fallait bien gagner les chétifs appointements qu'il grignotait avec sa maman et sa sœur ; mais, le soir, dans sa petite chambre, où il n'y avait qu'un lit, une table de bois blanc sous un tapis bleu, un vieux fauteuil, et vingt volumes sur une planche, il écrivait des poèmes, des odes et des sonnets, en s'installant, l'hiver, au coin du feu, et l'été, devant sa fenêtre ouverte sur le ciel nocturne tout poudreux d'étoiles.

On attribue à l'un des ministres actuels cette phrase, bien digne d'un bourgeois démocrate : « Un homme sérieux ne fait plus de vers, passé l'âge de vingt-cinq ans. » Le républicain en délire qui a lâché cette solennelle polissonnerie ne s'est pas souvenu que le pays qu'il gouverne par hasard est celui de La Fontaine, d'André Chénier et d'Alfred de Musset, et il a perdu, en cette circonstance, une belle occasion de se taire. Mais — en admettant l'opinion de ce Philistin et en croyant avec lui qu'un rimeur de vingt-cinq ans soit condamné pour toujours à rester un personnage frivole, un citoyen inutile, incapable d'accomplir des actions sérieuses, telles que de déposer un amendement et de pénétrer dans le sein d'une commission — nous pensons que la poésie n'est point dangereuse, qu'elle est même inoffensive chez tout homme qui n'a pas atteint le terme de son cinquième lustre. C'est une distraction qui a d'abord l'immense avantage d'être gratuite : elle est, de plus, sans inconvénients pour les voisins, préférable, par conséquent, à l'étude du piano ou du cor de chasse ; et cela vaut mieux, dans tous les cas, que d'aller au café.

Tel était l'avis du jeune homme qui habitait Montmartre, il y a seize ou dix-sept ans. N'ayant même pas assez d'argent mignon pour mettre dans du simple acajou une modeste corsetière ou une humble piqueuse de bottines, sans maîtresse donc, n'ayant que deux ou trois amis fort peu littéraires, il vivait dans la solitude et faisait des vers pour combler le vide de son cœur.

Ces vers n'étaient pas bons, et, bien qu'il en fût l'auteur, il s'en doutait bien un peu ; mais, comme il était fort modeste, il n'avait jamais eu l'idée extravagante qu'il pût un jour publier ses poésies, et alors peu importait qu'elles fussent bonnes ou mauvaises.

Il avait déjà aligné plusieurs milliers d'alexandrins et de vers octosyllabiques lorsque — par un hasard qu'il bénit chaque fois qu'il y pense — il fit la connaissance de Catulle Mendès.

Catulle Mendès avait peut-être alors vingt-trois ou vingt-quatre ans, mais il en paraissait à peine vingt. Élégant et joli comme un page, ayant le teint d'une vierge et une admirable chevelure d'un blond cendré qu'il laisssait tomber en boucles folles sur ses épaules, il était paré d'ailleurs, aux yeux du jeune habitant de Montmartre, de l'auréole de la gloire. En effet, Mendès avait déjà, à cette époque, fondé et dirigé un recueil littéraire qui avait fait beaucoup de bruit, la *Revue fantaisiste*, et publié chez Hetzel un très remarquable livre de vers, intitulé *Philoméla*. Vous rirez bien, cher Catulle, en lisant ce feuilleton et en apprenant que celui qui l'écrit et qui faisait alors des vers ignorés au fond de Montmartre, ne pouvait vous voir, dans les premiers temps de sa liaison avec vous, sans une émotion profonde, et qu'il a hésité pendant plusieurs mois à vous avouer que, lui aussi, il rêvait de devenir un poète.

Il finit par avoir cette audace pourtant. Un jour, le timide arriva chez vous porteur de son manuscrit, et ce qu'il n'a pas oublié, ce qu'il n'oubliera jamais c'est la charmante et fraternelle bonté avec laquelle vous accueillîtes son aveu. Elles sont bien loin de nous, cher ami, les soirées que nous passâmes dans votre rez-de-chaussée de la rue de Douai, assis à côté l'un de l'autre devant les feuillets épars que vous lisiez avec un froncement de sourcils, attentif, émondant, corrigeant ces informes essais, et enseignant à votre jeune confrère — avec quelle ardente conviction et quelle chaude éloquence ! — tous les secrets, toute la technique du vers moderne. Elles sont loin, ces douces heures de travail ; mais, dans nos cœurs, n'est-ce pas ? leur souvenir est gravé pour toujours !

C'est une grande joie pour nous, chers lecteurs, de trouver aujourd'hui, dans la représentation d'un drame de Catulle Mendès, l'occasion de vous parler de celui qui fut notre premier maître en poésie et qui est resté l'un de nos plus chers amis. Comme notre feuilleton est libre, nous le consacrerons à cet excellent poète, dont le talent a été l'objet des critiques les plus injustes et que nous serions bien heureux de vous faire un peu mieux connaître.

Et François Coppée payait largement, généreusement sa dette en des termes que nous reproduisons, parce qu'il y mêle l'exposé de certaines de ses idées d'alors et d'aujourd'hui sur la poésie et les poètes :

Il s'est formé, sur les vers de Catulle Mendès, une légende assez ridicule. Comme il a composé en effet quelques poèmes qui lui furent inspirés par la lecture des livres sacrés de l'Inde, il est convenu qu'il ne peut pas écrire un distique sans y nommer tous les personnages du Ramahyana et du Rig-Véga et sans y introduire les déesses au triple rang de mamelles et les dieux à dix bras et à trompe d'éléphant des pagodes du Bengale ; car rien n'a le don d'irriter les ignorants comme un nom barbare, un terme étranger, un mot exotique. Notez que ces poèmes indous, qui ont fourni contre Catulle Mendès tant de brocards faciles et de sottes plaisanteries, occupent une assez petite place dans son œuvre, qui est nombreuse et variée. Mais qu'on nous permette de les défendre, et de la

anière la plus simple, c'est-à-dire en citant un de
s poèmes, que nous trouvons très beau. Ah! dam,
ur le comprendre, il faut avoir entendu parler du
udhisme ; mais on ne peut pourtant pas considérer
mme une chose bizarre et inconnue une religion
i compte plus de trois cents millions de secta-
urs.

Après avoir cité la pièce intitulée : *Le Disciple*,
oppée continuait ainsi :

Ce petit poème, dont la forme est concise et par-
ite, est écrit en vers médullaires et nourris de pen-
e, et il résume la plus sublime morale qui soit au
onde, après celle du christianisme. Mais que voulez-
us ? cela n'empêchera pas beaucoup de braves gens
trouver coupable, et même monstrueuse, une sem-
able composition. Faire parler des êtres qui s'appel-
nt Boudha et Pourna! Il faut convenir que c'est
tolérable.

Il est un autre préjugé très répandu dans le public
ntre Catulle Mendès. Il bannit l'émotion de ses vers,
ndamne en masse tous les élégiaques, défend abso-
ment au poète de parler de ses joies et de ses dou-
urs personnelles. C'est un cœur de marbre! C'est
n *impossible !*

Expliquons-nous. Comme tous les jeunes gens qui
groupèrent, vers 1864, autour de lui, Catulle Men-
ès était un peu écœuré par les productions des fades
nitateurs de Lamartine et de Musset qui pullulaient
ors.

Il était d'avis que Lamartine et Musset sont de très
rands poètes, mais des modèles fort dangereux, parce
u'ils sont inimitables, ayant plus de génie que d'art.
pensait — et nous pensions avec lui — contraire-
ent à l'opinion en faveur à cette époque, qu'un senti-
ent fort s'accommode mal d'une rime faible et qu'une
motion sincère ne gagne rien à être exprimée en
ers faux. Cette vérité enfantine faisait l'effet, dans ce
mps-là, d'un énorme paradoxe ; et, pour punir l'au-

dacieux qui osait le soutenir, on inventa cette accusation d'impassibilité.

Nous n'y répondrons même pas, elle est trop niaise ; mais, pour vous prouver que Mendès n'est pas un impassible — un poète est précisément le contraire d'un impassible — nous choisirons encore dans son œuvre ces cinq strophes, où vibre le sentiment élégiaque le plus exquis.

Coppée citait encore la pièce intitulée : *Oubli*, et concluait en ces termes :

Nous regrettons de ne pouvoir insister encore sur la haute valeur poétique de Cutulle Mendès. La critique courante, qui a souvent pour le vrai talent des sévérités aussi inexplicables que son indulgence ordinaire pour la médiocrité, a fait payer très cher à notre ami quelques excentricités de plume, quelques affirmations trop hautaines, jetées dans la lutte, au temps de sa jeunesse. Mais cet artiste puissant et raffiné à la fois, épris du rare et de l'exquis, c'est vrai, mais sans que cette recherche nuise en rien à son inspiration, prendra quand même, et bientôt, dans l'opinion du public la place de choix qu'il occupe depuis longtemps déjà dans l'estime des poètes contemporains.

En attendant, le voici au premier rang des auteurs dramatiques, après l'éclatant, le magnifique succès des *Mères ennemies*.

Nous le disons sans aucune complaisance et en oubliant notre vieille affection pour l'auteur, les *Mères ennemies* sont, par la conception, par les détails et par le style, une pièce comme on n'en a représenté aucune depuis la grande époque romantique, depuis le temps de *Lucrèce Borgia* et de *Richard d'Arlington*; c'est un drame d'une beauté supérieure, une œuvre de premier ordre.

Coppée reviendra plus d'une fois à ces souvenirs et à ces dettes d'esprit et de cœur de sa jeunesse. Chaque fois que l'occasion s'en présentera, il la saisira avec empressement, non sans en profiter tantôt pour exposer ses idées sur la technique et la mécanique du vers, et faire sa profession de foi sur ce point essentiel, tantôt pour esquisser quelque tableau d'intérieur ou quelque portrait de poète, compagnon de ses années d'apprentissage de l'art et de la vie. A propos, par exemple, du *Petit Traité de poésie française* de Théodore de Banville, il écrira, au cours d'un feuilleton sur la *Noce d'Ambroise* ou sur les *Noces d'argent*, pièces du jour, oubliées le lendemain, ces pages charmantes qui méritent si bien de ne pas l'être :

« Ce qu'il y a de meilleur dans la vie, c'est d'avoir vingt ans, d'être amoureux et de le dire en vers, » s'est écrié Musset dans une heure d'ivresse; et tant qu'il y aura de l'amour et des jeunes gens, il y aura des poètes.

Il y aura des poètes, c'est-à-dire des esprits naïfs et enthousiastes qui n'auront pas de joie plus vive et de plus grand orgueil que de couler au moule inflexible du rhythme leurs sentiments et leurs rêves et de réunir les deux mots les plus essentiels de leur pensée dans le baiser de deux rimes.

C'est à ceux-là que l'illustre auteur des *Cariatides* et des *Exilés*, que notre bien aimé maître et ami Théodore de Banville a dédié son *Petit Traité de poésie française;* c'est pour eux qu'il a écrit ce livre excellent. Or, en feuilletant, l'autre jour, la nouvelle édition que vient d'en donner l'éditeur Charpentier, en relisant ces pages aussi savantes que spirituelles, où le parfait orfèvre en mètres français dévoile aux apprentis rimeurs tous les secrets du métier, nous nous sommes abandonné à des réflexions mélancoliques.

Tout art fait vivre l'artiste, songions-nous. Bien

avant que son premier opéra se soit produit sur un théâtre lyrique et que le chef d'orchestre, levant son bâton, ait donné l'essor aux mélodies ailées, le compositeur gagne son pain en donnant des leçons de solfège ou de piano. Plusieurs heures par jour, il s'assied à côté de fillettes, raides sur le tabouret, leurs mains rouges crispées sur le clavier, et il les écoute jouer dix fois de suite la grande *Mazurka* de Chopin ou le *Menuet* de Boccherini, les arrêtant et faisant des observations à chaque dièze subversif, à chaque bémol révolutionnaire. C'est dur, sans doute, mais on n'en meurt pas; et le *maestro di musica* peut attendre, grâce à ses cachets, le jour, si long à venir, hélas! où quelque directeur, ayant entendu l'une de ses partitions, consent à lui confier un livret; sans compter que, si le croque-notes a des cheveux longs et l'œil fatal, il séduira et il épousera une élève sensible et romanesque, une jeune fille à la poitrine plate et à la dot obèse.

Le peintre a la même ressource; il peut, tout en fréquentant l'atelier d'un maître et en piochant d'après nature, enseigner le dessin à quelques jeunes garçons ou à de petites pensionnaires. Il est, à coup sûr, des occupations plus gaies que celles de rectifier des pages d'oreilles compliquées comme des coquillages, d'yeux ridiculement dilatés et de nez froncés d'une façon horrible; rien n'est moins récréatif, nous en convenons, que de redresser, par l'orthopédie de l'estompe et du fusain, des écorchés de Houdon bossus comme Mayeux et des Apollons du Belvédère cagneux comme Tortillard. Mais enfin c'est encore là un état honorable, qui pourvoit à la pitance quotidienne et qui permet à l'Ingres futur ou au Delacroix possible de ne pas mourir d'inanition avant le moment fortuné où ses toiles seront couvertes de piles de louis, aux ventes de l'hôtel Drouot, et où il pourra imposer à la maison Goupil un contrat aux conditions léonines.

Seul le poète n'a pas cette corde à son arc ou, pour nous mieux exprimer, à sa lyre. Dans ce pays qui est envahi par le mandarinisme, dans ce siècle qui est atteint de la manie de l'instruction, de la rage de la pédagogie, de la folie de l'école, il n'y a pas de cours de métrique ; nul collège de lyrisme n'a été fondé, il ne se donne aucune leçon de sonnet ou d'élégie. En poésie, ni maîtres, ni écoliers. La muse ne court point le cachet ; le plus habile joueur de barbiton n'a pas les moyens d'existence du moindre des flûtistes. Nous nous en étonnons, mais c'est ainsi. Un Homère bohème, un Alighieri de table d'hôte, un Milton du quartier Latin, chercherait vainement à assurer sa misérable vie en s'établissant professeur de poème épique ; il n'aurait pas un seul élève, et son enseigne où il pourrait annoncer, à l'exemple des calligraphes du passage Vivienne : *La Poésie en vingt leçons*, inspirerait au flâneur philosophe la même tristesse que ces timides pancartes, écrites à la main et encadrées de bois noir, que de pauvres virtuoses suspendent à la fenêtre de leur rez-de-chaussée et dans lesquelles ils se recommandent aux passants pour des leçons de harpe, de guitare, d'harmonica ou de tout autre instrument aboli et suranné.

Pourquoi n'enseignerait-on pas l'art de faire des vers, après tout ? Pourquoi n'y aurait-il pas des professeurs de poésie ? Car, sachez-le bien, l'inspiration ne se révèle pas comme un dogme; on ne devient point poète par la seule opération du Saint-Esprit ; nulle langue de feu n'est jamais descendue sur le front d'aucun arrangeur de syllabes. Pour faire des vers, bons ou mauvais, il faut d'abord que quelqu'un vous apprenne que les alexandrins ont douze pieds et que *miséricorde* rime insuffisamment avec *hallebarde*. Pour notre compte, nous conservons une éternelle gratitude au camarade de collège qui, le premier, nous initia aux mystères de la prosodie et nous fit clairement comprendre la règle de l'élision, l'alternance des rimes masculines et féminines et l'inconvénient de l'hiatus. Et cela n'était que l'*a, b, c*. Déjà nous avions écrit trois ou quatre mille vers, — que nous nous félicitons tous les jours d'avoir jetés au feu, — lorsqu'un heureux hasard nous fit rencontrer, vers la vingt-deuxième année de notre âge, le poète Catulle Mendès, qui, avec la lucidité d'un maître et la complaisance d'un frère aîné, nous expliqua les procédés modernes, corrigea nos médiocres essais et nous mit dans les mains de bons et solides outils. Nous ne pensons jamais sans une reconnaissance émue aux excellents conseils qu'il nous donna à cette époque, et, nous le déclarons bien haut, si nous sommes devenu un passable ouvrier, c'est à lui que nous le devons.

Mais, sans nous attendrir davantage en ces souvenirs de jeunesse, — hélas ! nos trente-neuf ans révolus nous permettent déjà de dire : c'était le bon temps ! — insistons sur notre idée. Non, comme le fait très bien observer Théodore de Banville dans son *Traité de Poésie*, on n'apprend pas à écrire des vers présentables en se bornant seulement *à étudier les maîtres*, selon la recommandation de tous les « législateurs du Parnasse » passés et futurs ; il faut encore qu'un pédagogue, un professeur, ou, à son défaut, un livre didactique, établisse bien dans l'esprit de l'apprenti rimeur les lois de la prosodie telles que les ont définitivement fixées les grands poètes du XIXe siècle, et surtout Victor Hugo, le plus prodigieux « faiseur de vers » qui ait jamais été. Ce livre, Banville l'a écrit, et non seulement il y a montré avec une clarté merveilleuse les ressources les moins apparentes, les secrets les plus délicats d'un art où il est passé maître, mais de plus il y a déployé une verve, un esprit, une fantaisie qui en rendent la lecture attrayante, même pour les profanes. Quiconque prétend accoupler deux rimes doit lire d'abord le *Petit Traité de poésie française*. S'il n'est pas né poète, il n'y gagnera rien, bien entendu, — car, en cette matière, nous croyons, comme notre cher Banville, au don surnaturel, à la grâce, au *mens divinior*, — mais, s'il est vraiment doué, cette excellente grammaire pourra lui épargner plusieurs années d'études et de tâtonnements.

Peu à peu se dégagent ainsi, à mesure que l'occasion s'offre de les exposer, les idées qui présidèrent à cette levée de boucliers harmonieux qu'on a appelée le Parnassisme. Ce ne fut pas une révolution comme le Romantisme, ce fut une révolte, une émeute seulement. Ce ne fut pas une école, ce fut un groupe de jeunes poètes réunis par des aspirations et par des répugnances communes, qui, sans se croire plus novateurs, plus réformateurs qu'il ne convient, et sans afficher le nouveau dogme en un manifeste à la façon de la Préface de *Cromwell*, déterminèrent, par le précepte et l'exemple, un mouvement qui a son importance et sa place dans l'histoire de nos variations littéraires.

François Coppée l'a dit à plusieurs reprises, et il va le répéter à propos des poésies d'Armand Renaud, un des précurseurs de la petite révolution ou plutôt de l'évolution parnassienne, son caractère particulier fut d'être exclusivement bornée à la sphère poétique. Elle ne se préoccupait pas, même pour s'en moquer, du naturalisme dans sa première phase, la phase-Champfleury avant la phase-Zola. La bête noire du cénacle, où tout le monde était poète, ou croyait l'être, et où on ne daignait guère s'inquiéter des vicissitudes de la prose française, c'était cette coterie qui s'appelait modestement « l'école du bon sens » et que ses adversaires appelaient de sa principale et même unique illustration, — car Augier ne fut jamais qu'à demi de ce camp du lyrisme sans tempérament ni roman, et si *Gabrielle* lui appartient, l'*Aventurière* lui échappe, — le *Ponsardisme*.

Le romantisme bâtard de Ponsard, un Casimir

Delavigne nouveau modèle, voilà le grand ennemi des Parnassiens, du Parnassisme, qui fut au fond un mouvement néo-romantique sans gothisme, sans bousingottisme, et dans la forme une réaction en faveur de la technique orthodoxe du métier, de la perfection du travail poétique, de la métrique à la fois libre et savante, simple et raffinée, que le martelage soi-disant cornélien de Ponsard et de ses sous-Ponsard avait avachie et faussée.

Les Parnassiens étaient surtout des curieux épris du rare et de l'exquis, des artistes passionnés pour tous les raffinements de l'art, de fins ouvriers amoureux des tours de force du métier, des voluptueux de la rime riche et de la libre césure, des virtuoses du jeu savant des rhythmes, des païens de la forme, mais sans puérilités, sans sacrifice de bouc, sans mascarade à la Ronsard, qui se réunissaient chez Catulle Mendès pour réaliser et faire triompher bruyamment le rêve silencieux de quelques isolés comme Armand Renaud.

C'est François Coppée qui a signalé ce précurseur modeste du mouvement de réforme.

Puique nous parlons de vers, — et de bons vers, — ouvrons le *Recueil intime*, d'Armand Renaud, paru tout récemment chez Alphonse Lemerre.

Armand Renaud n'est pas assez connu et ses premiers succès, qui datent d'une quinzaine d'années au moins, ont été très injustement oubliés. Au moment où l'école dite du *bon sens* sévissait dans toute sa rigueur et où il était convenu, dans la critique, qu'il ne pouvait y avoir, en poésie, de sincérité sans rimes faibles et de génie sans fautes de syntaxe, Armand Renaud, le premier parmi les jeunes, et bien avant l'heureuse réaction accomplie par le groupe des *Parnassiens*, publia deux volumes de vers, d'une inspiration très personnelle, d'une forme excellente. C'est dans ces deux volumes, les *Pensées tristes*, et les *Caprices du Boudoir*, depuis longtemps épuisés, qu'il a choisi les pièces qui lui plaisaient davantage, et il nous offre cette gerbe de vers sous le titre de *Recueil intime*.

Que dites-vous maintenant de ce tableau du nouveau cénacle où les figures sont d'un dessin si précis, d'un relief si caractéristique, qu'on croit voir ceux que le poète peint?

Le souvenir nous transporte * dans le petit rez-de-chaussée de la rue de Douai, où demeurait Catulle Mendès, vers 1865.

Un appartement de garçon. Deux pièces : la chambre à coucher et le salon, transformé en cabinet de travail. C'est à peu près meublé; il y a, aux murailles, le « Bon Samaritain », *très estrange* eau-forte de Bresdin, et quelques bizarres aquarelles de Constantin Ghuys. Sur les rayons dégarnis de la bibliothèque, épars, mêlés à un Hugo et à un Balzac dépareillés, courant l'un après l'autre, des livres de vers de 1830 et d'hier, le volume d'un ami à côté d'un « romantique » presque introuvable, l'*Avril, Mai, Juin*, de Valade et Mérat, tout près du rarissime *Gaspard de la nuit*, d'Aloysius Bertrand, ce père, cet inventeur du poème en prose. Il viendra du monde, ce soir. On a allumé la lampe — il y a toujours une lampe chez le plus pauvre poète — et toutes les bougies qu'on a pu; et Covielle, le petit domestique, vient même de disposer ce qu'il faut pour le thé.

Covielle, c'est un voyou du boulevard des Batignolles qui, à quatorze ans, a déjà fait le tour du monde en qualité de mousse et qui, tout récemment, servait de pitre au marchand de poil à gratter de la place

---

* *Patrie*, 26 février 1883.

Clichy. Son vrai nom ? on le sait peut-être aux Enfants-Trouvés et aux Jeunes-Détenus. Mais Catulle Mendès a un jour recueilli ce gavroche par charité, en a fait son groom, et l'a baptisé Covielle, en souvenir des farces de Molière. Demain, profitant d'une absence de son maître, il s'enfuira, après avoir vendu la pendule et mis les deux matelas au Mont-de-Piété ; mais aujourd'hui encore, il est fidèle ; il essuie les tasses, fait chauffer l'eau et coupe en tranches égales le baba ; car on attend des poètes, des camarades.

Les voici. Ils arrivent l'un après l'autre ; aux patères de l'antichambre ils suspendent chapeaux et mac-ferlanes (nous sommes en 1865 !) et chaque nouveau venu serre la main du maître de la maison et d'une belle personne en robe rouge, qui fume des cigarettes, étendue sur le canapé.

Livrons-nous ici à un dénombrement homérique.

Voici Léon Cladel qui va bientôt publier le *Bouscassiè*, un parfait chef-d'œuvre, Léon Cladel, très hirsute, tout en barbe et en cheveux, avec un faux air de Christ du Midi. Voici le pauvre Albert Glatigny, mal rasé comme un comédien en vacances, maigre jusqu'à la transparence et grand jusqu'à l'infirmité. Voici le singulier, le compliqué, l'exquis Stéphane Mallarmé, petit, au geste calme et sacerdotal, abaissant ses cils de velours sur ses yeux de chèvre amoureuse et rêvant à de la poésie qui serait de la musique, à des vers qui donneraient la sensation d'une symphonie. Voici José-Maria de Heredia, un beau créole de la Havane, très brun, tête rase et barbe frisée, le premier ciseleur des sonnets de ce temps-ci, qui compte parmi ses ancêtres un Grand Inquisiteur et l'un des intrépides compagnons de Cortez, le « Conquistador ». Voici Léon Dierx, grave et pâle visage, Léon Dierx, le poète injustement obscur qui a écrit quelques-uns des plus beaux vers que nous connaissions, Léon Dierx qui se survivra dans les anthologies et dont la renommée aura en durée ce qu'elle n'a pas eu en éclat. En voici bien d'autres encore ; Ernest d'Hervilly, Léon Valade, Albert Mérat, Gabriel Marc, Jean Marras, — sans oublier un maigre jeune homme aux longs cheveux, qui ressemblait alors, disait-on, au Bonaparte d'Arcole et des Pyramides, et à qui ne ressemble plus aujourd'hui, hélas! le feuilletoniste dramatique de la *Patrie*.

Comme ils sont lointains, ces souvenirs! La scène se passe en 1865, avant le premier *Parnasse contemporain*, dans la période embryonnaire, préhistorique, antédiluvienne, de ce cénacle réuni chez Mendès, dont nous sommes sorti avec tant d'autres noircisseurs de papier!...

Soudain, dans l'assemblée des poètes, un cri joyeux est poussé par tous : « Villiers!... c'est Villiers!... » — Et tout à coup un jeune homme aux yeux bleu pâle, aux jambes vacillantes, mâchonnant une cigarette, rejetant d'un geste de tête sa chevelure en désordre et tortillant sa petite moustache blonde, entre d'un air égaré, distribue des poignées de main distraites, voit le piano ouvert, s'y assied et, crispant ses doigts sur le clavier, chante, d'une voix qui tremble mais dont aucun de nous n'oubliera jamais l'accent magique et profond, une mélodie qu'il vient d'improviser dans la rue, une vague et mystérieuse mélopée qui accompagne, en en doublant l'impression troublante, le beau sonnet de Charles Baudelaire :

> Nous aurons des lits pleins d'odeurs légères,
> Des divans profonds comme des tombeaux, etc.

Puis, quand tout le monde est sous le charme, le chanteur, bredouillant les dernières notes de sa mélodie ou s'interrompant brusquement, se lève, s'éloigne du piano, va comme pour se cacher dans un coin de la chambre, et roulant une autre cigarette, jette sur l'auditoire stupéfait un regard méfiant et circulaire, un regard d'Hamlet aux pieds d'Ophelia, pendant la représentation du *Meurtre de Gonzague*.

Tel nous apparut, il y a dix-huit ans, dans les amicales réunions de la rue de Douai, chez Catulle Mendès, le comte Auguste Villiers de l'Isle-Adam. A tous les amis de notre petit groupe, il donnait alors le sentiment d'une grande intelligence mal équilibrée, d'une sorte de génie inégal et incomplet. Sa vie, qu'il aimait à cacher, nous était inconnue à presque tous. On savait seulement qu'il passait une partie de l'année en Bretagne, chez de vieux parents, dans un manoir seigneurial. Il avait fait, croyons-nous encore, une ou deux retraites dans un couvent. Il passait aussi pour avoir combattu dans les rangs des zouaves pontificaux. Mais de sa personne ni de son genre d'existence, il ne parlait jamais, paraissant vivre dans un songe et n'en sortant que pour nous lire quelques pages de singulière et magnifique prose, plus rarement des vers, ou pour nous faire jouir de son rare talent de musicien.

Dans les *Contes cruels* de Villiers de l'Isle-Adam, qui viennent de paraître chez Calmann Lévy, nous avons trouvé quelques vers de notre connaissance et, pour vous prouver que nous parlons ici d'un véritable poète, nous citerons deux pièces, courtes, mais exquises.

Coppée citait les deux pièces intitulées : *L'Aveu* et les *Présents*, et continuait :

C'est chez Mendès que Villiers de l'Isle-Adam récitait jadis ces charmants vers; c'est là aussi qu'il nous fit connaître, pour la première fois, un grand drame en prose, intitulé *Morgane*, qui nous a laissé le souvenir d'une œuvre confuse, mais puissante et écrite dans un style admirable.

Depuis lors, nous avons un peu perdu de vue Villiers de l'Isle-Adam. Il n'était pas facile de suivre cet errant, ce noctambule; mais nous connaissons tout ce qu'il a écrit. C'est pourtant plus difficile qu'on ne croirait. Avec une superbe insouciance, Villiers fait imprimer ses ouvrages où il se trouve, dans le petit journal dont le rédacteur en chef a été un instant son voisin de table au café, ou chez l'imprimeur de la ville de province dans laquelle le hasard des aventures a conduit le poète fantasque et vagabond. Mais ces feuillets épars de l'œuvre de Villiers, notre vieille sympathie pour lui a su les découvrir, et c'est pourquoi nous pouvons vous signaler deux autres drames dont il est l'auteur, *Helen* et *Axel*, et surtout un sombre et effrayant récit à la manière d'Edgar Poë, cette *Claire Lenoir*, qui n'a pas été recueillie dans les *Contes cruels* et où se trouve une création très originale, le docteur Tribulat Bonhomet, sorte de Prudhomme philosophe, de qui Villiers, grand comédien sans le savoir, a longtemps perfectionné, en le soumettant à l'épreuve des conversations, le type de sottise transcendante.

Depuis la *Révolte*, petit drame de la plus pénétrante psychologie, qui ne fut pas compris des spectateurs du Vaudeville, on n'avait plus guère entendu parler de Villiers de l'Isle-Adam. Mais voici que tout à coup il se manifeste doublement, qu'il s'incarne sous les deux espèces, le drame et le livre.

S'il y avait une justice littéraire, les *Contes cruels* auraient le plus vif succès; car partout dans ce volume, même dans les moins bonnes pages, se révèle et s'affirme un écrivain très particulier, qui souvent tombe dans la manière et la préciosité, mais parfois aussi s'élève jusqu'à la haute poésie et à la véritable éloquence. Les deux nouvelles, *Véra* et le *Convive des dernières fêtes* nous semblent parfaites, et, dans les contes ironiques, tels que les *Demoiselles de Bienfilâtre* et la *Machine à gloire*, il y a un genre de plaisanterie froide et « pince-sans-rire », absolument nouvelle, un comique « cruel », comme dit le titre, auquel nous ne connaissons pas d'analogue.

Un autre jour, ce n'est plus dans le cénacle de la rue de Do... Coppée nous introduit. C'est dans la ...que de l'intelligent éditeur qui a eu le mé... de se fier à son talent et qui a partagé avec lui d'abord la mauvaise et puis la bonne fortune, d'abord l'obscurité militante, ensuite la célébrité. De cet éditeur, son ami Lemerre, le poète donnera en quelques traits le crayon

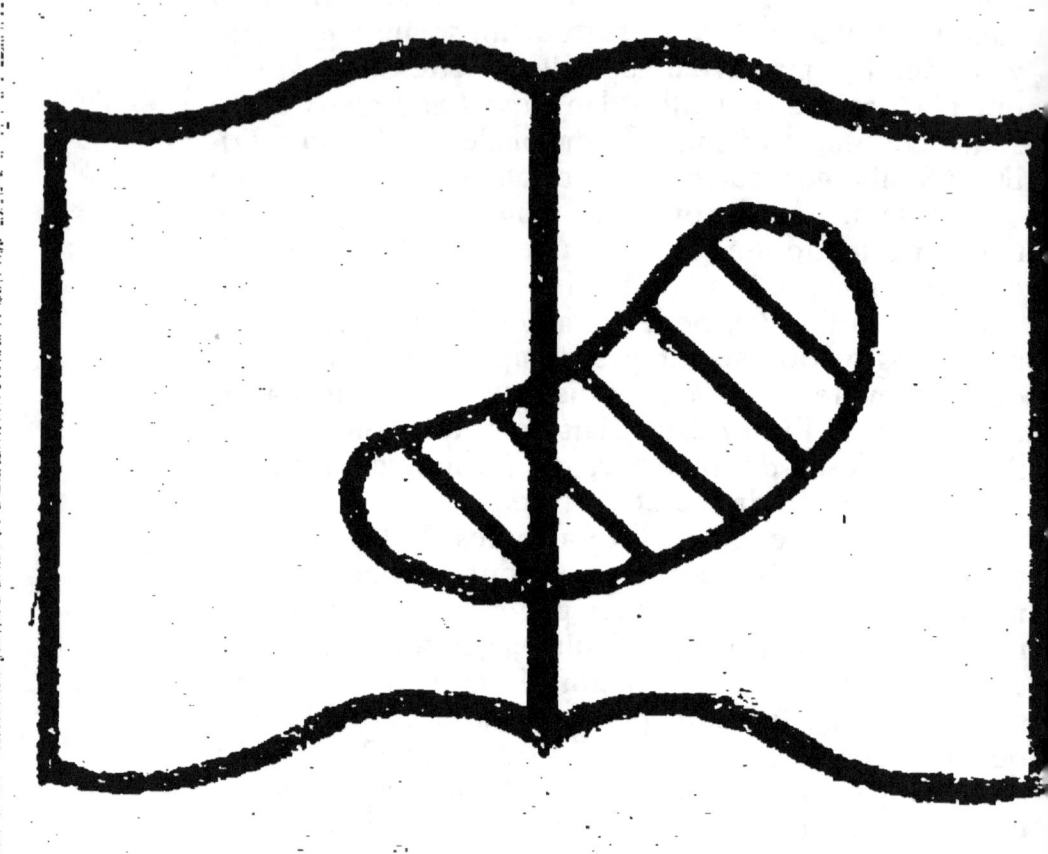

Illisibilité partielle

vivant, de même qu'il burinera le profil de ses compagnons et amis de la première heure, André Theuriet et les frères Cros :

Puisque, en cette dernière semaine de l'année*, les théâtres se sont tenus tranquilles, nous allons, si vous le voulez bien, parler un peu des poètes et leur offrir cet article en guise d'amicales étrennes.

Cette attention leur fera plaisir, car ils sont, en général, très naïfs et conservateurs des vieux usages. Pour nous, nous tirons les Rois le jour de l'Épiphanie ; nous renouvelons notre branche de buis bénit, le dimanche des Rameaux, et volontiers, le soir de Noël, nous mettrions nos souliers dans la cheminée. Si même nous ne le faisons pas, c'est que notre conscience n'est pas suffisamment tranquille et que nous craignons de trouver, le lendemain matin, dans notre chaussure, à la place de la poignée de verges traditionnelle, un instrument de torture plus conforme à notre profession, par exemple un coupon de loge pour le théâtre de M. Ballande ou un fauteuil d'orchestre pour assister à une reprise de *Madame Thérèse*, — sans les ballets.

Mais si notre âme de vieux garçon est troublée de quelques remords, — que nous ne confesserons point à nos lecteurs, attendu que cela ne les regarde pas, — notre bienveillance pour nos confrères en Apollon nous porte à supposer que leur conscience est aussi pure que le ciel d'une belle matinée de printemps et qu'ils sont tout à fait dignes de recevoir les étrennes que nous leur destinons. Confiseur littéraire, nous allons donc rouler pour eux dans le sucre nos verbes et nos adjectifs et leur pré‍‍‍‍‍‍‍‍ de notre mieux les bonbons toujours si savour‍‍‍‍‍‍‍éloge.

Nous en réserverons la plu‍‍‍‍‍‍‍ part à l'auteur du *Livre de la Payse*, à notre che‍‍‍‍ vieil ami André Theuriet.

C'est dans la légendaire boutique du libraire Lemerre que nous fîmes sa connaissance, il y a quinze

* *Patrie*, 12 Janvier 1883.

ou seize ans. Le célèbre éditeur n'était pas installé alors dans l'élégant magasin que tout Paris connaît et dont les vitrines ornées de glaces magnifiques sont bondées de livres précieux, de riches reliures et d'eaux-fortes avant la lettre. Il occupait dans le passage Choiseul, à quelques pas de son établissement actuel, une boutique ouverte à tous les vents et bizarrement encombrée de piles de bouquins, où se réunissait tous les jours, entre quatre et six heures de l'après-midi, un groupe de jeunes poètes, tumultueux et chevelus, jadis épars dans la grand'ville et qui avaient enfin découvert et adopté ce lieu d'asile.

Ils étaient venus là d'instinct, parce que Lemerre annonçait une réimpression de la *Pléiade française*, et ils avaient trouvé bon accueil près de ce grand gars normand qui lui-même, avec sa barbe blonde, son nez droit et ses cheveux en brosse, avait une physionomie du XVIe siècle, et ressemblait un peu à Pierre de Ronsard, gentilhomme vendômois.

Le passage Choiseul se transforma donc en Galerie du Palais, et l'étalage de Lemerre tint lieu du pilier de Barbin. Là fut fondé ce *Parnasse contemporain* qui a fait tant de bruit dans Landernau, et là se célébrèrent les rites du culte nouveau pour le vers bien ciselé et la rime sévère.

Nous devons dire que, malgré sa sympathie naturelle pour les rythmeurs, l'honnête Lemerre, encore jeune et timoré, fut d'abord un peu effrayé de voir éclore dans sa boutique toute cette nichée d'aiglons tapageurs. Les discussions violentes, les éclats de rire juvéniles, les plaisanteries au gros poivre des jeunes poètes, autant que leurs toilettes étranges et négligées et leurs cheveux d███ par l'ouragan, épouvantèrent les anciens c███ la maison, paisibles bouquineurs à la chass███ introuvable Elzévir, et bonnes dames du quartier venant renouveler leur *Journée du Chrétien* ou leur *Cuisinière bourgeoise*. Avant d'enrichir Lemerre comme éditeur, les poètes le ruinaient comme libraire détaillant; et l'inquiétude légitime, mais courtoisement dissimulée, du patron se trahissait quelquefois dans la mauvaise humeur du commis, un bossu du nom d'Émile, qui ne cessait de gronder contre l'encombrement de la boutique et, sous prétexte d'épousseter l'étalage, bousculait malignement les infortunés lyriques et leur passait son plumeau sous le nez.

Ce fut dans ce milieu, qui n'existe plus depuis longtemps, que nous remarquâmes pour la première fois un homme à la physionomie douce et grave, dont le maintien un peu réservé contrastait avec les allures provocantes de nos jeunes amis; il n'en paraissait pourtant nullement scandalisé et souriait dans sa barbe noire, avec l'air indulgent d'un frère aîné, lorsque l'un de nous venait de proférer quelque chose d'énorme.

Ce discret personnage, qui devint bientôt notre ami à tous, était André Theuriet.

Il venait de publier son premier volume, le *Chemin des bois*, — une brassée de fleurs sauvages encore emperlées de l'eau des torrents des Vosges, — et Sainte-Beuve, qui avait le nez fin, subodora tout de suite, en ouvrant le volume, le bon parfum de forêt qui s'en échappait. Il s'intéressa à ce vrai poète, sorte de Pierre Dupont plus fin et plus châtié, et il fit couronner le *Chemin des bois* par l'Académie française.

Dès cette époque, Theuriet était un collaborateur assidu de la *Revue des Deux-Mondes*, et il y commençait la série de romans et d'études, aujourd'hui considérable, qui lui assure une place d'élite parmi les prosateurs contemporains. Le *Fils Maugars*, *Toute seule*, *Sous bois*, *la Maison des deux Barbeaux*, — pour ne citer que quelques titres, — sont autant de chefs-d'œuvre de délicate psychologie et de style simple et vibrant. Sans doute cette pure imagination de poète, cette langue d'une puissante sobriété détonnent et détonnent auprès des romans à la mode, qui sont tout d'excès et d'outrance aussi bien dans l'invention que dans la forme; mais la réputation d'André Theuriet devait être, comme son talent, discrète, sûre et fière.

Aujourd'hui nous ne voulons ou plutôt nous ne pouvons, dans André Theuriet, nous occuper que du poète. Et d'abord nous le féliciterons hautement d'être resté fidèle à l'art divin du rythme et de n'avoir pas cessé d'augmenter, malgré tant d'autres travaux, le charmant et précieux trésor de ses poésies. Car, sachez-le bien, dans ce temps où il n'y a plus de premières places pour les poètes, — qui oserait y prétendre à côté d'Hugo, de Lamartine, d'Alfred de Musset? — André Theuriet, à qui l'on ne peut reprocher que d'avoir le souffle un peu court, se distingue et se recommande par la plus rare de toutes les qualités, par une inspiration toute personnelle, absolument et profondément sincère.

Lisez et relisez, comme nous venons de le faire, son *Livre de la Payse;* il n'y a qu'un mot pour rendre l'impression qu'il nous a donnée : c'est un charme.

Coppée cite les deux pièces intitulées : *Les Étoiles* et *Soir d'automne* et quitte André Theuriet sur un délicat éloge, pour serrer après lui cordialement la main à Antoine Cros, un autre ami du même temps :

De tels vers, d'une poussée si franche et si robuste, se retrouvent dans tous les nouveaux poèmes d'André Theuriet, et son *Livre de la Payse,* qui fait de lui pour sa chère Lorraine ce que Brizeux est pour la Bretagne, est peut-être la meilleure, la plus complète production de cet excelent paysagiste, de cet observateur de la nature, qui sait parler des oiseaux comme Michelet, et donner à ses tableaux rustiques le caractère de grandeur et de poésie des chefs-d'œuvre de François Millet.

Antoine Cros est aussi un vieux camarade.

C'est l'aîné des « trois Cros, » tous hommes d'intelligence et d'art. Son second frère, Charles Cros, vous ne le connaissez, frivoles que vous êtes, que comme l'inventeur du « Monologue. » Un jour, par désœuvrement et par jeu, il a imaginé cette forme moderne de l'ancienne « scie » d'atelier, et il a écrit l'impérissable *Bilboquet,* qui, comme le drapeau tricolore, a fait le tour du monde. Ce que vous ignorez, c'est que Charles Cros est un très raffiné poète et de plus un savant du plus puissant et du plus libre génie. Il a inventé le phonographe avant Edison, — le fait a été constaté par l'Académie des sciences, — et, un de ces quatre matins, il trouvera la solution définitive du problème de la photographie des couleurs ; car il est déjà arrivé, dans cet ordre de recherches, à des résultats surprenants.

Le cadet des Cros, Henry Cros, est un sculpteur de grand mérite, et, à chaque exposition, on admire ses cires étranges, dont le sentiment de mystérieuse poésie et les tons délicieusement fins rappellent les magiques aquarelles du grand peintre Gustave Moreau.

Comme son frère Charles, Antoine Cros est savant et poète. Médecin très distingué et connu par ses importantes études sur la plessimétrie, il trouve encore le temps, dans ses *Belles Heures* — c'est le titre de son livre — d'écrire des vers sans pareils pour l'abondance et l'emportement lyriques. Il a eu bien raison de les dédier « au très aimé, très glorieux, très grand poète Théodore de Banville, » car tous deux, le maître et le disciple, pourraient prendre la même devise : « De la couleur, de la couleur et encore de la couleur! »

N'ayant que l'embarras du choix pour une citation, nous prendrons une courte pièce qui offre la particularité d'un rythme nouveau — le vers duo-décasyllabique, coupé de quatre en quatre syllabes par une césure régulière.

C'est la pièce intitulée : *Courage*, que nous ne reproduisons pas, nous étant fait une juste loi de ne citer, dans ce livre destiné à faire mieux connaître François Coppée, que des vers de lui.

Toujours se laissant volontiers aller à la pente de velours des souvenirs de jeunesse, Coppée, à propos d'un recueil de vers de M. Lafenestre, nous introduira dans le salon de Leconte de

Lisle, celui qu'il se plaît à appeler son maître, comme il le fait pour Théodore de Banville. Voici encore cet excellent tableau d'intérieur, digne pendant de celui du cénacle et de celui de la boutique Lemerre* :

Et les poètes! N'oublions pas les poètes! C'est le bon moment pour parler un peu de leurs chansons, puisque la morte-saison des théâtres est commencée et puisque, d'ici à quelques mois, patiente vigie établie dans le sémaphore du feuilleton, nous interrogerons du regard l'horizon dramatique, sans y voir poindre le lourd trois-mâts d'un mélodrame ou le léger chalutier d'un vaudeville. Mais où l'amour de la métaphore nous entraîne-t-il? Rien n'est plus élégant, plus gracieux qu'un navire, tandis que, neuf fois sur dix, rien n'est plus informe et plus laid qu'une pièce de théâtre; et notre comparaison ne vaut rien.

Réservons donc ces jolies fleurs de l'imagination pour parler de nos amis les poètes; car c'est pour nous une joie et une fierté d'être parmi les rares, les trop rares, qui s'occupent d'eux et qui s'intéressent à leurs travaux. Ah! ils sont bien dédaignés — et pis que dédaignés, ignorés — les pauvres poètes! Mais qu'on ne s'y trompe pas, ils représentent quand même ce qu'il y a de meilleur, de plus élevé, lâchons le mot : de plus aristocratique dans la pensée humaine. Combien de fois, en revenant d'un théâtre où venait de réussir bruyamment une de ces pièces comme on n'en fait plus guère d'autres, une pièce à thèse, bien entendu, inspirée par quelque actualité, bâtie par des procédés mécaniques et écrite dans le style plat et déclamatoire, qui est l'idéal du genre, combien de fois nous avons choisi, sur le rayon préféré de notre bibliothèque, un volume de poète sincère, et quels doux moments de repos et de fraîcheur nous avons trouvés à le relire!

Vous aurez votre revanche, rimeurs naïfs et désin-

* *Patrie*, 25 juin 1883.

téressés ! Dix pièces à scandale feront un affreux tapage autour d'une question quelconque, dix pièces écrites, par exemple, sur, pour ou contre le divorce. Puis, un beau jour, le divorce sera voté, et les dix pièces n'auront plus de raison d'être. A la ferraille, les vieilles armes ! Pendant ce temps-là, un poète aura fait quatre vers vraiment émus pour sa maîtresse, et tant qu'il y aura une langue française, les couples d'amoureux rediront ces quatre vers avec attendrissement. Soyez donc sans inquiétude, vous tous, qui, sans souci de la mode et du public, ne songez qu'à exprimer dans la forme définitive du vers les idées générales, les sentiments éternels ! Parfois il arrive que des charlatans établissent leurs baraques sur le mail d'une ville et que les « boum ! boum ! » des grosses caisses effarouchent et font s'envoler les petits oiseaux des vieux arbres. Mais le succès des saltimbanques ne dure que peu de jours, ils ne tardent pas à plier bagages, ils s'en vont dans leurs maisons roulantes ; et la victoire reste aux rossignols qui, dans les arbres du mail nocturne redevenu désert, continuent à lancer leurs folles mélodies vers les sereines étoiles !

Quatre vers ! disions-nous. Oui, quatre vers seulement, quatre beaux vers, sont le plus précieux trésor du monde, et il est impossible qu'il se perde.

A l'appui de cette assertion, nous raconterons une petite anecdote, qui nous permettra d'offrir à nos lecteurs un régal fort rare, un quatrain *inédit* de Victor Hugo.

Il y a très longtemps de cela, un de nos amis, alors enfant, le charmant dessinateur Giacomelli, — qui a refait avec son crayon le magnifique poème de Michelet, l'*Oiseau*, — passait devant le perron de Tortoni, ce fameux perron de Tortoni, où s'accoudent, dans les romans de Balzac, les « lions » et les « gants-jaunes. »

Devant le perron se tenait debout, la sébile en main, un aveugle, — visage de vétéran à barbe grise, — appuyé sur un gamin et portant au cou un écriteau, sur lequel l'écolier qui passait reconnut la signature

de Victor Hugo — cette signature énorme où le
Maître semble avoir chaque fois écrasé sa plume, —
et lut ces quatre vers, qui n'avaient pas d'ailleurs
besoin d'être signés pour qu'on reconnût leur auteur.

> Aveugle comme Homère et comme Bélisaire,
> Il n'a plus qu'un enfant pour guide et pour appui ;
> La main qui donnera du pain à sa misère,
> Il ne la verra pas, mais Dieu la voit pour lui.

Ces quatre vers se gravèrent ineffaçablement dans
l'esprit du jeune Giacomelli. Quarante années environ
s'écoulèrent sans qu'il les oubliât, et, assez récemment,
il eut l'occasion de les dire à Victor Hugo lui-même,
qui n'en renia pas la paternité. Au contraire, le poète
se souvint parfaitement du vieux soldat aveugle qu'il
avait remarqué jadis, un jour qu'il déjeunait chez Tortoni, et de la poétique aumône qu'il lui avait faite.

Ce beau quatrain de Victor Hugo, conservé par un
heureux hasard dans la mémoire d'un passant, paraîtra
dans *Toute la Lyre*.

Mais, après avoir mis cet article sous l'invocation
de Victor Hugo, dont le nom doit toujours être prononcé quand il est question de poésie, ouvrons le
volume de Georges Lafenestre, qui traîne depuis plusieurs semaines sur notre table et que nous nous reprochons de ne pas vous avoir signalé plus tôt.

Sous ce titre, *Idylles et Chansons*, Georges Lafenestre
vient de grouper tous les vers qu'il a écrits de 1860 à
1874, tous les vers de sa jeunesse. Lisez ce livre, et
vous reconnaîtrez et aimerez un sincère, un vrai poète.

Nous, voilà longtemps que nous le connaissons et
que nous l'aimons. Notre première rencontre date de
la lointaine année 1866, alors que, jeune parnassien
respectueux et timide, nous allions tous les samedis
soirs — avec autant d'émoi qu'un hadji va à la Mecque
— passer la soirée chez Leconte de Lisle, qui demeurait au quatrième étage d'une maison du boulevard
des Invalides.

Vous souvenez-vous, cher ami, des bonnes soirées
que nous avons passées dans ces deux petites pièces

chaudes et bien éclairées, toujours encombrées de poètes, où nous avons déclamé tant de vers et bu tant de tasses de thé au kirsch? Vous souvenez-vous de la cordialité un peu hautaine de notre hôte, alors au midi de son âge et de qui le visage apollonien ressemblait encore au buste de Moulin, placé sur la cheminée où le maître aimait à s'accouder? Vous souvenez-vous de tous ceux qui étaient là, le samedi soir : de Gouzien chantant au piano sa naïve *Légende de Saint-Nicolas;* de Villiers de l'Isle-Adam, les cheveux dans les yeux et roulant une cigarette d'un air farouche; de Mallarmé, suave et pontifical; de ce pauvre bon diable de Glatigny, agitant ses grands bras au-dessus de sa tête de jeune satyre; de tant d'autres dispersés et disparus? Dans ce cénacle de jeunes hommes ardents et bruyants, vous étiez un silencieux, un modeste. Vous reveniez d'Italie, où vous étiez allé chercher un peu de santé après une grave maladie, et, bien que guéri ou à peu près, vous aviez encore dans votre physionomie une expression de mélancolie et de fatigue. Cependant on disait des vers — à la ronde, chacun la sienne! — et, quand venait votre tour, d'une voix toujours voilée par votre émotion d'incorrigible timide, vous nous récitiez ces admirables strophes sur une statue inachevée de Michel-Ange, cette *Ébauche* que vous veniez de composer et qui sera conservée, croyez-le bien, comme une fleur exquise de poésie, dans l'herbier des anthologies.

C'était ainsi, n'est-ce pas? dans ce temps-là, chez Leconte de Lisle. Ni hommes, ni femmes, tous poètes, et ce qui doit être proclamé à leur louange, c'est que tous sont restés poètes. Oui, tous, malgré les sévères exigences de la vie, sont demeurés fidèles au culte de leur jeunesse. Vous, par exemple, cher Lafenestre, depuis le temps dont nous venons de parler — il y a dix-sept ans de cela, s'il vous plaît, — vous êtes devenu un critique d'art éminent, vous avez rempli et vous remplissez encore, avec autant de zèle et de conscience que de supériorité, d'utiles et importantes fonctions dans l'administration des Beaux-Arts. Eh bien, maintenant, ami dont la barbe est grise, avouez que les meilleures heures que vous ayez vécues sont celles où vous avez rhythmé vos idylles et vos chansons, où vous avez cueilli, dans le champ de votre imagination, ces fleurs lumineuses ou sombres dont vous nous offrez aujourd'hui la gerbe parfumée.

Un autre maître de Coppée, un autre ami de sa jeunesse, encore plus près de son esprit et de son cœur que Leconte de Lisle, de ceux qu'on admire et qu'on ose aimer, tant ils sont aimables, c'est Théodore de Banville. A l'occasion de la publication de ses *Souvenirs*, le poète lui a payé sa dette d'effection en essayant de croquer au vol cet homme chauve à l'œil vif dardant son étincelle sur un masque glabre, à la voix fûtée, à l'ironique sourire nichant au pli d'une lèvre fine, cet écrivain à la prose étincelante, ce rimeur aux prestigieux tours de force de jongleur japonais, se couvrant d'une pluie de lames éblouissantes et de joyeux grelots.

Par une bonne fortune assez rare en cette saison, il n'y a pas eu de premières représentations cette semaine. L'horizon est noir, mais le nuage ne crèvera que dans quelques jours; alors il faudra reprendre le collier de misère, sortir de l'Ambigu et de la Porte-Saint-Martin à des heures ridiculement nocturnes et rédiger hâtivement les bulletins de la Grande Armée dramatique. Mais jouissons de cette accalmie, et

Puis donc qu'on nous permet de prendre haleine,

— car il faut toujours citer l'admirable rejet des *Plaideurs* — acquittons-nous d'une promesse que nous faisions, lundi dernier, à nos lecteurs, et causons avec eux de notre cher maître Théodore de Banville et de son charmant volume : *Mes Souvenirs.*

Quiconque a de saines opinions littéraires et ne croit pas que la marque distinctive du génie poétique soit de faire rimer *idée* avec *fâchée*, connaît sans doute Théodore de Banville et le tient, comme nous le faisons, pour un excellent et glorieux poète, pour un lyrique de la grande race, et de plus pour un extraordinaire, un prodigieux artiste en rhythmes français. Le gros public, le public plus mal informé, a lu au moins ses folles et ravissantes *Odes funambulesques*, chef-d'œuvre de fantaisie bouffonne, véritable découverte d'un comique nouveau. Enfin le bourgeois le plus encroûté, le philistin le moins au courant des choses de l'esprit, a vu jouer, même sans le faire exprès, à la Comédie-Française, le *Gringoire* de notre ami, un de ces actes sans défauts qui sont la richesse et l'honneur d'un répertoire.

Ce qu'on sait moins — ou, pour mieux dire, ce qu'on ignorait encore il y a quelques années, — c'est que Théodore de Banville est un des hommes de ce temps qui aient le plus d'esprit.

Les manières sont nombreuses d'avoir de l'esprit, bien qu'elles le soient encore plus de n'en pas avoir. Disons-le tout de suite, il y en a d'assez faciles, et quelques-unes de méprisables. La plus aisée et par conséquent la plus généralement répandue, c'est d'être méchant. Le mot célèbre qu'on attribue — à tort, nous en sommes certain, — à un illustre auteur comique : « Mon père serait capable de monter derrière sa voiture pour faire croire qu'il a un nègre, » peut être pris pour type de cette façon d'être spirituel. Au risque de passer pour un triple épicier, nous la tenons en médiocre estime ; car elle est trop vulgaire. Les « mots cruels, » pour nous servir de l'expression de d'Argenton, le raté, dans un fameux roman de Daudet, les « mots cruels » se fabriquent à la douzaine dans les cafés du boulevard et dans les officines des petits journaux, et c'est de là que s'envolent ces guêpes venimeuses pour taonner les amours-propres en évidence.

Celui qui adopte ce tour d'esprit féroce est un homme moralement perdu ; il sacrifiera la réputation du plus honnête homme de ses amis pour aiguiser sa pointe et être sûr qu'elle fait saigner ; il outragera la pudeur d'une vierge pour empoisonner un calembour. On les remuerait à la pelle, les Parisiens de la décadence, qui sont spirituels à ce prix-là ; mais leur race est maudite, comme celle de Cham, le premier « blagueur, » qui a certainement « fait un mot » devant la nudité de son père Noé, endormi près de sa vigne dans une posture indécente.

Théodore de Banville ne fait point de « mots » ; il est, d'ailleurs, le plus indulgent, le plus charitable, le meilleur des hommes ; et tout cela ne l'empêche pas d'avoir infiniment d'esprit. Comment donc s'y prend-il ? Ah ! voilà ! Il faudrait avoir, pour le dire, sa brillante, son éblouissante imagination, sa mémoire infaillible, sa profonde connaissance de la vie de Paris, son intarissable faculté de créer des comparaisons inattendues et des folles métaphores, son don naturel d'observation comique, sa source sans cesse jaillissante de phrases bouffonnes et d'expressions trouvées.

On peut cependant, sinon dépeindre, du moins caractériser en un mot le genre d'esprit de Théodore de Banville : c'est l'esprit d'un poète. Plein du bon sens le plus sûr et le plus pratique, mais dégoûté de la forme qu'il prend dans le langage des sots, le cher causeur a soin de draper la vérité nue dans la radieuse parure du paradoxe ; il la pousse ainsi à l'outrance, et la forme du discours qu'il emploie le plus volontiers est la féconde, la triomphante, la lyrique hyperbole.

Mais, si Théodore de Banville a toujours été un délicieux causeur, il ne consentait autrefois à se montrer sous cet aspect que pour ses amis ; pour eux seuls, avec la généreuse prodigalité du poète, il gaspillait son patrimoine intellectuel, — semblable, en cela, à ce fameux prince Esthérazy, qui, dans les bals de la cour à Vienne, valsait avec des diamants mal attachés exprès à sa pelisse de colonel de hussards, pour qu'ils tombassent sur le parquet et que les dames pussent les ramasser.

Un journal a eu l'excellente idée de mettre un terme à une dilapidation aussi insensée et de pourvoir d'un conseil judiciaire ce coupable bourreau d'esprit.

— Écrivez vos conversations, a dit le *Gil Blas* à Théodore de Banville ; — et depuis quelque temps, le prodigue prend à poignées dans ses souvenirs et, deux fois par semaine, il raconte aux Parisiens charmés ses innombrables historiettes. Elles ont fini par former trois volumes : *Contes pour les femmes, Contes féeriques* et *Mes Souvenirs*. Mais ce n'est pas fini, croyez-le bien, et notre cher maître, qui en a pris la bonne habitude, continuera longtemps, pour notre joie, à jeter par les fenêtres les perles et les rubis de son trésor, qui est éblouissant et inépuisable comme la caverne d'Aladin et le puits d'Aboul-Cassem.

Lisez donc ces *Souvenirs*, où Théodore de Banville évoque tous les témoins et tous les compagnons de sa poétique jeunesse ; laissez-vous conduire par cet éloquent cicerone dans tous les milieux du Paris d'il y a trente ou quarante ans, du Paris de Balzac ; il vous fera pénétrer tour à tour dans les coulisses du petit Lazari, dans le boudoir de Mlle Georges, dans le premier cachot de Félix Pyat, dans la célèbre salle à manger de Nestor Roqueplan, du temps qu'il dirigeait l'Opéra et ne versait à ses convives qu'un seul vin, mais un vin — comme s'écrie Banville, toujours fidèle à l'hyperbole — « un vin comme un vieux vigneron n'en boit qu'au mariage de sa fille unique. » Dans ce livre varié le décor et les personnages changent à chaque page. On sort avec Privat d'Anglemont d'un cabaret de voleurs et d'escarpes pour être présenté dans le salon du noble comte Alfred de Vigny ; après avoir feuilleté les éditions-princeps de la bibliothèque de Jules Janin, on rencontre sur le boulevard, devant la boutique du marchand de galettes du Gymnase, Frédérick Lemaître découvrant, sur le dos d'un bohème du pavé, le légendaire costume de Robert Macaire. A côté du visage subtil, aux yeux couleur de café noir, de Charles Baudelaire, apparaît la grimace canaille de l'acteur Grassot ; la bedaine gonflée de truffes du baron Brisse encombre la rue et bouche le passage au rutilant Napolitain, couvert de bijoux comme un ténor, Pier-Angelo Fiorentino ; et derrière la figure olympienne de Théophile Gautier, le grand mime Debureau montre son masque de plâtre*.

C'est dans ces années de pauvreté décente et fière, de mystérieux travail de la vocation, de timide et farouche puberté poétique, de discrète et fine exploration du petit monde littéraire avant de choisir le groupe complice de l'aveu « Et moi aussi je fais des vers ! » et le Recueil hospitalier au premier nid, que François Coppée connut ce fantastique comédien-poète, cet hoffmannesque Glatigny, dont il a tracé un portrait à mettre pour la verve et la malice et le mélancolique enjouement à côté du portrait de cet autre étrange sire et drôle de pistolet, frère en singularité aventureuse, frère en bohème, de Glatigny, ce Privat d'Anglemont, si curieusement pourtraicturé par Théodore de Banville dans les *Souvenirs*.

En attendant quelque nouveauté, le caprice du public parisien s'intéresse toujours à Jean Richepin, jouant lui-même le principal rôle de son drame. Ayant dit, la semaine dernière, notre humble avis sur l'aventure du poète-comédien, nous n'avons plus à en parler ; mais, à propos d'un poète qui joue la comédie, on nous permettra d'évoquer le souvenir d'un comédien qui faisait des vers. Le nom du pauvre Albert Glatigny a été, ces jours-ci, souvent imprimé dans les gazettes. Or, nous avons beaucoup connu Glatigny et, comme tous ceux qui ont pu voir de près cet être

---

* *Patrie*, 12 novembre 1883.

enthousiaste, naïf et bon, nous l'avons aimé. Parlons donc de lui, puisque l'occasion s'en présente. Ce ne sera point sortir de notre spécialité et ce sera toujours parler du théâtre, pour lequel Glatigny eut toute sa vie une passion aussi ardente que malheureuse.

C'est chez Catulle Mendès que nous le vîmes pour la première fois. Nous étions très jeune alors, et lui aussi; car ceci se passait en 1865, avant même l'éclosion du premier *Parnasse contemporain*, où nous sommes très étonné aujourd'hui de ne pas trouver de vers signés de son nom. Dans quel département lointain Glatigny jouait-il les grimes ou les financiers, lorsque parut ce célèbre volume? Nous l'ignorons. Mais il fallait, à coup sûr, que sa trace fût perdue. Sans quoi, Mendès, qui l'aimait tendrement, lui aurait certainement fait signe.

Donc, ce fut chez Mendès, qui demeurait alors rue La Fayette et donnait des « thés » littéraires et tumultueux, chez Mendès, où nous nous glissions, timide néophyte et n'osant encore extraire de la poche intérieure de notre redingote un sonnet honteux et farouche, que nous vîmes, un soir, arriver Glatigny. Son aspect était fait pour étonner. Grand jusqu'à l'infirmité, d'une maigreur et d'une agilité de sauterelle, il portait, tout en haut de son long corps et de son long cou, une petite tête glabre de comédien, rasée, usée, creusée, d'où pointaient deux oreilles de faune et dans laquelle sa grande bouche s'ouvrait en un rire spirituel et libertin. Il était vêtu d'un pantalon de nankin beaucoup trop court et d'un chétif habit bleu-barbeau à boutons de métal, costume avec lequel il venait de jouer, nous dit-il, le rôle du vieux colonel-gentilhomme, dans *Héloïse Paranquet*, au théâtre du Parc, à Bruxelles.

Il causa, et, dans sa folle causerie, on devinait sa vie errante et famélique de cabotin, parfois aimé de la soubrette et de la deuxième amoureuse, mais souvent, hélas! n'ayant pour souper que les biscuits à la cuillère, contenus dans le pâté de carton du deuxième acte et arrosés de cette limonade gazeuse dont le bouchon, sautant avec bruit, donne au public l'illusion d'une orgie au vin de champagne. Puis, sur la prière du maître de la maison, il déclama des vers. La plupart — il faut bien l'avouer — étaient plus que légers, et, s'ils ont été imprimés, on ne peut les retrouver que dans « l'enfer » des bibliothèques. Mais tous, les graves comme les badins, étaient admirables de verve, de couleur et d'emportement lyrique.

Bien que cet étrange personnage fût d'un abord facile, nous ne nous permîmes pas de lui adresser la parole dès la première rencontre. Dans ce temps-là, un poète, connu pour tel et ayant son nom imprimé dans les feuilles, nous faisait bien trop d'effet. Nous nous contentâmes donc de regarder Glatigny de loin, avec respect, comme une alpe. Mais, plus tard, lorsque, nous aussi, nous fûmes atteint et convaincu, dans le Cénacle, d'avoir mis du noir sur du blanc et aligné un grand nombre de lignes inégales avec une rime riche au bout, nous nous familiarisâmes avec Glatigny.

C'était, en vérité, le meilleur garçon du monde. Effronté, même un peu cynique, mais comme les enfants, et avec leur innocence, il avait le cœur le plus brave et le plus généreux. Reconnaissant jusqu'aux larmes du morceau de pain qu'il recevait d'un ami moins pauvre que lui, il allait bien vite le partager avec un plus pauvre. Il avait l'amitié héroïque. Une fois, il se battit en duel avec un journaliste pour un outrage fait à un poète, son maître et son ami. Avec un magnifique appétit de bien vivre et d'aimer, il jeûnait presque toujours. Mais jamais une aigreur, jamais un moment de révolte et d'ennui. Un de ses biographes l'a comparé à Panurge. Ce n'est pas juste. Il avait de Panurge la sensualité naïve; mais Panurge n'est ni honnête, ni courageux; et nul ne le fut plus que ce bon enfant, qui n'était pourtant point un enfant gâté de la destinée.

On a souvent raconté sa vie, dont un nouveau Gautier pourrait faire un autre *Capitaine Fracasse*.

Fils d'un brave gendarme qui portait le jaune baudrier dans un village du Calvados, Albert Glatigny avait un jour découvert un vieux Ronsard mangé des rats dans le grenier familial, et s'était affolé de poésie et de rimes en lisant les œuvres du gentilhomme vendômois. Puis, comme il cachait ses premières strophes dans un pupitre de clerc d'huissier, à Pont-Audemer, une troupe de comédiens vint à passer, et il partit avec eux, espérant jouer un jour les Frédérick Lemaître, mais d'abord en qualité de souffleur. Il obtint cependant quelques rôles, des rôles n'ayant guère plus d'importance que celui du lion dans *le Songe d'une nuit d'été*. Il trouva moyen d'y être mauvais et sifflé. N'importe, il aimait si follement le théâtre, ce bohémien, qu'il y resta et y dîna plus d'une fois peut-être des pommes cuites qu'on lui jetait. Mais, dans sa boîte de souffleur, il lisait, il travaillait, il apprenait le latin. A Alençon, il connut Poulet-Malassis, qui allait devenir le premier éditeur des poètes, le Jean-Baptiste d'Alphonse Lemerre. Malassis expédia Glatigny à Paris, l'adressa à Théodore de Banville, qui fut pour lui, comme pour tant d'autres, excellent et paternel; et, en 1860, — il avait dix-huit ans, — Glatigny publiait son premier livre de vers, les *Vignes folles*.

Lisez ce volume; vous serez stupéfait du continuel jaillissement des beaux vers, de la poussée, de l'abondance lyrique qu'on y trouve.

Ce mauvais comédien, qui était un si bon poète, essaya de se caser dans les théâtres parisiens. Il demandait une bien modeste, une toute petite place. Il joua, aux Bouffes-Parisiens, dans les *Deux Aveugles*, le rôle du monsieur qui passe et donne un sou. L'avait-il toujours dans son gousset? Quand Rouvière, s'installant dans le Théâtre-Lyrique, déjà marqué par la pioche des démolisseurs, y monta l'*Othello*, d'Alfred de Vigny, Glatigny représenta un sénateur qui n'avait à dire qu'un vers et un hémistiche. Il gagnait ainsi quarante sous, trois francs par soirée, dans l'emploi des « utilités. » C'était vraiment trop peu; il fallut retourner aux sifflets de province, dont le consolait la Frosine ou la Dorimène de la troupe. Et au milieu de toute cette misère, dans cette existence vagabonde, il était joyeux, il chantait, il s'enivrait de la nature et du voyage, il écrivait de nouveaux poèmes, égaux et supérieurs aux premiers, et ce pauvre cabotin, qu'on revoyait, chaque été, après une campagne toujours malheureuse, errer autour des tables de la « terrasse, » devant le café de Suède, presque en haillons, sans un liard en poche, rapportait à Paris le manuscrit du *Bois*, une exquise idylle, ou des *Flèches d'Or*, son second et son meilleur recueil de vers, dont on nous saura gré de citer ces strophes fermes et franches intitulées : *La Normande* :

Coppée citait *la Normande* et ajoutait :

L'auteur de ces vers, exécutés avec tant de soin et d'art, avait aussi une faculté étonnante d'improvisation. Bien souvent, dans nos réunions de camarades, Glatigny s'asseyait devant une table, la plume à la main. Nous lui jetions, l'un après l'autre, les quatorze rimes d'un sonnet, et, tout de suite, sans recueillement préalable, dans le seul temps indispensable pour écrire au courant de la plume, il composait, *sur un sujet imposé*, des vers où il y avait, sinon du mérite, du moins de l'esprit et de l'agrément.

Un jour, à bout de ressources, le pauvre diable songea à tirer parti de ce talent de société, et ce qu'il n'avait encore fait que pour amuser ses amis, il le fit en public, sur la scène de l'Alcazar.

La première fois qu'il y parut, nous étions là, venu pour le soutenir de nos applaudissements, mais, on le comprendra, avec un sentiment pénible dans le cœur. Glatigny, nous devons le dire, fut extraordinaire. Il se présenta décemment, parla aux spectateurs avec une parfaite convenance et improvisa avec plus d'ingéniosité et de bonheur que jamais. Les rimes ailées semblaient voler vers lui et lui obéir comme à un charmeur d'oiseaux. Le public fut enchanté, les séances d'improvisation de Glatigny furent très suivies, et, un instant, il connut presque l'aisance.

Mais cette vogue dura peu, et Glatigny dut repartir

pour ses caravanes dramatiques et remonter sur le chariot de Thespis, transformé de nos jours en wagon de troisième classe. C'est dans une de ces courses que se trouvant, par grand hasard, sur une route de la Corse, il rencontra un brigadier de gendarmerie imbécile qui crut reconnaître l'introuvable assassin Jud dans ce voyageur mal vêtu et sans papiers, et le retint sans pitié au cachot pendant plusieurs jours, en compagnie de sa chère petite chienne Cosette, la seule compagne fidèle que le poète avait eue jusqu'alors.

Le tragique de l'aventure, c'est que cette arrestation odieuse acheva de ruiner la santé du malheureux Glatigny, épuisé de fatigues et de privations. Blessé à mort, il revint au gîte, au pays natal, où il retrouva, avec une trompeuse amélioration de son état, une jeune fille charmante, mais, hélas! malade comme lui, qui fut émue de son infortune, l'aima, l'épousa, le soigna jusqu'au dernier jour avec le plus admirable dévouement, et le suivit de près dans la tombe.

Cette vie, éparpillée d'abord à tous les vents de la folie, eut une fin touchante et digne : ce roman comique s'acheva en pure élégie.

Les poésies de Glatigny n'eurent point, de son vivant, le succès qu'elles méritaient; elles sont, depuis sa mort, trop oubliées. Tous ses vers ne sont point dignes de lui survivre; mais beaucoup lui ont été dictés par l'inspiration la plus libre et la plus personnelle. On devra toujours citer le nom et quelques-unes des œuvres de Glatigny, quand on parlera de la poésie contemporaine. Quant à nous, nous sommes heureux qu'une actualité nous ait permis de donner un souvenir attendri à notre pauvre camarade*.

Nous en avons assez dit, puisque nous avons épuisé ces charmantes confidences qui sont la fleur des souvenirs de jeunesse de Coppée, en ce qui touche ses aspirations d'art, ses amitiés d'es-

* *Patrie*, 14 janvier 1884.

prit et de cœur, les rêves de cette vie des pensées « *de derrière la tête*, » comme dit Pascal, dans laquelle il oubliait l'autre. Nous allons étudier les premiers ouvrages du poète, toujours si intéressants parce qu'ils contiennent le premier fruit de son âme, qu'ils ont la grâce de l'inexpérience, un charme d'inconnu qui se livre, une poésie virginale d'aube que rien ne remplacera. On peut faire plus et mieux que dans ses premiers vers; ils sont bien rarement les meilleurs qu'on ait faits; ce n'est pas à vingt ans qu'on écrit des chefs-d'œuvre. Mais il y a dans les premiers vers du poète, dans cette première effusion d'âme, un parfum particulier de personnalité qui ne se retrouvera pas dans ses œuvres plus achevées.

Voilà pourquoi nous attachons justement une importance particulière à l'étude des premières œuvres. Elles sont pleines de ce charme particulier de révélation dont je parle, elles ont cette grâce de gaucherie, ce délicieux frisson de surprise, cette saveur profonde — que les autres œuvres, que les autres amours ne retrouveront pas, parce qu'en art et en amour il y a des choses qu'on ne recommence pas, — de la première inspiration, de la première rencontre, de la première victoire, du premier baiser.

Mais avant d'examiner les premiers recueils poétiques de Coppée et d'y rechercher curieusement la trace des origines, des influences qui marquent toute inspiration à son début (on n'est pas original du premier coup et tout papillon sort d'une chrysalide), nous devons jeter un coup d'œil sur le livre où Catulle Mendès a cherché à dégager de la légende l'histoire de cette petite révolution ou plutôt de cette évolution littéraire qui valut à ses chefs et à ses adeptes le nom quelque peu ironique — contre lequel il proteste — de Parnassiens, et raconte ses premiers rapports avec Coppée.

Le livre, recueil de conférences faites à Bruxelles, est agréable, léger, spirituel, mais prolixe et superficiel. Il suffirait à prouver, par l'absence de mesure, de proportion, de critique, qu'on y peut regretter, que ce qu'on appelle le *Parnassisme* ne fut, en effet, ni une école, ni un système, ni une doctrine esthétique, ni une philosophie d'art, mais simplement la rencontre de quelques jeunes gens réunis par des ambitions et des répugnances communes, qui savaient moins ce qu'ils voulaient que ce qu'ils ne voulaient pas. Curieux de nouveauté plus que novateurs, passionnés pour le style plus que pour l'idée, ils ne s'insurgeaient pas, comme leurs aînés romantiques, contre la vieille religion classique, et ne songeaient pas à démolir l'autel consacré de Corneille et de Racine, mais ils étaient horripilés par la versification grossière, au monotone balancement, aux rimes d'une sonorité fêlée, la poésie pédestre, asthmatique, de ce romantisme bâtard, de ce romantisme à parapluie, dont Casimir Delavigne est le dieu et Ponsard le prophète.

Nos jeunes raffinés, qui avaient appris l'art des vers avec des maîtres épris de la curieuse variété des rhythmes et des voluptés de l'oreille, Victor Hugo, Théophile Gautier, Théodore de Banville, Leconte de Lisle, voulaient, surtout en vers, pour parler vulgairement, de l'*ouvrage bien fait*, et pour parler littérairement, de la poésie ciselée, damasquinée, niellée comme un flacon de Benvenuto, c'est-à-dire renfermant sous une forme brillante, légère, harmonieuse, travaillée avec le souci de la perfection, sa goutte de parfum idéal, sa perle d'essence de rose ou de poison indien.

Question de méthode et de procédé, en somme, guerre des délicats, des raffinés, des virtuoses du travail poétique contre les rimeurs maladroits, aux oreilles de maroquin, comme le disait le dilettante Caracciolo de certains amateurs de l'Opéra en son temps, à l'hémistiche lourd, à la rime flasque, des mauvais ouvriers, des méchants artistes de l'école du bon sens. Ces délicats, ces raffinés, ces sybarites qui s'offensaient d'un pli de rose sur le lit de la Muse, avaient peine à pardonner à Lamartine, en dépit de son instinctive mélodie, ses mollesses, ses langueurs, ses défaillances d'ouvrier, sa médiocrité de contre-pointiste, et ils eussent trouvé bien plus beaux les beaux cris de passion de Musset s'ils n'eussent été si pauvrement rimés.

M. Catulle Mendès convient de tout cela en somme, s'il ne le dit pas de la même façon. Sur les aspirations et les idées des Parnassiens ou des néo-romantiques, comme il préfère les appeler, sur leur admiration pour Victor Hugo, religion que plus d'un poussa jusqu'à la superstition, jusqu'à l'*Hugolâtrie*, sur la triple influence, en dehors de cette domination souveraine, de Baudelaire, de Leconte de Lisle et de Banville, nous sommes d'accord. C'est là l'essentiel. Nous le serions moins sur la part démesurée, disproportionnée, faite à Albert Glatigny dans un tableau où cette figure de second plan est plus étalée, plus fouillée que celle de Sully Prudhomme et de François Coppée lui-même, et sur des appréciations qui ne sentent pas moins la fantaisie ou le parti pris de la camaraderie à propos d'autres poètes du groupe. De ce livre agréable, mais frivole et diffus, où pétille un esprit un peu superficiel (il y a plus de mousse que de vin dans ce champagne-là), nous ne chicanerons pas les faiblesses critiques. Il n'a prétendu peut-être qu'à être ce qu'il est en effet, une sorte d'anthologie du groupe à la sauce anecdotique.

C'est sur ce ton de chronique et avec la familiarité qui permet de se mettre en scène sans façon que Catulle Mendès raconte ses rapports confraternels, bientôt amicaux, avec François Coppée et leurs premières campagnes à travers les difficultés de l'art et de la vie. Il faut lui savoir gré de n'avoir pas exagéré son rôle d'initiateur et d'avoir même protesté modestement contre la gratitude excessive, selon lui, avec laquelle François Coppée s'est, en toute occasion, généreusement et flatteusement plu à reconnaître le service rendu.

Ce service ne fut pas d'éveiller un génie qui s'était éveillé de lui-même. On n'apprend pas, en effet, à être poète. On naît poète. C'est un don avant d'être un art. Mais on doit, d'ailleurs, de la reconnaissance à l'ami qui, le premier, vous donna conscience de vous-même, vous prépara à affronter le public, vous apprit non l'art, mais le métier, vous fournit non l'instrument, qui vient de Dieu, mais la manière de s'en servir, qui vient de l'homme. A ce titre, en effet, et sans rien forcer du sens des mots, on peut dire que ce service d'avoir le premier reconnu et salué la vocation d'un poète comme Coppée, est la plus belle action littéraire de Catulle Mendès et que cet ouvrage-là demeure, malgré son talent, son meilleur ouvrage *.

Quand François Coppée fut présenté un matin, entre la chute de la *Revue fantaisiste* et la publication du *Parnasse contemporain*, plus parodié que lu, à M. Catulle Mendès, dans une chambre demi-nue de l'hôtel du Dragon-Bleu (*vulgò* Hôtel du Brésil), où l'on devait avoir, suivant le visiteur, plus d'envie de se pendre que de rimer des *Sérénades*, ce que faisait pourtant un hôte qui riait à l'avenir pour ne pas pleurer du présent, le nouveau venu était lui-même dans les dispositions à la fois enjouées et mélancoliques que donnent à la jeunesse prédestinée à un meilleur sort les dégoûts du jour et les espérances du lendemain. Catulle Mendès fait du visiteur ce portrait assez exact et juste de ton, quoique d'une touche un peu molle, que nous reproduisons :

Très jeune, assez maigre, pâle, l'air fin, des yeux timides, qui regardaient autour de lui; vêtu d'un habit étriqué, neuf et très propre cependant, il avait un peu de l'air d'un employé de commerce ou de ministère, et en même temps l'élégance de ses traits,

---

* Catulle Mendès : *La Légende du Parnasse contemporain*. Bruxelles. Auguste Brancart, éditeur, 1884.

la grâce ironique de son sourire, je ne sais quoi de doux et d'un peu triste, de parisien aussi dans toute son attitude, faisaient qu'on le remarquait, voulaient que l'on prît garde à lui *.

Comment les deux jeunes gens, les deux poètes, se connurent ainsi par l'intermédiaire de M. Emmanuel Glaser, un confrère hongrois; comment Coppée avoua un jour publiquement, après le succès de la lecture de vers anonymes intitulés les *Fleurs mortelles*, qu'il en était l'auteur, comment Mendès s'attacha à cultiver une vocation qui promettait, par ces premières fleurs, de si beaux fruits; comment cette liaison littéraire, aux profits mutuels, devint une intime amitié scellée par un commerce quotidien, par de fréquentes rencontres à la table de famille, au premier étage de la petite maison du passage de l'Élysée-des-Beaux-Arts, à Montmartre, l'auteur de la *Légende du Parnasse contemporain* nous raconte tout cela en ces souvenirs qu'on peut soupçonner, sans leur faire tort, d'être légèrement et agréablement *romancés*, comme on le disait de ceux de Charles Nodier. Mais comme il ne nous fournit guère aucun détail caractéristique, comme il ne cite aucun des vers courageusement, héroïquement voués à l'auto-da-fé par Coppée (ne garde-t-on rien des vers comme des lettres qu'on brûle ainsi en ces sacrifices volontaires et n'ont-ils pas leur regret, leur petite restriction mentale, leur *retentum* de secrète clémence?), nous demeurons réduit aux inductions,

---

* Page 208.

aux divinations peut-être hasardeuses de notre critique pour démêler dans le bouillonnement un peu confus d'un jeune talent à sa première cuvée, la qualité maîtresse, le bouquet dominant de ce vin nouveau, dont le succès fondera un cru célèbre de plus aux poétiques vignes.

Une chose à remarquer, qui éclate dès le *Reliquaire*, dès les *Intimités*, c'est que l'inspiration du poète à ses débuts est déjà originale, personnelle, sans trace d'imitation, sans goût de pastiche. Il ne refait ni les *Odes et Ballades*, ni les *Orientales*, ni les *Méditations*, ni les *Nuits*, ni *Émaux et Camées*. Il n'est pas en présence des événements et des circonstances qui favorisèrent si heureusement la muse de Victor Hugo, au lendemain de l'Empire, au moment de la lutte héroïque de la Grèce contre la Turquie et de l'intervention européenne arrachant la fille chrétienne d'Homère et de Platon à la férocité du despotisme musulman, au moment de la réaction artistique et catholique en faveur de l'art du moyen âge. Ce sont là les grands mouvements de passion et d'idées, les grands courants qui avaient fait résonner cette harmonieuse statue de Memnon que tout poète porte en soi.

Mais en ces années 1860 à 1866 où François Coppée commença d'écrire en vers, l'inspiration était étroite, rare et triste ; c'était comme un vent d'automne qui soufflait sur les poètes. On était à ces fins critiques des siècles où l'épuisement de la décadence universelle n'est plus capable, même chez les natures privilégiées, des grands coups d'aile de la poésie lyrique ou épique. On n'était plus au midi, mais au soir avec ses tristes couchants et ses vagues crépuscules. Nul poète n'eût pu songer à endosser les armures des géants d'autrefois, dont le dernier, Victor Hugo, avait gardé jusque sous les cheveux blancs le secret de l'éternelle force et de l'éternelle jeunesse.

Les premiers vers de Coppée devaient donc être ce qu'ils furent en effet, des vers d'imagination et de sentiment, des tableaux non d'histoire, mais de genre ou d'intérieur, aux rares figures, mais aux cadres curieusement ciselés, des vers de tristesse farouche, de mélancolique espérance, de doux et tendre ressouvenir, de langueur voluptueuse ou de galant raffinement, comme il faut les attendre de la jeunesse laborieuse, domestique, solitaire, courbée en cariatide à de lourds devoirs et de précoces fardeaux, de la jeunesse étouffant dans sa gaîne, d'un homme au début de l'ambition et de l'art qui se trouve supérieur à la fois à sa destinée et à son talent.

Les qualités maîtresses de ces premiers vers de Coppée sont la sûreté, la sobriété, la délicatesse précoce et déjà magistrale du travail, l'exactitude du dessin, la justesse de la couleur. Ce qui leur manque, c'est la largeur de l'envolée. Ce talent qui s'épanouira et s'attestera bientôt en manifestations superbes, à son début a la poitrine étroite et l'haleine courte. Il a eu trop longtemps les ailes repliées. Comment s'en étonner quand on songe à cette vie étroite, sourde et terne de la pauvreté fière, enchaînée aux pâles joies du devoir accompli et de l'affection domestique, à cette vie pleine de songes timides, parfois brusquement interrompus et sans autres plaisirs que ceux de l'observation extérieure sur un spectacle monotone et bourgeois, ou de l'observation intérieure au fouillement douloureux, à l'amère volupté.

Le poète est un instrument, l'instrument de l'art et de la vie. Autrement dit, son imagination ne reproduit, comme le fleuve, que les tableaux qui se succèdent sur ses rives; sa sensibilité n'exprime que les sentiments qu'elle éprouve. Il est donc tout naturel que les premiers recueils de Coppée soient marqués de l'empreinte même de sa vie à ce moment. Vie intime, retirée, refoulée, s'écoulant à l'ombre de cette double sollicitude de la mère et de la sœur, commençant à peine à s'émanciper de ces affections d'une tendresse exclusivement féminine, c'est-à-dire plus dévouée encore qu'éclairée, à s'aventurer aux expériences personnelles de l'esprit et du cœur, à mordre aux illusions et aux déceptions du fruit défendu.

De là le ton général de ces deux premiers recueils qui sont d'un caractère intime, mélancolique, en un mot élégiaque, sans élan lyrique. Il y a du soupir étouffé dans ces essais d'une sorte de nouveau Joseph Delorme, mais d'un Joseph Delorme qui guérira, quand l'air plus libre aura vivifié ses poumons, quand le succès dorera son ciel de sa lueur d'aube. Alors il guérira, comme la Grèce victorieuse et délivrée, de cette maladie du soupir qu'Edgar Quinet trouva à l'état endémique et contagieux dans plusieurs de ces provinces grecques, à la poitrine si brutalement foulée par la botte du tyran turc qu'elles haletaient encore même au lendemain du jour qui les débarrassa à jamais de son poids.

Les premiers vers de Coppée furent donc des vers élégiaques, intimes, doux et tristes comme sa vie et son cœur, cœur trop tendre ainsi que tous ceux qu'ont façonnés trop exclusivement, trop jalousement, les mains féminines, les affections domestiques, et qui ressentent d'autant plus douloureusement les premières épreuves, les premières déceptions de la vie, de l'amour et de l'art. Le titre même du recueil de 1864 suffit à révéler l'impression dominante sous laquelle a été conçu cet enfant des premières amours poétiques. De même, dit l'auteur dans son *Prologue*, que les prêtres catholiques,

> Sous les rideaux de pourpre, autour
> De la châsse où sont les reliques,
> Brûlent dans leur mystique amour
> Les longs cierges aux flammes pures. . .
> . . . .
> Et de même que, tous les soirs,
> Ils font autour du reliquaire
> Fumer les légers encensoirs.
> Dédaignant la douleur vulgaire
> Qui pousse des cris importuns,
> Dans ces poèmes je veux faire,
> A tous mes beaux rêves défunts,
> A toutes mes chères reliques
> Une chapelle de parfums
> Et de cierges mélancoliques.

Dans ce tombeau, dans cette châsse aux reliques de sa prime et tendre jeunesse, le poète désabusé enfermera ses rêves ingénus et déçus d'amour idéal, ou plutôt il y enfermera les mornes débris, les tristes ex-voto des inévitables naufrages qu'on fait en poursuivant à travers l'infini la toujours fugitive voile blanche, symbole de ce bonheur sans mélange et sans tache, de ce complet assouvissement des appétits du cœur, de ce hâvre de grâce de la paix dans l'amour, de cette seconde patrie de tout poète. Car c'est ce désir de l'infini, cette soif de l'amour et du bonheur sans bornes, cette nostalgie de l'impossible, ce *mal du ciel*, comme a dit Lamartine, qui font le poète.

Et mon esprit partit aux pays fabuleux
Où l'on pense cueillir les camélias bleus
  Et trouver l'amour idéale.

Là, j'ai beaucoup souffert, et j'en reviens meurtri.
En d'indignes plaisirs à jamais j'ai flétri
  Les saintes blancheurs de mon âme.
Je reviens du rivage où j'avais émigré,
Et j'ai le front très pâle ; et cependant, malgré
  Ce que j'ai souffert par la femme,

Malgré ce cœur brisé, sans espoir et sans foi,
Ces débauches qu'on fait à la fin malgré soi
  Comme de hideuses besognes,
Sans cesse je retourne à mon passé riant,
Ainsi qu'aux premiers froids, toujours vers l'Orient
  Reviennent les blanches cigognes.

Le Reliquaire est dédié à Leconte de Lisle. Il est un autre maître dont l'influence est encore visible dans ces premiers vers, influence beaucoup moins féconde et salutaire, que le poète avoue moins, et sous le mancenillier de laquelle son inspiration délicate aurait bien pu s'endormir à jamais. C'est à cette influence de Charles Baudelaire qu'il faut attribuer, je crois, les pièces comme *Solitude*, comme *A tes yeux*, où l'on sent encore un peu l'artificiel, le convenu, le goût du bizarre et du sinistre, l'attrait du gouffre, où une jeunesse non innocente, non chaste sans doute (quelle est la jeunesse, la jeunesse de poète surtout, curieuse de toutes les curiosités, avide de toutes les sensations, qui est entièrement pure?), s'accuse de crimes imaginaires pour justifier de véhémentes désespérances et des remords fanfarons. C'est du Baudelaire que cette conscience comparée à l'église de scandale :

Je sais une chapelle horrible et diffamée
Dans laquelle autrefois un prêtre s'est pendu.

C'est du Baudelaire aussi que cette déclaration d'un raffinement un peu précieux, et ce désespoir d'une exaltation factice :

Telle sur une mer houleuse la frégate
Emporte vers le Nord les marins soucieux,
Telle mon âme nage, abîmée en tes yeux
Parmi leur azur pâle aux tristesses d'agate.
. . . .
Hélas! courbons le front sous le poids des exils!
C'est en vain qu'aux genoux attiédis des amantes
Nous cherchons l'infini sous l'ombre de leurs cils.
Jamais rayon d'amour sur ces ombres dormantes
Ne vibrera, sincère et pur, et tes maudits
Ne retrouveront pas les anciens paradis.

C'est du Baudelaire encore, ce regret :

Que la forêt frémisse ainsi qu'un chœur de harpes
Ou que le soir s'embaume aux calices ouverts,
Le son ou le parfum des maux jadis soufferts
Descend sur ma pensée en funèbres écharpes.

C'est du Baudelaire enfin que la danse macabre de la pièce intitulée *Bouquetière*, autour

. . . d'un élégant squelette
Portant un frais panier de fleurs,

que ce cauchemar bizarre de *La Vague et la Cloche* :

. . . . . et j'étais seul dans un vieux clocher
Chevauchant avec rage une cloche ébranlée.

Le Jongleur et *L'Innocence*, ce contraste vivant, cette orpheline du porte-clés

Promenant dans la cour infâme
L'innocence en cheveux bouclés.
. . . .
Et rappelant la mandragore
Qui fleurit au pied du gibet,
Elle était plus charmante encore
Le jour qu'une tête tombait,

nous paraissent encore relever de cette fâcheuse, mais passagère influence. Mais combien ces écarts, ces *au-delà* de la mesure sont bientôt rachetés par ces autres pièces où le poète, rendu à lui-même, excelle dans l'expression juste d'un sentiment sincère, triomphe dans ces tableaux d'intérieur et de genre où chaque trait porte, parce que chaque trait relève d'une observation déjà rompue à la découverte du détail *caractéristique*, où commence enfin à couler cette source d'émotion qui ne s'est jamais tarie chez Coppée, cette tendre sympathie, cette pitié délicate pour les humbles, pour les petits, pour les douleurs discrètes, les martyres silencieux, les dévouements obscurs, les héroïsmes naïfs!

L'Adagio, *Le Cabaret*, *Une Sainte* (dédiée par le poète à sa mère), *Les Aïeules*, sont déjà du Coppée, de l'excellent Coppée, de cette veine de poésie intime et familière d'où sortiront tant de petits chefs-d'œuvre d'observation pénétrante et d'émotion contenue. Les sonnets *A une tulipe*, *Le Feu follet*, *L'Horoscope*, *Ferrum est quod amant*, *Le Lys*, *Vitrail*, *Le Fils des armures*, sont d'une forme achevée, d'un détail exquis. On y sent l'ouvrier passé maître et l'artiste raffiné, digne chef futur d'une école qui ramènera, par son implacable orthodoxie technique, la pratique à la perfection, qui n'admet ni *bavures* dans ses nielles, ni *surchauds* dans ses émaux, qui veut des ouvrages sans faute, sans reproche. Il n'y en a pas, dans ces sonnets, qui valent chacun un long poème, qui sont des bijoux à la fois de métier et d'art. Dans chacun d'eux, comme dans un flacon de cristal finement taillé et bouché d'or ciselé, le poète a enfermé une goutte précieuse, une perle d'idée ou de sentiment.

Coppée, surtout à ses débuts, est un confident discret. Il sort de l'ombre et de la solitude. Il ne se livre qu'avec peine, et qu'à demi. A peine un mot, un cri de douleur étouffé aussitôt sur ses lèvres comme par le scel d'un invisible doigt. Ainsi sont faits les délicats et les fiers, auxquels seul le bonheur donne confiance, que la gloire seule apprivoise, dont la froideur hautaine ne fond qu'au soleil, dont la noble pudeur ne laisse tomber son voile que pour un public conquis. Une seule fois le poète a rompu ce pacte de silence ou de demi-confidence, à la porte bientôt brusquement refermée; une seule fois il a mis toute son âme en branle, et donné toute sa volée à son inspiration : c'est dans la belle pièce intitulée *Rédemption*, la plus haute et la plus pure d'inspiration, la plus libre de mouvement et d'essor du recueil *Le Reliquaire*, qui contient le tribut poétique des trois années 1864-1867 :

Pour aimer une fois encor, mais une seule,
    Je veux, libertin repentant,
La vierge qui, rêveuse, aux genoux d'une aïeule,
    Sans m'avoir jamais vu, m'attend.
. . . .
Elle a le charme exquis de tout ce qui s'ignore,
    Elle est blanche, elle a dix-sept ans,
Elle rayonne, elle a la clarté de l'aurore
    Comme elle a l'âge du printemps.

   Ce rêve de l'amour ingénu, de la rédemption par l'innocence, ce voyage aux sources pures et rafraîchissantes, aux neiges virginales des sommets, qui ne l'a fait, et plus d'une fois, dans sa vie? qui n'a eu cette nostalgie de la neige au sortir de la boue, ce regret du plaisir sans tache, sans reproche, sans remords, ce dégoût des voluptés lascives et des coupables ivresses?

Telle elle est, ou du moins je la devine telle,
    Lys candide, cygne ingénu,

Je la cherche, et bientôt quand j'aurai dit : c'est elle,
  Quand elle m'aura reconnu,

Je veux lui donner tout, ma vie et ma pensée,
  Ma gloire et mon orgueil, je veux
Choisir pour la nommer enfin ma fiancée,
  Une nuit propice aux aveux.

Elle viendra s'asseoir sur un vieux banc de pierre
  Au fond du parc inexploré
Et me regardera sans baisser la paupière,
  Et moi, je m'agenouillerai.....

Doucement dans mes mains je presserai les siennes
  Comme on tient des oiseaux captifs
Et je lui conterai des choses très anciennes,
  Les choses des cœurs primitifs.

Beau rêve, mais ce n'est qu'un rêve, serment d'ivrogne, serment d'amoureux, surtout d'amoureux non d'une seule femme, mais de toutes les femmes, comme on l'est à vingt ans, cherchant le mot de l'énigme du plaisir à travers tous les baisers. Qui a cherché cherchera, qui a bu boira, qui a aimé aimera. Si l'esprit est fort, la chair est faible. Toutes ces hautes aspirations, toutes ces belles résolutions ne sont que feu de paille. Le rêve fini, le héros disparaît, l'homme reste, à la merci de la première occasion qui passe avec son clignement d'œil d'entremetteuse ou son sourire de pécheresse, et vous entraîne vers les saules où elle s'enfuit, et où se cache la barque de la promenade à deux et des coupables, mais agréables pèlerinages à Cythère. Non loin, pas bien loin de la poésie alpestre de *Rédemption* et de cette aspiration vers les sentiers voisins du nuage où fleurit l'edelweiss, la

pure et pâle fleur des sommets, nous voyons le
poète, redevenu homme, nous faire entendre
tour à tour la chanson du tendre ressouvenir
d'un certain soir de bal, marqué de trophées de
conquête, la chanson de la promenade à deux,
du poète-amant et de la Muse-maîtresse, la
chanson de la trêve amoureuse et de la satiété
rêveuse assise au bord du lit de la volupté :

> . . . Nous avions pris le long chemin,
> Nous avions pris le chemin sombre,
> Je ne la voyais pas dans l'ombre,
> Mais je la tenais par la main.
>
> Nos baisers rhythmaient nos paroles
> Et nous suivions tendres et las
> La voûte obscure des lilas
> Qui s'étoilait de lucioles. . .

Dans la plaine blonde et dans les allées
Pour mieux faire accueil au doux messidor,
Nous irons chercher les choses ailées,
Moi, la strophe, et toi, le papillon d'or.

Et nous choisirons les routes tentantes
Sous les saules gris et près des roseaux,
Pour mieux écouter les choses chantantes
Moi, le rhythme, et toi, le chœur des oiseaux. . . . .

Ce sont là les formes nouvelles de l'éternelle
chanson amoureuse. Mais y a-t-il nulle part, sur
ce thème ancien, sur ce thème adamique, dans
les poètes de l'antiquité, Ovide, Catulle, Tiburce, Properce, dans les poètes de la Renaissance, de plus gracieuses, de plus ingénieuses
variations que cette *Ritournelle?* Et la fatigue sou-

riante du plaisir a-t-elle jamais été exprimée plus heureusement que dans cette *Trêve* aux nudités sans impudeur, parce qu'elles sont celles de la jeunesse et de la beauté, et qu'une fleur d'art les parfume et les pare ?

> La fatigue nous désenlace.
> Reste ainsi, mignonne, je veux
> Voir reposer ta tête lasse
> Sur l'or épars de tes cheveux.
>
> Tais-toi. Ce que tu pourrais dire
> Sur le bonheur que tu ressens
> Jamais ne vaudrait ce sourire
> Chargé d'aveux reconnaissants.
>
> Sous tes paupières abaissées
> Cherche plutôt à retenir
> Pour en parfumer tes pensées
> L'extase qui vient de finir.
>
> Et pendant ton doux rêve, amie,
> Accoudé parmi les coussins
> Je regarderai l'accalmie
> Vaincre l'orage de tes seins.

François Coppée a tiré de trop beaux morceaux de cette veine de marbre de Paros, prédestinée à la sculpture érotique, pour s'en être tenu à ces deux scènes d'entre-becquement de ramier et de colombe, à ces deux variations exquises sur le thème si fécond du *Bacio*. Inspiré par ses souvenirs d'amour, aiguillonné plus encore peut-être par une coquetterie d'artiste, par le goût de la difficulté vaincue, le plaisir d'exprimer l'ineffable, de trouver la juste mesure, la frontière exacte entre ce qui se dit et ce qui ne se dit pas, le poète a consacré tout un petit recueil, le second, celui de 1867, les *Intimités*, à ces scènes de la comédie amoureuse, à ces *Juvenilia* galantes.

Toutes les fois que devant le miroir de l'âme ou devant le miroir du boudoir le hasard de l'amour a fait surgir un joli sentiment, une jolie pensée tendre ou triste, un joli mouvement de torse, une jolie cambrure de reins ou de seins, faite pour l'art par la volupté, le poète, dans une langue simple, souple, franche, sans entortillements inutiles, sans raffinements superflus, a pris sur le fait la nature, et curieusement, élégamment modelé ces petits groupes d'élégie érotique, aux voluptueuses langueurs, aux mélancoliques douceurs, ces scènes diverses de la comédie galante.

Il est extrêmement curieux de comparer ces *Intimités* de Coppée aux élégies galantes d'André Chénier et d'étudier, chez deux poètes admirablement doués, les différences de système, et les variétés de manière dans le même sujet. André Chénier, sur des sujets nouveaux faisant des vers antiques, a rimé dans le mode ionien ses plaintes, ses reproches, ses colères jalouses, ses voluptueuses ivresses, à propos de Neéres ou de Glycères qui s'appelaient dans la vie réelle du nom, par exemple, de la mieux aimée, la belle créole, amie de Mme Vigée-Le Brun qui l'a peinte plusieurs fois, belle-mère d'Arnault et de Regnault de Saint-Jean d'Angély, la comtesse de Bonneuil.

Malgré le talent d'André, ce mélange de sentiments français et de costumes grecs ou de mobilier romain sonne faux et trouble l'unité, l'harmonie, l'impression de ses compositions. On éprouve le sentiment contrarié qu'inspirent ces meubles du Directoire ou de l'Empire, grecs, romains, égyptiens, d'après les dessins de Prudhon, de David ou de Denon, le lit en nef porté par des cygnes, où couchait Joséphine avec Bonaparte à la Malmaison, ces fauteuils curules où s'assirent Barras et Sieyès, Kléber et le maréchal Ney. C'est le sentiment qu'on éprouve aussi devant les nudités de Pradier qui ne sont ni pudiques, ni poétiques, mais purement ou plutôt impurement galantes, parce qu'il a pris la beauté sans style de sa femme, une courtisane conjugale pour modèle.

François Coppée n'a pas commis l'erreur d'André Chenier. Ses *Intimités* ne doivent rien à l'art antique. On n'y salue aucun souvenir catullien, ovidien, ou anacréontique et théocritique. Ces *Intimités* sont des tableaux d'un sentiment, d'un ton, d'un goût tout à fait modernes, tout à fait contemporains.

Dès le premier, qu'on pourrait appeler le *Page* (et où passe comme une première vision du *Passant)*, on voit tout de suite qu'on n'a pas affaire à pasticheur ni à pastiche et que si François Coppée est le frère d'André par le talent poétique, il ne l'est pas du tout par le genre d'inspiration, et par la méthode d'art, faisant tableau vivant au dessin moderne, à la couleur moderne, là où André sculptait d'après les métopes du Parthénon on peignait d'après les fresques de Pompeï :

J'évoquerai, dans une ineffable ballade,
Aux pieds du grand fauteuil d'une reine malade,
Un page de douze ans, aux traits déjà pâlis,
Qui dans les coussins bleus brodés de fleurs de lys
Soupirera des airs sur une mandoline
Pour voir pâle parmi la pâle mousseline
La reine soulever son beau front douloureux,
Et surtout pour sentir, trop précoce amoureux,
Dans ses lourds cheveux blonds où le hasard la laisse
Une fiévreuse main jouer avec mollesse...
Il se mourra du mal des enfants trop aimés. . . . .

Ce Chérubin moyen âge, heureux dans sa prison, est le frère aîné, maladif et mélancolique, fait pour languir et mourir dans la volupté fatale de son rêve, du Zanetto, le page nomade et vagabond de toutes les grandes dames, mais surtout de la Liberté, l'hôte de l'hôtellerie ombreuse de la belle étoile, le gentil croqueur de noisettes qu'on n'apprivoise que pour un jour, qui fuit même la cage dorée des palais et s'en échappe à la première occasion pour aller dans la forêt du bon Dieu, et y gambader comme un écureuil, sur la mousse. Mais assez des tableaux et des médaillons romantiques, à l'Ary Scheffer et à la David d'Angers. Voici des tableaux, des médaillons, des statuettes d'un tout autre caractère, d'un tout autre relief, dont la fiction transparente comme les voiles d'une Suzanne au bain, une Suzanne qui a peur des vieillards, mais qui n'a pas peur des jeunes gens, laisse percer les seins d'une réalité demi-nue, toute moderne, toute contemporaine, dans sa coquetterie galante :

. . . . . Tout à l'heure elle viendra. Son pas
Retentira, léger comme un pas de gazelle,
Et déjà ce seul bruit me paiera de mon zèle.
Elle entrera, troublée et voilant sa pâleur.
Nous nous prendrons les mains, et la douce chaleur
De la chambre fera sentir bon sa toilette.
Oh! les premiers baisers à travers la voilette!

Tout le drame, toute la comédie amoureuse de notre temps, alternent ainsi tour à tour plaintifs ou joyeux, flûte voilée de deuil ou lyre couronnée de fleurs, *alternâ camœnâ*.

C'est toujours la même querelle, la même inquiétude ou la même certitude jalouses et le même ragoût du raccommodement, du pardon lâche et du bonheur désespéré, où la volupté des larmes se mêle à celle des baisers. Quel est l'amoureux qui n'a pas rétracté sa malédiction, qui ne s'est pas accusé et excusé d'avoir raison, qui n'est pas revenu, honteux et fier à la fois de la déchéance volontaire, honteux de la lâcheté, fier de la clémence, à l'autel infidèle ou adultère, lavé par la pluie chaude des larmes expiatoires et purifié par le feu des caresses propitiatrices, de l'affront oublié des sacrifices d'un autre? Voilà tout le mystère, trop facile à deviner, de certains pardons qui étonnent à la fois celui qui les accorde et celui qui en profite; voilà le mot de cette double énigme de la femme à la fois infidèle et amoureuse, de l'amant trompé et pardonnant. Le mot de cette cruelle énigme est, prosaïquement et bibliquement parlant, que le chien qui est dans l'homme revient volontiers à son vomissement, poétiquement et psychologiquement parlant, qu'il y a une saveur piquante et tentante à laquelle peu de stoïques savent résister, dans les baisers du retour et dans les voluptés du pardon. François Coppée a dit cela en quelques vers qui valent mieux que de longues pages :

C'est lâche! j'aurais dû me faire supplier,
Avoir à pardonner la faute qu'on avoue
Et boire en un baiser ses larmes sur sa joue.
Mais elle avait un air si tranquille et si doux
Qu'en la voyant je suis tombé sur les genoux,
Et, me cachant le front dans les plis de sa jupe,
J'ai savouré longtemps la douceur d'être dupe.
Je n'ai pas exigé de larmes ni d'aveux,
Car ses petites mains jouaient dans mes cheveux.
Tandis que ses deux bras m'enlaçaient de leur chaîne
D'avance j'absolvais la trahison prochaine,
Et, vil esclave heureux de reprendre ses fers,
J'ai demandé pardon des maux que j'ai soufferts.

Qu'elle s'inspire de l'illusion confiante ou du pardon généreux à la fois et égoïste, qui se paye de sa défaite en ces raffinements que sait seul trouver le repentir d'une maîtresse infidèle et... reprise, n'est-ce pas la volupté même qui respire dans cet autre tableau?

Il faisait presque nuit. La chambre était obscure.
Nous étions dans ce calme alangui que procure
La fatigue, et j'étais assis à ses genoux.
Ses yeux cernés, mais plus caressants et plus doux,
Se souvenaient encor de l'extase finie,
Et ce regard voilé, long comme une agonie,
Me faisait palpiter le cœur à le briser.
Le logis était plein d'une odeur de baiser.

Il y a *toute la lyre*, tout le clavier de l'amour depuis les notes les plus hautes jusqu'aux plus bas chuchotements, dans cette suite de tableaux où un art savant, dont la hardiesse féline se plaît à caresser la difficulté et à jouer avec le danger, retombe toujours à temps sans grimace et sans tache sur le velours de ses griffes.

Tous ces tableaux intimes où la volupté a plus de part que le sentiment, ne sont pas chastes assurément, et l'on n'y entrevoit pas le plus petit coin où la vertu pourrait se nicher. Mais ils ne sont pas impudiques. Le poète sait toujours s'arrêter à temps, et il ne dit pas tout. Il garde dans l'abandon de ces confidences galantes la mesure du tact et du goût. Il laisse à deviner ce qui ne saurait se dire, et toujours la lumière se voile au moment où la tunique tombe.

De plus ces petits poèmes des poésies de la chair plus que des poésies du cœur n'ont rien qui détonne et qui sorte de leur genre. L'auteur n'y est point dupe de l'homme, ni l'homme complice de l'auteur. L'un et l'autre y ont franchement leurs vingt ans, c'est-à-dire l'heure des inspirations profanes, tirées de l'unique expérience du plaisir, et des sujets païens à la fois et modernes, dont le classique dessin est agrémenté d'une légère couleur romantique, où la mélancolie inévitable de la satiété se relève d'une pointe d'ironie parisienne, et où l'on sent que l'auteur a lu tour à tour Ovide, Catulle, Martial, Crébillon fils et Gavarni.

Tous ces mélanges et tous ces contrastes d'un pastiche original pétillent discrètement dans la saveur piquante des pièces comme celle-ci où le trait final fait sourire, tandis que tout à l'heure il fera rêver :

La plus lente caresse, amie, est la meilleure,
N'est-ce pas? Et tu hais l'instant funeste où l'heure
Rappelle avec son chant métallique et glacé
Qu'il se fait tard, très tard, et qu'il est dépassé
Déjà le temps moral d'un bain ou d'une messe.
Car ce sont les adieux alors et la promesse
De revenir. — Et puis nous oublions encor.
Mais l'horloge implacable avec son timbre d'or
Recommence. Tu veux te sauver, tu te troubles,
Hélas! et nous devons mettre les baisers doubles.

Tout cela, c'est toujours la même chose, grommellent quelques moralistes chagrins. Eh! oui, l'amour ou ce qui lui ressemble à vingt ans, c'est toujours la même chose. Mais il y a l'art de varier qui rajeunit tous les vieux thèmes. Tout est dans la sauce, dans l'assaisonnement. Et puis les moralistes, nous l'avons dit, n'ont rien à voir ici, avec leur haillon diogénique ou stoïcien. Nous nageons en plein épicuréisme. Mais aux artistes auxquels ces tableaux s'adressent, nous n'avons pas besoin de faire remarquer combien le détail y est heureux et spirituel. Et à ceux-là nous rappellerons aussi le mot de Sénac de Meilhan : « La vie est un canevas qui ne vaut que par la broderie. » Cela est vrai de l'amour, de la poésie, de l'art — comme de la vie.

A côté de ces tableaux, pleins de la femme, il en est d'autres d'où la femme est absente. Le rayon de l'observation intérieure, las de ce spectacle de langueur et de satiété, se retourne vers le spectacle extérieur. Alors ce sont des tableaux d'intérieur, de genre ou des paysages parisiens brossés de main de maître, d'une expression à la fois intense et contenue arrivant sans effort au modeste succès d'un malicieux sourire, ou provoquant dans l'âme l'émotion rêveuse qui s'éveille aux derniers échos d'une lointaine symphonie :

. . . Ainsi je fuis la ville et cherche la banlieue
Avec mon rêve heureux j'aime parfois marcher
Dans la poussière, voir le soleil se coucher
Parmi la brume d'or, derrière les vieux ormes,
Contempler les couleurs splendides et les formes
Des nuages baignés dans l'occident vermeil,
Et quand l'ombre succède à la mort du soleil,
M'éloigner encor plus par quelque agreste rue
Dont l'ornière rappelle un sillon de charrue,
Gagner les champs pierreux, sans songer au départ,
Et m'asseoir, les cheveux au vent, sur les remparts.

Cette vision mélancolique du spectacle lointain de « la nuit qui s'étoile et de Paris qui s'allume » est bien différente par le ton et le procédé, on le remarquera, de ces méditations solitaires, où Lamartine ne voit que lui-même, et se voit à travers tout ce qu'il regarde, tandis que Coppée, poète objectif autant que l'autre est subjectif, s'efface et se tait devant le cadre amoureusement taillé et ciselé du tableau extérieur. Parfois cette vision s'égaye d'une note de comique tempéré, de discrète ironie :

Je prends quelque ruelle où pousse le gazon
Et dont un mur tournant est le seul horizon,
Je me plais dans ces lieux déserts où le pied sonne,

Où je suis presque sûr de ne croiser personne.
Au-dessus des enclos les tilleuls sentent bon,
Et sur le plâtre frais sont écrits au charbon
Les noms entrelacés de *Victoire* et d'*Eugène*,
Populaire et naïf monument. . . . . .
. . Et quand s'allume au loin le premier réverbère
Je gagne la grand'rue où je puis encor voir
Des boutiquiers prenant le frais sur le trottoir
Tandis que, pour montrer un peu ses formes grasses,
Avec son prétendu leur fille joue aux grâces.

C'est la veine des *Humbles* qui commence, qui s'entr'ouvre, et se referme pour se rouvrir bientôt quand viendra l'heure de creuser le filon.

C'est ainsi que ce Recueil des *Intimités* parcourt gaiement, tristement, selon l'occasion, toujours légèrement, délicatement, spirituellement toute la gamme, tout le clavier des pensées, des sentiments, des désirs, des plaisirs, des espérances, des regrets de la vingtième année. La note tendre, amoureuse, galante, y domine, comme elle domine la vie à ce moment heureux où tout se résume à aimer, à rêver, à sentir, en attendant l'expérience qui seule fait penser. Le poète y boit jusqu'à la dernière goutte, à peine amère, les douceurs troublées de l'amour furtif. Il se lasse parfois de la passion contrariée et ne mord pas au fruit défendu sans songer qu'il est des fruits d'amour et de bonheur légitime, qui sont savoureux jusqu'au bout, sans amertume et sans satiété. Il n'est pas sans faire, au milieu des fatigues de la possession inquiète et de la volupté précaire, le rêve de l'amour permis, du bonheur tranquille, du paradis innocent. Mais toujours, comme dans la sérénade de *Don Juan*, le rire de la réalité et son ironique refrain déconcertent sa vision angélique.

Les *Intimités* sont un des chefs-d'œuvre de Coppée, de l'avis unanime des critiques. Il y a trouvé des cadres tout faits pour les tableaux de genre où il excelle par ce rare mélange de qualités que le contraste rend plus piquantes : la double faculté de bien voir et de sentir juste, de donner tour à tour au vers la pointe d'observation qui pénètre et l'ondoiement d'aile qui caresse, de procurer au lecteur tour à tour l'impression de l'air vif de la réalité et de cet air supérieur où plane le rêve. M. Jules Lemaître a particulièrement bien exprimé la volupté qu'on goûte à savourer la précoce perfection de métier et d'art de cette délicieuse harmonie « d'un charme léger comme un parfum. »

Il faut citer ce commentaire exquis comme les vers qui l'inspirent :

> Ce charme tient d'abord, en partie, aux vers euxmêmes, tout ensemble sinueux et précis, plastiques et ondoyants, pittoresques et berceurs, d'un rhythme lent et d'une limpidité cristalline. Mais ce n'est pas tout. Il y a là (je suis fâché que ce mot ne soit plus à la mode) une *mélancolie* caresse, une tristesse voluptueuse et comme amusée, le double sentiment de la grâce des choses et de leur fugacité, une élégante rêverie d'anémique et de dilettante. Je crois bien qu'après tout on ne saurait mieux trouver, pour caractériser ce charme, que le mot de *morbidesse*...
>
> Ce charme, quel qu'il soit, respire dans les *Intimités*. Ce n'est presque rien pourtant : une liaison avec une Parisienne; des rendez-vous dans une chambre bleue; attentes, souvenirs, quelques promenades ensemble; puis la lassitude... Mais ce sont des

câlineries, des mièvreries, des chatteries de sentiment et de style! Non pas « amour-passion, » non pas même peut-être « amour-goût, » mais « amour-littérature, » d'une volupté digérée et spiritualisée; passion d'artiste blasé d'avance, mais qui se plaît à ce demi-mensonge, de sceptique au cœur tendre qui se délecte ou se tourmente avec ses imaginations; amour où se rencontrent, je ne sais comment, l'égoïsme du raffiné qui observe sa maîtresse un peu comme un objet d'art et un peu comme un joli animal, et la faiblesse de l'enfant qui aime se plaindre pour se sentir caresser. Avec cela d'aimables détails de vie parisienne et de paysage parisien. Le tout est délicieux de coquetterie et de langueur. Il y a, dans les livres des poètes, pour chaque fidèle, un coin qu'il préfère aux autres, qu'il chérit d'une tendresse particulière : ce petit coin, dans l'œuvre de François Coppée, ce seraient pour moi, les *Intimités**.

Un autre critique, d'un raffinement littéraire et psychologique moins aiguisé que celui de M. Jules Lemaître, mais dont le goût de dilettante est armé de toutes les finesses et de toutes les malices d'une observation aguerrie au spectacle des choses et à l'expérience des hommes, M. Robert de Bonnières, exprime la même sensation, la même impression, la même prédilection en faveur des *Intimités* et de ces tableaux d'une simplicité savante, d'un naturel plein d'art, d'une innocente rouerie et d'une corruption ingénue où se joue si gracieusement « une jolie âme, » comme Mme d'Epinay le disait de Mme d'Houdetot. « Après le *Reliquaire*, il donna les *Inti-*

---

* Jules Lemaître. *Les Contemporains, études et portraits littéraires.* Première série, 1886. *François Coppée*, p. 93-95.

mités, qui sont peut-être ce qu'il a fait de plus touchant et de plus sincère *. »

Avec les *Intimités* se clôt la première phase de l'évolution poétique de François Coppée. Il a parcouru le premier cycle d'inspiration où le poète au début essaie ses ailes naissantes. Il a, non épuisé, mais largement exploité ces premières veines franches de son talent : sujets intimes et familiers, sujets élégiaques et érotiques, tableaux modernes et parisiens. Ces premiers succès de virtuosité précoce lui ont donné la conscience de sa force et de sa légèreté de main. Il se sent de taille à aborder sans défaillance toutes les variétés du spectacle extérieur, à donner à des sentiments individuels la valeur typique, à abandonner le rêve pour la réalité, à peindre non plus seulement son âme, mais celle des autres, à fournir au fait contemporain, à l'événement qui mérite mémoire, un écho solennel, une expression historique.

Il s'est opéré en lui le même travail que chez Gœthe et chez Heine, quand ils ont fait ce que le premier appelle de la poésie de *circonstance*, c'est-à-dire quand ils ont harmonieusement exprimé non plus une impression spontanée, mais une impression réfléchie, quand ils ont vibré, comme la harpe éolienne, sous le souffle qui passe.

Le Recueil caractéristique de l'évolution que nous venons d'essayer de décrire, et qui correspond à celle qu'en psychologie on appelle le

---

* *Mémoires d'aujourd'hui*, par Robert de Bonnières, deuxième série, p. 296.

passage du for intérieur au for extérieur, du *radius inflexus*, c'est-à-dire du regard retourné en dedans, au *radius diflexus*, c'est-à-dire au regard détourné au dehors, c'est le Recueil intitulé: *Poèmes modernes*, 1867-1869.

Ces poèmes modernes sont des récits de longue haleine, des récits où l'invention et la composition font œuvre d'art indépendant et combiné, ou des tableaux de la vie réelle, tableaux de rue et de plein air, plus largement, plus vivement brossés que les petits tableautins, que les *quadri*, comme ont dit successivement de leurs ébauches, de leurs pochades pittoresques ou poétiques, au vol du crayon ou de la plume, Salvator Rosa et André Chénier, qui forment ce petit musée intime d'où nous venons de sortir. Par une évolution inévitable, par une progression toute naturelle, le poète tend de la spéculation à l'action, de la solitude à la publicité, du succès à la gloire, comme la plante tend de l'air rare au plein air et de l'ombre au soleil.

C'est dans les *Poèmes modernes* que François Coppée, émancipé des servitudes du début, a joui pour la première fois et nous fait jouir avec lui de la volupté de la vie, de l'action, de la popularité, à laquelle il aspirait. Un récit, c'est déjà de l'action; quand le dialogue partage cette action entre divers interlocuteurs, il les fait acteurs, et le récit devient drame ou du moins scène d'un drame.

C'est ainsi que par le poème d'*Angelus*, par le poème de la *Bénédiction* et de la *Grève des*

Forgerons que déclameront des acteurs en vogue, au théâtre et dans les salons, François Coppée s'acheminera vers la rénovation instinctive d'un genre oublié et arrivera subitement à la foule, à la gloire, à la popularité, par ce coup de maître, par ce triomphe éclatant de la saynète, c'est-à-dire du dialogue dramatique du *Passant*.

Une première fois l'auteur d'*Angelus* s'était essayé au poème d'action, au poème que nous appellerons dramatique, et avait dédié *le Justicier* à Théodore de Banville. C'est l'histoire, digne des meilleurs temps du romantisme, d'un moine exaspéré par les ironies de l'impénitence finale du Margrave Gottlob, dit *le Brutal*.

Il saisit l'endurci farouche qui le défie et le menace sur son lit d'agonie et lui fait rentrer dans la gorge un dernier blasphème en l'étranglant net, puis

. . . . . toujours tranquille et grave,
Il ramène le drap rejeté sur le mort
Comme fait une mère à son enfant qui dort,
Ramasse un des flambeaux renversés, le rallume,
Puis se met à genoux, ainsi qu'il a coutume
De faire quand il prie à l'ombre du saint lieu,
Joint les deux mains et dit: « Je me confesse à Dieu. »

Le *Justicier* est un habile pastiche — d'où la flamme de vie est absente — dû à l'influence prépondérante du poète des *Burgraves* et de la *Légende des Siècles*. Plus tard aguerri et fortifié, le poète des *Récits épiques* se mesurera de nouveau avec l'armure gigantesque et l'épée herculéenne qui font plier encore sous leur poids ses frêles élégances, et il portera l'une et maniera l'autre avec l'aisance héroïque d'un victorieux promu à la maîtrise.

Mais il sent bien vite qu'il est encore trop tôt pour essayer de tendre l'arc d'Hercule, et il choisit dans *Angelus*, un sujet plus proportionné à sa force, plus favorable à sa grâce, où dans une fiction libre des jougs de l'imitation, des contraintes et des servitudes du cadre historique, se dégage et s'épanouit doucement l'originalité d'un talent dont la fleur promet de beaux fruits.

Angelus « est l'histoire d'un enfant élevé au bord de la mer par un vieux prêtre et un vieux soldat, et qui meurt de n'avoir point de mère, de trop rêver et de ne pas jouer, d'être aimé trop et d'être mal aimé, d'être trop baisé et d'être baisé par des lèvres trop froides*. » Ceci, c'est l'histoire en effet que conte le poème d'*Angelus*: mais c'est l'histoire en résumé, en raccourci, en procès-verbal.

Il y a plus que ce simple fait divers d'un enfant abandonné, trouvé le soir par le curé et le vétéran son compagnon intime, à titre de chantre, de fossoyeur, de jardinier, et que ces deux vieillards sevrés de toute affection humaine par leur pauvreté et leurs rudes devoirs, adoptent de concert.

Il y a l'étude psychologique très fouillée de ce sentiment nouveau de la paternité qui s'éveille naïvement et tardivement dans le cœur de ces deux ingénus à cheveux blancs; il y a l'étude des effets sur l'orphelin adopté de cette éducation pleine de bonnes intentions et d'erreurs inno-

---

* Jules Lemaître.

centes, entreprise par deux hommes en pleine nature, en pleine solitude, à laquelle font si cruellement défaut les tendresses maternelles, les délicatesses féminines, et dont le résultat fatal est la disproportion entre les forces de l'âme et celles du corps, une maturité précoce, une exaltation déréglée que le spectacle de la mer enfièvre mortellement de ce mal mystérieux auquel succombera *Angelus :* le mal de l'infini.

Sur les deux thèmes que nous indiquons, le poète a brodé des variations exquises où son observation déjà mûre et armée de toutes pièces par l'expérience précoce de la vie domestique et de la vie solitaire trouve et fournit toujours le détail caractéristique et décisif, où sa sensibilité, d'une sève toute neuve et fraîche, déborde en notes de mélancolique enjouement, en traits de pénétrante délicatesse qui viennent du cœur et vont au cœur. Quelques extraits mettront le lecteur à même de juger de la valeur, un peu trop négligée par la critique, de ce poème dont l'invention est originale, l'idée charmante, et où le poète de vingt-cinq ans se montre déjà maître dans l'art de provoquer tour à tour le sourire de la gaîté et la larme de l'attendrissement.

Les deux vieillards ont vu un de ces hasards, où ils saluent le doigt de Dieu, réaliser leur vœu d'affection inassouvie, satisfaire leur besoin d'un objet de dévouement et de sacrifice. L'enfant trouvé par eux a été baptisé Angelus, du nom de l'heure sacrée où leur est échue cette bénédiction d'un abandonné à sauver, d'un orphelin à adopter, d'un enfant à élever :

En prenant à travers un chemin labouré
Ils rentrèrent en hâte au logis du curé.
Là, pour faire du feu, le soldat s'agenouille,
De son vieux manteau noir le curé se dépouille
Et reste ainsi portant le petit sur les bras
Et tout semblable, dans son naïf embarras,
Au saint Vincent de Paul des naïves images.

Son compagnon, le vétéran fossoyeur, se préoccupe le premier de la maladresse inévitable de ces soins que vont donner à un enfant si tendre encore, à un enfant de lait, des mains novices et rudes jusque dans leurs caresses, de prêtre et de soldat.

Le curé n'en convient pas ; la combinaison d'une servante est écartée d'un commun accord entre les deux vieillards, pour cause de pauvreté, surtout d'orgueil et de jalousie de la mission nourricière et protectrice que le ciel leur a envoyée, et qu'ils ne veulent partager qu'entre eux. Le vétéran chantre et fossoyeur résume ainsi la délibération :

C'est dit. — L'enfant aura d'abord quelque surprise
De votre robe noire et de ma barbe grise ;
Mais nous lui sourirons ; puis, nous n'y pouvons rien.
Vous, monsieur le curé, pour sûr, vous saurez bien
Ce qu'il lui faut, vous qui savez soigner les âmes ;
Les vieux prêtres, mais c'est aussi doux que les femmes,
Et vous avez les mains blanches comme les leurs.
Moi, j'aimerai l'enfant comme j'aime mes fleurs ;
Et nous pourrons mener jusqu'au bout ce caprice
D'apprendre le métier de mère et de nourrice.

Les efforts industrieux des deux vieillards pour nourrir, vêtir leur poupon, pour tâcher de deviner

Ces mille petits soins qu'ils n'avaient pas appris,

sont ingénieusement et spirituellement décrits dans des tableaux d'intérieur patriarcal, d'une couleur et d'une finesse toutes flamandes. Le premier pas, le premier mot sont autant de fêtes pour le presbytère, autant d'épisodes de cette double initiation de l'enfant à la vie et de ses deux gardiens aux devoirs et aux bonheurs maternels. Quel fut le résultat décevant de cette éducation manuelle du vieux soldat, intellectuelle du vieux prêtre, sur cet enfant sans enfance, à sept ans déjà sérieux et rêveur, tourmenté d'ambitions et d'inquiétudes précoces, et dont l'ardeur intérieure, avivée par les vents de la mer, dévorait déjà le frêle fourreau ? Ici encore le poète triomphe de la difficulté d'exprimer ces délicats mystères d'une nature généreuse et faible, troublée par le défaut de proportion, d'équilibre entre les forces de l'esprit et les forces de la chair :

Auprès des deux vieillards l'enfant avait grandi
Mais sans prendre cet air libre, vif, étourdi,
Ce goût des jeux bruyants et ce doux caquetage
Qu'on trouve d'ordinaire aux garçons de cet âge.
Sa grâce — les enfants sont toujours gracieux —
Était comme voilée et craintive ; ses yeux
Cachaient une douleur dans leur azur sincère ;
Il était pâle et doux comme une fleur de serre ;
Son sourire était rare et contraint. Souffrait-il ?
Peut-être ; mais d'un mal bien lent et bien subtil
Et qui, ne s'exprimant jamais par une plainte,
Ne pouvait éveiller l'affectueuse crainte
Des deux vieillards naïfs, qui trouvaient justement
L'enfant, dans sa douceur malade, plus charmant.

Pourquoi Angelus était-il malade, à l'insu de tous et de lui-même? L'auteur répond à cette question, en psychologue, en moraliste, en médecin, en poëte surtout, par des motifs où la raison déploie toute sa force et toute sa grâce, et que nous résumons prosaïquement par les mots : défaut d'exercice, défaut de mouvement, de jeux, au physique et au moral. L'enfant, pour pousser et prospérer, doit s'agiter, courir, jouer.

Mais ce n'est pas à ce mouvement perpétuel, à ces impatients élans de l'enfance curieuse, aventureuse, insoucieuse, que s'abandonne jamais l'enfance raisonnable et pensive d'Angelus :

Mais non, le jeune fils des deux vieux au contraire
Par aucun jeu d'enfant ne se laissait distraire.
Souvent, ouvrant ses yeux étonnés et chercheurs,
Il regardait passer les enfants des pêcheurs
Qui, lorsque revenait la saison douce et belle,
Allaient au bois voisin, en longue ribambelle,
Cueillir des mûres ou chasser les papillons.
Il regardait passer ces gaîtés en haillons,
Qui couraient les pieds nus et d'aurore coiffées,
Et ces blouses et ces culottes étoffées
De grands-pères, et ces cheveux blonds sans bonnet,
Leur faisait un sourire et puis s'en revenait
Marchant à petits pas, rêveur et solitaire,
Tout seul, dans le jardin calme du presbytère.

Le curé, ambitieux pour cet enfant si précocement sérieux, si bien doué, ne comprenait pas le danger :

. . . . . il laissait
Angelus absorbé dans ses livres d'estampes,
Et n'apercevait pas palpiter à ses tempes

Ses rêves trop pesants pour ce jeune cerveau,
Avide avant le temps d'étrange et de nouveau ;
Et chaque jour, malgré le calme de l'asile
Où sa vie aurait dû couler pure et facile,
Dans les fleurs en été, près de l'âtre en hiver,
Malgré le souffle sain et puissant de la mer
Qui caressait son front sans y mettre le hâle,
Angelus revenait plus souffrant et plus pâle.

Le poète a admirablement observé et décrit, avec des nuances exquises, les progrès et les causes de ce mal secret dont les deux vieillards, loin de s'en effrayer, s'enorgueillissent, se félicitant de ce goût précoce de leur pupille pour la vie studieuse, sédentaire, domestique, et le récompensant par ces caresses dont la tendresse passionnée épuise son cœur comme la vie intérieure dévore son cerveau.

Ce n'est pas impunément qu'on enfreint cette loi de la nature qui a créé l'enfant pour la mère, qui n'admet pas d'équivalence à ce tutélaire et salutaire commerce, qui ne favorise pas la famille artificielle de l'adoption, qui regarde comme une usurpation toute entreprise sur les droits et les devoirs familiaux, et qui se vengera, avec une sorte de jalousie, de cette ingérence non justifiée par la communauté du sang, et dont le succès ferait injure à sa prévoyance. De là l'imprévoyance fatale et la mortelle stérilité de cette affection tardive, sans autre mandat que celui du hasard et de la charité, des deux vieillards célibataires :

Oui ces deux justes, oui, ces excellents vieillards,
Dont tous les battements de cœur, tous les regards

Etaient pour cet enfant adorablement triste,
Ne voyaient pas, dans leur amour presque égoïste,
Que pour cet être, espoir de leur humble maison,
Leur étreinte était une étouffante prison;
Que sur ce faible front leur sénile tendresse
Appuyait trop longtemps la trop lente caresse;
Qu'Angelus en souffrait, et que chaque baiser
Venait encore plus l'abattre et l'épuiser....
On meurt d'être aimé trop comme de ne pas l'être.

Angelus, trop aimé, c'est-à-dire mal aimé par ces deux vieillards qui se sont en vain flattés de suppléer à l'absence du père et de la mère, Angelus meurt doucement d'épuisement de la vie dont l'ardeur précoce, excitée par ces tendresses sans mesure dont il est entouré, avivée par le rêve perpétuel d'une enfance sans jeux, a dévoré son corps trop fragile comme la lampe à la flamme trop vive consume le boisseau. Il meurt, tandis que les deux vieillards, le croyant seulement endormi, disputent sur son avenir, sur la carrière qu'il suivra et s'accordent: le prêtre à le trouver trop délicat pour les émotions et les sacrifices du sacerdoce, le soldat à le déclarer impropre aux fatigues et aux absences des guerres lointaines. L'enfant se ranime pour leur sourire, pour leur murmurer qu'il veut être marin, et pour expirer dans le suprême élan de ce délire qui lui donne l'illusion d'un navire l'emportant vers l'inconnu, alors que de son corps, retombé inerte sur l'oreiller, l'âme s'est envolée vers l'infini.

Angelus, dont les tendresses et les tristesses semblent avoir effarouché et écarté l'admiration des lecteurs superficiels, est, dans l'œuvre du poète, un morceau selon nous achevé, pour lequel nous avouons notre prédilection, fondée sur l'originalité de la fiction, la finesse des analyses, la délicatesse des sentiments, l'émouvante justesse de la leçon. Cette leçon, dont les pères adoptifs d'Angelus ont inconsciemment défié la sanction, leur apprend, aux dépens de leurs dernières larmes,

Que leur expérience était une chimère;
Qu'ils n'étaient que de vieux enfants, et qu'une mère...
... Eût fait vivre l'enfant qu'ils avaient fait mourir...

Le poème d'*Angelus* inaugure superbement, avec ses mélanges et ses contrastes de grâce et de force, de raison et de sentiment, cette veine d'inspiration qui s'épanouira plus tard dans *Les Humbles*, mais dont l'heureux filet, venu des sources mêmes du cœur, ne cessera jamais de couler dans l'œuvre du poète, à ce point que cette permanence formera une de ses originalités distinctives et comme le trait le plus saillant de sa physionomie littéraire.

Pour la critique, envisagé au point de vue étroit de sa personnalité poétique, en dehors du drame et du conte, où il déploiera toute son envergure vers d'autres effets et d'autres succès, Coppée demeure le peintre par excellence du tableau parisien, de l'horizon parisien, de l'idylle et de l'élégie parisiennes, des intérieurs parisiens, de ce qu'ils révèlent à l'observateur de douleurs cachées, de fières misères, de passions ingénues, d'héroïsmes naïfs, de traits touchants de la nature humaine ou du caractère national, de frustes tragédies et de comédies rudimentaires. Nul n'a plongé un regard plus sagace au fond de l'intimité populaire. Nul n'a mieux vu l'atelier, le cabaret, la rue, le jardin public, le rempart. Nul n'a su mieux exprimer, avec un plus fin ragoût de sentiment tempéré par la malice, de mélancolie aiguisée d'ironie, d'émotion souriante et de poésie au besoin prosaïque pour être plus pittoresque, ce qu'on peut voir, entendre et éprouver « sans le trouver si ridicule » en écoutant ce que disent, sur un banc perdu du jardin solitaire, une servante et un militaire :

Ils se tenaient tous deux assis à chaque coin
Du banc, et se parlaient doucement, mais de loin
— Attitude où l'amour jeune est reconnaissable*. —

Ou bien en assistant, à côté d'une mère et d'un petit enfant en grand deuil, au défilé d'un régiment, l'un enivré, l'autre attristée par la vision guerrière**, ou bien encore en regardant

Dans les promenades publiques
Passer, troupes mélancoliques,
De petites filles en noir***.

Ou enfin en se demandant à quoi rêve et ce qu'attend cette pauvre fille fiancée depuis dix ans au marin qui ne reviendra pas :

Au bout du vieux canal plein de mâts, juste en face
De l'Océan et dans la dernière maison,

---

* *Le Banc.*
** *Le Défilé.*
*** *Enfants trouvés.*

Assise à sa fenêtre et quelque temps qu'il fasse,
Elle se tient, les yeux fixés sur l'horizon *.

Nous arrivons enfin aux deux ouvrages les plus caractérisques de cette maturité complète du talent du poète et de sa pleine possession de cette manière définitive, dont il sera plus facile de parodier que d'imiter la mâle simplicité, le dessin précis, le trait résolu, la touche sobre, qui donnent au tableau le relief de la sculpture, au récit la vie du drame. Les chefs-d'œuvre, bientôt populaires, de cette poésie pittoresque, à l'élan vif et sec, qui grave plus encore qu'elle ne peint, et qui conquiert par petits coups décisifs une émotion intense, sont la *Bénédiction* et la *Grève des forgerons*. Nous n'analyserons pas ces poèmes que tout le monde a lus ou entendus, réservant aux œuvres moins connues et non moins dignes de l'être, les faveurs de la citation. Nous nous bornerons à faire ressortir cette précision et cette concision du trait qui donnent tant de vigueur à l'effet, d'autant plus sûr qu'il a été mieux mesuré et plus contenu, et cet art de peindre la vie, d'exprimer l'action, de *faire scène* qui, témoignent de la vocation dramatique du poète.

Il n'avait encore fait vibrer que la corde lyrique ou la corde élégiaque. Il n'avait abordé le théâtre qu'en rêve, nourrissant en silence l'ambition inquiète de voir prendre corps, prendre figure, prendre vie, les créations de son imagination et de sa fantaisie, de voir réaliser les féeries qui

* *L'Attente.*

hantaient son cerveau et l'illuminaient de leurs fugitifs enchantements. Cette ambition du poète, à peine encore connu, admiré seulement d'un cercle étroit de lettrés, et célèbre seulement dans l'intimité, ne semblait pas près de recevoir satisfaction. Il était chimérique d'espérer pour lui la facile conquête d'un directeur, quand il venait à peine d'obtenir par son talent plus encore que par son succès, la confiance d'un libraire avisé, qui pouvait paraître téméraire, en devinant une étoile derrière les nuages de cet avenir obscur et en n'hésitant plus à associer sa fortune en bourgeon à la gloire en bourgeon d'un poète devenu son ami et son favori avant de l'être du public.

Il n'y a, dit un proverbe peradoxal, fondé sur l'exception, que l'imprévu qui arrive, que l'impossible qui réussit. Ce qui est vrai, c'est que la fortune a parfois la coquetterie de se faire pardonner par une faveur spirituelle et juste tant de faveurs qui ne le sont pas. C'est un de ces caprices désintéressés de la grande prostituée, un hasard vraiment digne du titre de providentiel, qui allaient ménager subitement au poète l'accès du théâtre, lui ouvrir à jamais la porte de la scène rebelle à tant d'autres prétendants, dont les cheveux et le talent blanchissent dans l'inutile attente, le faire célèbre du jour au lendemain et apprendre à la foule, qui ne devait pas l'oublier, le nom de l'auteur du *Passant* par la bouche, faite pour la renommée, de cette Mlle Agar, dont le rôle de Silvia affirmait le talent encore contesté, et de cette Mlle Sarah Bernhardt dont le rôle de

Zanetto révélait le talent par un succès, prélude de bien autres triomphes.

Le succès du *Passant*, qui fut le petit *triomphe d'Hernani* de la petite école parnassienne ou néo-romantique, et sur les causes et les effets duquel il est nécessaire d'insister plus en détail dans le chapitre suivant, allait avoir sur le talent de Coppée une influence féconde et décisive. Il lui permit de donner toute sa mesure, de voler de toute son aile, de sonner de toute sa lyre, de se montrer capable de toutes les fictions, à la hauteur de toutes les réalités et de faire applaudir tour à tour dans ce cadre du théâtre propice à la hardiesse et à la nouveauté, les essais de sa Muse dramatique cherchant sa voie, les mâles conseils et les *Sursum corda* de sa Muse patriotique en deuil, donnant à nos récentes douleurs d'harmonieuses larmes, et consacrant à nos vieilles gloires ces regrets d'où sort la vengeresse espérance.

III

L'HÉGIRE

1869-1870

Le début de François Coppée au théâtre, avec le *Passant*, fut bien un début de poète. La pièce s'appelle comédie sur l'affiche et dans le livre, mais ce n'est guère qu'un dialogue; et si drame il y a dans la rencontre et dans la séparation du page innocent et de la courtisane amoureuse, c'est un drame tout intérieur, tout psychologique et d'une action bien peu compliquée, bien rudimentaire. Mais ce qui importe dans la première pièce de Coppée, comme dans la plupart des pièces de Musset, ce n'est pas le sujet, ce n'est pas l'intrigue, ce n'est pas le thème, c'est la variation; ce n'est pas le canevas, c'est la broderie.

Coppée avait emprunté son sujet à son imagination, à sa sensibilité, fécondées par le souvenir de ses lectures de Boccace, de La Fontaine, de Musset. C'est l'Italie de la Renaissance qui lui avait fourni son cadre, cette Italie dont Burckardt et Eugène Müntz ont écrit l'histoire politique, sociale et artistique; cette Italie de Dante et de Boccace, de Machiavel et de Guichardin, de Donatello et de Brunnelleschi, de Masaccio et de Paolo Ucello; cette Italie des tyrans beaux esprits, des parasites savants, des courtisanes philosophes, des pages à la beauté d'éphèbe, aux chausses de soie collante plus naïvement impudiques que la nudité, à la mandoline de sérénade en sautoir, des poètes aimés des duchesses, de tout ce monde de féerie que raniment les contes galants du *Décaméron*.

Cette Italie des Médicis, des Visconti, des Sforza, des La Rovère, des d'Urbin, des Gonzague, que Florence domine et semble personnifier, cette Italie dont l'histoire semble un roman, la réalité une poésie, chère de tout temps à l'imagination des amoureux et des rimeurs, devait attirer à son rendez-vous galant, à son tendre refuge l'imagination de François Coppée, en quête d'un sujet, et ne pas tromper son choix. Car il lui a porté bonheur. Toutes les fois que le poète a touché du pied cette terre privilégiée, cette seconde patrie de tous les poètes, il en a fait jaillir une armée de vers victorieux. L'auteur du *Passant*, du *Luthier de Crémone*, de *Severo Torelli*, n'a pas le droit de se plaindre de l'Italie.

Ce n'est pas François Coppée qui contestera la justesse de ce joli mot de Michaud appelant le hasard : « *l'incognito* de la Providence ». Cela est vrai quelquefois. C'est au hasard qu'il dut de pouvoir faire jouer le *Passant*. Il fallut l'occasion d'une représentation à bénéfice, la rencontre d'une artiste pressée de trouver quelque chose de nouveau, d'inédit à jouer, et s'adressant, comme il est d'usage en pareil cas, aux débutants, faute de pouvoir s'adresser aux maîtres; il fallut le choix divinateur, la confiance intelligente de cette artiste; il fallut le mouvement de surprise et d'admiration provoqué ce jour-là par une actrice à ses débuts, Sarah Bernhardt, qui prêta sa morbidesse encore ingénue, sa voix d'or encore sans alliage, la grâce d'aube de son visage et de son talent à cet adorable petit page errant de la chanson et de l'auberge du bon Dieu; il fallut aussi le charme irrésistible de cette figure exquise, de ce Zanetto, sorte de Chérubin florentin, qui faisait revivre, monter sur la scène, y parler, y marcher le *Chanteur* de Paul Dubois, image deux fois populaire, grâce à l'art plastique, grâce à l'art dramatique, de la Renaissance; il fallut tout cela, c'est-à-dire une conspiration unique de hasards favorables, d'occasions propices, de bonheurs imprévus autant que mérités, pour procurer au poète l'honneur et la joie de ce succès mémorable qui clôt sa vie militante et dont il fait dater son hégire de délivrance et de triomphe (14 janvier 1869).

Mais hâtons-nous de le répéter. Si le hasard et le bonheur ont eu part à l'œuvre de Coppée, en ce sens qu'ils lui ont permis de se produire, le succès est entièrement dû à son talent. Des circonstances, des opportunités, auxquelles certes il n'avait pas songé dans ce dialogue entre une courtisane en veine de sentiment et en caprice d'honnêteté et le petit chanteur vagabond dont elle épargne l'innocence et qu'elle sauve de son piège, dans cette œuvre de rêve indépendant d'art désintéressé — fleur rapportée d'un voyage dans le bleu — dans cette œuvre qui attendait son heure et ne la choisit pas, favorisèrent ce succès, en décuplèrent la portée et lui donnèrent presque l'importance d'un petit événement littéraire et social.

Pour le comprendre il faut se reporter au temps, au moment, à cette année marquée elle-même de signes prophétiques qui fut l'avant-courrière de cette autre année fatidique 1870 où l'on vit l'apothéose plébiscitaire et la déchéance révolutionnaire d'un régime fondé sur la victoire et le bonheur, et qui ne pouvait être vaincu ni malheureux impunément. Il faut se reporter à ce brillant hiver où un monde frivole déjà agité des pressentiments de la catastrophe prochaine et qui sentait passer des souffles menaçants sur la couronne de ses festins, étourdissait dans le présent les regrets du passé, les craintes de l'avenir, variait ses plaisirs avec des caprices de blasé, passait volontiers des voluptés du vice à celles de la vertu, et au sortir de l'orgie de scepticisme et de parodie, des refrains de la *Belle Hélène* et de la *Grande-Duchesse* et des flonflons d'Offenbach, ne haïssait point la réaction salutaire d'un court bain de franche poésie, et d'un rapide voyage sur les sommets de l'idéal. Ce fut pour ces parvenus de la veille, pour ces méfiants du lendemain, pour ces fiévreux d'ambition, pour ces roués d'émotion une surprise charmante, un ragoût des plus piquants et des plus inattendus, que ce dialogue entre la Cigale innocente et la Fourmi du vice, entre la Silvia et le gentil chanteur errant, parasite de la fortune honnête, hôte des palais dont l'hospitalité honore, et y payant sa dette de chansons, mais déserteur du toit de la courtisane enrichie. La corruption du temps se rafraîchit délicieusement à cette victoire de l'ingénuité sur la rouerie. Elle retrouva ses regrets, ses repentirs et ses espérances dans le dernier cri de Silvia vaincue et heureuse de l'être, et bénissant à la fin de la pièce l'amour qu'elle maudissait au début :

Que l'amour soit béni ! je puis aimer encore...

Elle but à longs traits le lait de cette pastorale, de cette bergerie, de ce joli duel entre le loup et l'agneau, où c'est l'agneau qui est le plus fort. Il y eut dans ce succès du *Passant* beaucoup de la surprise et de l'admiration qu'inspirent la rouerie ingénue, l'habileté inconsciente, la hardiesse naïve, le serein défi d'un poète ignorant de ce qui se passe, insoucieux de tout ce qui n'est pas son art et promenant, comme son Zanetto, au milieu d'un temps de corruption et de décadence, son rêve imperturbable de jeunesse et d'amour, et sa mélancolique sérénade à l'idéal. Le *Passant* et son succès, c'est l'idylle, c'est la bergerie, c'est le Trianon de l'Empire, c'est le *Daphnis et Chloé*, c'est *Estelle et Némorin*, c'est — toutes proportions gardées — le *Paul et Virginie*, c'est l'*Atala* de François Coppée.

Le tout Paris d'alors eut pour le poète les yeux de Silvia pour Zanetto, et goûta la douceur de cette larme de pure émotion, de généreux attendrissement dont il croyait avoir perdu la vertu.

Le *Passant* soit béni ! je puis pleurer encore.

La pièce est trop connue pour que nous songions à l'analyser. Mais nous nous plaisons à insister sur l'effet qu'elle produisit sur le public. Il est encore plus curieux peut-être de l'étudier au point de vue de l'effet produit sur cette partie du public qui fait la loi à l'autre, sur ces organes de l'opinion qui créent l'opinion, c'est-à-dire sur la critique, sur les journalistes, sur les confrères du débutant acclamé, en qui le Parnassisme prenait possession de la scène et poussait jusqu'au théâtre, fermé jusque-là à ses ambitions, les victoires et conquêtes de la nouvelle école. Nous citerons deux passages d'écrivains fort différents, l'un emprunté aux *Mémoires* d'André Gill, où la situation est peinte de souvenir avec cette exagération, cette verve brutale et caricaturale d'un cerveau que depuis la folie a éteint, mais avec un accent d'enthousiasme et d'émotion sincère; l'autre au feuilleton de l'*Opinion Nationale* où Jules Claretie tenait alors brillamment la plume du critique dramatique. Voici d'abord l'extrait des *Souvenirs* d'André Gill « dont le ton, a dit un bon juge, est violent et outré, mais dont le récit ne manque pas de vérité » :

La première du *Passant*, je me la rappelle comme si

c'était hier. On l'avait annoncée, prônée, escomptée au café de *Bobino*, voisin des arbres du Luxembourg où se réunissaient les *Parnassiens*, où passait Rochefort, où venait de débarquer, avec *Pierrot héritier*, Paul Arène au bras d'Alphonse Daudet, célèbre déjà par les *Lettres de mon Moulin*.

L'auteur, avec son joli nom ciselé : François Coppée, avec son profil nerveux et de pur camée, avait dit des fragments aux tables, distribué à la ronde des poignées de mains. On savait que deux belles filles, deux artistes de race, allaient prêter le charme de leur chair et de leur talent à l'interprétation; tout bas on ajoutait même : que l'une d'elles était aimée du poète, que l'autre en séchait de jalousie : un vrai roman !

Enfin, c'était notre drapeau à tous que le camarade allait dresser dans la bataille...

Comble de l'émotion ! j'en appelle à ceux de mon âge, le lustre de l'Odéon, ce soir-là, nous sembla rayonner notre aurore.

Dans la salle, il y avait le tout-Paris de l'Empire... Il y avait aussi des maîtres venus pour encourager l'élève : Gautier, Banville, Augier, Leconte de Lisle, tous les fronts ombragés du vert laurier, tous, excepté Hugo qui était ailleurs...

On frappa les trois coups... Vous connaissez la pièce. Ce rien enguirlandé de fleurs, embaumé de jeunesse, le naïf et chaste amour de Zanetto s'offrant au clair de lune, à la Sylvia, la courtisane charnue et rêveuse après boire, un idéal de l'Empire, fut tout de suite accueilli, acclamé, adoré. La pièce déroula son collier de rimes précieuses, tendrement, perle à perle, dans une musique si imprévue et si douce, qu'il s'en répandit, par la salle enivrée, une sensation de fraîcheur pour ainsi dire virginale. Ce fut un enchantement, comme une goutte de rosée sur une bouche en fièvre.

Toutes les dames décolletées d'alors agitaient les reins dans leurs fauteuils; les sous-préfets de passage à Paris, ce jour-là, roulaient des yeux humectés.

Quel succès ! On fit relever quatre fois le rideau.

Et nous donc! la phalange de *Bobino*, du délire !*

M. Jules Claretie a heureusement servi d'interprète à des impressions plus délicates, plus réfléchies :

Voilà un poète jeune, qui apporte une pièce à l'Odéon, et le petit acte fait plus d'impression sur la salle que les cinq actes d'un gros drame haut en couleur. Si l'on goûte souvent à ce vin de Chypre, on jettera le vin bleu par la fenêtre.

La courtisane Sylvia est accoudée sur la terrasse, rêveuse, attristée, regardant au loin les toits de Florence, lactés par la lune, et les coupoles se détachant sur le ciel bleu. Elle songe, elle s'ennuie. Le faux amour dont on l'entoure, les hommages dont on la fatigue ont enfin lassé la Silvia, qui regrette maintenant le passé peut-être, et qui n'a même plus de larmes pour sa mélancolie, de pleurs pour sa souffrance. Il faut l'entendre interroger son cœur triste et glacé ; il faut écouter cette langue ferme et sonore à laquelle le théâtre ne nous accoutume point, et qui soudain vous transporte, heureux et charmés, au pays du rêve.

Ce qui caractérisait en effet le *Passant*, ce dialogue, ce chant alterné *(alterna camœna)* entre la courtisane et le petit chanteur vagabond, c'est la pureté, la noblesse, l'accent d'intimité grave et tendre de cette langue maniée avec une souplesse précoce, dont la richesse se prête à toutes les variations brodées sur un thème passionnel qui parcourt dans sa progression toutes les notes du clavier de l'âme, depuis la surprise joyeuse de la rencontre et du triomphe jusqu'à la mélancolie du sacrifice et de l'adieu. L'originalité de

---

* *Vingt années de Paris*, par André Gill, avec une préface par Alphonse Daudet. Marpon et Flammarion, 1883, p. 56 et suiv.

la fabulation est moindre. Coppée, à ses débuts de poète dramatique, procède de Musset comme à ses débuts de poète lyrique il procède de Hugo. Bientôt, il ne procédera plus que de lui-même, dans la poésie dramatique comme dans la poésie intime. La veine des *Humbles* et des *Poèmes modernes* est bien à lui. Son verre peut paraître petit, mais il boit dans son verre.

A l'heure du *Passant*, de ce *Passant* toujours populaire dont le clair de lune fut pour son auteur cette aurore de la gloire au sourire si doux, le poète en était encore à l'Italie de Musset, à l'Italie romanesque et poétique; sa fiction de la courtisane amoureuse et, par un scrupule subit, renonçant à sa proie, une jeunesse, une innocence pourtant si tendres à croquer, appartenait au même monde factice et artificiel. Mais la sincérité du poète devait faire illusion au public, comme à lui-même, et triompher de toute contradiction. Les sceptiques les plus décidés y avaient été pris. Ils avaient été émus, attendris par le charme poétique. Ils avaient pleuré. Pleurer, comme rire, désarme. Ce n'est que plus tard, et tout en convenant du charme et en le subissant encore, que la critique a pu faire ses réserves :

La salle fut ravie. Le directeur du théâtre n'y comprenait rien. On applaudit, on se récria. Les belles dames, les généraux, les banquiers et les vieux chambellans pleurèrent. Je me souviens, entre autres, de mon vieil oncle qui était sénateur et tout entier dans la politique et les inaugurations de statues. Il s'attendrit à table, en racontant la pièce à sa façon, et parla d'amour. Tout Paris raffola du *Passant*. Il y eut des cravates à la Coppée. Les journaux publièrent que le poète demeurait à Montmartre et qu'il aimait sa mère. On joua son œuvre sur tous les théâtres et dans toutes les cours d'Europe. Dans toutes les sous-préfectures, un jeune homme, qui connaissait l'auteur du *Passant*, était tout à coup invité à dîner dans plusieurs familles bourgeoises.

Maintenant encore, après quatorze ans, le *Passant* continue son tour de France, et je l'ai vu, il n'y a pas bien longtemps, sur l'affiche déchirée du théâtre de Clermont-en-Beauvoisis.

Et c'est, en effet, une bien agréable chose. C'est un ouvrage d'art très facile à comprendre quoique la facture en soit assez compliquée. Toute femme qui a lu Musset connaît ce pays bleu, cette Italie du rêve dans lequel les courtisanes aiment les poètes. Cette Silvia qui ruine les podestats et respecte l'innocence des chanteurs de grand chemin est d'un monde bien factice. Mais les figures du théâtre n'ont point besoin d'être vraies. On trouva à la Silvia, à mademoiselle Agar, une sombre beauté : on trouva un charme à Zanetto. Zanetto, c'était mademoiselle Sarah Bernhardt toute jeune et déjà n'ignorant rien. C'est elle qui nomma le poète et le nom de François Coppée sortit frais et brillant de ces lèvres où depuis tous les regards du monde se sont attachés avec ardeur[*].

Coppée, inconnu la veille, était célèbre le lendemain du *Passant*, célèbre de la célébrité la plus douce à vingt-cinq ans, celle qui se compose moins encore du suffrage des hommes graves qui attendent que de l'enthousiasme des jeunes gens, de la sympathie des femmes qui se marchandent, se disputent moins, et dans le goût desquels le cœur a autant de part que l'esprit.

Avant les consécrations académiques de son

---

[*] *Mémoires d'aujourd'hui*, par Robert de Bonnières.

talent, il en reçut et en goûta une plus mondaine, plus brillante, plus délicate, dans les gracieuses avances d'une princesse éprise du talent sous toutes ses formes, plus encore que du succès, dont l'hospitalité recherchait les hommes d'esprit, sans s'occuper du reste, ne leur assignant chez elle d'autre rang que celui qu'ils occupaient dans la hiérarchie intellectuelle ou plutôt ne leur en assignant aucun et se plaisant à les présider en confrérie, sur le pied d'égalité, sans autre protection que celle d'un respect reconnaissant. La princesse Mathilde faisait, pour son plaisir et pour son goût, ce que l'Empire négligeait trop de faire pour son intérêt. Guidée dans ses choix qu'inspirait d'ailleurs une bonté pleine de divination et de pressentiment, un esprit éclairé par le cœur, par Sainte-Beuve, digne intendant de ses faveurs et maître de sa petite chapelle profane, elle attirait chez elle les savants, les artistes, les écrivains, les poètes, par une curiosité flatteuse et pleine de tact, qui leur permettait de s'y croire chez eux, tant elle savait distinguer tout le monde, sans paraître préférer personne. Elle excellait dans l'art d'apprivoiser leur fierté, de retenir leur inconstance, en la mettant à l'abri des promiscuités, des banalités et des maladresses officielles qui eussent bientôt effarouché les uns, ennuyé les autres, par les cordialités et les délicatesses de la générosité qui donnait une âme à son dilettantisme.

François Coppée reçut directement de la princesse, — alors brouillée par la politique, la jalouse et fâcheuse politique, — avec son vieil ami Sainte-Beuve, désormais et bien à tort traité en ennemi, cette invitation qui était tout au moins un brevet d'homme d'esprit, car il fallait savoir causer ou savoir écouter, ce qui est peut-être plus difficile, et ce que les sots n'apprendront jamais. Il connut et savoura en dilettante et en virtuose de la conversation, les charmes de cette société choisie des mercredis réservés à l'élite littéraire et artistique (les dimanches appartenant à la foule encore dans l'élite). Il prit part aux feux d'artifice d'esprit et d'éloquence, de fantaisie et de paradoxe de ces dîners, de ces après-dîners où Sainte-Beuve, Théophile Gautier, Gustave Flaubert, Paul de Saint-Victor, Arsène Houssaye, Edmond et Jules de Goncourt, Ernest Renan, Hippolyte Taine, Eudore Soulié, Henri Lavoix, Camille Doucet, Charles Giraud, Zeller, parfois Alexandre Dumas et Victorien Sardou se renvoyaient en se jouant, comme le volant chassé par la raquette, les théories, les anecdotes, les bons mots, les portraits, les épigrammes de la conversation la plus animée, la plus humouristique, la plus instructive, la plus amusante, la moins académique, la moins aulique qui pétilla jamais sous les oreilles d'une princesse. (Il est vrai que celle-là était une artiste et une femme d'esprit.) Il entendit Émile de Girardin se dédommager avec une verve spirituelle et parfois cynique, des réticences de la politique ; et Chaix-d'Est-Ange à la tête Ésopienne, à la mimique simiesque, se venger des contraintes du Palais ou du Sénat en dévoilant les mystères de Thémis, en entr'ouvrant les coulisses du théâtre des Pères conscrits, en blaguant la loi, en parodiant la Constitution, en retroussant sa robe rouge et en jetant par-dessus les moulins son chapeau empanaché, aux rires et aux applaudissements des auditeurs de ces revanches de l'esprit bazochien sur l'esprit académicien, et de la cause grasse sur la cause grave. Là aussi, le clan des peintres et des sculpteurs et des amateurs et critiques d'art, Eugène Giraud et son frère, Amaury Duval, Charles Marchal, Fromentin, Hébert, Claudius Popelin, Protais, Baudry, Saintin, Gustave Doré, Gustave Boulanger, Carpeaux l'olympien comte de Nieuwerkerque, Du Sommerard, Alfred Arago, Ernest Chesneau, Charles Yriarte dissertaient savamment ou gaiement des choses de l'art. Claude Bernard, Berthelot et Robin racontaient les merveilles de la science, et le violoniste lettré Sauzay, impresario des concerts intimes du dimanche, discutait son prochain programme. Ces après-dîners du mercredi de l'hôtel de la rue de Courcelles, ces décamerons sous la toile de la vérandah ou sous les ombrages du parc de Saint-Gratien mériteraient une histoire, car ils eurent leur influence sur la littérature, sur l'art et sur la société de l'Empire*.

C'est dans le salon de la rue de Courcelles, orné de statues, de tableaux et de fleurs que Coppée étrenna, comme il se plaît à le raconter, son premier habit noir *sérieux*.

C'est à Saint-Gratien que Coppée fit la connaissance de Gustave Flaubert dont il admirait

---

* Cette histoire est esquissée, et de main de maître, sous la forme anecdotique et familière, à mainte page des trois volumes du *Journal des Goncourt*.

et admire toujours le talent et dont il a esquissé la physionomie d'une façon si vivante, si amusante dans ces fragments de mémoires autobiographiques qui illustrent de leurs croquis de paysage et d'intérieur, de leurs portraits vivement crayonnés les marges de son feuilleton, de son *pensum* hebdomadaire de critique dramatique :

Le nom de Gustave Flaubert est à l'ordre du jour ; il est prononcé en ce moment par toutes les voix de la presse à propos de la correspondance de George Sand, où il se trouve un assez grand nombre de lettres adressées au grand prosateur, lettres charmantes et qui expriment les sentiments d'une tendre et virile amitié. Récemment d'ailleurs, les intéressants *Souvenirs littéraires* de M. Maxime du Camp, publiés par la *Revue des Deux-Mondes*, avaient donné de très curieux détails sur la vie de l'auteur de *Salammbô* et sur ses procédés de travail. Enfin ce nom de Gustave Flaubert prend peu à peu dans l'opinion la place qu'il doit occuper, c'est-à-dire une des premières ; toutes les résistances n'ont sans doute pas encore disparu ; celles de ses œuvres qui furent mal comprises : — l'*Éducation sentimentale*, la *Tentation de Saint Antoine* et surtout l'extraordinaire *Bouvard et Pécuchet*, — ne sont pas encore reclassées selon leur mérite. Mais, c'est égal, nous sommes déjà loin aujourd'hui des critiques perfidement respectueuses, des articles pleins de condoléances hypocrites, sous lesquels on étouffa les dernières productions de Flaubert et qui mirent une si grande tristesse dans ses dernières années. Ce n'est plus qu'avec une profonde déférence qu'on parle maintenant de lui, et même pour ceux qui ne peuvent savoir quel prodigieux artiste il fut, un vague parfum de gloire durable sort de cette tombe. La renommée de Flaubert est, pour ainsi dire, dans la période de transition où se trouve un « bienheureux » avant d'être canonisé. Les journalistes lui donnent déjà du « maître et du grand écrivain » ; mais, avec le temps, ils lui décerneront le vrai titre auquel il a droit, celui de « classique français. »

Nous avons eu le bonheur de connaître assez intimement Gustave Flaubert. Ce prosateur, qui n'écrivit ou du moins ne publia jamais de vers, aimait passionnément la poésie. Notre titre de poète nous assurait donc sa bienveillance ; de plus, il reconnut, dès notre première rencontre, que nous n'avions pas moins que lui le souci désintéressé de l'art, le culte exclusif des lettres, et tout de suite il nous manifesta une sympathie que nous avons toujours soigneusement cultivée.

C'est chez la princesse Mathilde, au château de Saint-Gratien, que nous vîmes Gustave Flaubert pour la première fois. La princesse, accompagnée d'un groupe d'amis où nous avions l'honneur de nous trouver, faisait avant le dîner une promenade dans son parc, lorsque Flaubert arriva. Avant que son nom eût été prononcé, nous avions été frappé par l'aspect de ce géant à teint apoplectique et à moustaches de guerrier mongol, très paré, ayant du linge magnifique et même un soupçon de jabot, qui, après avoir salué la Princesse, avait replacé sur l'oreille un chapeau luisant à larges ailes et marchait en faisant craquer dans l'herbe d'étincelantes bottines vernies.

Gustave Flaubert avait été un très bel homme dans sa jeunesse, et il avait gardé, du temps où son entrée faisait sensation dans la salle du théâtre de Rouen, certaines habitudes de coquetterie dans sa toilette. Tel que je le vis, en 1869, ravagé par une santé profondément altérée et par d'énormes excès de veille et de travail, il avait encore sa beauté. Rien n'était plus altier que son port de tête — le port de tête des Romantiques ; — dans son visage trop rouge et gonflé, mais où se retrouvait le beau dessin des traits et que décorait la plus triomphale paire de moustaches, étincelaient deux grands yeux bleus pleins de franchise et de courage, des yeux de Normand de la Conquête ; et sur son crâne à demi dénudé, de longues mèches grisonnantes s'échevelaient avec une fougue toute mérovingienne. Gustave Flaubert vieilli n'était plus beau, mais il était encore superbe.

Ce soir-là, dans la résidence d'été de celle que ses amis n'appellent que « la Bonne Princesse », sur le perron de la vérandah, devant un magnifique crépuscule d'été, nous eûmes la joie de causer longuement avec Gustave Flaubert, et, dès les premières paroles échangées, reconnaissant que nous étions fou de la belle prose, il nous parla — avec quelle verve enthousiaste et quelle familière éloquence ! — de ce qu'il aimait le plus au monde, du style.

Tout de suite, il nous avait dit sa fameuse formule :

— Je ne sais qu'une phrase est bonne que lorsqu'elle a passé par mon « gueuloir » !

Et joignant l'exemple au précepte, il en déclama immédiatement quelques-unes.

Quiconque n'a pas entendu Flaubert, avec une emphase de voix et une ampleur de gestes dignes de Frédérick Lemaître, « gueuler » — tant pis ! il n'y a pas d'autre mot — une période de Bossuet ou de Chateaubriand, ne saura jamais combien l'admiration littéraire peut donner de bonheur à un homme. Après avoir dit, d'une voix lente et forte, où restait un peu de lourdeur normande, — soit le *Départ des Hirondelles* dans *René*, en faisant sentir le rythme admirable de la phrase, soit la péroraison de l'*Oraison funèbre du prince de Condé*, en tâchant d'en rendre les sonorités majestueuses comme de la musique d'orgue, — le bon Flaubert s'arrêtait, silencieux et épuisé pendant un moment, tout tremblant de joie, tout congestionné de plaisir. Puis, pour s'assurer qu'il était bien compris, il saisissait son interlocuteur par le bras, il le regardait dans les yeux, et il lâchait alors un « n'est-ce pas ? » ou un « hein ? c'est *raide !* » où éclatait sa naïve et noble jouissance.

On composerait une excellente anthologie de la prose française, un choix exquis de modèles du style pompeux et magnifique, si l'on recueillait les nombreuses phrases empruntées par Gustave Flaubert aux écrivains classiques et modernes, et soumises par lui à la redoutable épreuve du « gueuloir ».

Il en savait par cœur un très grand nombre, étant doué d'une mémoire étonnante, et il les déclamait imperturbablement, sans une erreur, indiquant par la diction toutes les nuances, même celles de la ponctuation. Il nous récita ainsi des morceaux de longue haleine, entre autres le célèbre fragment de l'*Esprit des lois*, le dialogue de Sylla et d'Eucrate. De temps en temps, il s'interrompait devant une beauté particulièrement frappante, à l'accord parfait de deux mots; il soulignait d'une exclamation le trait génial, et il le répétait avec une volupté de dilettante.

Nous croyons l'entendre encore, déclamant la prose ferme et nombreuse de Montesquieu :

— « Quelques jours après que Sylla se fut démis de la dictature, j'appris que la réputation que j'avais parmi les philosophes lui faisait souhaiter de me voir. Il était à sa maison de Tibur, où il jouissait des premiers moments tranquilles de sa vie. Je ne sentis point devant lui le désordre où nous jette ordinairement la présence des grands hommes. Et, dès que nous fûmes seuls : — Sylla, lui dis-je... »

Là, Flaubert s'arrêtait toujours, suffoqué d'admiration.

— « Sylla, lui dis-je, » répétait-il en faisant traîner le *lui dis-je* comme la vibration mourante d'un gong... Est-ce beau ? Toute l'histoire romaine est là-dedans!

C'est un devoir et un plaisir de contenter la passion d'un ami, surtout lorsqu'elle est innocente et belle, comme celle de Flaubert. Aussi, quand nous avions la chance de découvrir une phrase vraiment parfaite et atteignant l'idéal de sobre et musicale éloquence qu'exigeait le maître, nous nous empressions de lui en faire part. Les trois quarts du temps, il la connaissait — car il avait tout lu, ou à peu près tout, — et à peine l'avions-nous commencée qu'il nous interrompait pour la finir. Nous fûmes assez heureux cependant pour dénicher dans des auteurs peu connus et même dans les coins ignorés des grands classiques, quelques passages qui avaient échappé à l'œil d'aigle de l'auteur de *Madame Bovary*. C'est ainsi que nous lui révélâmes les trésors cachés dans l'*Histoire romaine* et dans la traduction de Florus, par Nicolas Coëffeteau, « évêque nommé de Marseille », l'un des premiers Quarante de l'Académie, écrivain de grand style, nourri de la moëlle latine, dont on ne sait plus guère le nom aujourd'hui que par une phrase élogieuse de La Bruyère. C'est encore grâce à nous que Flaubert eut la satisfaction de faire avaler par son « gueuloir » deux ou trois perles perdues dans l'océan de Saint-Simon, — celle-ci, notamment :

« On envoya chercher M. le prince de Conti ; mais on ne le trouva pas ; car il était à Paris à crapuler avec du vin et des filles. »

— *Crapuler !* s'écriait Flaubert ravi. Quel bel infinitif !

Mais le plus grand triomphe que nous obtînmes fut de communiquer à notre illustre ami un certain mouvement oratoire de Bossuet, développement de la parole adressée au Bon Larron par Jésus-Christ sur la croix, qui se trouve dans un des sermons les moins célèbres de l'évêque de Meaux.

« En vérité, lui dit Jésus, vous serez avec moi, « aujourd'hui même, dans le Paradis... » Dans le Paradis, quel séjour ! Aujourd'hui même, quelle promptitude ! Avec moi, quelle compagnie ! »

En entendant cette superbe phrase, Gustave Flaubert devint pourpre d'émotion ; il nous la fit redire, il se la récita à lui-même plusieurs fois à voix basse pour la bien graver dans sa mémoire, et depuis lors, quand nous nous rencontrions dans le monde, il nous saluait en s'exclamant : « Dans le Paradis, quel séjour ! Aujourd'hui même, quelle promptitude ! Avec moi, quelle compagnie ! »

Les petits cadeaux entretiennent l'amitié, et un ami qui partageait le goût de Gustave Flaubert pour les belles phrases et lui en avait même offert quelques-unes, devait faire de rapides progrès dans son affection. Nous pénétrâmes, en effet, dans l'intimité du romancier, et nous le vîmes — d'abord rue Murillo, puis rue du Faubourg-Saint-Honoré — en déshabillé intime, le dos à la cheminée, devant le beau Boudha de bronze doré dont elle était ornée, sa courte pipe à la bouche et drapé dans sa large robe de drap marron, qui tenait à la fois du froc de moine et du caban de marin.

C'est dans cette tenue que, chaque dimanche, l'après-midi, il recevait ses amis les romanciers, Zola, Goncourt, Daudet, et aussi les jeunes naturalistes, dont le « modernisme » intolérant l'exaspérait quelquefois et dont les théories d'art exclusives, n'admettant que le travail d'après nature, l'étude du « sous les yeux », du « coudoyé », — pour employer leurs expressions, — arrachèrent un jour à Flaubert cette protestation joyeusement furibonde :

— Le Gange existe, nom de Dieu !

Un jour d'été, un jour de bonne humeur pour le maître du logis, où nous nous trouvions seul avec lui, le piano d'une voisine jouait depuis plus d'une heure nous ne savons plus quelle sonate, et le bruit du monotone instrument, arrivant par les fenêtres ouvertes, couvrait notre conversation. Nous vîmes alors Flaubert faire de son amour du beau style et de son goût pour la prose déclamée un usage bien inattendu.

— Attendez, dit-il soudain. La voisine m'assomme avec son piano. Mais je me venge et je lui « gueule » du Chateaubriand !

Et d'une voix tonitruante, il égrena le chapelet de ses morceaux favoris. Ce fut d'abord la phrase sur les Romains :

« Ils construisaient des arcs de triomphe et ils détournaient des fleuves sur des aqueducs, afin de donner à boire au Peuple Roi. »

Et comme la sonate persistait, il continua en déployant toute la sonorité et toute la puissance de son organe, par l'admirable « lever de lune » d'Atala :

« Alors, elle épancha sur les forêts ce grand secret de mélancolie qu'elle aime à raconter aux vieux chênes et aux rivages antiques des mers. »

Nous entendîmes alors la voisine fermer son piano d'un coup sec. Une fois de plus, la littérature avait affirmé sa supériorité sur la musique.

Hélas! le « gueuloir » du bon et grand Flaubert est muet pour toujours, mais son écho vibre encore dans notre souvenir; et, quand nous nous donnons la volupté de relire à haute voix quelque page impérissable de *Salammbô* ou du *Cœur simple*, nous imitons malgré nous cette voix d'airain, et nous jouissons alors doublement du rythme grandiose de ce style unique, qui fait de Gustave Flaubert le Beethoven de la prose française*.

Le bienfait de cet échange d'idées, de cette communion intellectuelle, avec des pairs, n'est pas le seul que Coppée dut à la princesse. Il se plaît à reconnaître aussi à quelle prévoyante et délicate protection, dont les *Lettres à la Princesse* de Sainte-Beuve contiennent bien d'autres témoignages, il dut cet emploi à la bibliothèque du Sénat, destiné à lui assurer le repos et l'aisance *otium cum dignitate*, au gré d'illusions qu'il ne partagea pas longtemps, et dont la déception n'est de la faute de personne.

Elle ne fut pas surtout de la faute du poète. Il essaya pendant deux ans, en appelant à son aide les consolations du voisinage du jardin du Luxembourg, adoré de sa jeunesse qui y connut l'espérance, de sa maturité, qui y savoure le souvenir, et du voisinage de ce modeste appartement de la rue des Feuillantines, sacrée par les souvenirs de l'enfance de Victor Hugo, où sa mère et ses sœurs l'attendaient le soir, de s'apprivoiser au joug du travail utile et servile de son emploi.

---

* *Patrie* du 27 mars 1883, *Gustave Flaubert déclamateur* (souvenirs personnels).

Mais l'horizon des livres est rude à l'œil amoureux de l'horizon du ciel et de l'eau, des monts et des vaux, des prés et des bois. Mais pour que l'indépendance du poète pût, au nom de la nécessité, courber sa tête au joug, il eût fallu que ce joug fût léger, et son chef d'alors, M. Étienne Gallois, était loin d'avoir la finesse, la compétence d'écrivain connu par plus d'un succès de théâtre et de roman, l'aménité de rapports qui rendent honorable et agréable l'autorité du bibliothécaire en chef actuel, M. Charles Edmond, très digne de collègues de la valeur et du talent des Leconte de Lisle, des Ratisbonne, des Lacaussade, des Anatole France. Coppée retrouva trop vite autour du fauteuil de son bureau, dans la grande salle de lecture du palais du Sénat, l'atmosphère d'ennui morne et pesant dont l'avait affranchi sa démission d'employé des bureaux du ministère de la guerre. Au bout de deux ans il secoua le joug à ses risques et périls, et pour avoir un successeur digne de lui, il fit pour sa part tout ce qu'il put, afin que son modeste héritage échût, dans des conditions plus sortables que celles qu'il avait traversées, à un poète, à un maître, à son maître, à son collègue à l'Académie française auquel il devait venir quatorze ans après, ayant bien gagné ce titre de messager de la bonne nouvelle, annoncer son élection dans cette même salle de la bibliothèque du Sénat où tous deux ont pensé, rêvé, étudié, souffert et triomphé enfin.

Coppée, en cet hiver de l'année 1869 auquel nous revenons, était donc heureux, cité comme l'homme heureux par excellence. Mais est-on jamais complétement heureux ? Ne nous étonnons pas d'apprendre qu'il y eut bientôt une ombre au bonheur de Coppée, un pli de rose, bientôt piquant comme une épine, à ce lit de festin triomphal où il buvait doucement et discrètement les prémices de sa gloire. Le *Passant* l'avait rendu célèbre. On ne manqua pas, on ne manque pas assez encore de le lui rappeler en accolant désormais à son nom, avec la religion superstitieuse, naïve offense des admirateurs, vengeance maligne des envieux, que l'on professe en France pour l'étiquette, pour la classification, pour la spécialisation, le titre de ce succès retentissant, comme si le premier triomphe de sa vie littéraire devait en être le dernier, comme s'il était incapable de renouveler jamais ce coup de maître, comme s'il y avait à jamais marqué à une hauteur due au hasard autant qu'au talent, la mesure de sa valeur, l'étiage de sa renommée. « L'heureux auteur du *Passant*, » le « sympathique auteur du *Passant*, » on n'en démordait pas. C'était ennuyeux, d'abord, cela devint agaçant, énervant. Il y a des gens rivés ainsi par la féroce mémoire du public ou des confrères, à leur premier succès, et obligés de vivre liés à ces lauriers fanés, à ce chef-d'œuvre mort. Il y en a que ce supplice fait rire. Il y en a qu'il fait pleurer. C'est qu'il ne faut pas plaisanter avec cette condamnation à perpétuité à une célébrité faite d'un nom, d'un souvenir, d'un premier et dernier succès. Le bonheur irrité, envenimé par ce chatouillement implacable, par cette caresse ironique qui devient blessure, a sa gangrène. Ce n'est pas sans peine que Coppée échappa à ce supplice de l'éloge stéréotypé, cliché, invariable, immuable, devenu avec l'abus la plus mordante, la plus déchirante des *scies*. Il se plut parfois à regretter, à maudire ce succès qu'on lui cornait aux oreilles, sous lequel on essayait d'écraser, d'étouffer son talent. Il a avoué lui-même cette prise en haine de son enfant, cette rancune passagère que la venue d'autres enfants encore plus acclamés, avait enfin changée en une réparatrice prédilection :

Pauvre petit *Passant!* douce inspiration d'une heure radieuse de mes vingt-cinq ans, pardonne-moi les minutes d'impatience et de mauvaise humeur que m'a causées bien des fois ton nom malicieusement prononcé pour déprécier une création nouvelle. Tu n'en es pas moins resté l'enfant bien aimé de ma jeunesse, le rêve d'idéal et d'amour qu'on ne fait qu'une fois dans sa vie, et jamais je n'ai oublié, gentil chanteur d'une nuit de clair de lune, que je te devais cette première récompense du poète, ce premier rameau de laurier qui a fait pleurer de joie ma vieille mère, et qui m'a donné pour toujours le courage et l'espérance.

Une autre ombre au bonheur de Coppée après le succès du *Passant*, un autre revers fâcheux de sa première médaille, ce fut le déclin de santé qui succéda aux attendrissements et aux ivresses de cette aube de gloire, ce fut la défaillance physique par laquelle il expia les excès de travail et de privation de sa jeunesse mercenaire et asservie aux rudes et précoces devoirs du chef de famille. Sa constitution, qui avait résisté aux secousses de l'adversité, faillit non seulement plier mais rompre sous les caresses de la fortune. Pauvres de nous! le bonheur achève parfois ceux que le malheur a épargnés. Il suffit d'une émotion, fût-elle douce, pour compromettre le précaire équilibre des santés fragiles. Une main d'enfant peut arracher le roseau qui a résisté à la tempête. C'est assez d'un mouvement, d'un souffle, pour faire déborder la coupe trop pleine. Coppée paya donc tribut au bonheur qui a des lendemains parfois dangereux dont le pressentiment fait pleurer jusqu'à notre joie. « C'était trop beau, a-t-il dit lui-même à un biographe ; je tombe malade : une pneumonie dont j'ai souffert plusieurs années, et qui a assombri ma fin de jeunesse. D'ailleurs, j'avais été trop privé d'abord : ça tue, le désir... »

C'est six semaines après le succès du *Passant* que Coppée tomba très gravement malade, et qu'à peine en état d'être transporté et de supporter le voyage, on l'envoya finir l'hiver à Amélie-les-Bains, où il passa un temps affreux de souffrance, moins encore physique que morale. Il se croyait perdu, et l'on devine ce qu'une telle pensée avait de triste, de rongeur pour le poète en pleine jeunesse, à l'aube de la gloire doublement libératrice pour lui et pour les siens, car c'était la fin de l'obscurité et aussi la fin de la pauvreté.

Il était encore en proie à ces souffrances, à ces tristesses, dont la famille eût adouci, dont son absence envenimait l'aiguillon, si rude parfois dans la solitude aux sensibilités délicates ; il se reprenait à peine au goût, à l'espoir de la vie, à travers ces précautions et ces privations qui expliquent le mélancolique enjouement des valétudinaires, dont la moindre secousse de malheur ou de bonheur peut rouvrir la blessure mal cicatrisée, quand il put jouir, dans son exil salutaire des Pyrénées, de la joie de son second succès dramatique. *Les deux Douleurs*, drame en un acte, en vers, d'un genre tout différent de celui du *Passant*, avait été représenté le 20 avril 1870 sur le Théâtre français. Mlle Agar, entrée à la Comédie-Française, avait reçu un rôle dans la pièce de la juste reconnaissance de l'auteur. Ce ne fut pas toutefois un succès d'enthousiasme et d'élan comme pour le *Passant*. Il y a dans le premier embrassement des foules quelque chose de particulièrement doux et enivrant qui ne se retrouve plus dans les autres. Le sujet, d'ailleurs, était d'une tristesse pénétrante et d'une leçon sévère. Il n'y avait plus là de ces larmes de miel que fait couler le *Passant*.

Le poète, en 1870, cherchait encore sans les trouver pleinement, dans le genre dramatique, cette originalité, cette personnalité, qui se dégageaient librement, sûrement, dans ce genre de la poésie intime, de l'élégie sans déclamation, du tableau parisien, et qui devaient s'épanouir et éclater définitivement dans le recueil des *Humbles*, publié en 1872 seulement, mais dont il amassait et parfois déflorait pour ses amis les feuilles manuscrites. C'est là qu'il devait planter, sur un de ces coteaux modérés dont Sainte-Beuve lui avait enseigné le chemin, ce drapeau d'une inspiration toute personnelle, indépendante de toute imitation, supérieure à toute rivalité. Ce recueil des *Humbles*, qui demeure un des ouvrages les plus caractéristiques de son talent, sacra dès son apparition, son auteur comme maître dans cet art tout particulier, où la vérité classique du sentiment humain, la justesse pittoresque de l'impression vue, vécue, sont assaisonnées, aiguisées de cet accent tout contemporain qu'on a appelé *modernisme* ou *modernité*.

IV

LES VACHES MAIGRES
1870-1874

APRÈS le succès du *Passant*, le succès moins retentissant, mais plus durable, des *Intimités* et des *Poèmes modernes*, il semblait que le sort du poète fût assuré, qu'il n'eût qu'à continuer, qu'à se laisser faire, qu'à se laisser conduire doucement, avec de nouveaux succès pour étapes, par la renommée à la fortune. S'il avait fait un pareil rêve, quoique de ceux qui ne rêvent qu'en vers, qui ont le sentiment juste des choses et, avec la conscience de leur valeur, la sage méfiance des erreurs ou des trahisons de la destinée, François Coppée eut bientôt à en rabattre devant les doubles déceptions d'une fatalité qui atteignait à la fois en lui l'homme et le Français, et le frappait au cœur d'une double blessure : la déchéance de l'art et celle du pays, la défaite de la poésie, vaincue par la réalité, et de la patrie, vaincue par l'étranger. Les vaches maigres allaient succéder aux vaches grasses du rêve pharaonique et impérial. La France allait traverser la double épreuve de la guerre étrangère et de la guerre civile, de la révolution et de l'invasion, non sans laisser aux ruines de ces voies douloureuses des traces de feu et de sang.

Au temps du siège, au temps de la Commune, le poète ne put plus être qu'un citoyen, qu'un soldat prenant sa part du devoir et du danger civiques, et attendant des jours plus heureux pour rappeler le chœur des Muses pudiques que le bruit des foules armées effarouche. Mais si Coppée, comme tant d'autres, n'eut guère le loisir de produire pendant l'année terrible, où le devoir et la nécessité faisaient de la vie une action, ces dures journées, stériles pour son bonheur, ne le furent pas pour sa gloire. Son esprit ne chôma point durant le deuil de son cœur. Son talent reçut de la vie la double consécration du malheur et de l'expérience. Il acheva son stage à l'école de l'adversité et de la pauvreté. Il ajouta à sa lyre des cordes nouvelles.

Il avait déjà planté le drapeau de la poésie sur des sujets avant lui inexplorés, dans des régions avant lui inconnues ou méconnues, portant sur la carte, avant d'être saluées, même à l'Académie, comme une conquête heureuse, la mention des vieux géographes : *terra ignota*. Le poète des *Humbles,* le chantre des *Braves gens* *

---

* Les *Humbles* n'ont été publiés qu'en 1872. Mais ils ont été composés avant et après le siège. Et Coppée, dans ses *Œuvres,* les a placés au début de son second volume de *Poésies* qui s'ouvre à la date de 1869.

mit aussi son talent au service de son patriotisme, comme le faisait le patriarche de la poésie, le grand aïeul de tous les poètes, Victor Hugo, écrivant l'*Année terrible* après avoir écrit les *Pauvres gens*, et donnant aux déceptions, aux douleurs, aux regrets, aux espérances de la France vaincue la première revanche, la première vengeance de ses malédictions prophétiques. Coppée eut aussi ses belles journées de popularité patriotique. Il ne fut pas le seul, car tous les poètes contemporains payèrent à la patrie la dette civique, le tribut de la lyre, mais il est celui qui fit le mieux résonner, après le maître, la corde d'airain et vibrer la fibre nationale. Il est celui dont les vers pieux chantèrent le mieux pour l'âme relevée des vaincus, le *Sursum corda* des souvenirs et des conseils héroïques.

Cette année 1870-1871 coupe en deux moitiés, comme un signet de deuil, la vie de François Coppée et son histoire. A la partie juvénile de cette histoire va succéder maintenant la partie virile. Nous allons donc raconter en détail ces années maigres et tristes de 1870 à 1874, pendant lesquelles la poésie amoureuse et élégiaque porta dans le silence le deuil de l'orgueil national épris des pensées civiques et des genres sévères. Il fallait vivre et la littérature d'art, sans éditeurs et sans clients, n'offrait qu'une mamelle desséchée à la pauvreté toujours fière et toujours hospitalière du poète. Cette pauvreté laborieuse se fit industrieuse. Il essaya de la prose, du roman, du journal. Et il vécut, non pas dans le sens égoïste, pusillanime et stérile de ce mot dans la bouche de l'abbé Sieyès, mais dans le sens intrépide, généreux et fécond. Il vécut, c'est-à-dire il pensa, il souffrit, il aima, il mûrit, et de ces années où son talent s'agrandit des blessures, se nourrit du sang de son cœur, deux fois frappé, il lui demeure d'ineffaçables cicatrices.

A peine sorti du deuil patriotique, il dut prendre le deuil filial et pleurer la mort de sa mère après la blessure de sa patrie, gardant à jamais dans la mélancolie de son enjouement, dans l'amère douceur de son scepticisme, dans le pâle sourire de sa bonté, le sceau indélébile des adversités et des expériences précoces, des pertes irréparables, des inconsolables regrets.

Enfermé comme François Coppée dans Paris assiégé, pendant l'invasion et pendant la Commune, en proie comme lui tour à tour aux angoisses de la guerre étrangère et de la guerre civile, nous sommes sorti avec lui de ce double voyage à travers l'enfer, à jamais condamné aux faciles pâleurs et aux promptes lassitudes de ceux qui ont vu des choses dont il y a honte et douleur à se souvenir.

Comme le poète, nous n'aimons pas à nous plaindre, nous n'aimons pas à être plaint et nous ne nous vengeons de la mauvaise fortune que par le silence des fiers, sinon des forts. Tant d'autres ont prodigué les confidences fanfaronnes ou frivoles, que nous préférons nous taire, et borner à un commentaire, où il y aura plus à deviner qu'à apprendre, la courte histoire poétique du siège, pendant lequel la réalité décourageait la fiction, pendant lequel le bruit du canon chassait l'inspiration, pendant lequel Coppée, tout en laissant couler silencieusement la source d'où devait sortir le recueil des *Humbles*, ne put disputer et arracher aux devoirs du soldat, aux douleurs du citoyen, que quatre pièces de circonstance, maigres filets d'une veine toujours généreuse, mais à demi tarie.

Elles sont datées, les trois premières, du premier mois de l'investissement, quand il semblait moins serré, moins étouffant, et que l'étreinte de l'armée ennemie ne nous empêchait pas encore de respirer (octobre 1870). En novembre, une seule pièce, dont le titre est suffisamment éloquent : *L'Ambulance*. Et puis plus rien. Les chants avaient cessé... Plus rien jusqu'en avril 1871, à ce printemps ensanglanté par la tuerie fratricide, enflammé des rougeurs de l'incendie sacrilège, où l'horreur et la pitié arrachent au poète rassasié de spectacles tragiques le *Plus de sang !* des pitiés généreuses, des nobles colères, des artistiques dégoûts.

Il y a toute une histoire du siège, qui évoque, pour ceux qui ont été témoins de la réalité, la vision des rues presque désertes, aux rares passants filant, sans crainte des voitures ni des voleurs, dans l'ombre piquée du rayonnement blafard de quelque réverbère mourant (la lumière, cette source d'activité et de joie pour tous, était tarie comme toutes les autres) ; des queues sourdement bruyantes grouillant à la porte des boucheries du rationnement ; des courts et maigres repas aux mets inusités, aux brouets suspects, surveillés par l'économie ménagère d'un œil aussi farouche, aussi inquiet que celui de la tyrannie, des repas sans histoire pour remplacer le rôti, sans nouvelles de la famille exilée, interrogée par des ballons ou des pigeons sans retour, sans nouvelles de l'expédition prochaine de diversion, de l'expédition lointaine de délivrance; des nuits tourmentées par la nostalgie de la France, cette absente, de la victoire, cette autre absente.

Quand on a passé par là, on trouve une saveur pénétrante où l'on respire le *vu*, le *vécu*, le *souffert*, aux réflexions du poète en faction au rempart et pleurant sur les ruines de son paysage suburbain du Sud, bouleversé dans ses souvenirs désormais sans espérance, par les brutalités de la guerre.

Sur le rempart, portant mon lourd fusil de guerre,
Je vous revois, pays que j'explorais naguère,
Montrouge, Gentilly, vieux hameaux oubliés
Qui cachez vos toits bruns parmi les peupliers.
Je respire, surpris, sombre ruisseau de Bièvre,
Ta forte odeur de cuir, et tes miasmes de fièvre.
Je vous suis du regard, pauvres coteaux pelés
Tels encor que jadis je vous ai contemplés. . . .

Qui n'a pas rencontré, en ce temps si rude à l'estomac et au cœur, qui n'a repoussé, partagé entre la confiance et la pitié, et maudissant une fois de plus la pauvreté qui ne permet pas l'adoption des abandonnés ni l'hospitalité pour les affamés, le chien errant décrit par le poète?

Quand on rentre, le soir, par la cité déserte,
Regardant sur la boue humide, grasse et verte,

Les longs sillons du gaz, tous les jours moins nombreux,
Souvent un chien perdu, tout crotté, morne, affreux,
Un vrai chien de faubourg, que son trop pauvre maître
Chassa d'un coup de pied en le pleurant, peut-être,
Attache à vos talons obtinément son nez
Et vous lance un regard, si vous vous retournez.
Quel regard! long, craintif, tout chargé de caresse,
Touchant comme un regard de pauvre ou de maîtresse,
Mais sans espoir pourtant, avec cet air piteux
De femme dédaignée et de pauvre honteux!

Pauvre chien! Mais en ce temps-là, il fallait être économe de sa pitié, avare de ses larmes, et garder à l'homme mourant, qu'on rencontrait plus souvent encore que le chien errant, une sensibilité mise à trop d'épreuves, et qui à se prodiguer se fût vite épuisée. Jamais elle n'était plus vivement secouée que lors de l'arrivée d'une de ces sinistres voitures d'ambulance au triste départ, au retour plus triste encore.

> Du couvent troublant le silence,
> Arrive avec son bruit pressé
> Une voiture d'ambulance.
> On amène un soldat blessé.
>
> Sur sa capote le sang brille,
> Il boite, éreinté par l'obus.
> Son fusil lui sert de béquille
> Pour descendre de l'omnibus...

De la même inspiration, de la même date est cette exquise *Lettre d'un Mobile breton* à sa famille. On y respire comme en un bouquet choisi, au généreux parfum, tout ce qui fit l'honneur et la poésie du siège. On y voit le fraternel élan de la province vers la capitale menacée, les naïves confiances, les mâles douceurs de ces mobiles, soldats encore frustes, à peine dégrossis, déniaisés, mais gardant au milieu des corruptions de la ville enfiévrée, la rusticité, la simplicité des mœurs du champ et du foyer patriarcal, le respect fondé sur l'estime et la gratitude de l'ancien seigneur devenu leur officier, du vicaire ou du curé qui les a suivis en qualité d'aumônier, jusqu'au feu... inclusivement, et berçant l'ennui du bivouac, la nostalgie du paysage natal avec le rêve alterné, entretenu par le souvenir ou par l'espérance, de la famille retrouvée et de la victoire libératrice.

La *Lettre d'un Mobile breton*, trop connue pour que nous en citions rien, après avoir été emportée par ballon en province, obtenu partout un succès d'attendrissement et une popularité qu'ignorait son auteur enfermé dans Paris, alla bientôt, aux acclamations attendries de la foule de nos théâtres ou de l'élite de nos salons, prendre place à ce répertoire devenu classique et populaire du poète de la *Bénédiction*, de la *Grève des forgerons*, de l'*Épave*. Ce sont là les pièces chefs-d'œuvre qui ont valu à la gloire du poète, dès le premier jour, la consécration de l'applaudissement et du souvenir de ce grand public, sans l'aveu duquel on n'est point célèbre, et qui se compose non pas seulement du *Tout Paris*, mais du *Tout le monde*.

L'affreuse période de la Commune, au souvenir voilé de deuil dans notre esprit, comme à Venise le portrait des doges traîtres, n'inspira à François Coppée qu'une seule pièce où nous retrouvons les sentiments de tous les esprits raisonnables, de tous les cœurs généreux, de tous les honnêtes gens de cette triste époque, exprimés avec autant de courage que de talent. Nous ne citerons que le thème, un cri d'homme et de patriote : *Plus de sang !* et quelques vers à peine de la variation : une adjuration à ces fils égarés de la France

Sanglante et découvrant sa gorge maternelle
    Entre les coups des combattants.

On devine ce tendre et énergique discours, terminé par cet adieu :

Dis-leur cela, ma mère, et, messagère ailée,
Mon ode ira porter jusque dans la mêlée
    Le rameau providentiel,
Sachant bien que l'orage affreux qui se déchaîne,
Et qui peut d'un seul coup déraciner un chêne,
    Épargne un oiseau dans le ciel.

La tempête publique épargna, en effet, le poétique et pacifique oiseau, mais il ne fut pas à l'abri des misères privées qui attristèrent alors tant de modestes nids. Si discret que soit l'appétit d'un oiseau, encore lui faut-il le grain de mil nourricier de lui et des siens. Mais le temps était peu propice aux oiseaux chanteurs. Le passant affairé et distrait ne daignait pas tourner la tête à l'appel du sansonnet dans la rue, pas plus qu'aux roulades du rossignol dans les bois. On n'allait plus aux bois, où les myrtes et les lauriers étaient coupés. Plus de gloire, plus d'amour, plus de joie. Une réaction d'égoïsme et de tristesse, née des déceptions et des pertes de la guerre, faisait le moins lucratif des métiers de la littérature, et il était difficile au plus industrieux, au plus habile, de tondre dans ce pré pelé quelque pâture.

Aussi dans l'œuvre poétique de Coppée de 1870 à 1874, ne trouvons-nous, en dehors du Recueil des *Humbles*, composé en partie de pièces écrites avant la guerre, que les deux fascicules des *Promenades et intérieurs* et du *Cahier rouge*.

Le poète, comme nous allons le voir, n'a pas le loisir d'un effort nouveau, d'une tentative originale et hasardeuse. Il ne se risque pas hors des sentiers tracés, des routes connues. Il ne donne à la poésie que le superflu de son temps, le loisir de son esprit. Les fleurs sont du luxe à l'heure des fruits, et le progrès de l'âge, l'aiguillon de la nécessité, ce levain amer mais fécond de l'expérience, conspirent à la fois contre les oisivetés méditatives, les longs pensers et les vastes espérances d'autrefois. Il est arrivé à cette heure décisive de la carrière où la curiosité intellectuelle aiguisée, l'activité cérébrale échauffée, les exigences de la vie alourdies ne permettent à l'écrivain ni repos inutile, ni stérile jachère.

C'est ainsi que François Coppée, au lendemain de l'année terrible et stérile, se souviendra et rappellera d'abord au public qu'il est l'auteur du *Passant* et des *Deux Douleurs*. Il mettra au théâtre avec moins de bonheur *Fais ce que dois*, *L'Abandonnée*, et *Les Bijoux de la délivrance*, productions qui se ressentent de la double incertitude et de la double disgrâce d'un talent qui cherche encore sa voie et d'un public qui cherche encore son goût. *L'Abandonnée* n'eut aucun succès, et méritait son sort, œuvre terne, triste, et où quelques beaux vers ne servent qu'à parer, sans le remplir, le vide de la conception. *Fais ce que dois*, d'une inspiration plus mâle et plus ferme, sorte de *Sursum corda* dramatique, prit son public à la tête et au cœur et eut à Paris et surtout en province un franc succès, qui se prolongea plusieurs années, réparateur et consolateur de plus d'une déception.

En même temps, le poète essayait de la prose, le rêveur essayait du roman, et mettait en une action qui est autant une suite de tableaux qu'une suite de scènes, ses souvenirs et ses observations du siège.

Il n'avait gardé toute la sûreté de son œil et de sa main que dans ce genre, où il avait donné des chefs-d'œuvre, le genre intime et pittoresque. En un temps de tâtonnement en tous sens, d'anarchie des idées, d'attention vite lassée où le poète, pour trouver un public distrait, devait se placer à la fenêtre du journal, écrire dans ce livre improvisé chaque jour, et dont chaque jour le lecteur feuillette un chapitre, il ne s'agissait plus d'élégies psychologiquement et littérairement raffinées ni de tableaux finis, léchés, fouillés ! Les *Promenades et intérieurs*, *le Cahier rouge* sont des Recueils d'un intérêt autant autobiographique que littéraire, des albums de croquis, de pochades, lestement enlevés en deux coups de crayon, d'impressions sur le coup de l'événement, de confidences sur le coup du sentiment, entre deux soupirs. On y retrouve la vie intime et publique du poète, telle qu'elle était en ce temps hâtif, essoufflé, de réorganisation sinon de régénération universelle, où chacun s'arrangeait de son mieux en vue d'un présent maussade, d'un avenir incertain, où une génération à l'œil malade, aux poumons fatigués, avait horreur des longues routes, des vastes horizons, où le talent avait l'haleine courte et où le succès se payait en monnaie.

Ces contraintes, ces servitudes fortifient souvent les talents qu'elles n'étouffent pas. François Coppée fut de ceux qui peuvent gagner à cette tyrannie de la nécessité à laquelle tant d'autres perdent. Comme Jacob chez Laban, il put aliéner sa liberté sans perdre son indépendance et sa fierté. Il multiplia les effigies de son talent sans altérer son originalité. L'époque critique pour tant d'autres, fut pour lui l'époque virile par excellence. La diversité de ses œuvres témoigna seulement, pour le public, de la fécondité de son esprit; il garda ses ailes, tout en les repliant au besoin. Il lança tour à tour le soc dans les directions diverses du sillon littéraire, et partout le sillon ensemencé produisit sinon l'épi de la pleine moisson, celui de la glane encore abondante. Il fut à la fois et tour à tour par des incarnations à la Vischnou où la variété n'altère pas l'unité, romancier, conteur, auteur dramatique, et poète avant tout et surtout.

Jamais la source de l'inspiration élégiaque ne cessera en lui de couler, c'est là un des traits permanents, immuables, de sa physionomie.

Mais le flot s'est singulièrement élargi, étendu, et il arrose et féconde au loin des régions où il semblait qu'il ne pût atteindre. Le poète élégiaque aura au besoin l'envergure lyrique et le coup de bec satirique. Le poète dramatique qui après une excursion heureuse sur les terres de Musset semblait devoir donner un successeur à Ponsard et à Augier, en donne un à Victor Hugo. Le romancier de l'*Idylle pendant le Siège* devient le conteur exquis des deux volumes de Récits provinciaux ou parisiens, d'un naturalisme si fin, tempéré par la mesure et le goût.

Aussi n'est-il plus possible, dans cette seconde partie de notre livre consacrée à la seconde moitié de la vie de François Coppée, de continuer la méthode d'abord adoptée et qui se prêtait à l'étude de son talent encore en fleur, avant l'heure du plein épanouissement de cette seconde jeunesse, fécondée par la nécessité et échauffée d'un nouveau rayon de gloire et d'un premier rayon de fortune.

Maintenant, nous examinerons tour à tour sous les aspects divers de son talent, le poète maître de lui, et maître du public, se portant avec son doux entêtement et sa souple énergie de roseau qui plie et ne rompt pas, se portant avec cette curiosité d'esprit qui n'a d'égale que sa fidélité de cœur, tantôt d'un côté, tantôt de l'autre de l'activité littéraire, suivant l'occasion opportune et le vent favorable. C'est ainsi que nous allons parcourir d'abord les trois recueils qui ont achevé son talent, consommé sa réputation, commencé sa popularité, en donnant une voix aux émotions patriotiques de la foule, ou en procurant à l'élite des délicats toutes les voluptés que l'esprit peut trouver dans un chef-d'œuvre d'observation, un tableautin fini comme un bijou.

Nous inaugurerons par le recueil des *Humbles* nos analyses et nos appréciations. Commencés, comme nous l'avons déjà dit, avant la guerre, les *Humbles* furent achevés pendant les tristes années qui suivirent, pour paraître en 1872. Certes, c'étaient là des temps peu favorables au rêve, à l'inspiration, même à l'observation, aux curieuses recherches de l'expression et du style, que ces années qui s'écoulèrent de 1870 à 1874. Pourtant, comme nous allons voir, elles furent loin d'être stériles. Leur moisson assez abondante ne comprend pas moins de quatre gerbes : *Les Humbles*, — *Écrit pendant le siège*, — *Promenades et Intérieurs*, — *Le Cahier rouge*.

C'est le premier de ces Recueils qui est le plus caractéristique et le plus décisif. Il fonde un genre ; il crée une manière. Il achève et consacre la renommée de Coppée comme poète élégiaque et intime. Sa physionomie littéraire s'accentue et s'accuse au milieu de ce fond terne d'une époque médiocre et pratique, absorbée par de tout autres soucis que ceux de l'esprit. Jamais Coppée n'a eu plus de talent qu'à travers ces efforts inquiets de la recherche de sa voie en tous sens et de l'âpre lutte pour la vie.

Le Recueil des *Humbles*, comme son titre l'indique, est consacré aux petits bonheurs, aux douleurs naïves, aux sacrifices ingénument héroïques, aux résignations parfois sublimes, aux frustes générosités, aux mâles tendresses, aux rudes plaisirs, au pittoresque discret, à la poésie cachée de ce monde du travail, de la pauvreté, de ce monde des simples, de ce monde du petit employé, du petit boutiquier, de l'ouvrier, du soldat, qui n'était pas encore entré dans le domaine de la poésie.

Les poètes, avant François Coppée, avaient négligé ou dédaigné de s'occuper de si minces sujets, la curiosité de l'art ayant trop souvent répugnance à s'abaisser à la vérité toute nue, sans costume, sans décor, sans éclat, comme la sollicitude de certaines charités superficielles préfère la misère qui se montre et même qui s'affiche, à celle qui se cache, qui voile d'ombre sa nudité, qui pare de fierté son haillon, et éprouve une sorte de honte à tendre la main.

Cette fausse pudeur de la pitié banale, ces faux scrupules des virtuoses de la couleur et des fanfarons du bienfait, Coppée était d'un cœur trop sincèrement généreux, d'un esprit trop amoureux de la vérité et de la nouveauté pour les éprouver. Il était sorti lui-même, fils de modeste employé, modeste employé à son tour, sans autre aristocratie que celle de l'intelligence, de ce monde bourgeois et populaire, de ce monde à la vie étroite, aux ternes horizons, cantonné dans les devoirs sans joie et les logis sans air, qui ne peut se donner que le dimanche le plaisir innocent de la promenade et le spectacle de la nature. Il connaissait bien, par ses souvenirs et ses impressions d'enfance, ces maisons laborieuses, propres et tristes, au bruit de ruche, ces menus spectacles de la rue de faubourg, ces jeux et ces promenades des boulevards suburbains, ces paysages de banlieue dont l'horizon parisien, avec ses rumeurs du matin ou ses flamboiements du soir, encadre de ses splendeurs brutales le silence modeste, les ombres discrètes, les maigres masures et les jardinets poudreux.

Le jeune poète parnassien, passé chef de file au combat, rompit, en prenant résolument les sentiers dédaignés de ce monde abrupt qu'il avait découvert, et en y frayant le chemin à la Muse dont il avait replié les ailes et qui n'était plus que pédestre, avec une des religions, avec une des superstitions, étroite et égoïste comme toutes les superstitions, de certaine école nouvelle. Cette école, éprise du rare, du précieux, de l'extraordinaire, excluait de son idéal raffiné les sentiments vulgaires, les scènes populaires, les sujets subalternes où la virtuosité de l'art ne trouve pas à accrocher ses panaches, qui ne valent pas la broderie, la ciselure, indignes enfin du burin d'un Benvenuto, du pinceau d'un Van Dyck ou d'un Rubens.

Coppée releva de cette indignité, de cette excommunication, les sentiments bourgeois, les sujets populaires, les intérieurs sans luxe des petites gens. Il crut et il prouva qu'il y avait là des grandeurs cachées qui méritaient le poète, des pittoresques frustes qui valaient le peintre. Il appliqua à ces sentiments de tout le monde, à ces scènes, à ces gens, à ces costumes, à ces paysages, à ces intérieurs qu'on coudoie ou qu'on observe dans la rue ou sur le rempart, sans mettre les manchettes de gala et sans se guinder aux points de vue des peintres olympiens, cet art de voir justement, de peindre nettement, cette clairvoyance inflexible, cette probité de dessin et de couleur dont l'école parnassienne avait heureusement relevé la théorie et la pratique, le précepte et l'exemple. Il se dit que parce qu'on avait à peindre les petits, il n'était pas nécessaire de faire flou ou lâché, que tout sentiment bien exprimé a sa valeur de sincérité, que tout paysage bien vu, que tout intérieur bien rendu, fût-ce celui d'une cave, d'une auberge, d'une boutique, d'une boucherie, a sa poésie. Il inaugura en poésie ce réalisme relevé par le goût qui fait qu'après avoir admiré les portraits élégants, les cavalcades et les cortèges de Van Dyck et de Rubens on peut se plaire encore aux moulins de Van Ostade, aux ruisseaux de Ruysdaël, aux kermesses de Jordaens et de Mieris, aux bourgeois de Franz Hal, aux charlatans de Jean Steen, à ces petites gens de Teniers que traitent encore trop superbement de magots des dilettanti dont les erreurs de goût n'ont pas l'excuse de celles de Louis XIV.

Coppée eut non seulement le courage de son système, il en eut, comme tous les vrais novateurs et initiateurs, la témérité, il poussa parfois sa méthode à l'extrême, ne s'inquiétant que du suffrage des hommes sincères comme lui, et se moquant d'avance des trop faciles représailles de la charge et de la parodie. La vérité seule supporte la *charge*. La réalité, même quand elle fait rire, n'est jamais ridicule.

On ne parodie que ce qui est trop original pour être imité.

Quels sont les types négligés et dédaignés par un orgueil incapable de pitié que le poète fait revivre? Quels sont les mystères des vies silencieuses, les blessures des douleurs solitaires qu'il sonde doucement, qu'il panse comme d'un baume avec l'huile fine et le vin généreux de ses vers? Quelles sont les notes imprévues et nouvelles d'humanité qu'il fait jaillir de ce clavier avant lui muet, des sentiments simples et des passions vulgaires? Quelles sont les misères et les résignations inconnues qu'il honore d'une attention spéciale, qu'il interroge avec une bonté pénétrante, et qu'il console en les rachetant d'une injuste déchéance et en les élevant jusqu'à la dignité de la poésie et de l'art?

La première figure d'héroïne, de victime, de martyre du sacrifice domestique et de l'ingratitude sociale, c'est cette figure à la fois rustique et parisienne de la nourrice.

Non la nourrice pimpante, délurée, au bonnet égrillard, qui provoque, d'un œil de chèvre, les reluquades des militaires, autour de laquelle tournent, comme les mouches autour de la chandelle, les coqs de jardin public et de square, les Lovelace en tunique et les don Juan à casquette à soufflet et à accroche-cœur, la fille à lait, la fille-vache, qui fait de la grossesse une industrie, de la galanterie une carrière et de l'allaitement un état, mais l'honnête et accorte paysanne, qui promène sans coquetterie sa livrée de rubans, qui garde la naïve mélancolie du regret du foyer et de la nostalgie des champs, la brave femme exploitée par un mari sans cœur, qui pense à son petit, et ne s'est soumise que par sacrifice à ce louage de son lait, à cette servitude de son sein, à ce parasitisme diffamé des mères mercenaires*.

Ainsi en est-il de celle dont le poète raconte la touchante histoire :

Elle était orpheline et servait dans les fermes.

Et c'était une bonne servante.

. . . Elle était robuste comme un bœuf,
Exacte comme un coq, probe comme un gendarme.
Sa tête, un peu commune, avait pourtant ce charme
Que donnent des couleurs, deux beaux yeux et vingt ans.
De plus, toujours noués de foulards éclatants,
Ses cheveux se dressaient, noirs, pesants et superbes.
Elle savait filer, coudre, arracher les herbes,
Faire la soupe aux gens et soigner le bétail,
La dernière à son lit, la première au travail.

La brave fille se laisse conter fleurette

Par un assez beau gars, mauvais batteur en grange
Qui courait les cafés et vivait de hasards,
Mais qui sept ans avait servi dans les hussards...
... Elle épousa ce beau tyran de cabaret,

le rendit maître des louis d'or, cachés dans un vieux bas, de sa petite dot, et fut heureuse ou crut l'être un jour, car bientôt la lune rousse succéda à la lune de miel.

---

* Pendant que nous écrivions ces pages, nous lisions, dans le journal *Le Temps* (5 juin 1886), une intéressante chronique intitulée : *Bureaux de nourrices* remplie de détails curieux, véritable monographie de la profession, et qui a pour moralité cette réflexion douloureuse : « N'est-ce pas que la maternité, même la maternité de lait, c'est, comme l'amour, une chose qui ne devrait pas se vendre? »

Toutes ces unions maudites sont pareilles :
La noce, quelques nuits de brutales amours,
La discorde au ménage au bout de quinze jours,
L'homme se dégageant brusquement de l'étreinte
Pour retourner au vin, quand la femme est enceinte,
Les courroux, que des mots ne peuvent apaiser,
Et le premier soufflet près du premier baiser ;
Puis la misère.

La pauvre femme se dévoue au salut commun, et, à peine mère, sacrifie le devoir et le bonheur de la maternité indépendante, pour se soumettre aux ennuis et aux affronts de la maternité mercenaire.

Nous nous croyons obligé à d'assez abondantes citations, parce qu'elles seules peuvent donner une idée de la manière de l'auteur à ce franc et robuste début dans le réalisme, et nous permettre de la caractériser. Nous n'avons pas besoin de faire remarquer la netteté, la simplicité, la vigueur de ces croquis à peine légèrement teintés, mais où l'on sent la décision de l'œil et de la main, la mâle et rude probité d'observation, d'exécution, d'expression, dont le poète avait conscience en dédiant son premier essai dans ce genre de poésie d'après nature et en plein air à son cousin Auguste Baudrit, le serrurier artiste.

... La mort dans le cœur, la nourrice partit,

et subit, comme première et dure initiation à sa vie nouvelle, le voyage de nuit en chemin de fer, en troisième, en compagnie d'un groupe de soldats revenant du service, d'une joie un peu bruyante et d'une galanterie un peu brutale.

Si le poète traite assez rudement, pour leurs incongruités, les compagnons de voyage de la nourrice, il n'est pas tendre non plus, il faut en convenir, pour les maîtres chez qui elle entre, la femme égoïste et frivole qui n'a vu qu'une gêne dans la grossesse et qu'un ennui dans la maternité, le mari, homme de Bourse et d'affaires, tout calcul, et qui considère comme le plus inutile de tous les luxes et le plus dangereux des oublis le sentiment, fût-il conjugal ou paternel. L'enfant, chétif, malingre, disgracié, né de l'insouciant échange de ces deux fantaisies et du froid contact de ces deux épidermes, est condamné à la prompte fin des êtres engendrés sans amour. Et il ne tarde pas à succomber, épuisé, sur le sein de la nourrice, où il pouvait cependant se gorger de vie.

Ce n'est pourtant pas le poète qui voit en laid, c'est que souvent la vie est laide. Quoi qu'il en soit de ce pessimisme, dont la sincérité n'est pas suspecte, qui tient à l'influence de la réalité sur l'esprit, non à l'influence de l'esprit sur la réalité, non à la façon de voir, mais à ce que l'on voit, il a, dans *La Nourrice*, une saveur d'amertume particulière que rend plus piquante la douceur habituelle du poète en face de la tristesse des choses. C'est un conte noir que *La Nourrice*, non un conte rose. Mais il n'y a pas de parti-pris; c'est le sujet qui a voulu cela. Et il n'y a rien que de trop vraisemblable, hélas! ni que de trop vrai dans cette fin tragique de la nourrice libérée par la mort de son nourrisson d'occasion qui se reporte vers l'autre, l'enfant de sa chair et de son sang, avec l'élan d'une maternité longtemps refoulée, impatiente de réparation et de consolation, et qui tombe folle devant le petit berceau d'osier vide, d'où s'est envolé celui qu'elle croyait vivant et qui est mort.

Elle tomba. C'était la fin du sacrifice.
Et depuis lors on voit, à Caen, dans un hospice,
Tenant fixe sur vous ses yeux secs et brûlants,
Une femme encor jeune avec des cheveux blancs,
Qui cherche de la main sa mamelle livide
Et balance toujours du pied un berceau vide.

Dans le *Petit Épicier*, avec le calme des forts, avec cette probité d'observation et d'expression qui ne recule jamais, même devant des fidélités de rendu qui ont je ne sais quelle allure de défi, le poète des *Humbles* va jusqu'au bout de son système. Il arrive à la limite extrême qu'il ne pourrait franchir sans être accusé de parti-pris. Nulle fanfaronnade pourtant dans son dessein. Parce qu'on est épicier, on n'en est pas moins homme, et, comme tout animal humain, capable de douleur et de mélancolie. Ce n'est pas la faute du peintre et du poète si la franchise de certains détails respire comme une involontaire ironie. De ces ironies secrètes, la réalité en a plus d'une. Il y a le rire comme les larmes des choses.

Il faut citer encore, parce que jamais le procédé du poète, — qui consiste à être imperturbablement vrai, à proportionner le ton aux choses, à ne pas parler d'un épicier malheureux en ménage ou d'un musicien de bastringue supérieur à sa destinée en termes épiques, héroïques, à avoir enfin le courage de faire au besoin de la poésie prosaïque, — ne s'est jamais étalé avec plus de netteté et de crânerie :

C'était un tout petit épicier de Montrouge,
Et sa boutique sombre, aux volets peints en rouge,
Exhalait une odeur fade sur le trottoir.
On le voyait debout derrière son comptoir,
En tablier, cassant du sucre avec méthode.

On peut être un simple épicier et avoir son histoire, même touchante. Voici celle du nôtre, car le récit du poète nous le fera adopter. La pitié ne déroge pas.

Ce petit homme roux, aux pâleurs maladives,
Était triste, faisant des affaires chétives,
Et, comme on dit, ayant grand'peine à vivoter.
Son histoire pouvait vite se raconter.
Il était de Soissons, et son humble famille
Le voyant à quinze ans faible comme une fille,
Voulut lui faire apprendre un commerce à Paris.
Un cousin, épicier lui-même, l'avait pris,
Lui donnant le logis avec la nourriture;
Et malgré la cousine, épouse avare et dure,
Aux mystères de l'art il put l'initier.
Il avait ce qu'il faut pour un bon épicier...

Il se marie avec une femme aisée et laide, qui paraît belle à son innocence, et qui lui eût semblé charmante si elle eût été bonne, si elle eût voulu aimer ou consentir à lui laisser aimer sa vieille mère, retirée près de lui, à qui il eût enfin tout pardonné pour le bonheur d'être père.

La présence de sa mère, cette consolation de sa viduité morale lui est bientôt ravie. Une querelle éclate entre la mère et sa bru, jalouse d'elle.

La bonne vieille se sacrifie, s'éloigne dans l'intérêt de la paix du ménage, et repart pour Soissons « sans pleurer, mais affreusement triste. » Son fils « qui n'avait pas ce qui fait qu'on résiste » accepta le sacrifice, et se borna à devenir après de tels adieux « plus morose qu'avant » et pour se délivrer du désespoir de la consomption

Il pria tous les soirs, pour avoir un enfant.
. . . .
Mais les ans ont passé lentement, lentement.
— Il comprend aujourd'hui que ce n'est pas possible;
Il partage le lit d'une femme insensible,
Et tous les deux, ils ont froid au cœur, froid aux pieds;
— Ah! les rêves aussi durement expiés
Allument, à la longue, un désespoir qui couve!
Cet homme est fatigué de l'existence. Il trouve
— Où de pareils dégoûts vont-ils donc se nicher? —
La colle et le fromage ignobles à toucher.
Il hait le vent coulis qui souffle de la rue,
Il ne peut plus sentir l'odeur de la morue.

Ce qui empêche ce chagrin de s'envenimer tout à fait et de tourner au désespoir et au suicide, c'est la consolation qui s'offre à lui presque chaque jour sous la figure d'un enfant qui passe dans la boutique, qui sourit au malheureux affamé de paternité, et lui permet de tromper la faim de son cœur par une illusion d'un instant.

Pourtant, il brille encore un rayon dans cette ombre.
Derrière son comptoir, seul, debout, le cœur sombre,

Quand il casse du sucre avec férocité,
Parfois entre un enfant, un doux blondin, tenté
Par les trésors poudreux du petit étalage.
Dans la naïveté du désir et de l'âge,
Il montre d'une main le bonbon alléchant,
Et de l'autre il présente un sou noir au marchand.
L'homme alors est heureux plus qu'on ne peut le dire,
Et tout en souriant, — s'ils voyaient ce sourire
Les autres épiciers le prendraient pour un fou, —
Il donne le bonbon et refuse le sou.

Nous avons dit que, dans le *Petit Épicier*, le poète était allé, non sans sourire un peu du résultat, jusqu'au bout de son système, qui était la peinture exacte et simple de la réalité. Mais encore là il y a un petit drame intérieur, une tempête dans un cœur. Il est une autre pièce où le poète est allé encore plus loin, quoiqu'elle ait été moins attaquée, et, pour dire le mot, moins *blaguée*, moins parodiée, non sans le mériter un peu, de l'avis même de l'auteur. Si on le presse un peu sur ce sujet, il convient de bonne grâce, en souriant, que peut-être il ne s'est pas assez défendu, dans le *Petit Épicier*, d'un peu d'ironie, d'un peu d'exagération dans sa manière, et qu'il a prêté à la caricature par la caricature même. L'excès en tout est un défaut. Coppée ne se défend qu'à demi du reproche, et faisant allusion à une pièce fameuse de Sainte-Beuve, cible presque proverbiale en son temps des malignités de la critique : « Ce sont mes *Rayons jaunes*, » dit-il. Dans cet autre petit tableau d'intimité domestique en pleine rue, que nous allons citer, il n'a pas échappé, quoique plus impunément que dans le *Petit Épicier*, à ce même excès de simplicité, d'ingénuité, où, par haine du *poncif*, du *précieux*, on risque le ridicule. Là, il a usé de son procédé tout nu, tout cru ; là aucun drame n'anime, aucun souffle mélancolique ne fait palpiter l'image de la plus humble, de la plus vulgaire réalité. Et pourtant ce croquis, intitulé : *Dans la rue*, ne vous laisse pas indifférent, parce que toute vérité contient un grain de poésie :

> Les deux petites sont en deuil ;
> Et la plus grande — c'est la mère —
> A conduit l'autre jusqu'au seuil
> Qui mène à l'école primaire.
>
> Elle inspecte, dans le panier,
> Les tartines de confiture,
> Et jette un coup d'œil au dernier
> Devoir du cahier d'écriture.
>
> Puis, comme c'est un matin froid,
> Où l'eau gèle dans la rigole
> Et comme il faut que l'enfant soit
> En état d'entrer à l'école,
>
> Ecartant le vieux châle noir
> Dont la petite s'emmitoufle,
> L'aînée alors tire un mouchoir,
> Lui prend le nez et lui dit : — Souffle.

La *Nourrice*, héroïne et martyre de la maternité mercenaire, foudroyée par la mort de son enfant à elle ; le *Petit Épicier*, victime de la stérilité de sa femme, que dévore, comme une consomption lente, l'oisiveté rongeresse d'un cœur inassouvi ne sont pas les seuls drames intimes, les seules douleurs vulgaires que le poète des *Hum-*

bles ait étudiées et peintes d'après nature. Il a parcouru sur ce clavier, avant lui dédaigné, toute la gamme des souffrances discrètes, des grandeurs méconnues, des renoncements sublimes de la pauvreté laborieuse et fière. L'histoire des déshérités de la vie n'a pas de secret pour celui qui le premier a osé pénétrer dans ces intérieurs sombres, où tournent silencieusement la meule du devoir et du sacrifice quotidiens ces existences disgraciées de l'aveugle destin que le vulgaire ne plaint pas, parce qu'elles ne se plaignent pas, dont le désespoir résigné, qui redoute jusqu'à la confidence, recule devant la révolte bruyante et le scandale du suicide. Ces déshérités de la vie étaient aussi les déshérités de l'art, qui les regardait comme indignes de ses égoïstes et aristocratiques préférences, jusqu'au jour où un Dickens a élevé jusqu'à la noblesse du roman, où un Coppée a réhabilité jusqu'à la dignité de la poésie, ces grandeurs cachées de la servitude volontaire, du martyrologe populaire et bourgeois.

Cette servitude volontaire, ce martyrologe bourgeois n'ont pas que des douleurs visibles, que des drames sanglants. Il y a les douleurs qui se cachent, il y a les drames muets, et sans dénouement, de la résignation à un sort ingrat, du renoncement à la gloire, à l'amour, à l'espérance. Le poète a raconté, en termes bien touchants, la simple histoire de deux de ces destinées condamnées à la stérilité, à l'obscurité et qui se flétrissent lentement, doucement, sans soleil, sans fruit. C'est le fils condamné par le dévouement et la pauvreté au sacrifice de ses ambitions et de ses espérances légitimes, à la morne existence du petit employé, joignant à son traitement insuffisant les maigres recettes d'un orchestre de café-concert. C'est la fille, rivée par le serment fait à l'égoïste orgueil d'un père mourant, au célibat, où se fane sa beauté et où se déchire son cœur. Écoutez quelques fragments de ces deux histoires et dites si jamais on a mieux rendu le froid pénétrant, le gris monotone de ces existences cloîtrées, murées, où languit comme dans un puits, comme dans une tombe, ouverte seulement sur le ciel, l'âme des héros du devoir fatal, des martyrs du sacrifice volontaire, aux larmes cachées, aux résignations plus émouvantes que tous les désespoirs, aux silences plus éloquents que toutes les paroles :

Quand ils vinrent louer deux chambres au cinquième,
Le portier, d'un coup d'œil plein d'un mépris suprême,
Comprit tout et conclut : C'est des petites gens.
Le garçonnet, avec ses yeux intelligents,
Était gai d'être en deuil, car sa veste était neuve.
Vieille à trente ans, sa mère, une timide veuve,
Sous ses longs voiles noirs cachait ses yeux rougis.

Ce petit monde honnête gagne péniblement sa vie, pleine de grands efforts et de petits bonheurs.

. . . . La mère avait pourtant bon ton,
Et pour vivre, courait les leçons de solfège.
A l'heure où son cher fils revenait du collège,
Elle était de retour et faisait le dîner.
Le dimanche, ils allaient souvent se promener

Ensemble, au Luxembourg, donnaient du pain aux cygnes
Et revenaient. C'était de ces misères dignes
Et qui, lorsqu'on leur veut montrer de l'intérêt,
Ont un pâle sourire et gardent leur secret.

Ils plaisent aux voisins, ils apprivoisent jusqu'au concierge, d'abord rébarbatif, qui s'amadoue en apprenant les succès scolaires du fils.

Et, quand six ans plus tard, un soir, il eut appris
Que le jeune homme avait obtenu tous les prix,
Ce père, ému par tant de courage et de zèle,
Rêva ceci : — Plus tard ?... Pour notre demoiselle ?

Le jour même où le cerbère s'amollissait à ces calculs matrimoniaux, se passait dans la chambre du cinquième une scène d'un pathétique sans cris, et non moins émouvant pour cela. Le devoir arrachait à la mère un aveu longtemps différé. Tous les masques tombaient, tous les secrets se dévoilaient, tous les rêves s'évanouissaient. La vie idéale brutalement écartée, cédait la place à la vie réelle, comme l'ancien propriétaire exproprié par justice, cède la place à l'acquéreur, au maître nouveau qui le dépossède et le congédie. Et les larmes de douleur succédaient, le jour même du premier triomphe, aux larmes de joie.

Or, ce jour-là, tandis que le rhétoricien,
Radieux de l'orgueil de sa mère et du sien,
Pour la vingtième fois lui montrait son trophée
Et l'embrassait, au point qu'elle était étouffée,
Lui parlant à genoux, ainsi qu'un amoureux,
Et lui disant : « Maman, que nous sommes heureux ! »

La scène change brusquement, c'est la mère qui s'agenouille devant son fils, et laissant déborder l'amertume qui depuis si longtemps aigrissait son cœur, s'humilie en pleurant dans l'inévitable aveu.

Il apprit qu'il n'avait que le nom de sa mère,
Et qu'elle n'était pas veuve aux yeux de la loi.
Elle gagnait sa vie à vingt ans. Mais pourquoi
Laisser aller ainsi, seule, une jeune fille ?
La maîtresse de chant et le fils de famille,
Un drame très banal. Le coupable était mort
Brusquement, sans avoir pu réparer son tort.
Elle eût voulu le suivre, en ce moment funeste,
Mais elle avait un fils : — Un fils ! tu sais le reste.
Voilà, depuis seize ans, mon désespoir profond.
Je n'ai plus de santé, mes pauvres yeux s'en vont.
Tu n'as pas de métier, et nous avons des dettes.

Le fils voit son devoir et l'accepte du premier coup. Il sera le protecteur de celle qui l'a pris pour juge et qu'il a pardonnée et réhabilitée d'un baiser.

L'enfant avait rêvé gloire, sabre, épaulettes,
Un avenir doré, les honneurs les plus grands,
A présent, il voulait gagner douze cent francs.

Il les gagne dès le lendemain, grâce à l'appui d'un chef de bureau à la mairie, qui s'est intéressé à son sort de précoce chef de famille.

Un emploi très modeste occupa sa journée,
Et la bonne moitié de sa nuit fut donnée
A râcler des couplets dans un café-concert.

Ce renoncement sublime à toute autre ambition qu'à celle de nourrir sa mère fut connu seulement et apprécié de la pauvre femme qui en fut l'objet, de lui qui en fut le héros et de Dieu qui seul peut le récompenser. Le secret héroïque échappa aux hommes, et naturellement au concierge, dont le blâme est formulé dans un prud'hommesque arrêt dont le poète n'a eu garde de négliger le contraste.

Et dire que jadis mon épouse estima
Qu'il pourrait convenir, un jour, à notre Emma !

Cependant le jeune homme objet de cet arrêt de déchéance épuisait jusqu'à la lie l'amère douceur de la vie de bureau, et ramait mélancoliquement sur la galère du travail machinal. Jamais, et avec plus de saveur d'expérience personnelle, n'a été peint ce supplice des âmes fières et des esprits actifs, ce supplice de la cage bureaucratique auquel aspire et s'accoutume pourtant si facilement une partie de la jeunesse sans becs, sans ongles et sans ailes que façonne pour la fonctionnomanie l'éducation universitaire.

Et le bon fils connut le spleen, dans un bureau.
Le long regard d'envie, à travers le carreau,
Sur le libre flâneur, qui se promène et fume.
L'infecte odeur du poêle, à qui l'on s'accoutume,
Mais qui vous fait pourtant tousser, tous les matins,
Le journal commenté longuement, les festins
De petits pains de seigle, et de charcuterie,
Le calembour stupide, et dont il faut qu'on rie,
L'entretien très vulgaire avec le sentiment
De chacun sur les chefs et sur l'avancement,
Le travail monotone, ennuyeux et futile,

Le dégoût de sentir qu'on est un inutile,
Et pour moment unique, où l'on respire enfin,
Le lent retour, d'un pas affaibli par la faim
Que doit mal apaiser le dîner toujours maigre.

Le malheureux abrégeait le repas, non moins triste que maigre.

Et toujours, le plus tôt possible, il s'en allait.
A cette heure, au surplus, son devoir l'appelait
Dans le petit café-concert de la barrière,
Où chaque soir, tenant son violon, derrière
Un pianiste, chef d'orchestre sans bâton.
Et non loin d'un troupier soufflant dans un piston,
Il écoutait, distrait et sans les trouver drôles,
La chanteuse fardée et montrant ses épaules,
Le baryton barbu, gêné dans ses gants blancs,
Et le pitre, aux genoux rapprochés et tremblants,
En grand faux-col, faisant des grimaces atroces
Et contant au public charmé sa nuit de noces.
Vers minuit seulement, enfin il se levait,
Rentrait, ouvrait parfois ses livres de chevet,
Mais de lire n'ayant plus même l'énergie;
Il se couchait, afin d'épargner la bougie.
Cela dura cinq ans, dix ans, quinze ans. . . . . .

Pendant quinze ans, et puis toujours ainsi, jusqu'à la fin, le pauvre petit employé vécut ou plutôt végéta, sans plaisir, sans affection — sa mère en mourant ayant emporté la première et la dernière, — sans espérance.

Il y a bien des traits caractéristiques et poignants dans le tableau de cette existence réduite au matériel, au mécanique de la vie et traînant lourdement et sourdement le boulet de son inanition intellectuelle et morale.

Avec la pièce *En province*, nous avons toujours affaire au même drame intérieur et muet, celui du devoir et du sacrifice, mais dans un autre monde et avec d'autres circonstances qui varient originalement le thème douloureux.

Le poète, tout d'abord, plante son décor. Il convient bien à la scène toujours la même qui y déroulera chaque jour, jusqu'à la fin des deux vies qui s'y écoulent en face l'une de l'autre, comme deux sabliers de deuil, se vidant avec un bruit de soupir étouffé.

La petite maison à mine sépulcrale,
Noire et basse, en plein nord, près de la cathédrale,
Quand j'avais visité la ville, m'avait plu
Par son air clérical, discret et vermoulu,
L'espalier de la porte, avec ses quelques roses
Qui, pâles, se mouraient le long des murs moroses,
Le pignon, au vieux toit de tuiles, surplombant
Les trois degrés du seuil, le trottoir et le banc
Placé là tout exprès pour que le pauvre y dorme,
L'ombre que sur le tout, jetait l'église énorme,
La rue où le gazon verdissait les pavés.

On croit avoir déjà vu, on reconnaît ressemblant à un souvenir de la réalité vécue, ce tableau d'une vérité simple et typique à la fois. Voici maintenant l'énigme mystérieuse qui se pose par le passage furtif d'un premier acteur.

Devant cette maison, au parfum de couvent,
Vers midi, c'est-à-dire une heure après l'office,
... Tous les jours, excepté le dimanche, je vis,
A cet angle que fait la place du parvis
Avec la vieille rue en question, paraître
Et venir lentement un grand et maigre prêtre

En tricorne, portant son gros livre à fermoir,
Proprement recouvert d'un morceau de drap noir.
Il s'approchait, pensif, de la vieille masure,
Mais avec l'air tranquille et la démarche sûre
Qu'on a lorsqu'on se livre à des soins réguliers.
Il s'arrêtait au seuil, grattait ses lourds souliers,
Frappait un petit coup qu'on entendait à peine
Et, vif, dès que la gâche avait jailli du pêne,
Entrait, et refermait doucement après lui.

Quel était ce mystère ? Il se dévoile au cours d'un récit des plus simples et des plus touchants, qu'il faut malheureusement abréger, bien qu'il ne paraisse long à aucun de ceux qui le lisent. Un vieux noble émigré rentré, à la Restauration, sans illusions et sans préjugés autre que celui survivant à la ruine de tous les autres, de l'orgueil de la race, de la vanité du blason, était venu louer cette maison dans sa ville natale et y vivre d'une petite rente.

Il n'était pas seul, s'étant chargé de l'éducation d'une petite fille orpheline, unique rayon de vie et de gaîté de la morne existence et de la triste maison.

Cette éducation solitaire et morne favorisait d'ailleurs les desseins que nourrissait, en ce qui touchait l'avenir de sa pupille, l'orgueilleux et inflexible égoïsme du vieux gentilhomme.

Comme il n'espérait pas revoir de jours meilleurs,
Que son nom, nom fameux, vieux comme la bannière
De Saint-Denis, c'était cette enfant, la dernière,
Qui devait, fille pauvre et sans dot, le porter ;
Qu'une mésalliance était à redouter,
Pour elle cet athée avait rêvé le cloître.
Aussi souriait-il plus calme, en voyant croître
Dans ce cœur virginal le lis pur de la foi.

Comment ce projet fut-il menacé, sinon contrarié?

A cette époque-là, venait chez ce vieux noble,
Qui possédait encor quelques champs, un vignoble,
Près d'une métairie à l'ombre des pommiers,
Un garçon de seize ans, le fils de ses fermiers
Qui, jugé trop chétif pour la vie ordinaire
De la campagne, était élève au séminaire.
Un beau jour, ce petit paysan fut chargé
Par l'aïeul, le dimanche étant jour de congé,
De se rendre à l'église avec la demoiselle
Et de la ramener, après cela, chez elle.
On l'en récompensait par sa place aux repas
Et par l'accueil.

Ici se place un admirable tableau de cette idylle d'une espèce particulière, dont la vieille cathédrale est le théâtre, qu'éclaire la lampe de l'autel, que parfume l'odeur de l'encens, dont le rêve chaste et pieux est bercé par l'orgue et dont le dialogue muet se borne aux alternations des prières communes.

Depuis lors, les enfants, le dimanche matin,
Côte à côte et prenant toujours la même place
Sous le vitrail en feu de la grande rosace,
S'asseyaient dans la nef profonde et priaient Dieu.
La petite fillette était vouée au bleu,
Toilette qui sied bien aux couleurs enfantines,
Et tous ses vêtements, chapeau, robe et bottines
Comme son âme étaient de la couleur du ciel.
Quant au pauvre garçon, le noir officiel
Et les habits de drap à coupe droite et triste,
Pouvaient lui donner l'air un peu séminariste;
Mais chez les bonnes gens qui prenaient le chemin
De l'église et voyaient, se tenant par la main,
Passer les deux enfants avec leurs eucologes,
C'étaient des hochements de tête et des éloges

De leurs regards brillants de douce piété.
Seulement, ils étaient d'une timidité
Extrême et rougissaient beaucoup quand sur leur route
Un passant, étranger à la ville sans doute,
Parlait d'eux, les prenant pour le frère et la sœur.

Pourquoi rougissaient-ils? Par un sentiment de vague et naturelle pudeur, car ils étaient loin encore de voir clair dans leur cœur où un sentiment naissait différent du sentiment fraternel; ils se laissaient aller à la dérive de cette douce vie commune, bordée des mêmes rives, et ne cherchaient rien au delà. Tous les dimanches ils priaient, ils chantaient ensemble à l'église.

Ils se sentaient égaux devant Dieu. La prière,
Entre eux avait détruit à jamais la barrière
Qui, pour la loi du monde, encor les séparait.
Et leurs deux cœurs s'étaient réunis en secret
Par un de ces liens qui toujours se resserrent,

et qui semblent appeler le coup de hache de la fatalité. Ce coup de hache qui devait trancher ces liens et frapper ces deux jeunes cœurs d'une de ces blessures qui saignent en dedans pendant toute une vie, c'est par la main de l'aïeul mourant qu'il est un jour donné.

Il sollicite, il exige de sa petite-fille, pour la bénir au lieu de la maudire, la promesse, le serment de vivre fille, si elle ne se fait point nonne, et de ne jamais se mésallier. C'était l'arrêt de mort de toute espérance, de toute ambition d'union future entre les deux jeunes gens qui s'aimaient déjà sans se le dire et presque sans le savoir. Le jeune homme, présent à cette suprême entrevue, courbe la tête en condamné, quand il entend la réponse de la jeune fille à l'impérieuse et impatiente réquisition de l'aïeul. Elle a hésité un moment. Elle a entrevu dans la pénombre son jeune ami blêmissant. Elle-même sent que quelque chose va se briser dans son cœur. C'est tout au moins cette habitude, cette douceur de vivre et de prier ensemble que la mort de l'aïeul et le serment qu'il exige vont rendre impossible.

Eh bien, petite ? fit le vieillard irrité.
— J'obéirai, dit-elle avec simplicité.

Le grand-père expira satisfait et la pierre de sa tombe en retombant sur lui ensevelit et étouffa en même temps le rêve de deux vies l'une et l'autre à jamais vouées au célibat volontaire, sans autre consolation que la conscience du devoir accompli, que la mise en commun de la douleur chaque jour partagée, chaque jour apaisée, du sacrifice mutuel.

Tout était dit. Après cinq ans de séminaire
Le jeune écolier fut tour à tour tonsuré,
Ordonné prêtre, puis enfin nommé curé
D'un village lointain choisi sur sa demande.
Il semblait avoir mis une hâte très grande
A prononcer lui-même un éternel serment.
— Ce n'est que devenu vieux, assez récemment,
Qu'ayant réalisé son petit patrimoine,
Il s'est laissé nommer, dans sa ville, chanoine.
Là, depuis son retour, vite le bon abbé
Dans l'ancienne habitude est de nouveau tombé
Et d'un logis bien cher a retrouvé la route...
En deuil, ayant gardé ses beaux yeux clairs et doux,
Et délicatement flattant sur ses genoux

Le pelage soyeux de sa chatte endormie
Telle, chaque matin, il voit sa vieille amie,
Devant laquelle il reste une grande heure assis,
Lui faisant, d'un ton bas, quelques simples récits,
Sans que jamais en eux un geste, un rien dénote
Plus qu'une affection de vieux prêtre à dévote.
Et lorsque du sujet honnête et puéril
L'entretien a suivi tout doucement le fil
Sans un mot qui s'émeut, sans cordiale étreinte,
Comme si la mémoire en eux était éteinte
Du sacrifice fait jadis à leur devoir,
Ils échangent enfin un très faible : « Au revoir. »
— Pourtant il faut qu'il lutte et qu'elle se contienne,
Car, même redoutant l'effusion chrétienne,
Où l'on doit se nommer un instant frère et sœur,
Elle n'a jamais pris l'abbé pour confesseur.

N'est-ce pas un drame aussi délicat que simple, aux péripéties finement observées, aux détails curieusement fouillés, que cette histoire sans dénouement qui laisse flotter l'émotion entre un sourire et une larme, plus intéressante, plus touchante, plus émouvante, à notre gré, que celle racontée par Stendhal ou par Lamartine, d'un abbé Rousseau sans suicide, d'un Jocelyn sans désespoir, sans défaillance, sans révolte, apaisé, résigné et finissant sa vie toujours sainte auprès d'une Laurence toujours pure, à regarder assis près d'elle, avec la sérénité des chastes vieillesses, le ciel qu'ils regardaient ensemble avec la naïveté de la virginale enfance?

Ces figures de pâles et discrètes victimes du sort portent bonheur au talent du poète des *Humbles*. On ne contemple pas avec indifférence dans l'étude intitulée : *Une Femme seule*, cette femme pâle et brune de vingt-cinq ans, séparée d'un mari brutal, qui porte la difficile dignité d'une condition équivoque avec un orgueil naïf et modeste, qui se dérobe avec une pudeur où il n'est rien de virginal aux occasions et aux tentations de revanche, capable de succomber à la passion dont le feu couve dans son cœur et se trahit dans ses yeux, mais qui, non moins sensible à l'honneur qu'à l'amour, mourrait de la honte de sa déchéance, du remords de sa faute. Comment lire sans un attendrissement mélancolique le sonnet intitulé : *Sœur novice*, où passe le pâle et fin profil de cette petite sœur résignée à la vie par espoir de la mort, dont le dernier souffle s'exhale avec le dernier parfum de la rose (emblème de sa passion mystique) trop longtemps respirée.

Elle la respira longtemps, puis vers le soir,
Saintement ayant mis en paix sa conscience,
Mourut comme s'éteint l'âme d'un encensoir.

La pièce intitulée *Émigrants* contient aussi des beautés de ce même ordre, faites d'une observation intime et profonde, d'un détail caractéristique et pénétrant.

Mais l'auteur des *Humbles* n'a pas seulement senti, peint, ennobli la poésie des douleurs simples, des malheurs vulgaires, des martyres obscurs, des héroïsmes ignorés. Il y a aussi place sur sa palette pour les couleurs plus vives, plus douces, plus tendres. Il y a les petits malheurs de tout le monde que la fierté de quelques-uns cache à tout le monde ; il y a aussi les petits bonheurs (les plus grands bonheurs en sont faits) des vétérans du travail, des retraités, dans une aisance sans remords, du commerce honnête et de l'industrie loyale, goûtant avec cette joie calme dont le sourire épanouit à peine les rides, dont le feu doux illumine à peine le regard, la paix agreste et la prospérité patriarcale. C'est un petit chef-d'œuvre d'observation et d'expression que ce tableau d'intérieur suburbain, de bonheur familial intitulé : *Petits bourgeois*, dont les modestes héros ont excité l'envie du peintre avant que leur portrait excitât notre admiration.

C'est celui d'un vieil homme avec sa vieille femme,
Aujourd'hui bons rentiers, hier petits marchands,
Retirés tout au bout du faubourg, près des champs.
Oui, cette vie intime est digne du poète.
Voyez : Le toit pointu porte une girouette.
Les roses sentent bon dans leurs carrés de buis
Et l'ornement de fer fait bien sur le vieux puits,
Près du seuil dont les trois degrés forment terrasse.
Un paisible chien noir, qui n'est guère de race,
Au soleil de midi dort, couché sur le flanc.
Le maître, en vieux chapeau de paille, en habit blanc,
Avec un sécateur qui lui sort de la poche,
Marche dans le sentier principal et s'approche
Quelquefois d'un certain rosier de sa façon,
Pour le débarrasser d'un gros colimaçon.
Sous le bosquet, sa femme est à l'ombre et tricote :
Auprès d'elle le chat joue avec la pelote.
La treille est faite avec des cercles de tonneaux
Et sur le sable fin sautillent les moineaux.
Par la porte on peut voir, dans la maison commode,
Un vieux salon meublé selon l'ancienne mode,
Même quelques détails vaguement aperçus :
Une pendule avec Napoléon dessus,
Et des têtes de sphinx à tous les bras de chaise.

Chaque détail porte dans ce tableau intime brossé avec la solidité flamande, animée par la finesse française. Il se dégage de ce salon acajou empire un parfum discret de simplicité, de tranquillité et de prospérité. On y respire l'invisible fleur de ce bonheur tempéré fait du culte de la même affection, de la pratique du même travail, du joug léger de la même habitude. Cette douce odeur des anciennes mœurs, qui ne porte pas à la tête et caresse le cœur, en vaut bien une autre, c'est l'avis du poète.

Mais ne souriez pas ; car on doit être à l'aise,
Heureux du jour présent et sûr du lendemain,
Dans ce logis de sage observé du chemin.
Là sont des gens de bien, sans regrets, sans envie,
Et qui font comme ont fait leurs pères. Dans leur vie,
Tout est patriarcal et traditionnel.
Ils mettent de côté la bûche de Noël
Et songent à l'avance aux lessives futures,
Et vers le temps des fruits, ils font des confitures.
Ils boivent du cassis, innocente liqueur !
Et chez eux tout est vieux, tout, excepté le cœur.
..... Ceux-là seuls ont raison, qui dans ce monde-ci,
Calmes et dédaigneux du hasard, ont choisi
Les douces voluptés que l'habitude engendre. —
Chaque dimanche, ils ont leur fille avec leur gendre ;
Le jardinet s'emplit du rire des enfants,
Et bien que les après-midi soient étouffants,
L'on puise et l'on arrose, et la journée est courte.
Puis, quand le pâtissier survient avec la tourte,
On s'attable au jardin, déjà moins échauffé,
Et la lune se lève au moment du café.

Heureux les braves gens qui ont mis en pratique sans le connaître l'axiome de la sagesse antique qui dit qu'il suffit, pour être heureux, d'un petit toit, d'un petit champ, fût-il d'un seul arpent, d'où l'on peut voir le ciel. Un arpent, il en faut moins encore, et l'on peut voir le ciel du fond d'un puits, du fond d'une cave, du fond même de cette boutique de menuisier, où la mort nourrit la vie, et dont les bonnes années ont pour étiage le chiffre croissant des cercueils. C'est le cas de dire : Où diable le bonheur va-t-il se nicher ! Il peut se nicher dans le vulgaire hypogée de ce fournisseur funèbre qui se frotte les mains aux années de peste ou de choléra, où les enfants jouent et rient au milieu des bières qui attendent le client, et qui devrait avoir pour enseigne une tête de mort couronnée de roses, souvenir de cette Italie, où, dans certaines provinces, on enterre les morts une rose fichée entre leurs lèvres pâles.

Le marchand de cercueils vient de trousser ses manches,
Et rabote en sifflant, les pieds dans les copeaux.
L'année est bonne ; il n'a pas le moindre repos,
Et même il ne boit plus son gain tous les dimanches.
Tout en jouant parmi les longues bières blanches,
Ses enfants, deux blondins tout roses et dispos,
Quand passe un corbillard, lui tirent leurs chapeaux
Et bénissent la mort qui fait vendre des planches... etc.

Nous ne pousserons pas plus loin des analyses que nous n'avons multipliées que pour donner une idée exacte de l'originalité de cette poésie intime dont François Coppée a trouvé la veine, qu'il n'a jamais cessé de creuser heureusement, créant un genre nouveau, où il n'avait pas eu de maître, où il n'a pas eu d'imitateurs. Ce trait caractéristique de sa physionomie littéraire est si marqué, qu'il a fini par absorber les autres aux yeux des observateurs superficiels ou des critiques à système. Pour les uns, quoi qu'il ait fait depuis, montrant au théâtre autant de force qu'il y avait d'abord montré de grâce, il est toujours demeuré l'auteur du *Passant*; d'autres ne veulent voir en lui que le poète élégiaque, considéré à tort comme incapable des envolées lyriques. Pour les derniers enfin, même parlant au nom de l'Académie, il est surtout, il n'est presque que le poète des *Poèmes modernes*, des *Humbles*, des *Promenades et intérieurs*, et c'est ce poète-là que l'Académie a choisi par un hommage au talent qui ne se défend pas de céder au goût des contrastes. M. Cherbuliez, dans son discours de bienvenue au successeur de M. de Laprade, a exalté cette prédilection de l'Académie, qui est surtout la sienne, pour le poète des *Humbles* avec une complaisance qui n'est pas exempte de malice.

M. Cherbuliez glisse sur le *Passant* sous prétexte de ne pas contrarier le récipiendaire qui n'est que trop blasé sur l'éloge de ce premier chef-d'œuvre dramatique, donne à peine, sans avoir le même motif à invoquer, deux lignes à *Severo Torelli*, complimente en bloc l'auteur des *Contes épiques* et des *Élégies*, mais ne tarit pas sur les *Humbles*, sur les *Promenades et intérieurs*. On croirait qu'il affecte de ne voir que cette face de son multiple talent, que cet épisode dans sa vie littéraire, que ce filon dans la riche mine poétique qu'il a exploitée, usant et même peut-être abusant un peu de cet artifice littéraire qui est aussi un artifice académique, par lequel on loue avec un excès à la fois flatteur et malin, certaines œuvres d'un auteur, au risque de le faire au détriment de certains autres, et de paraître déprécier celles dont on ne dit rien. Cette réserve faite, nous convenons qu'il est impossible de mieux définir le genre, de mieux apprécier cette poésie intime et ces tableaux bourgeois qui ont toute la finesse et toute la saveur des bons camaïeux, et il nous est agréable de donner pour sanction à notre opinion l'avis développé par le spirituel académicien en termes des plus ingénieux et des plus piquants. La cause que nous avons plaidée est cause gagnée, quand un juge aussi autorisé que M. Cherbuliez veut bien faire à son tour office d'avocat et suppléer à l'insuffisance du biographe.

Vous êtes, Monsieur, un Parisien de Paris et votre enfance s'est écoulée dans l'enceinte des fortifications. Ce ne sont pas les rochers et les torrents qui vous ont inspiré vos premiers vers. C'est une plante adorable que la renoncule glaciale qu'on cueille sur les hautes cimes en grattant la neige; mais il ne faut pas dédaigner, comme une espèce trop vulgaire, la joubarbe qui pousse parmi les mousses des toits ou le coquelicot bien rouge, qui sonne la fanfare sur la crête d'une vieille muraille effritée. Vous n'avez jamais pensé qu'il n'y eût de beau que le rare, et vous avez découvert de bonne heure que les choses les plus communes ont une grâce de nouveauté pour qui sait les voir.

Paris vous suffisait, ce Paris qu'on s'amuse quelquefois à maudire, et dont un étranger disait que c'est la seule ville qui se fasse aimer comme une femme. Vous ne ressentiez pas pour elle une demi-tendresse. Vous l'avez chantée en amoureux. Mais ce qui vous attirait le plus, ce n'étaient pas ses grandes places et ses grandes rues, le Paris des hôtels et des palais, des oisifs et des riches. Vous promeniez vos rêveries dans les plus tristes quartiers, jusque dans les terrains vagues qui se terminent aux bastions gazonnés des remparts, paysages ingrats, mais dont l'ingratitude a du caractère et je ne sais quel haut goût dans la laideur.

Il vous arrivait de pousser plus loin vos aventures, de vous échapper dans la banlieue, où les spectacles parisiens vous attendaient. Un gai cabaret entre deux champs de blé, un vieux mur où pendait encore quelque lambeau d'affiche, les éternels joueurs de bouchon en manches de chemise, les bals en plein vent, les balançoires qui grincent, les pissenlits frissonnant dans un bois, voilà ce que virent en s'ouvrant les yeux gris de votre muse et ce que vous avez su rendre en traits ineffaçables. Vous ne craignez point de l'avouer, quand vous avez vu plus tard l'Océan et les Alpes, le regret des bords de la Seine vous suivait partout. Vous avez raison, on ne se lasse pas de noter les tons fins du ciel de Paris. Il en est de plus chauds et de plus brillants; mais dans ses beaux jours il a des douceurs incomparables, et les peintres le savent bien.

Ceux qui ont un goût exclusif pour les grands sujets comme pour les paysages héroïques, ceux qui s'imaginent que la poésie ne doit accorder l'entrée de son divin royaume qu'aux grandes choses et aux êtres rares, exceptionnels, ont pu apprendre de vous que les petites choses et les petits hommes y acquièrent facilement le droit de cité. Plus d'un poète, plus d'un romancier, professent un souverain mépris pour le bourgeois, et ne s'occupent de lui que pour célébrer ses ridicules. S'ils consentaient à faire leur examen de conscience, ces superbes contempteurs du bourgeois seraient forcés d'avouer qu'ils en tiennent, et qu'en se fustigeant, ils se donnent les verges à eux-mêmes. Sont-ils malades ou simplement enrhumés, leur mauvaise humeur ressemble beaucoup à celle d'un bourgeois. Ont-ils des chagrins domestiques, leurs yeux se mouillent de larmes très bourgeoises. Éprouvent-ils des disgrâces ou des prospérités d'amour-propre, leurs livres se vendent-ils ou ne se vendent-ils pas, vous les voyez tristes, moroses comme un boutiquier que ses chalands abandonnent pour la maison d'en face, ou ils se frottent les mains comme les gens d'affaires qui en font de bonnes. Hommes de génie, confessez que le fond de l'homme est le bourgeois! Vous l'avez pensé, Monsieur, et votre muse compatissante, ouvrant ses bras, s'est écriée : « Laissez venir à moi les petits marchands, les petits rentiers! » Ils sont venus, et s'en sont bien trouvés. Vous les avez accueillis, fêtés. Ils vous ont fait leurs confidences, et vous avez raconté leurs joies comme leurs douleurs avec une bonne grâce exquise. S'il s'y mêlait de temps à autre une pointe de malice, c'était une malice sans amertume et sans venin.

J'aime beaucoup vos petits bourgeois, j'aime surtout certain couple, un vieil homme avec sa vieille femme que vous avez logés au bout d'un faubourg, près des champs..... Que nous les connaissons bien, et que vous avez le don de voir et de faire voir!

Les humbles vous sont chers et ils vous ont fourni le titre d'un de vos recueils. Personne n'a su montrer mieux que vous tout ce qu'il peut tenir d'événements d'émotions, de grandes espérances et de grandes déconvenues dans une petite et obscure destinée ....

Vous excellez dans la poésie familière et domestique, dans les tableaux d'intérieur, et vos charmantes petites toiles me font penser aux maîtres de l'école hollandaise, à Mieris, à Terburg, que vous égalez souvent par la précision du faire, par la franchise du trait, par la liberté d'un pinceau toujours exact sans être jamais léché ni minutieux et aussi, comme on l'a remarqué, par la spirituelle bonhomie de la touche... Aux qualités des peintres hollandais vous en joignez de toutes françaises, la grâce facile, les heureuses rapidités, quelque chose de vif et d'enlevé.

Ces justes éloges nous ont reporté par anticipation, à l'heure bénie du triomphe définitif, du couronnement solennel de la carrière et du trophée d'immortel laurier. Notre probité de biographe consciencieux et la logique inflexible de l'ordre chronologique nous obligent à rebrousser chemin, à retourner en arrière, non plus par la large et grande voie plantée d'arbres protégés par le goût public, que n'insulte pas le passant, et dont les *templa serena* de l'Institut bornent noblement l'horizon, mais par les sentiers de traverse, aux épines obscures de la vie militante et souffrante, se frayant courageusement et péniblement la voie à travers l'indifférence des hommes et l'ingratitude des circonstances.

Après le recueil des *Humbles*, c'est par celui des *Promenades et Intérieurs* que le poète, abandonnant un moment la veine sentimentale pour la veine pittoresque, sollicita les suffrages de la foule, ayant depuis longtemps déjà obtenu ceux de l'élite. Le Recueil des *Promenades et Intérieurs* pourrait être dédié à Paris.

C'est Paris, toujours Paris, Paris de plus en plus aimé, en dépit de ses fautes et de ses malheurs, qui forme le cadre ou l'horizon de tous ces croquis de promenade ou d'intérieur du poète errant. Il est trop languissant encore des souvenirs, des regrets récents, et des blessures d'esprit et de cœur à peine cicatrisées, pour s'essayer à des œuvres de longue haleine, et pour faire autre chose que de profiter des bonnes fortunes — qui ont heureusement inspiré aussi un autre poète ami, Albert Mérat — du rêve ambulant promené à travers les rues suburbaines et la banlieue, en pèlerinage aux buts préférés de ses anciennes et nouvelles flâneries.

Ces vignettes parisiennes d'un tour si libre et d'un détail si précis, ne rappellent en rien les tableaux de Lantara et de Michel, ni les eauxfortes de Meryon et de Flameng consacrés de préférence au Paris des ponts et des quais, de Notre-Dame au Cours la Reine, ou au Paris de la Rapée, du Port au Foin, des moulins de Montmartre et des canots amarrés au coin des premières îles de la Seine. Le Paris de prédilection du poète n'est pas davantage le Paris élégant, pimpant, du Palais-Royal, des Tuileries, des boulevards, du chevalier de l'Espinasse ou de Debucourt, de Boilly ou de Carle Vernet. C'est le Paris de la Montagne Sainte-Geneviève à Montrouge, des Invalides à Meudon. C'est ce Paris natal, familier, où le poète retrouve en marchant la trace, légère comme celle de l'oiseau, de ses petits bonheurs d'enfant, de ses souvenirs de jeunesse, de ses espérances de la virilité. C'est à ce Paris intelligent et agissant, à ce Paris du cerveau et du bras, laborieux, industrieux et savant, à ce Paris de la rive gauche et de l'Université, bien plus qu'au Paris de la cour et de l'armée, que songeait Montaigne, quand il écrivait ces lignes enthousiastes que Coppée eût pu prendre pour épigraphe de ses *Promenades et Intérieurs*.

Je ne veux pas oublier cecy que je ne me mutine jamais tant contre la France que je ne regarde Paris

de bon œil : elle a mon cueur dès mon enfance...
... Je l'ayme tendrement jusques à ses verrues et à
ses taches. Je ne suis françois que par cette grande
cité... etc.

Ce Paris suburbain et faubourien qui contourne la Montagne Sainte-Geneviève, Coppée le connaît à fond et c'est lui qui en a sinon découvert, du moins révélé le pittoresque grossier, calleux, et la fruste poésie inconnue à coup sûr d'un Dorat ou d'un Florian.

C'est vrai, j'aime Paris d'une amitié malsaine,
J'ai partout le regret des vieux bords de la Seine.
Devant la vaste mer, devant les pics neigeux,
Je rêve d'un faubourg plein d'enfance et de jeux,
D'un coteau tout pelé d'où ma Muse s'applique
A noter les tons fins d'un ciel mélancolique,
D'un bout de Bièvre, avec quelques champs oubliés
Où l'on tend une corde aux troncs des peupliers,
Pour y faire sécher la toile et la flanelle,
Ou d'un coin pour pêcher dans l'île de Grenelle.

Tous ces tableautins seraient à reproduire, si on le pouvait ici ; Paris a toujours bien inspiré son poète ; il est vrai que lui seul a su voir et exprimer ce qu'on voit dans un cabaret de Paris ou un sentier de banlieue. Car Coppée adore la banlieue et ses spectacles populaires. Il l'avoue sans barguigner :

J'adore la banlieue avec ses champs en friche
Et ses vieux murs lépreux où quelque ancienne affiche
Me parle de quartiers dès longtemps démolis...

N'êtes-vous pas jaloux en voyant attablés
Dans un gai cabaret entre deux champs de blés,

Les soirs d'été, des gens du peuple sous la treille?
Moi, devant ces amants se parlant à l'oreille
Et que ne gêne pas le père, tout entier
A l'offre d'un lapin que fait le gargotier,
Devant tous ces dîneurs, gais de la nappe mise,
Ces joueurs de bouchon en manches de chemise,
Cœurs satisfaits pour qui les dimanches sont courts,
J'ai regret de porter du drap noir tous les jours.

L'habit populaire ne ferait pas vergogne à celui qui aime les mœurs populaires, et qui n'a pas de sourire même en présence de la naïve églogue militaire promenée au coin des haies par les piou-pious en mal du pays, qui cherchent dans la flânerie agreste une diversion aux regrets amoureux et pastoraux.

Vous en rirez. Mais j'ai toujours trouvé touchants
Ces couples de piou-pious qui s'en vont par les champs
Côte à côte, épluchant l'écorce de baguettes
Qu'ils prirent aux bosquets des prochaines guinguettes.
Je vois le sous-préfet présidant le bureau,
Le paysan qui tire un mauvais numéro,
Les rubans au chapeau, le sac sur les épaules,
Et les adieux naïfs, le soir, auprès des saules
A celle qui promet de ne pas oublier,
En s'essuyant les yeux avec son tablier.

Un poète épris des mœurs populaires doit l'être aussi des fêtes populaires et ne doit pas manquer un de ces feux d'artifice chers aux foules. Voici un croquis de retour du feu d'artifice, d'une impression triste et juste comme la vérité, cette baguette noircie du feu d'artifice éteint de l'illusion :

Quand sont finis le feu d'artifice et la fête,
Morne comme une armée après une défaite,

La foule se disperse. Avez-vous remarqué
Comme est silencieux ce peuple fatigué?
Ils s'en vont tous, portant de lourds enfants qui geignent
Tandis qu'en infectant les lampions s'éteignent.
On n'entend que le rhythme inquiétant des pas ;
Le ciel est rouge, et c'est sinistre, n'est-ce pas ?
Ce fourmillement noir dans les étroites rues,
Qu'assombrit le regret des splendeurs disparues.

N'est-ce pas un croquis digne de Millet ou de Bastien-Lepage que celui-ci ?

L'allée est droite et longue et sur le ciel d'hiver
Se dressent hardiment les grands arbres de fer,
Vieux ormes dépouillés dont le sommet se touche.
Tout au bout le soleil, large et rouge, se couche ;
A l'horizon il va plonger dans un moment.
Pas un oiseau. Parfois un lointain craquement
Dans les taillis déserts de la forêt muette ;
Et là-bas, cheminant, la noire silhouette
Sur le globe empourpré qui fond comme un lingot
D'une vieille à bâton, ployant sous le fagot.

Que de choses dans un menuet ! disait Vestris ! Que de choses dans un dizain, pourrait-on dire de cette suite de vignettes parisiennes, saisies d'après nature et enlevées au vol en quelques traits d'une netteté photographique en même temps que d'un effet caractéristique qui indique la collaboration du goût d'un artiste consommé avec les brutales fidélités du soleil. Dans ces dix vers où le poète a joué, a jonglé avec la difficulté toujours vaincue de tout dire en quelques mots, passent rapidement avec une intensité d'expression, une intensité de vie véritablement inouïes, les paysages variés et les scènes de rue ou de banlieue à la bonne fortune du hasard. Voici un paysage d'hiver, une symphonie du blanc faite pour réjouir l'œil des peintres-poètes, un Corot ou un Jules Breton :

Il a neigé la veille et tout le jour il gèle.
Le toit, les ornements de fer et la margelle
Du puits, le haut des murs, les balcons, le vieux banc
Sont comme ouatés, et dans le jardin tout est blanc.
Le grésil a figé la nature, et les branches
Sur un doux ciel perlé dressent leurs gerbes blanches.
Mais regardez. Voici le coucher du soleil.
A l'occident plus clair court un sillon vermeil.
Sa soudaine lueur, féerique, nous arrose.
Et les arbres d'hiver semblent de corail rose.

On ne peut mieux faire connaître un poète qu'en citant ses vers. Mais ici il faudrait tout citer. Ils sont trop et tous bons. On éprouve ce qu'a de plus agaçant l'embarras du choix entre ces images exquises d'observation et d'exécution, tour à tour relevées d'une pointe de malice ou d'un trait de sentiment.

Parfois, las du spectacle extérieur, le poète retourne son regard sur le spectacle intérieur et, replié sur son rêve, s'amuse à y goûter la vision de ses goûts, de ses espoirs un moment réalisés. Ces vues, d'après non ce qui est, mais ce qui pourrait être, ces photographies instantanées d'une image de rêve flottante et ondoyante et diaphane comme une vapeur d'éther, ont cependant la précision d'une vue d'après la réalité. Le poète se peint d'abord lui-même au moment de tomber dans cet état d'hypnotique extase et de chimérique ivresse, et c'est sur un cri d'amour filial qui n'est pas sans écho dans nos cœurs qu'il quitte la réalité et se plonge dans le bleu.

J'écris près de la lampe. Il fait bon. Rien ne bouge.
Toute petite, en noir, dans le grand fauteuil rouge
Tranquille auprès du feu, ma vieille mère est là ;
Elle songe sans doute au mal qui m'exila
Loin d'elle, l'autre hiver, mais sans trop d'épouvante,
Car je suis sage et reste au logis, quand il vente.
Et puis, se souvenant qu'en octobre la nuit
Peut fraîchir, vivement et sans faire de bruit
Elle met une bûche au foyer plein de flammes.
Ma mère, sois bénie entre toutes les femmes !

Pour entrer dans cette vie idéale du rêve, quand il y est ainsi doublement disposé par cet état légèrement morbide qui accroît l'électricité nerveuse et par cet attendrissement propice aux illusions, il suffit au poète du moindre excitateur, un rayon de lumière, un son de musique, un murmure, un parfum. Il a chanté cette volupté des parfums, qui agit comme un haschisch sur le cerveau du poète et suffit à ouvrir à son imagination la porte des paradis artificiels.

Volupté des parfums ! — Oui, toute odeur est fée.
Si j'épluche, le soir, une orange échauffée,
Je rêve de théâtre et de profonds décors ;
Si je brûle un fagot, je vois, sonnant leurs cors,
Dans la forêt d'hiver les chasseurs faire halte ;

On devine toute la suite du poétique et charmant développement.

Dans ces ivresses du rêve, le poète ne voit pas seulement tel ou tel spectacle évoqué devant lui par l'odeur fée, il se dédouble, il assiste à sa propre métempsychose, il raconte en souriant des épisodes de son *autre vie*, celle qu'on revit dans le passé par le souvenir, ou qu'on prévit dans l'avenir, par le désir, par l'espérance ou degré d'exaltation qui suppose la réalisation, qui fait qu'on « croit que c'est arrivé. »

Je rêve, tant Paris m'est parfois un enfer,
D'une ville très calme et sans chemin de fer,
Où, chez le sous-préfet, un vieux garçon affable,
Je lirais au dessert mon épître ou ma fable.
On se dirait tout bas, comme un mignon péché,
Un quatrain très mordant que j'aurais décoché.
Là, je conserverais de vagues hypothèques.
On voudrait mon avis sur les bibliothèques :
Et j'y rétablirais, disciple consolé,
Nos maîtres, Esménard, Lebrun, Chênedollé.

Nous avons insisté sur ce petit recueil des *Promenades et Intérieurs* parce qu'à notre avis, et c'est aussi celui des juges les plus autorisés, Coppée a été rarement mieux en verve et a écrit peu de morceaux plus fins et plus achevés que ces dizains qu'il affecte avec une modestie sincère, que contredit en lui la conscience de l'artiste, de comparer à des cigarettes au court parfum, à la rapide fumée.

J'écris ces vers, ainsi qu'on fait des cigarettes,
Pour moi, pour le plaisir, et ce sont des fleurettes
Que peut-être il valait bien mieux ne pas cueillir.

Ce n'est pas l'avis du lecteur, qui sait gré au contraire au poète d'avoir cueilli ces fleurettes au parfum léger mais exquis, à la couleur sobre mais juste. C'est une rare volupté de dilettante que celle d'examiner ces corolles où l'art égale la nature, de respirer ce parfum à loisir dans le livre où elles se conservent si bien, au lieu d'être obligé de le humer hâtivement dans cette publicité du journal. Elle est trop semblable, pour des morceaux si délicats, à l'hospitalité décevante du buffet de la gare, où le café brûlant ne laisse au palais du voyageur essoufflé qu'une maligne cuisson au lieu du tiède arome lentement savouré. Les *Promenades et Intérieurs* sont justement dédiés à M. Paul Dalloz, qui ouvrit, après 1871, avec une intelligente libéralité, l'hospitalité du *Moniteur universel* au poète obligé par l'ingratitude des temps de se faire chroniqueur en vers et romancier en prose.

Le Recueil intitulé *Le Cahier rouge* se compose d'un certain nombre de pièces détachées sans autre lien entre elles que le lien chronologique de leur publication, sinon de leur composition, et le lien moral qui fait qu'elles correspondent toutes à une certaine phase d'âme, à une certaine période de vie intime, à un certain état de crise de son esprit et de son talent que connaissent bien les amis de François Coppée. Ils n'ont qu'à faire appel à leur souvenir pour se représenter le visage amaigri, pâli et attristé, l'air d'impatience inquiète ou d'attente résignée, la mélancolie non de blasé certes et de rassasié mais d'inassouvi qui témoignaient extérieurement du drame intérieur, du travail sourd du souci rongeur stoïquement caché.

Nous ne faisons pas seulement allusion à ces peines et à ces déceptions d'ordre intime et privé qui naissent si volontiers comme des serpents des fermentations et des corruptions d'un lendemain de guerre et de révolution. Sans doute elles ne furent pas plus épargnées qu'à d'autres à Coppée, privilégié seulement en ce sens qu'une sensibilité plus vive le rendait plus apte à souffrir de ce supplice des petits malheurs aux coups d'épingle pires que des coups d'épée, de cet affront des petits obstacles aux brusques redressements de frein devant notre élan, pires qu'un soufflet. Mais il n'est que trop facile de deviner les chagrins plus hauts, les plus nobles désabusements dont furent trop fécondes pour le poète ces années 1871-1875, ces années maigres sinon stériles où sa vie se passa à vivre, à errer d'essai en essai, de tentative en tentative à la poursuite du succès nourricier et vengeur.

Les pièces du *Cahier rouge* peuvent se diviser en trois groupes qui témoignent éloquemment de cet état d'esprit et d'âme que nous venons d'exposer et d'expliquer : inquiétude du talent qui cherche sa voie, trouble de la vie dévoyée allant à la dérive, lassitude précoce du rêveur aux prises avec les ennuis de la réalité, les fatigues de l'action, désabusement et dégoûts du patriote affligé de la vanité de certaines rodomontades et de l'ingratitude de certains oublis, doutant de son pays après avoir douté de lui-même, et obligé par devoir, en public comme au logis, de donner, sans conviction, l'exemple de l'espérance, de prodiguer, secrètement découragé, le *Sursum corda*. De là l'air de tristesse, le ton d'amertume particulière à ce Recueil d'exhortations patriotiques, de croquis parisiens, de confidences intimes, où, jusque dans quelques rares élégies d'amour, languit et soupire l'incurable mélancolie du *tædium vitæ*, ou, pour appeler de son nom moderne ce mal qu'il déclare lui être ordinaire dans la *Préface* du *Cahier rouge*, du *spleen*.

Au groupe des pièces patriotiques appartient celle intitulée aux *Amputés de la guerre*, pour l'œuvre de ce nom, qui est d'un souffle héroïque à la façon de celles que Tieck et Kleist faisaient jadis contre nous. Le poète y proteste éloquemment contre l'oubli des maux soufferts, contre l'amollissement des pensées de revanche dont la nature est complice avec son égoïste, son imperturbable renouvellement printanier effaçant les tombes sous les fleurs. Que les cœurs du moins ne fassent pas comme les champs et se refusent à quitter le deuil de la patrie.

Il ne suffit pas, au lendemain de la guerre et de la défaite, d'assurer l'asile ou le pain des blessés. Il n'y a pas de blessés que les hommes. Il y a les maisons éventrées par l'obus, décapitées par le canon, rasées par l'incendie, à réparer ou à reconstruire. Et le poète tend au public attendri la sébile pour l'*OEuvre du sou des chaumières*. Et il montre, dans un double tableau dont le contraste navre, la chaumière avant et après le passage du torrent dévastateur, de l'ouragan incendiaire de l'invasion.

> Au nom du douloureux passé,
> Donnez tous, donnez tout de suite,
> Donnez pour la maison détruite
> Et pour le berceau renversé.

Le *Canon* pour le livre : l'*Offrande*, aux Alsaciens-Lorrains, est de la même veine de patriotisme un peu farouche ou plutôt effarouché par les oublis trop faciles et les tiédeurs trop promptes du caractère national. C'est avec une fierté jalouse qu'il ranime et entretient le feu de la haine sainte et fait parler à l'oreille de la sentinelle alsacienne le canon du siège trop lourd et trop vieux qui ne reverra pas les affûts marins, et prendra, lui aussi, sa retraite aux Invalides, où il espère célébrer de sa voix de bronze quelque victoire de l'avenir réparateur et vengeur.

Mais je pourrai du moins, vieux dogue, aux Invalides,
Annoncer à Paris vos marches intrépides
          Avec mon aboi triomphant.
— De créer des héros la France n'est pas lasse,
Et le simple soldat qui dort sur ma culasse
          Est peut-être Turenne enfant !

C'est dans le même sentiment qu'est conçu le sonnet du *Lion de Belfort :*

Attends, sois comme tous patient et muet.
Mais si la haine sainte en nous diminuait,
Rugis, pour rappeler son devoir à la France !

Cette mélancolie du souvenir fidèle, cette âpreté de la haine sainte, impatiente de toute frivolité, prêtent une amertume piquante à la pièce *A un sous-lieutenant*, sorte de sérénade ironique à un bel officier trop épris de la fanfreluche, mais qui ne se ferait pas prier pour ternir au feu son épaulette neuve.

> Vous portez, mon bel officier,
>   Avec une grâce parfaite
> Votre sabre à garde d'acier;
>   Mais je songe à notre défaite.
>
> Cette pelisse de drap fin
>   Dessine à ravir votre taille,
> Vous êtes charmant : mais enfin
>   Nous avons perdu la bataille.

Après avoir ainsi, par une plaisanterie un peu rude, rappelé son ami aux graves devoirs, aux mâles soucis, au zèle vigilant, au deuil jaloux d'où sort la victoire, le poète, qui se défend d'un doute qui le désespère, sent ce doute fondre dans un élan cordial, dans une vivifiante étreinte :

> — Jeune homme, donne-moi la main,
>   Crions un peu : Vive la France !

Le poète a ajouté dans le *Cahier rouge*, comme croquis parisiens d'intérieur de rue ou de banlieue, quelques dizains à la série des *Promenades et Intérieurs*, tels que ceux intitulés : *Tableau rural*, *Cheval de renfort*, *Au bord de la Marne*, *Croquis de banlieue*, *Dans la rue, le Soir*, *Noces et festins*, *Gaieté du cimetière*, *En bateau-mouche*. Ce sont des glanes après la moisson. Nous ne faisons que les mentionner, parce qu'ils ne modifient pas ce que nous avons dit de l'auteur, de sa manière et de son originalité d'observateur et de peintre en vers des spectacles parisiens. Mais il est dans ce genre un morceau dont l'envergure dépasse les formes et les cadres habituels, où le poète n'a pas dissimulé discrètement son ironie, ne l'a pas bornée à un sourire muet, mais a laissé sa bile s'épancher, et déborder l'amertume de la philosophie pessimiste dont le vieux soulier qui l'inspire pourrait aussi être l'emblème. Le thème et les variations sortent ici d'ailleurs de l'ordinaire, et nous ne savons quel poète contemporain pourrait tendre à ce degré l'arc de la satire philosophique et sociale.

Le cadre de la scène est, comme toujours, établi avec une rigidité et une précision de peinture florentine quattro-censiste.

En mai, par une pure et chaude après-midi,
Je cheminais au bord du doux fleuve attiédi,
Où se réfléchissait la chute d'un nuage.
Je suivais lentement le chemin de halage
Tout en fleurs, qui descend en pente vers les eaux.
Des peupliers à droite, à gauche des roseaux;
Devant moi, les détours de la rivière en marche,
Et fermant l'horizon, un pont d'une seule arche...
Soudain dans le gazon de la berge fleurie,
Parmi les boutons d'or qui criblaient le chemin
J'aperçus à mes pieds — premier vestige humain
Que j'eusse rencontré dans ce lieu solitaire,
Sous l'herbe et se mêlant déjà presque à la terre
Un soulier laissé là par quelque mendiant.
C'était un vieux soulier, sale, ignoble, effrayant,
Éculé du talon, bâillant de la semelle,
Laid comme la misère et sinistre comme elle,
Qui, jadis, fut sans doute usé par un soldat,
Puis, chez le savetier, bien qu'en piteux état,
Fut à quelque rôdeur vendu dans une échoppe;
Un de ces vieux souliers qui font le tour d'Europe,
Et qu'un jour, tout meurtri, sanglant, estropié,
Le pied ne quitte pas, mais qui quittent le pied.
Quel poème navrant dans cette morne épave!

Ce poème navrant est esquissé en quelques vers énergiques, qui justifient la malédiction que le poète, à la vue de ce soulier de misérable ou de bandit, de cet instrument de crime ou de torture attestant la triste éternité du mal, formule éloquemment pour l'arrêter tout net, résigné, sinon consolé devant la leçon de l'inaltérable fécondité et de l'impassible sourire de la Nature couvrant jusqu'au soulier maudit de la parure de ses fleurs.

Voyez, il disparaît sous l'herbe des sillons;
Hideux, il ne fait pas horreur aux papillons;
La terre le reprend; il verdit sous la mousse,
Et dans le vieux soulier une fleur des champs pousse.

C'est là l'image de l'âme du poète lui-même, où la ride de la pensée triste est bientôt corrigée par le sourire d'une pensée gaie, où la joie de la vie victorieuse des nuages mélancoliques triomphe vite du passager désir de la mort, où c'est l'amour qui répond avec des baisers aux soupirs d'une jeunesse dont l'ennui est le principal chagrin et qui est heureusement aussi prompte à bénir qu'à maudire, à espérer qu'à désespérer, à se parer de fleurs qu'à se voiler de deuil.

C'est ainsi que la délicieuse idylle inspirée par le *Printemps* de Cot, dédiée à Mme Eugène Doche, et où nous respirons avec délices, au bruit du rhythme voluptueux de l'odelette, dont les rimes entrecroisées se becquètent comme des colombes, le parfum des roses de la Renaissance, succède à la rude pièce du *Soulier* et précède les pièces intitulées: *Tristement* et *Fantaisie nostalgique*, pour être suivie des pièces intitulées: *En sortant d'un bal*, *Menuet*, *Pour toujours*. De même *Désespè-*

rement jette une ombre de deuil sur d'autres pièces qui respirent la joie de vivre, en vertu de cette loi un peu ironique d'alternance et de contraste qui partage l'âme du poète et son inspiration entre la tristesse et la gaîté, le soupir et le baiser, le cyprès et la rose.

Le poète n'est qu'un homme comme les autres, qui n'a pas d'autres sentiments que les autres, mais qui jouit du don et applique l'art de donner à ces sentiments de tout le monde une forme qui n'est qu'à lui, une expression harmonieuse qui se grave dans la mémoire en caressant l'oreille. C'est donc moins par l'originalité de la pensée que par les tours heureux qu'elle y prend, que par les couleurs variées qu'elle y revêt, que brillent ces variations sur des thèmes anciens qui trouvent leur nouveauté dans l'expression, et où le poète, en se jouant, parcourt toute l'octave du clavier de l'âme humaine.

S'agit-il du sentiment le plus naturel au poète qui voit les choses de haut et de loin (le poète est un oiseau triste), s'agit-il de la tristesse du cœur oisif, de la jeunesse stérile, de la plainte des blessures secrètes de la bataille de la vie, de la chute des illusions au vent d'automne, de l'expérience et du désabusement précoces, qui donc a mieux exprimé, d'un accent plus pénétrant, plus poignant, ce désespoir de l'âme humaine que tourmente le mal de l'infini et qui ronge ses bornes avec le bruit tantôt sec comme un cri, tantôt vague comme un soupir, tantôt profond comme un sourd tonnerre, du flot amer rongeant ses bords et clapotant ou roulant sur la grève? Dans ce genre, l'*Anthologie* de Coppée pourrait fournir des notes et des formules neuves, digne écho de la lamentation éternelle de l'homme,

Ce Dieu tombé qui se souvient des cieux,

telle que l'ont exprimée à travers les siècles le Psalmiste, Pascal, Chateaubriand, Lamartine, Byron, Musset, Léopardi.

Obsédé par ces mots, le veuvage et l'automne,
Mon rêve n'en veut pas d'autres pour exprimer
Cette mélancolie immense et monotone,
Qui m'ôte tout espoir et tout désir d'aimer.

— En vain pour dissiper ces images moroses
J'invoque ma jeunesse et ce splendide été,
Je doute du soleil, je ne crois plus aux roses
Et je vais le front bas comme un homme hanté.

Et j'ai le cœur si plein d'automne et de veuvage,
Que je rêve toujours, sous ce ciel pur et clair,
D'une figure en deuil sous un froid paysage,
Et des feuilles tombant au premier vent d'hiver*.

Pourtant, vers la saison des brises réchauffées,
La jeunesse parfois me revient par bouffées,
J'aspire un air plus pur, je vois un ciel plus beau ;
Mais cette illusion ne m'est pas un présage,
Et l'espoir n'est pour moi qu'un oiseau de passage
Qui, pour faire son nid, choisirait un tombeau**.

Tout cela, c'est du chagrin d'esprit, c'est du désespoir d'esprit. C'est cette tristesse faite de dégoût de la vie, de conscience de la vanité, du néant des hommes et des choses, inconnue au poète païen, dont la note nouvelle a été d'abord

---
* *Tristement.*
** *Désespérément.*

judaïque, biblique, dont Salomon et David, Job et Jérémie ont déposé l'amertume dans l'inspiration chrétienne, d'où elle a passé dans la poésie profane. Mais s'il y a de ces chagrins d'esprit, très sincères, très dangereux aussi, car ils peuvent pousser à l'hypocondrie corrosive, au suicide muet, il n'y a pas à les considérer comme incurables (le travail, le succès, le bonheur, la gloire y sont de sûrs remèdes) tant qu'ils ne se compliquent pas de ces chagrins de cœur dont il ne faut pas désespérer non plus, pourvu qu'ils ne refusent pas de guérir.

Il y a moins de poésie, mais il y a plus de sincérité, de vérité dans la brève démission de toute espérance de l'inconsolable veuvage de Valentine de Milan : *Rien ne m'est plus, plus ne m'est rien*, ou dans ce simple soupir de Madeleine d'Écosse, la fille exilée de François Ier : « *Fi de la vie!* » que dans les malédictions ou les bénédictions données à l'amour par le poète qui tour à tour parle de broyer son cœur torturé par la trahison d'une femme, ou aspire à le voir refleurir dans une passion nouvelle, au fruit rafraîchissant et réparateur. Quand on souffre de l'amour, quand on le maudit et qu'on l'invoque à la fois quitte à en souffrir encore, on n'est pas des désespérés qui se taisent et qui se tuent. On est de ceux qui se plaignent, et quand ils le font en de beaux vers, il n'y a qu'à en louer, qu'à en admirer l'énergie dans l'anathème ou l'éloquence dans l'appel. Voici, par exemple, un anathème superbe à la *Blessure rouverte*.

O mon cœur, es-tu donc si débile et si lâche,
Et serais-tu pareil au forçat qu'on relâche
Et qui boite toujours de son boulet traîné ?
Tais-toi, car tu sais bien qu'elle t'a condamné.
Je ne veux plus souffrir et je t'en donne l'ordre.
Si je te sens encor te gonfler et te tordre,
Je veux dans un sanglot contenu te broyer,
Et l'on n'en saura rien et, pour ne pas crier,
On me verra pendant l'effroyable minute
Serrer les dents, ainsi qu'un soldat qu'on ampute.

Mais qui a bu boira, qui a aimé aimera. A peine guéri de sa blessure fermée, le poète aspire à la rouvrir et à sourire ou pleurer encore de l'amour qui l'a tant fait sourire ou pleurer.

O figure voilée et vague en mes pensées,
Rencontre de demain que je ne connais pas,
Courtisane accoudée aux débris d'un repas
Ou jeune fille blanche aux paupières baissées,

Oh ! parais ! si tu peux encore électriser
Ce misérable cœur sans désir et sans flamme,
Me rendre l'infini dans un regard de femme,
Et toute la nature en fleur dans un baiser,

Viens ! comme les marins d'un navire en détresse
Jettent, pour vivre une heure, un trésor à la mer,
Viens ! je te promets tout, âme et cœur, sang et chair,
Tout, pour un seul instant de croyance ou d'ivresse.

Comme la vie est une suite d'essais et de recommencements, c'est bien souvent encore que le poète se reprendra à sa chimère et bénira, sauf à le maudire encore, l'appel exaucé. C'est ainsi que nous trouverons épars d'un bout à l'autre de son œuvre les fleurs et les vers de l'amour. L'amour comme le talent sera de toutes les saisons pour l'auteur, dans ce même recueil du *Cahier rouge*, de plus d'une pièce exquise consacrée à célébrer les diverses heures de la passion. C'est tantôt la rêverie amoureuse en *Sortant d'un bal*, voluptueuse et chaste comme son objet : la jeune fille pure et chaste qui s'endort après avoir soufflé la lampe de vierge sage.

Tantôt c'est la jolie *Aubade parisienne* à une coquette moins ingénue, et qui ne ferme pas sa fenêtre à une déclaration où frémit l'admiration, mais d'où le respect est absent.

La belle, qui n'est pas inhumaine, cède à la flatteuse requête et ouvre la porte de la galante hospitalité si joliment sollicitée. C'est alors la veille brûlante, l'extase de la possession, puis le lendemain avec ses douces fatigues, ses molles langueurs et ces tendres débats de la satiété, où l'amant redevenu poète refuse en si jolis vers, des vers à celle qui ne sait pas se contenter de baisers.

En pendant à cette idylle du *Printemps*, pleine d'un si pur sentiment de l'art grec, et où le poète balance l'escarpolette de Thyrsis et de Daphné avec le sourire satirique d'un André Chénier écrivant l'*Oaristys*, ou de Paul-Louis Courier traduisant Daphnis et Chloé, se déploie avec ses grâces surannées et ses coquetteries fanées de vieux pastel ce *Menuet* qui fait penser au menuet *bleu* et au menuet *rose* des filles de Louis XV à Fontevrault et qui met dans l'oreille comme un écho affaibli des clavecins galants de Trianon. De-ci de-là nous rencontrons des sonnets qui sont des petits chefs-d'œuvre d'art et de métier, comme le *Sonnet écrit sur un Ronsard*, le *Fils de Louis XI*, *Kabala* et *Douleur bercée*.

Ce qu'il faut signaler encore en fermant le *Cahier rouge*, ce sont les tableaux d'après nature, paysages ou marines, où un sentiment tout moderne de la réalité et de la vie se pare de vers qui peignent, comme n'en ont jamais trouvé les Chaulieu ou les La Fare, les Delille, les Roucher ou les Léonard. Que dirait Esménard, l'auteur de la *Navigation*, de cette façon originale de comprendre et de sentir l'Océan ?

J'étais assis, devant la mer, sur le galet.
Sous un ciel clair, les flots, d'un azur violet,
Après s'être gonflés, en accourant du large,
Comme un homme accablé d'un fardeau s'en décharge,
Se brisaient devant moi, rhythmés et successifs.
J'observais ces paquets de mer lourds et massifs,
Qui marquaient d'un hourrah leurs chutes régulières
Et puis se retiraient en râlant sur les pierres.

Que dirait-il aussi de ce croquis contrasté des enfants des baigneurs oisifs, des baigneurs riches, courant et jouant

Sur la plage élégante au sable de velours,
Que frappent, réguliers et calmes, les flots lourds,
Tels que des vers pompeux aux nobles hémistiches.

Et de ces autres enfants, des moussaillons du port, des pêcheurs de crevettes ?

Comme de courageux petits marins qu'ils sont,
Ils aiment leur métier pénible et salutaire
Et ne jalousent point les heureux de la terre ;

Car ils savent combien maternelle est la mer,
Et que pour eux aussi souffle le vent amer
Qui rend robuste et belle, en lui baisant la joue,
L'enfance qui travaille et l'enfance qui joue.

Enfin que dirait Roucher de cet éblouissant *Matin d'octobre?*

C'est l'heure exquise et matinale
Que rougit un soleil soudain.
A travers la brume automnale,
Tombent les feuilles du jardin.

Leur chute est lente. On peut les suivre
Du regard, en reconnaissant
Le chêne à sa feuille de cuivre,
L'érable à sa feuille de sang.

Les dernières, les plus rouillées,
Tombent des branches dépouillées ;
Mais ce n'est pas l'hiver encor.

Une blonde lumière arrose
La nature, et dans l'air tout rose
On croirait qu'il neige de l'or.

V

OLIVIER

1870

OLIVIER est de 1874. Il appartient à l'inspiration un peu étroite des années maigres dont nous avons essayé de peindre les aspirations, les inquiétudes, les incertitudes, les efforts variés, la douloureuse palpitation d'ailes d'oiseau captif se débattant, impatient de l'air idéal, contre les barreaux de cage de la réalité. Le poète s'essaie, s'évertue à dépasser les bornes de ses pensers ordinaires, à élargir jusqu'aux dimensions du poème intime, avec tous les tableaux et tous les portraits qu'il comporte, le cadre de ses compositions élégiaques.

Le sujet, dont le développement offre au lecteur l'attrait de certains aveux, de certaines confidences d'une saveur autobiographique piquante, c'est l'étude de l'état psychologique et moral d'un jeune homme désabusé sinon détaché des illusions de la vingtième année, dégoûté de la banalité des premières amours et des premières gloires, las des spectacles parisiens, qui cherche et cherche en vain, loin de la capitale, dans un exil agreste, à se rafraîchir, à se retremper, à se revivifier aux sources non encore explorées de la nature et de la passion.

Tout en reconnaissant que la conception et l'exécution du poème ne sont pas d'une originalité absolue, entièrement émancipée de toute imitation, ou, si l'on veut, de toute réminiscence, tout en convenant de certaines défaillances d'une inspiration dont l'haleine est un peu courte, nous nous plaisons à constater que dans l'œuvre du poète, *Olivier* marque un pas en avant, témoigne de la vigueur croissante du tempérament encore en formation, et qu'il contient des morceaux à mettre en parallèle avec les meilleurs des poèmes analogues, assez rares dans notre littérature, à commencer par celui qui est le chef-d'œuvre du genre, c'est-à-dire *Jocelyn*.

Lamartine, Alfred de Musset, Alfred de Vigny, Sainte-Beuve, pourraient revendiquer quelque part d'influence dans le fond et la forme d'*Olivier*, dont les sentiments d'un souffle tout moderne, tout contemporain, dont le spleen ironique et même sceptique, la mélancolie légère, le naturalisme raffiné constituent d'ailleurs, au profit de l'auteur, une physionomie particulière. L'individualité discrète en éclate tout à fait si on rapproche, par une lecture successive, Olivier de *Marie* ou de *Pernette*. On comprend mieux alors et on goûte mieux ce parfum si différent de celui qu'on respire à travers les genêts du Breton nostalgique, aux vers âpres et plats comme les landes armoricaines, ou à travers les bruyères du Forézien panthéiste et catholique, aux vers hauts et fiers mais vagues et froids comme les sommets alpestres.

Ce ne sont pas eux qui auraient pu crayonner ces fins tableaux parisiens et ces fins tableaux provinciaux où le poète se joue avec une virtuosité qui touche à la maestria au contraste de sujets si divers et de couleurs si différentes. Le double mérite du poème d'*Olivier* étant dans cette supériorité comme peintre d'intérieur, de paysage, de genre pour lequel la nature agreste n'a pas plus de secrets que la nature urbaine, et dans la netteté rare en pareille matière avec laquelle il pose son problème psychologique, son cas de conscience, nous allons successivement étudier l'œuvre à ce double point de vue afin de donner au lecteur une idée juste de cette habileté de forme et de cette solide simplicité de fond, l'une parant l'autre.

Voici un joli croquis d'un dimanche de printemps à Paris, quand le poète, fermant le coffret de ses lettres et reliques galantes, et dégoûté de ses souvenirs aussi fanés et aussi jaunis que les lettres, les rubans, les gants qui les provoquent, se détourne brusquement du passé sur le présent, de la mort sur la vie et prend ce parti d'ouvrir la fenêtre et de respirer le grand air, remède vulgaire mais efficace même pour cette maladie morale du désabusé dont la crise est ainsi traduite en deux mots :

..... Il comprenait,
Et l'unique bonheur auquel on peut prétendre
En ce monde est de croire et non pas de comprendre.

Il y a aussi le bonheur de voir et de bien peindre ce qu'on voit bien, qui n'est pas à dédaigner.

..... La pluie, à la fin apaisée,
Semblait avoir lavé le matinal azur,
Des nuages légers passaient dans le ciel pur :
— Oh ! quelle bonne odeur a la terre mouillée !
L'averse avait rendu plus fraîche la feuillée,
Plus blanches les maisons et les nids plus bavards.
Olivier habitait un de ces boulevards
Des faubourgs qui s'en vont du côté des banlieues.
Là-bas, vers l'horizon et les collines bleues,
Le peuple du quartier populaire et lointain
Bornant le Luxembourg et le pays latin,
Allait aux bois voisins, foule bruyante et gaie,
— Car c'était justement un dimanche de paie —
Pour revenir le soir, les chapeaux de travers,
Les habits sous le bras et les gilets ouverts,
Et chantant le vin frais comme on chante victoire.
Les marronniers touffus, près de l'Observatoire
Embaumaient, énervants, et sur les piétons
Jetaient leurs fleurs avec les premiers hannetons.
En gants blancs et tout fiers de leur grande tenue,
Des couples de soldats émaillaient l'avenue ;
Des amoureux allaient, gais comme une chanson,
Faire leur nid d'un jour à Sceaux, à Robinson,
Sous les bosquets poudreux où l'on sert des fritures.
Des gens à mirlitons surchargeaient les voitures ;
Entre les petits ifs, aux portes des cafés
On buvait ; et jetant des rires étouffés,
Nu-tête et deux par deux, passaient des jeune filles.
A la foule joyeuse ouvrant ses larges grilles,
Le Luxembourg, splendide et calme, apparaissait
Inondé d'un soleil radieux qui faisait

Plus verts les vieux massifs et plus blancs les vieux marbres ;
A quelques pas, Guignol s'enrouait sous les arbres,
Et le chant des oiseaux dominait tous ces cris.
C'était bien le printemps, un dimanche, à Paris.

C'est bien en effet cela, et il est impossible de peindre de tons plus vifs, plus justes, plus gais, cet aspect particulier d'un coin de Paris, cette vue de *quartier* au jour et à l'heure indiqués.

Ce qui caractérise les tableaux parisiens de Coppée, c'est qu'ils n'ont rien de fait de *chic*, de *poncif*, qu'ils donnent l'expression du vu, du vécu, de l'*ad vivum*. Rien non plus, comme nous allons le voir, dans ses tableaux ruraux qui sente l'*étranger*, le commerce d'imitation avec un Burns, un Wordsworth, un Coleridge. Rien de moins écossais, de moins *lakiste*, de moins *Keepseake*, que cette poésie rurale de Coppée puisée directement aux sources, aux mamelles même de la réalité et qui sent son lait, mais un lait doux, léger, non amer, et qui *ne tourne pas*.

Nous allons en juger tout à l'heure. Mais suivons encore notre rêveur souffrant de la joie qui l'entoure, trouvant « tout ce tumulte heureux, insensé, »

. . . . . songeant au vide affreux de son passé,
Aux souvenirs flétris de ses amours banales,

cherchant la solitude au milieu de Paris, ne la trouvant pas, se heurtant partout douloureusement à cette joie publique qui semble ironique aux âmes blessées.

Après les spectacles de la vie populaire en

liesse, Olivier traverse encore l'épreuve des spectacles de la vie aristocratique qui ne font qu'accroître son mal, fait du dégoût des autres et de lui-même.

Il rentre chez lui, lassé, découragé, rongé d'ennui.

A cet ennui dévorant il est encore un remède : c'est la diversion d'un voyage à ce pays natal longtemps oublié, et qui se venge généreusement de l'oubli par le doux reproche des souvenirs d'enfance, attendrissants et consolants.

Olivier revoyait les plus minimes choses,
La chaumière natale aux espaliers de roses,
De ce père défunt qu'il n'avait pas connu,
Le grand lit qu'enfermait l'alcôve en boiseries,
Le bahut de noyer aux assiettes fleuries
Et le grand potager derrière la maison...
— Puis l'école où, parfois, le tirait par l'oreille
Le maître en pince-nez de fer, en bonnet noir ;
Et l'orme de la place où l'on dansait le soir,
Et qu'un jour de moisson avait frappé la foudre,
Et l'enseigne où Jean Bart, près d'un baril de poudre,
Fume, pour indiquer le bureau de tabac,
Et le lavoir qui rit, et le vieux cul-de-sac
Où l'on jouait sous la charrette abandonnée.

Le pays natal où vient se retremper Olivier, nous allons le reconnaître avec lui dès le premier abord :

Il suit un de ces doux et plantureux vallons
De Touraine où, parmi les fleurs des prés en pente,
Capricieusement et mollement serpente
Un cours d'eau calme et pur, sans île et sans bateaux.
De tous côtés les bois couvrent les deux coteaux,
En haut desquels parfois une svelte tourelle
Dessine sa blancheur sur un ciel d'aquarelle.

Olivier débarque chez le vieil ami de sa famille dont il a accepté l'hospitalité, et aussitôt dans ce décor brossé en deux vers du salon de campagne, s'engage, par la première apparition de Suzanne, le duel entre l'innocence désarmée, forte de sa seule candeur, et l'expérience désabusée, la corruption repentante, la nostalgie de la neige au sortir de la satiété de la boue.

Mon hôte, tout joyeux, me fit d'abord asseoir
Dans un petit salon de bambous et de perses ;
Et là, nous devisions de matières diverses,
De sa maison, de ses récoltes, quand soudain
Sur le seuil de la porte ouverte du jardin
Sa fille entra, des fleurs plein son chapeau de paille,
Et comme au bruit du vent un chevreuil qui tressaille,
Surprise, s'arrêta devant moi, l'inconnu.

Les deux jeunesses, l'une ayant au cœur le souvenir rongeur, sans regrets, mais non sans remords, d'un passé maudit et flétri dans son fruit amer ; l'autre à sa première fleur d'innocence et d'espérance, et souriant à l'avenir d'un sourire ingénu, se regardent. Olivier est tout d'abord enchanté, enivré, il se retrouve vingt ans.

Elle fixa sur moi son clair regard paisible
Et sourit. Le soleil, assez ardent encor,
Mettait dans ses cheveux une auréole d'or,
Et lui faisait un fond joyeux de paysage,
Mais, tourné du côté de l'ombre, son visage,
Dans ce rayonnement lumineux encadré,
M'apparaissait alors seulement éclairé
Par la sombre clarté de ses yeux de pervenches :
— Et sa robe était blanche avec des ruches blanches.
Suzanne — c'est son nom — s'assit auprès de nous.
Elle avait répandu les fleurs sur ses genoux,

Et tout en arrangeant la gerbe encor humide
Elle nous regardait curieuse et timide.
Nous causâmes tous trois; elle rit et parla.
C'est bien cette voix-ci qu'il faut à ces yeux-là,
Elle est exquise et c'est vraiment la jeune fille.

La nature, complice de la séduction, la favorise et l'encourage maternellement. Cette vie patriarcale et agreste prend Olivier à la tête et au cœur. Il se sent redevenir paysan, gentleman-farmer, et rêve en poète, avant de le souhaiter en amant, le bonheur domestique. L'enthousiasme de cette re-initiation, de cette revivification, s'épanche en tableaux charmants.

La maison, aujourd'hui ferme, jadis château,
A bon air. Un fossé l'entoure : un vieux bateau
Plein de feuillage mort pourrit là, sous le saule.
Par l'étroit pont de pierre où la volaille piaule
Répondant à grands cris aux canards du fossé,
Et par la voûte sombre au cintre surbaissé,
On entre dans la cour spacieuse et carrée
Que jonchent le fumier et la paille dorée.

Puis ce sont les plantureux déjeuners en compagnie du vieux chien,

Qu'on tolère au logis, car il n'est plus ingambe,
Et qui pose en grondant sa gueule sur ma jambe
Pour avoir un morceau qu'il avale d'un coup.

On va visiter les travaux de campagne dans la voiture d'osier appelée panier. La nature opère son enchantement et à travers ce prisme de bonheur la figure de Suzanne apparaît au rêveur sous ses divers aspects de charme tour à tour original et banal, de coquetterie naïve et d'espiègle innocence. De là des impressions contradictoires pour son ami prêt à devenir son amoureux, tantôt attiré et tantôt rebuté par la sensation de cette ingénuité d'Agnès, si agréable à l'amant, si dangereuse au mari.

Qu'est Suzanne, après tout? La première venue,
Oui, le type banal et joli, l'ingénue,
Que ce bon monsieur Scribe employa si souvent.
C'est la pensionnaire au sortir du couvent.
C'est l'idéal bourgeois, la fillette étourdie
Qui sert au dénouement de toute comédie,
Et que l'on peut partout aisément retrouver.
— Soit! Mais c'est l'innocence, elle me fait rêver
A la candeur du lys, du cygne et de la neige.
Que n'ai-je encor seize ans! Oh! que n'ai-je, que n'ai-je
Des yeux purs pour la voir, un cœur pur pour l'aimer!
Fou que je suis! Déjà je me laisse charmer.

On le comprend et on partage l'illusion d'Olivier quand on pense qu'il a eu sous les yeux l'original de ce portrait exquis, dans une scène d'idylle à la Jean-Jacques.

Caché par le taillis, j'observais; une branche,
Lourde sous les fruits mûrs, vous barrait le chemin
Et se trouvait à la hauteur de votre main.
Or vous avez cueilli des cerises vermeilles,
Coquette! et les avez mises à vos oreilles,
Tandis qu'un vent léger dans vos boucles jouait.
Alors vous asseyant pour cueillir un bleuet
Dans l'herbe, et puis un autre, et puis un autre encore,
Vous les avez piqués dans vos cheveux d'aurore,
Et les bras recourbés sur votre front fleuri,
Assise dans le vert gazon, vous avez ri,
Et vos joyeuses dents jetaient une étincelle.
Mais pendant ce temps-là, ma belle demoiselle,

Un seul témoin, qui vous gardera le secret,
Tout heureux de vous voir heureuse, comparait,
Sur votre frais visage animé par les brises,
Vos regards aux bleuets, vos lèvres aux cerises.

La phase d'ensorcellement innocent dure quelque temps, à peine traversée par quelque éclair avant-coureur de la désillusion prochaine. Le poète prolonge avec une égoïste volupté, comme on fait d'un songe, la douceur de cette initiation passagère à un bonheur qui n'est pas fait pour lui et pour lequel il n'est pas fait. Quelques vers suffisent pour indiquer la situation et dessiner psychologiquement les vicissitudes de cet état d'âme qui n'est pas rare.

Il n'y faut pas songer. Quand même dans l'oubli
Mon malheureux passé serait enseveli,
Pourrait-elle m'aimer ? Est-ce que moi, je l'aime ?
Eh ! qu'importe ? A quoi bon se poser ce problème ?
Tout ce que je sais bien, c'est qu'être ici m'est doux,
C'est que j'aime à la voir. Eh bien ! environs-nous
De cette bonne vie oisive et paysanne
Et du bonheur de voir et d'entendre Suzanne,
Le spleen est dissipé, — c'est là l'essentiel,
Et le reste viendra plus tard s'il plaît au ciel.

Olivier s'abandonne donc au bercement de cette existence, sans s'apercevoir que les philtres innocents grisent comme les autres, qu'il se laisse enivrer peu à peu jusqu'à croire triompher de la fatalité secrète, jusqu'à se figurer dépouiller entièrement l'homme ancien, devenir l'homme nouveau de l'impossible conquis, de l'idéal réalisé.

C'est là l'impression consignée le 30 juin dans ce journal où le poète recueille chaque soir ses pensées et ses sentiments et note avec une émotion communicative les vicissitudes de sa revivification par la nature, de sa transfiguration par l'amour. Le 2 juillet, sur ce clavier où toutes les nuances de la progression croissante et décroissante de sa passion trouveront leur expression caractéristique sinon toujours nouvelle, Olivier joue sa variation triomphale sur un thème qu'on pourrait intituler le *Rêve réalisé* ou le *Bonheur à deux*. Nous regrettons de ne pouvoir, faute de place, citer cette vision du paradis conquis.

Le Paradis des rêveurs, des poètes, des amants, a le charme et la fragilité du rêve, de la poésie, de l'amour lui-même. C'est un château en azur, un domaine dans le bleu qui s'évanouit et s'efface au premier coup de vent. Jamais l'homme n'est plus près du malheur que lorsqu'il touche au bonheur. Il suffit d'un faux pas, d'un passager vertige pour choir dans l'abîme avec la petite fleur bleue de l'idéal qu'on voulait cueillir sur ses bords décevants. Olivier croyait donc

. . . . . au foyer de son nouvel amour
Avoir purifié sa coupable jeunesse.
La débauche invoquant son triste droit d'aînesse,
N'était pas une fois venue encor ternir
Par un désir honteux, par un vil souvenir,
Cet amour qui naissait comme monte une aurore.
Pas une seule fois, pas une fois encore
Il n'avait vu surgir entre Suzanne et lui
Le spectre d'un passé mauvais évanoui.

Voilà que soudain par deux fois, comme un complice oublié qui se venge, ce spectre apparaît à Olivier, sur le seuil de ce bonheur nuptial où il va s'engager, évoqué, ô malédiction! ô leçon! par la voix même de l'innocente adorée, avivant, à son insu, la blessure qu'elle devait guérir.

La première fois, c'est au cours d'une promenade équestre à travers la forêt dorée des feux d'octobre.

Qu'il fait bon de courir dans les bruyères rousses
Au trot de chasse avec du vent dans les cheveux,
De sentir son cheval frapper d'un pied nerveux
L'élastique terrain sous les hautes futaies,
De sauter les fossés et de franchir les haies,
Et puis, après un long galop aventureux,
De revenir au pas par quelque sentier creux,
Laissant flotter la bride et respirer sa bête
Qui souffle bruyamment en secouant la tête,
Tandis qu'en lui flattant le col avec la main
On laisse ses regards errer sur le chemin!

Cavalier et amazone se laissent aller à l'enivrante volupté de cette cavalcade à deux sous les branches dont le soleil couchant poudre d'une poussière d'or la voûte de jaunissante devenue vermeille, quand soudain le charme est rompu. La jeune fille a aperçu sur le bord du sentier un buisson d'églantier,

Qui, dupe d'un automne aux si belles journées,
Se couvrait de nouveau de ses fleurs étonnées.

La fleur attire la femme et la femme attire la fleur. Suzanne ravie

. . . . . . poussa son cheval vers les fleurs
Dont le couchant vermeil avivait les couleurs,
Et voulut les cueillir en restant sur sa selle.
« Olivier, tenez-moi ma cravache, » dit-elle,
Et d'un geste rapide elle la lui tendit.

Il n'en faut pas davantage pour rappeler à Olivier une de ses conquêtes, cette duchesse curieuse, fantasque et dépravée qui tout un hiver l'avait tenu, par les sens, presque par le cœur, emprisonné doucement dans une intrigue à la Casanova. Simple coïncidence, dira-t-on, et réminiscence bien inoffensive! Tout cela est vrai dans le domaine vulgaire de la prose. Mais dans le monde poétique, il ne faut pas plus qu'un souvenir, pas plus qu'une espérance pour effaroucher l'amour ou pour attirer le bonheur, pour nouer ou trancher ce lien fragile comme un lien d'incantation dont la durée dépend d'un souffle favorable ou contraire.

Quand ce geste fut fait et que ce mot fut dit,
Olivier frissonna jusqu'au fond de son âme,
Car il crut devant lui revoir cette autre femme,
Cette duchesse auprès de laquelle autrefois
Il avait chevauché de même par le bois
Juste en cette saison où naît le chrysanthème :
Le geste était pareil, la voix était la même,
Le soleil se couchait comme en ce moment-ci,
L'autre amazone avait voulu cueillir aussi
Une tardive fleur sur un églantier rose.
Sur sa selle elle avait pris cette même pose
Pour tendre sa badine, et d'un ton cavalier
Dit ces mots : « Tenez-moi ma cravache, Olivier. »

C'était donc vrai, la virginité du cœur ne refleurit pas, une fois flétrie. Le rêve de la réhabilitation, de la rédemption du corrompu, du blasé, par les revivifiantes délices de l'amour pur n'est donc pas plus réalisable que le rêve de la courtisane aspirant en vain à effacer des larmes de la passion sincère l'ineffaçable souillure de l'amour vénal!

Olivier le constate et le déplore dans des stances plutôt élégiaques que lyriques, d'une plainte un peu molle, d'un souffle un peu court et dont l'habile arpeggiatture, tout en faisant vibrer les cordes harmonieuses n'en tire point de note originale, d'accent décisif. Cette douleur d'ailleurs n'est pas sans espérance. Elle soupire sa première blessure. Il lui reste à subir la dernière, celle dont l'épreuve lui dessillera cruellement, irréparablement les yeux.

Elle est ingénieusement amenée (rien d'ingénieux comme les ironies du hasard) dans une scène des bijoux où le peintre, dans le poète, trouve son compte, par le sujet d'un tableau brillant, si l'amant achève de s'y désabuser. Olivier a reçu du Caire, d'un de ses amis, un présent fort opportun, car il va l'employer à payer gracieusement, galamment la dette de l'hospitalité. C'est un coffre à bijoux rempli de tous les échantillons, de tous les trophées de la coquetterie orientale, non moins armée, mais d'armes plus artistiques que la coquetterie européenne.

Olivier demande à son hôte la permission, qui lui est accordée, d'offrir à sa fille ce présent tout féminin. Suzanne lui sait gré de cette libéralité; il n'est si innocente jeune fille, si honnête femme dont l'œil ne brille, à la vue d'un bijou, de curiosité ou de convoitise.

Dans un coin du salon était une psyché devant laquelle Suzanne, pour faire honneur au donataire, se mire, parée et embellie par les bijoux et par les atours d'orient qui la transforment en petite sultane.

Quand elle eut mis, avec un sourire de joie,
Le petit fez mignon et la veste de soie
Dont l'or du filigrane égayait le fond vert,
Chargé de bracelets ses deux bras, et couvert
De colliers de sequins son front et son corsage,
L'œil brillant, un éclair d'orgueil sur le visage,
Heureuse d'être ainsi plus belle et de le voir,
Et sans se retourner, parlant, dans le miroir,
Elle eut pour le jeune homme un regard de coquette
Et sans timidité s'adressant au poète,
D'un ton libre et léger dont il fut tout saisi
Elle lui dit : « Comment me trouvez-vous ainsi ? »

Olivier frémit. Ces seuls mots ont suffi pour lui faire remonter de l'oubli à la mémoire, comme un arrière-goût amer remonte du cœur aux lèvres, ces images troublantes du passé et cette malédiction des souvenirs de l'amour coupable, faite pour flétrir ses illusions renaissantes, pour empoisonner ses sécurités revenues.

Il frémit. — Sa mémoire, en son cruel caprice,
Évoquait tout à coup devant lui cette actrice
Dont il avait été jadis six mois l'amant.
Elle avait à peu près ce même ajustement
Et devait se montrer dans un rôle d'almée,
Le soir où, dans sa loge étroite et parfumée,
Il fumait un cigare assis dans un fauteuil ;
C'était le même geste et le même coup d'œil,
C'était la même voix hardie et dégagée,
Quand la comédienne, après s'être arrangée
Et sans cesser de faire au miroir les yeux doux,
Avait dit : « Olivier, comment me trouvez-vous ? »

C'en est fait, le rêve est fini. Olivier s'éveille devant la réalité faite pour tenter encore en lui cette curiosité de l'inconnu, cette poursuite de la chimère qui lui ont déjà coûté tant de fautes et tant de regrets. Mais si le poète, si l'homme, si le joueur en lui hésitent à la pensée du hasard qui peut favoriser cette partie suprême, à la pensée de ce qu'il pourrait gagner, l'honnête homme en lui se révolte à la pensée de ce qu'il pourrait perdre. Se peut-il laisser prendre au piège de la corruptrice espérance, dont la vanité est complice? Se flattera-t-il de triompher de la fatalité par laquelle l'amour se venge de ceux qui l'ont profané? Jouera-t-il sa vie — et la vie d'une autre — sur une carte qu'il ne peut retourner sans être dupe ou fripon? Il est trop clairvoyant pour se tromper. Il est trop loyal pour tromper. Il renonce à réparer l'irréparable, à réaliser l'impossible. Il quitte Suzanne qui ne peut comprendre encore la cause de ce brusque adieu dont elle s'afflige, et s'offense, et qu'elle récompensera plus tard par le pardon d'une juste amitié, pour celui qui n'a pas voulu profiter de l'avantage de la force sur la faiblesse, de l'expérience sur l'innocence, et abuser de l'occasion d'une facile et coupable victoire. Il revient à Paris, préférant Paris à sa mie, mais malgré lui et à contre-cœur, et regrettant le lac Léman devant le ruisseau de la rue du Bac.

Il plongea dans Paris comme on se jette au gouffre,
Et depuis lors c'est là qu'il vit, c'est là qu'il souffre
Sous un air calme et doux, cachant un cœur amer
Comme un beau fruit d'automne où s'est logé le ver...
Indifférent à tout ce que le sort lui laisse,
Fou par occasion ou méchant par faiblesse,
Il est pour le vulgaire un sceptique élégant.
Comme on donne sa main, mais sans ôter son gant,
Même au plus cher ami qui de lui le réclame,
Il ne dit qu'à moitié le secret de son âme;

Il jette la réserve entre le monde et lui
Et de son désespoir ne montre que l'ennui.
Né fier, il garde encor la pudeur de sa peine.
. . . .
Mais lorsque, tisonnant son foyer plein de cendre,
Jusqu'au fond de son âme il ose encor descendre
Et qu'il en voit l'espoir envolé sans retour,
Quand du temps qui lui reste à vivre sans amour
Son esprit accablé mesure l'étendue,
Songeant à la dernière illusion perdue
Qui fit son triste cœur à jamais se fermer,
Il voudrait bien mourir, ne pouvant plus aimer.

C'est sur ce vers, sur ce cri de douleur ou de désespoir contenu, sous ce soupir de mélancolie résignée, que se ferme le poème qui s'est ouvert sur l'épigraphe, empruntée à Théophile Gautier :

Virginité du cœur, hélas ! si tôt ravie !

Telle est cette œuvre d'une inspiration noble et élevée, qui n'est point parfaite, mais à laquelle rien ne manque de ce qui est nécessaire pour qu'une œuvre puisse être parfaite, ni l'unité du but, ni la variété des tableaux empruntés à toutes les saisons de la nature et du cœur, ni la simplicité des moyens, ni la virtuosité raffinée de l'exécution, ni la justesse et le courage de la leçon morale. Cette leçon, c'est celle de la fragilité de cette fleur d'innocence qui, une fois flétrie, ne saurait refleurir, même au soleil d'un pur amour, même sous les larmes du repentir; c'est, toute proportion gardée, celle de l'inutile effort de lady Macbeth pour effacer la tache de sang ineffaçable. Ici ce n'est plus de la tache de sang de l'hôte royal égorgé qu'il s'agit, c'est de la tache de boue de la virginité du cœur, souillée par la débauche, et qui condamne à ne plus oser, à ne plus pouvoir aimer de l'amour pur ceux qui ont aimé impurement.

Nous sommes loin ici de la thèse de révolte, de blasphème et de suicide d'un Rolla mourant sur le sein d'une courtisane. Olivier est un Rolla repentant et résigné. L'école de Musset et de Baudelaire ne le reconnaîtrait pas pour un des siens. Mais il trouverait plus d'un frère dans les romans d'Octave Feuillet. Le poème d'Olivier, c'est du Musset tempéré, de l'Octave Feuillet en beaux vers, du Musset des familles. Supérieur et d'un art et d'un charme achevés dans les parties élégiaques, il est d'une envolée un peu étroite, d'un accent un peu mol et d'un souffle un peu court dans les parties lyriques. Tel qu'il est, il mérite la place honorable que lui assigne la critique dans la littérature poétique contemporaine. Ce petit drame intime, d'un dessin psychologique simple, mais d'un détail minutieux et délicat, garde aussi, avec l'attrait de ses confidences autobiographiques, une place à part dans l'œuvre de Coppée. Nous connaissons de bons juges qui, séduits par son charme pénétrant, et passant sur tout le reste, confessent pour *Olivier* une préférence marquée, et le trouvent plein de ces parfums discrets et exquis, qui n'attirent pas la foule, mais qui retiennent l'élite.

VI

LE THÉÂTRE

1870-1888

LE *Passant* avait été joué, nous avons dit avec quel attendrissant triomphe de révélation, de surprise, de nouveauté, le 14 janvier 1870 sur le théâtre de l'Odéon. Quatre mois après (le 20 avril) le drame *Deux douleurs*, en un acte également, était joué au Théâtre-Français. Le succès favorisa cette seconde tentative dramatique, mais ce fut un succès d'estime plus que d'enthousiasme, un succès grave comme le théâtre, sévère comme le sujet. Car il s'agissait bien encore d'une saynète, c'est-à-dire d'un dialogue, d'un duel entre deux femmes, d'une lutte entre deux amours, l'un coupable et repentant, l'autre innocent et ingénu.

Mais la scène ne se passait plus sous la Renaissance florentine, devant l'escalier fleuri d'une villa de marbre, au rayon d'une lune de

Décameron. Ce n'était plus sous le ciel d'azur de l'Italie, mais sous le ciel brumeux du Paris moderne, dans le sombre décor d'une chambre funèbre, que la passion de deux femmes en deuil, toutes deux victimes, l'une pure, l'autre indigne, de la mort de l'absent, échangeaient les défis du suprême combat.

Ce n'est pas une idée vulgaire que celle de cette rencontre dans la chambre où est mort celui qu'elles se disputèrent vivant, de la maîtresse adultère et de la fiancée délaissée qui continuent d'abord avec âpreté leur débat de jalousie et de vengeance et finissent par s'attendrir, par se plaindre, par se pardonner, par unir leurs prières dans un embrassement plein de larmes, donnant un tombeau pour rendez-vous à leur suprême adieu.

Au point de vue spécial de l'optique du théâtre, on peut reprocher à ce drame d'être tout intérieur, tout psychologique et de s'être privé un peu trop systématiquement de ces effets vulgaires et grossiers, mais nécessaires, qui remuent le spectateur plus sûrement que toutes les finesses, toutes les délicatesses de l'analyse passionnelle.

Au point de vue littéraire, il est impossible de ne pas admirer et plaindre à la fois le poète assez convaincu pour avoir sacrifié stoïquement tous les luxes, toutes les frivolités de son art, pour s'être condamné à broder cette trame monotone de fleurs monotones comme elle, et s'être réduit, dans ce sujet puritain, à la poésie janséniste. A part cette absence voulue de couleur et d'éclat qui fait penser à un camaïeu, les beaux vers abondent comme les beaux sentiments dans cette œuvre d'une énergie virile, après *le Passant*, d'une grâce un peu féminine. Le poète l'a justement dédiée à sa mère, qui jouit de ce nouveau succès de son fils, alors malade et absent, avant lui-même, ainsi qu'il le constate en termes touchants et charmants, dans une courte dédicace rimée, datée de Pau 21 avril 1870.

Il est très difficile de citer des vers de *Deux douleurs*. La trame en est très serrée et le *crescendo* de colère et de haine et le *decrescendo* de pitié et de pardon sont filés d'un ton si juste, avec une telle précision chromatique qu'on ne saurait pas plus en détacher tel ou tel passage qu'on ne peut détacher une maille de ces subtils et solides tissus d'acier dont les chevaliers se revêtaient jadis, défiant la lame ennemie de rompre l'indissoluble enchaînement qui les rendait invulnérables.

Nous nous bornerons à en signaler le début qui pose l'action et noue l'intrigue en quelques vers et le mouvement final, qui est superbe et d'un développement large et sûr, animé par la reconnaissance de Renée qui lutte de générosité avec Berthe, et s'humilie à mesure qu'elle la relève, tandis que celle-ci ajoute au pardon tout ce que la repentie ajoute à son sacrifice. Le drame est clos par l'embrassement des deux réconciliées, et cet admirable rendez-vous donné par Berthe à Renée qui demande à la revoir :

Dites, rien qu'une fois ?
— Demain, sur son tombeau.

On pourra dire qu'il n'y a pas là une pièce de théâtre dans le sens absolu du mot. Il y a du moins une magistrale étude de passion et de sentiment, traduisant en beaux vers avec une rare sûreté de doigté, des variations et des vicissitudes morales qui vont d'un bout à l'autre du clavier psychologique.

Il y a aussi de beaux vers et de belles intentions mais médiocrement et même, chose étonnante ! parfois maladroitement réalisées dans les essais dramatiques qui suivent chronologiquement les deux premières pièces de Coppée et ne semblent pas les suivre logiquement, car elles nous le montrent en proie à une crise inattendue d'incertitude, de tâtonnements, de défaillance ; elles sont une des erreurs de cet esprit si libre et dans ses hardiesses si sage, qui en compte si peu, et constituent comme un recul passager de son talent.

A cette veine nouvelle, sévère et triste comme le malheur et le devoir, que le contre-coup des blessures de la famille et de la patrie semble avoir ouverte dans le talent du poète, à partir de 1870 et surtout de 1871, appartient *Fais ce que dois*, épisode dramatique en un acte, en vers, représenté à l'Odéon le 21 octobre 1871. Dumaine remplaçant le grand tragédien Beauvallet, empêché par un douloureux accident de créer le rôle de Daniel, y fit planer en disant les quelques vers de ce rôle, au dire de l'hyperbole reconnaissante du poète, sur les spectateurs l'âme même de la patrie. Il ne complimente que ce seul interprète, laissant aux applaudissements du public et au témoignage de leur conscience artistique le souci de fixer la part qui revient dans son modeste succès à Mlles Sarah et Jeanne Bernhardt, qui ne paraissent pas y avoir déployé des qualités extraordinaires. Le sujet le comportait peu, étant de sa nature un peu janséniste. Le voici exposé nettement par un bon juge, M. Auguste Vitu :

M. Coppée a mis en présence une femme orpheline, veuve et mère, qui veut s'exiler avec son fils pour détourner de sa jeune poitrine les balles qui ont frappé son père et son aïeul, et un vieux patriote, un maître d'école qui combat ce qu'il appelle une désertion. L'éloquent tableau des humiliations de la patrie change la détermination de la mère ; elle reste sur le sol natal, et un jour son fils sera l'un des vengeurs de la France.

Le même critique n'a pas moins heureusement apprécié les intentions du poète, et loué les belles parties d'une œuvre dont le seul défaut serait de n'être pas une œuvre dramatique, une pièce, si l'auteur, en l'intitulant *Épisode dramatique*, n'avait pas nettement réduit son ambition à faire monter sur la scène, et à donner la portée du théâtre à ses sentiments et à ses idées au lendemain de la double épreuve de la guerre étrangère et de la guerre civile.

M. François Coppée ne cherchait évidemment qu'un prétexte pour épancher ses douleurs de Français et de citoyen ; elles lui ont inspiré de beaux vers et de courageuses protestations.

Nos provinces perdues, nos villes saccagées sont venues tour à tour recevoir les couronnes funèbres dues à leur vaillance et à leur malheur. On a beaucoup applaudi les vers suivants, qui renferment une comparaison saisissante :

> Sait-il qu'on nous a pris l'Alsace et la Lorraine,
> Que Metz et que Strasbourg ont dû courber leurs fronts
> Sous le joug allemand, et que nous en souffrons,
> Comme un soldat pendant sa vieillesse attristée
> Souffre encor dans sa jambe autrefois amputée ?

Une acclamation unanime a salué ces autres vers d'un mouvement superbe, par lesquels M. François Coppée a flétri cette action exécrable : l'insurrection devant l'ennemi.

> L'émeute parricide et folle, au drapeau rouge,
> L'émeute des instincts, sans patrie et sans Dieu,
> Ensanglantant la ville et la livrant au feu,
> Devant les joyeux toasts portés à nos ruines
> Par cent mille Allemands, debout sur les collines.

Nous venons de relire la pièce ou plutôt le poème, et nous avons été frappé du relief saisissant donné par l'auteur au tableau contrasté de nos fautes et de nos malheurs pendant l'année terrible et maudite. Il fallait plus que du talent, il fallait du courage pour dire ainsi à la foule aux plaies encore saignantes la vérité formulée en vers souvent dignes de l'histoire et burinés à la Juvénal. Le critique en loue justement le poète, et nous nous associons à ces éloges, sans pouvoir le faire au reproche qu'il y mêle d'avoir dépassé la mesure, exagéré le ton dans ce *Sursum corda* d'une allure belliqueuse et provocante. Nous n'éprouvons pas cette impression à la lecture de ces vers généreux et fiers, où nous ne trouvons rien d'indiscret, d'inopportun, de prématuré. Une évocation des glorieux souvenirs du passé, consolateurs des affronts du présent, une glorification des légendes héroïques qui peuvent donner des émules de sacrifice, des successeurs aux libérateurs de Saragosse ou aux désespérés du *Vengeur* ne sont pas un vain appel aux armes, une rodomontade inutile en octobre 1871 à Paris.

Nous ne pensons pas que le poète ait dépassé le but et oublié de s'arrêter à temps quand il exhorte les Parisiens à se souvenir non demain, mais, au besoin, dans un avenir lointain, le poète le dit expressément et le critique l'oublie — de l'épisode du vaisseau du *Vengeur*, et à faire sombrer dans les flammes d'un suicide héroïque la capitale dont un vaisseau est l'emblème. Mais là où le critique a pleinement raison, c'est quand cette réserve, à laquelle nous ne nous associons pas, faite sur le fond, il loue « la forme des vers qui sont d'une facture achevée, » et qu'il dit : « Personne aujourd'hui ne manie le mètre français avec une correction plus savante, avec une grâce plus délicate. »

Le succès de *Fais ce que dois* fut grand, fut durable, et se répercuta de théâtre en théâtre, d'écho en écho à Paris et surtout en province, pendant plusieurs années.

Mais si, comme poète, François Coppée était déjà un maître et n'avait rien à apprendre, il s'en fallait bien que son éducation de poète dramatique fût achevée. *L'Abandonnée*, la quatrième de ses tentatives dramatiques — sinon la première, — puisque c'est celle où il osa, pour la première fois, affronter une action susceptible d'être coupée en deux actes, et où il aborda les problèmes du métier, témoigne d'une telle gaucherie dans le maniement des ficelles nécessaires, qu'elle provoqua les réprimandes de la critique justes en tout cette fois, et permit à certains détracteurs plus jaloux que clairvoyants d'exprimer un doute à l'égard d'une vocation dramatique que semblaient contredire de si naïves maladresses. Coppée ne se découragea pas. Il est de ceux qui sont aussi patients que forts, aussi souples qu'énergiques, qui plient souvent mais ne rompent jamais. Il sait qu'on ne devient forgeron qu'à force de forger, qu'on ne connaît bien le métier qu'après en avoir fait le tour à petits pas, et qu'une chute en apprend plus long que tous les succès. Il paya donc de la chute de *l'Abandonnée* l'expérience nécessaire aux succès et aux triomphes futurs. Nous n'avons pas la superstition de la *belle charpente*, de la *machine* bien faite au théâtre. Nous ne sommes pas un *carcassier*. Mais il est trop certain qu'une pièce doit être une pièce, c'est-à-dire une œuvre construite d'après certaines règles, certaines conventions, certaines proportions d'optique, une action en un mot exposée, nouée et dénouée, selon certains procédés techniques, et qu'à ce point de vue étroit, mais juste, *l'Abandonnée* n'est pas une pièce.

Nous ne savons pourquoi nous nous figurons que *l'Abandonnée* est un essai, une ébauche de sa première jeunesse, de sa première manière, que le poète, tenant plus compte de l'occasion que de tout le reste, s'est laissé aller à tirer de son carton, de son *chosier* et à produire à tout hasard, se fiant pour désarmer des spectateurs trop grincheux, à l'appât des beaux vers. On résiste difficilement à vingt-neuf ans à la tentation de porter au théâtre une œuvre même hasardée, telle quelle et au petit bonheur. Le bonheur fut petit, en effet, la critique regimba, chanta pouille au téméraire, et le spectateur du Gymnase, théâtre bourgeois, se renfrogna dans sa cravate blanche.

Il n'est pas nécessaire d'en dire long pour faire comprendre le malaise du spectateur à ce dénoûment funèbre d'un drame sans action partagé en deux moitiés qui se rejoignent mal, à travers un intervalle de douze ans, par l'insuffisante transition d'un récit de quelques vers, faible pont jeté entre deux rives si éloignées et qu'on ne franchit pas sans secousse et par suite sans mauvaise humeur. Là est le défaut essentiel de la pièce, construite d'une façon par trop rudimentaire et dont la fable sans fraîcheur et sans nouveauté évoque par trop de réminiscences, depuis *le Médecin de Campagne* de Balzac jusqu'à *la Maîtresse aux mains rouges* ou au *Manchon de Francine*, de Murger.

Les vers bien faits, ingénieux, touchants et vraiment poétiques ne manquent pas. Mais ils sont semés sur un canevas ingrat. Le public n'aime guère les pièces qui finissent mal, et il ne s'attendrit qu'en maugréant à cette élégie dialoguée, terminée par une agonie d'hôpital dont il ne peut s'empêcher de plaindre la victime sans la trouver digne d'un intérêt que mérite encore moins le survivant.

Le poète se trompait (l'erreur fut heureusement de courte durée) en faisant ainsi monter sur le théâtre dans un drame sans action qui n'est qu'un double tableau, des personnages qui semblent empruntés à la *Vie de Bohème*. Nous n'aimons guère cette jeunesse insouciante, débraillée, et d'un cynisme fanfaron qu'a vainement cherché à idéaliser Murger. Nous aimons encore moins cette étudiante, que la phthisie a rendue vertueuse, ce médecin athée et cet aumônier de Berquin qui passent leur temps à se disputer amicalement sur l'existence de Dieu, là précisément où elle éclate dans sa grandeur terrible. C'est dans ce dernier asile de la vie expirante, dans ce temple de la mort qu'on doit pouvoir éviter de semblables controverses, sous peine de nier ou d'affirmer Dieu en sa présence, ce qui est également ridicule. Somme toute, et malgré des vers touchants ou charmants dont Ponsard n'était guère capable, François Coppée à ce moment n'était pas loin de se tromper de route et de se diriger à son insu vers ce bâtiment régulier, aux portes à clous massifs, au fronton Grec-Empire, dit *École du bon sens*, sous le portique duquel se promènent gravement des élèves dont le romantique manteau et le chapeau à larges bords relèvent un peu la classique tenue, et qui se saluent par des vers de *Louis XI*, de *Gabrielle*, de *Lucrèce* et de *l'Honneur et l'Argent*.

Ce ne fut pas encore assez de la chute de *l'Abandonnée* pour dessiller complètement les yeux au poète. *Le Rendez-vous*, joué encore à l'Odéon, le 11 septembre 1872, est un dernier tribut payé à cette fâcheuse influence. Nous ne parlons pas des *Bijoux de la Délivrance*, à-propos patriotique, simple monologue qui n'a pas la prétention d'être même une pochade dramatique.

Le Rendez-vous ne fut pas une chute. Ce fut un succès. Ce petit acte fut très applaudi, grâce au talent du poète, grâce aussi à celui des acteurs, ayant été, au témoignage de la critique, supérieurement joué par M. Pierre Berton, et convenablement par Mlle Colombier. Mais il est des succès qui avertissent autant et mieux que l'échec. Quand l'auteur a l'oreille fine, il comprend que c'est l'espérance d'*autre chose* que le public intelligent salue et applaudit d'avance dans une œuvre qui lui permet d'attendre cette *autre chose*. C'est-à-dire quelque chose de plus qu'un dialogue rimé entre une comtesse romanesque et étourdie, disposée à prendre un amant moins par amour que par ennui, et un peintre positif et sensé (il y en a) qui repousse ce rôle d'*en cas*, de *pis aller*, refuse une passagère bonne fortune capable de lui créer de durables embarras, et détourne sagement plus encore que vertueusement, non sans hésitation et sans regret, la désœuvrée qui s'offre à lui, vers les distractions sans remords de la charité.

L'esprit et les détails ingénieux et fins qui avaient assuré avec un incontestable progrès dans le maniement du vers sinon de l'action dramatique le succès du *Rendez-vous* permettaient d'espérer une œuvre complètement dramatique, une pièce enfin que le poète bien inspiré demanda à cette Italie qui devait toujours lui porter bonheur et dont il n'a jamais frappé du pied la terre sacrée sans en faire sortir une victoire.

Le Luthier de Crémone, histoire d'un chef-d'œuvre, est aussi un chef-d'œuvre, d'une virtuosité poétique égale à la virtuosité musicale de son héros. Les personnages sont posés en traits caractéristiques, en attitudes décisives. L'intrigue est exposée dès la première scène, nouée dès la seconde. Les figures vivent avec un relief fait pour l'optique du théâtre. L'action marche et court au besoin vers un dénouement qui trompe la crainte et réalise l'espérance du spectateur. L'intérêt éveillé par des passions simples, bien humaines, n'est pas ralenti par quelques tirades bien en scène qui font tableau et permettent d'admirer le poète sans rien faire perdre de ses avantages à l'auteur dramatique.

Heureux dans son sujet, heureux dans sa mise en œuvre qui respire l'alacrité du talent sûr de lui-même et maniant avec la grâce virile de la pleine jeunesse un instrument que l'habitude a rendu léger, le poète le fut encore dans ses interprètes. Et c'est là, il faut le remarquer, une chance favorable que Coppée a su mettre de son côté dans toutes ses entreprises dramatiques. Il a le bon œil. Il est rare qu'un de ses succès n'ait pas commencé, inauguré quelque brillante réputation dramatique. *Le Passant* a lancé Mlle Agar et Mlle Sarah Bernhardt. *Severo Torelli* lancera Raphaël Duflos et Albert Lambert fils. *Les Jacobites* seront un triomphe pour Mlle Weber. Pour *le Luthier de Crémone*, Coppée avait affaire à un acteur déjà célèbre mais qui s'essayait dans une voie nouvelle, à des effets et à des succès nouveaux, prenant plaisir à triompher d'une difficulté d'art et d'un préjugé d'opinion, en se montrant capable des rôles de sentiment comme des autres, et en faisant naître les larmes pathétiques avec ce même masque comique habitué à provoquer les rires.

Aussi est-ce à Constant Coquelin qui depuis... mais alors il était vertueux, que *son ami reconnaissant* dédia le drame dont il avait fait la fortune. Thiron, avec son naturel et sa rondeur, et la flamme gaie de son comique, Laroche avec son jeu sobre et sa voix triste, Mlle Blanche Baretta, avec sa voix claire et son ingénuité enjouée, avaient contribué aussi au succès par un de ces ensembles comme on n'en trouve que sur notre première scène.

Tout le monde connaît le sujet de cette comédie charmante, une des perles du répertoire contemporain de la Comédie-Française qui s'en assure la possession par des reprises toujours heureuses. L'anecdote qui inspira le poète et le généreux subterfuge qui en est le trait caractéristique, font partie aussi du répertoire de la légende artistique italienne. Mais ce canevas un peu grossier a été brodé avec toutes les fleurs de l'invention la plus ingénieuse et de la plus délicate exécution. La scène se passe à Crémone, vers 1750. Au lever du rideau, Taddeo Ferrari, maître luthier, syndic de la corporation qui a fait la renommée spéciale de Crémone, annonce à sa fille Giannina que le Podestat récemment décédé a légué sa chaîne en or à l'homme habile

Qui ferait le meilleur violon de la ville.

A ce prix, le maître luthier, qui partage sa vie entre le culte de son art et celui de la dive bouteille, en ajoute un autre capable d'exalter au plus haut degré l'émulation des candidats. Il compte abdiquer à la fois en faveur du vainqueur son pouvoir paternel et sa suprématie commerciale et trouver dans le plus digne héritier des traditions magistrales, son gendre et son successeur.

Giannina fait la moue à la nouvelle, qu'elle accueille sans enthousiasme. Elle aime Sandro et en est aimée. Tout irait pour le mieux s'il était le vainqueur du concours. Mais il doute du succès, et elle ne peut s'empêcher d'en douter avec lui, et de redouter le succès du meilleur élève de son père, le bossu Filippo, émule public du concurrent qu'elle préfère et son rival secret. Les deux amants échangeant leurs appréhensions dans la scène deuxième, où Sandro confie à Giannina combien il souffre de cet amour contrarié dont un sentiment affreux accroît encore le supplice. — Lequel? demande la jeune fille. Et le malheureux de répondre : L'envie.

GIANNINA

Envieux, vous, Sandro ! C'est impossible. Vous !

SANDRO

Oui, moi, car je connais son œuvre et suis jaloux ;
Et bientôt ils vont tous, comme moi, la connaître.
— Ah ! C'était l'autre nuit. J'étais à ma fenêtre,

Et je pensais à vous devant le ciel d'été.
Dans le jardin, parmi la fraîche obscurité,
Un rossignol chantait, et ses notes perlées
Montaient éperdument aux voûtes étoilées.
Tout à coup j'entendis dans l'ombre un autre chant
Aussi divin, aussi sublime, aussi touchant,
Que celui de l'oiseau. Je me penche et regarde,
Et je vois le bossu tout seul dans sa mansarde,
Assis à son pupitre et l'archet à la main. . . . .
. . . . . Le plaintif instrument, l'oiseau sentimental
Alternaient dans la nuit leurs trilles de cristal,
Et moi-même, écoutant l'harmonieuse lutte,
Je ne distinguais plus, au bout d'une minute,
Lequel de ces deux chants prenant ainsi leur vol
Venait du violon ou bien du rossignol.

Survient à ce moment, fort à point pour la curiosité du public, Filippo, habilement présenté dès le début par le poète sous les aspects les plus sympathiques, et tour à tour objet d'admiration pour son talent et pour son courage. Les polissons de la rue l'ont pris, à cause de sa gibbosité dont le ridicule n'est relevé à leurs yeux par aucune des qualités qu'ils ignorent, pour leur souffre-douleur habituel. Ils n'ont pas manqué une occasion de le martyriser, qu'il leur a offerte bravement lui-même, en arrachant à leurs coups un pauvre chien qu'ils s'amusaient à lapider. Ils ont tourné contre lui leur fureur, l'ont pourchassé à coups de pierres, dont l'une a laissé sur son front un sillon sanglant. Giannina et Sandro s'empressent autour du pauvre diable qui leur conte la mésaventure dont il a failli être victime :

. . . . sans ma fuite
On m'eût assassiné, cela n'est pas douteux.
Mais j'ai sauvé la vie au pauvre chien boiteux.

Qui ne plaindrait ce héros de la pitié? On ne voit plus sa bosse, on ne voit que son courage et sa blessure. Giannina lave et panse celle de son front. Mais celle qu'elle ne peut ni panser ni guérir, c'est celle de son cœur, dont il garde le secret. Sandro le devine et lui refuse sa main, le laissant seul avec ce rêve brisé, cette illusion perdue : être amis et rivaux, nouveau chagrin, dont il se console, comme des autres, en pensant qu'il vaut mieux comme homme et comme artiste que ceux qui le dédaignent ou l'envient.

O cœur plein de tendresse et que le monde isole !
Mais mon chef-d'œuvre est là qui de tout me console,
Pauvre cher violon ! je suis pareil à lui :
Instrument délicat dans un informe étui.

Tout ce caractère original, toute la pièce sont dans ce contraste admirablement rendu, de laideur physique et de beauté morale, de cette jolie âme dans un corps disgracié du concurrent heureux, du rival malheureux, du beau, du médiocre, du triste Sandro. Comme on comprend qu'il n'ait pu faire qu'un chef-d'œuvre, celui qui s'adresse à l'instrument sorti de ses mains, en ces termes :

Viens, je veux te revoir encore, ô mon ouvrage,
Chère création sur qui j'eus le courage,
Moi, l'ouvrier débile et dévoré d'ennuis,
De passer au travail tant de jours et de nuits !
Viens ! de ton sein profond va jaillir tout à l'heure
Le *scherzo* qui babille et le *lento* qui pleure ;
Sur le monde tu vas répandre, ô mon ami,
Le sublime concert dans ton sein endormi.
Viens ! je veux te revoir et te toucher encore !
Je n'éveillerai pas ton haleine sonore,

Mais je veux seulement voir mon regard miré
Une dernière fois dans ton beau bois doré :
Car il faut nous quitter pour ta gloire et la mienne.
Mais dans ta vie, ami, noble ou bohémienne,
Que tu fasses danser le peuple des faubourgs
Ou que devant les grands du monde et dans les cours
Tu frémisses aux doigts de puissants virtuoses,
Moi qui naïvement crois à l'esprit des choses,
En te disant adieu, je viens te supplier,
Noble et cher instrument, de ne pas oublier
Celui qui t'a donné tes beaux accents de flamme
Et le pauvre bossu qui t'a soufflé son âme !

Mais c'est en vain que Filippo cherche à réduire son ambition au rêve de l'amour et de la gloire. Il aime, c'est en vain qu'il voudrait se cacher ce sentiment dont il a honte, parce que celle qui en est l'objet en aura honte elle-même sans doute. Mais si pourtant elle était libre ! Si Filippo pouvait lui paraître tel qu'il est, transfiguré aux yeux de la douce et généreuse fille, comme il l'est à ses propres yeux, et lui plaire en dépit de sa laideur, par le courage, la bonté, la grâce ? Pourquoi ne pas tenter une épreuve suprême ? Pourquoi ne pas l'interroger ? justement elle vient s'offrir à ses questions, dans le but de le questionner lui-même et de savoir à quoi s'en tenir, non sur son amour dont elle n'a cure, mais sur son œuvre, sur ce concours dont l'issue n'est pas sans l'inquiéter. Elle a raison de trembler pour Sandro. Sa défaite n'est plus douteuse. Filippo, chez lequel l'artiste piqué au jeu l'emporte un instant sur l'amant, au risque d'affliger celle qu'il adore, se laisse aller à lui confier que par un coup de maître, il a retrouvé le fameux vernis d'autrefois, dont le secret était perdu et lui a été révélé par un de ces hasards qui décident de la fortune d'un homme. Il a comparé son œuvre avec un violon de l'illustre Amati.

C'était tout à fait le même son. Il n'y a plus à douter de son triomphe. Il l'essaie d'avance sur Giannina qui écoute le merveilleux ouvrier non moins merveilleux artiste, et qui pleure d'admiration et de douleur. Heureux Filippo ! Malheureux Sandro ! Lui, avec l'inconscient, le sublime égoïsme de l'inventeur, n'épargne rien à Giannina de ces confidences, de cette épreuve, qui la ravissent comme dilettante, et la désolent comme femme.

..... Depuis ce jour heureux,
Je cache mon bonheur, ainsi qu'un amoureux,
Que j'aie ou non le prix, puisque mon œuvre est faite,
Que m'importe à présent ? Ma vie est une fête.
Je jouis en avare et seul de mon trésor.
Tous les matins, avant qu'il fasse jour encor,
Je traverse Crémone endormie et je gagne
Un endroit que je sais là-bas dans la campagne
Avec mon violon caché sous mon manteau.
Là je m'assieds, tout seul, au versant d'un coteau
Dans le gazon trempé de rosée et je rêve
Jusqu'à l'heure sublime où le soleil se lève.
Enfin, quand l'horizon s'emplit de diamants,
Lorsque s'annonce avec de longs frémissements
Autour de moi le grand réveil de la nature,
Lorsque l'herbe frissonne et que le bois murmure
Et que des buissons verts par la nuit rajeunis
S'échappe le concert éblouissant des nids,
Je prends mon violon joyeux et j'improvise.

« Pauvre, pauvre Sandro ! » murmure Giannina, qui après avoir entendu l'artiste qu'elle a provoqué à lui jouer la sonate en *sol* de Corelli, ne peut que pleurer et répandre avec ses larmes le secret de l'amour et du désespoir qui les causent. Demeuré seul, Filippo, qui ne tenait à la gloire que pour en faire hommage à celle qui, il vient de l'apprendre, ne peut l'aimer, délibère avec lui-même et se résout à un double sacrifice : il refoulera dans son cœur son amour dédaigné, dût-il en mourir, et il se vengera de Giannina en l'unissant à Sandro, de Sandro en le faisant le vainqueur du concours. Pour cela il substitue dans son étui rouge le violon de Sandro au sien. Cet héroïque subterfuge serait sans mérite, s'il était sans douleur.

Dans ce coffret étroit et noir comme une bière,
Je crois, en te posant, tant j'ai le cœur en deuil,
Que c'est mon enfant mort que je couche au cercueil.

La suite ou plutôt la fin se devine. Étranger à ces douloureux débats intimes, qui l'eussent laissé indifférent, car pour lui un bon luthier, fût-il bossu, est le roi des hommes, et une fille est faite pour obéir, maître Ferrari vient hâter l'envoi de ses deux élèves et annonce que le concours va commencer, dans ces termes aussi pittoresques que poétiques :

. . . . . Je viens de faire un tour
Dans la ville, et partout s'annonce le grand jour,
Les gens endimanchés vont voir en ribambelle
S'assembler le jury ; le maître de chapelle
Déjà siège au fauteuil et son noble profil
Se voit de loin, poudré comme un pommier d'avril.
Il circule dans l'air un souffle mélodique ;
Dans la rue on respire, on sent de la musique ;

Par la flûte d'Euterpe et le luth d'Apollon !
A chaque carrefour s'accorde un violon,
Dans tous les pignons noirs, dans toutes les tourelles,
On entend doucement gémir les chanterelles ;
Et Crémone, où grandit un confus crescendo,
Semble un orchestre avant le lever du rideau.

Filippo résiste à ses encouragements, à ceux de Giannina elle-même, et se dérobe dans l'ombre et la solitude qui conviennent à ses disgrâces, en priant Sandro, qui ne se charge pas sans hésitation de la commission, de porter les deux étuis aux jurés luthiers établis à l'Hôtel de Ville. Funeste inspiration ! car elle va rendre son dévouement inutile. Sandro, emporté par l'amour et par la jalousie, a trahi sa confiance. Il en a profité pour changer les violons de boîte. Mais bientôt la raison lui est revenue avec le remords. Il a fui le concours, la récompense usurpée, et il décharge sa conscience en faisant à Filippo l'aveu de son crime, et en implorant sa pitié. La scène est courte, vive, pathétique.

Filippo y révèle à Sandro atterré le mystère de son généreux subterfuge que sa fraude a rendu inutile. Il pardonne à Sandro réhabilité par son aveu. Il se dérobe aux embrassements de Ferrari, renonce aux avantages de son triomphe, passe la chaîne d'or qui en est le prix au cou de Giannina, met sa main dans celle de Sandro, et part pour son tour d'Italie avec la conscience du bien fait, du sacrifice poussé jusqu'au bout et le culte de son art, pour se consoler de la perte de tout le reste.

Le Trésor est encore une comédie anecdotique

à trois personnages où un rôle gai fait repoussoir à deux rôles de sentiment; c'est encore la surprise d'un coup de théâtre imprévu, d'un revirement ingénieux qui amène le généreux sacrifice du dénouement. Mais ce sacrifice n'est que celui de la fortune, ce n'est pas celui du bonheur. Il est récompensé par l'amour. Il est à remarquer que Coppée procède volontiers par coups géminés; quand il sent la veine bonne, il est rare qu'il n'en tire qu'un marbre. *Le Luthier de Crémone* et *le Trésor* sont frères, sortis de la même fraîche inspiration de comédie à la Sedaine, — bonhomie spirituelle et souriant gaiement à travers les larmes légères d'une douce émotion, — avec la poésie et le style en plus.

Mais entre la représentation du *Luthier de Crémone* (28 mai 1876) et la représentation du *Trésor* (20 décembre 1877) se place, groupe colossal en plâtre, entre deux fières et élégantes statuettes de marbre ou de bronze, une œuvre épique autant que dramatique, d'une mâle et patriotique inspiration, d'une envergure puissante par places, d'une valeur d'art réelle, mais d'une exécution inférieure à la hardiesse de ses ambitions et de ses intentions. Il s'agit de cette *Guerre de Cent ans,* drame en cinq actes avec Prologue et Épilogue en vers, entrepris dès 1872, sous le coup des nobles et tristes pensées du lendemain de nos désastres, en collaboration avec M. Armand d'Artois. Il n'a jamais vu le feu de la rampe, et les deux auteurs, après la déconfiture de cette direction de la Gaité, armée de belles intentions, étrange entreprise, oscillant sans cesse

entre le sublime et le ridicule, où Offenbach
dépensa noblement et follement au service du
grand art le million gagné avec le petit et où ce
qui venait de la flûte fut mangé par le tambour,
se décidèrent à publier ce drame qui ne pouvait
guère prétendre sur la scène qu'à une belle chute
comme celle de *la Haine*. Ils ne renoncèrent
pas sans quelque amertume aux pompes du
théâtre, et ils expliquent avec tristesse dans leur
Préface les décevants revirements d'opinion qui
découragèrent en eux l'ambition de revendiquer
pour leur drame, le laurier à la fois civique et
littéraire des œuvres qui répondent à un grand
mouvement de l'âme d'un pays, et qu'on décore
du beau titre de nationales.

Les auteurs, croyons-nous, ont pris, non sans
des regrets que nous comprenons et que nous
partageons, le meilleur parti en se déterminant
à publier, au lieu de chercher à la faire représenter, une pièce qui contient de grandes beautés,
soit qu'on l'envisage au point de vue dramatique,
soit qu'on l'envisage au point de vue littéraire,
mais qui n'était pas de force à conjurer la double
fatalité qui a présidé à son origine. Si le fond,
inspiré par un patriotisme ardent et encore
farouche, détonnait un peu avec l'état de l'opinion apaisée, amollie, si l'on veut, et écartant
comme importuns des travaux de la paix les
espérances vengeresses, la forme n'en était pas
assez neuve, assez décisive pour triompher de
ces répugnances, de ces résistances d'un public
endormi aux délices de la Capoue parisienne.
La pièce, en avance sur l'opinion par les senti-

ments et les passions, était un retard sur elle par la forme d'un romantisme hybride, d'un shakespearianisme bâtard. Les auteurs ont serré de près la vérité historique, leur couleur locale est d'une pâte solide. Et sous ce rapport l'œuvre, où le monde du moyen âge chevaleresque est réveillé hardiment au son du cor d'ivoire de l'évocation empruntée à Michelet, est d'un souffle et d'une vie dont *les États de Blois* de M. Vitet et l'*Abélard* de M. de Rémusat n'ont pas atteint l'intensité. Quant à la forme proprement dite, elle est d'un bel effort, qui touche parfois au grand style.

Mais enfin, soit comme pièce, soit comme style, nous avons affaire à un genre mixte. Le juste-milieu n'a jamais réussi au théâtre, pas plus qu'ailleurs. La pièce est une succession de tableaux plutôt qu'une suite de scènes animées par une action fortement nouée. Et si ces tableaux ne sont pas de Paul Delaroche, et c'est tant mieux, ils ne sont pas non plus d'Eugène Delacroix, et c'est tant pis. Leurs auteurs ont eu recours à la façon shakespearienne à l'ancien appareil tragique. Ils ont leur songe d'Alain Ravi, en extase, pendant la veillée des armes, et initié aux mystères de l'avenir par les spectres des morts glorieux de sa famille lui montrant au bout de l'avenue sanglante de la Guerre de Cent ans, l'héroïque Pucelle chassant l'Anglais de France. Ils ont, pendant le siège de la ville et du château de Hartecelle, la vivante antithèse de deux bourgeois, le bourgeois gras et pusillanime, le bourgeois maigre et intrépide, souvenir des luttes populaires à Florence, où on vit aux prises des factions combattant les unes au nom du ventre plein, les autres au nom du ventre vide.

Ce qui fait défaut à l'œuvre, pleine de morceaux superbes, de détails exquis, c'est la cohésion, c'est l'unité, c'est le rapport harmonieux des parties, leur tendance à l'effet d'ensemble, qui plane sur le fouillis d'arceaux et de nervures et domine le désordre apparent de forêt architecturale de la nef gothique. Ici, nous avons une belle cathédrale dramatique, solidement construite, mal aménagée, où il y a trop de chapelles, où le chœur s'efface dans l'ombre à peine traversée d'une imperceptible lumière, où le fidèle erre comme un voyageur égaré à travers la forêt des piliers.

La Guerre de Cent ans n'a qu'un lien général qui laisse flotter un peu ses sept actes, avec le prologue et l'épilogue. Ce lien général, c'est la patriotique colère, la patriotique espérance du pays foulé par l'Anglais et qui se soulève sous la botte étrangère. Mais un seul lien ne suffit pas à maintenir la gerbe où il le faut bien serré, un seul cercle ne suffit pas pour réunir les douves d'un tonneau. A ce sentiment patriotique qui est la marque, la cocarde de tous les acteurs du drame, il aurait fallu ajouter les ressorts habituels du drame, ces passions en lutte qui agitent les personnages et les mènent à un but mystérieux. Rien de tout cela dans ces tableaux, dans ces épisodes de la vie de château, de la vie de cour, de la vie de camp, de la vie de siège, que l'amour rival des deux frères Olivier et Alain pour Clotilde de Mareuil ne suffit pas à animer du feu dramatique, et que traverse, sans rapport avec cette action, la figure légendaire et populaire du héros de la revanche à son début, à son premier effort, ce Du Guesclin, héroïque soudard, précurseur sans peur, mais non sans reproches, de la mystique Pucelle.

Il y a à divers endroits de la pièce de jolis intermèdes de poésie élégiaque ou galante, la chanson de la folle Urgande, la villanelle d'Alain :

> J'ai perdu le cœur de ma mie,
> Désormais je n'aimerai mie.

Le *Lai du Paris nocturne*, la *Ballade de la belle fille hospitalière aux gens d'armes*, au refrain de ribaude d'armée :

> Je n'aime nuls que gens d'épée.

Ces pastiches d'un travail ingénieux et fin détonnent un peu sur la Muse grossière du temps et rappellent plus Marot et Ronsard que Villon et Alain Chartier.

Dramatiquement et littérairement, la *Guerre de Cent ans* est un grand et bel effort, d'un succès inférieur à son ambition, qui a surtout pour nous l'intérêt de nous montrer le talent de Coppée s'essayant pour la première fois à manier les cordes et les engins de la grande machine dramatique, sans défaillance, sinon avec un entier triomphe, et s'exerçant à tendre l'arc qui visera et portera en plein cœur du public la flèche victorieuse de *Severo Torelli*.

L'auteur ne doit pas trop regretter aujourd'hui que *la Guerre de Cent ans*, qui obtint à la lecture tout le succès dont elle était susceptible, n'ait pu affronter la scène. Tout porte à croire que malgré sa supériorité, au point de vue du style, sur le drame analogue d'Alexandre Dumas, *Charles VII chez ses grands vassaux*, elle n'eût pas résisté aussi bien à l'épreuve de la représentation que ce drame enlevé de chic et brossé avec la verve grossière de la fresque, mais qui possède ce qui lui manque : la passion, et ce diable au corps dont notre poète hésitait encore à courir le hasard.

On comprend cette méfiance quand on le voit si heureux avec les sujets tempérés, souriant à travers les larmes d'une émotion bientôt calmée, comme *le Luthier de Crémone*, comme *le Trésor*.

Là l'auteur dramatique est à son aise, et comme le poète, libre de ses mouvements, s'en donne et se joue dans l'harmonie familière, dans l'air ami !

Nous sommes en 1802, dans un département de l'ouest, en une salle basse du château de La Roche-Morgan. La Révolution a fait descendre le château démantelé et longtemps abandonné au dernier degré de la décadence des manoirs seigneuriaux, où la foule et la foudre ont passé. Cette ruine féodale, réduite aux maigres proportions d'une ferme à tourelles où nichent les pigeons, abrite ce qui reste de la famille des maîtres morts sur l'échafaud ou sur les champs de bataille de l'émigration. Jean de La Roche-

Morgan, de retour de l'émigration, dont il a traversé toutes les déceptions, toutes les déchéances, au point d'avoir servi, à Londres, les maçons, n'est plus qu'un gentilhomme paysan vivant du produit de quelques champs et en faisant vivre aussi un vieil abbé, son ancien précepteur, et sa nièce Véronique, qu'il a recueillis sous son toit.

L'abbé compulse des chartes et fait des tragédies. Véronique se rend utile en présidant aimablement aux soins du ménage. Jean est revenu guéri par une expérience précoce de bien des illusions. Il dresse l'oreille au bruit du canon victorieux de Marengo et on sent qu'il regrette le préjugé de race qui condamne à la vie agricole celui à qui la vie militaire conviendrait beaucoup mieux et qui préférerait la guerre à la chasse, sa très imparfaite image.

Mais Jean n'est pas seulement le petit propriétaire et le fermier malgré lui ; il est l'hôte, le protecteur de ses deux compagnons d'exil, dont sa pauvreté généreuse a recueilli la fière misère. Cette pensée lui rend plus léger le joug du travail et du plaisir agrestes, et il trouve digne de lui un sort qui lui permet du moins de partager son pain avec ses amis.

Le pain sec est meilleur quand il est partagé,

dit-il gaiement. Ce petit monde vivrait donc heureux dans le château seigneurial devenu un manoir patriarcal, et vieux et jeunes débris se consoleraient entre eux à merveille, sans la double blessure d'un amour dédaigné qui fait cruellement sentir parfois à Jean l'affront de sa déchéance, et d'un amour ignoré qui rend parfois mélancolique la tendre Véronique. Comme la violette qui pourrait servir d'emblème à sa pudique beauté et à sa modeste vertu de vierge sage, rougissante d'aimer et d'être aimée, Véronique aime en secret Jean, qui l'ignore et qui ne va le deviner qu'à la lumière imprévue d'un de ces événements intimes qui déchirent souvent les cœurs qu'ils éclairent.

Une tradition de famille attestant l'existence dans le manoir d'un trésor caché par la prévoyance du dernier duc, car la peur est un sentiment aussi inconnu de certaines races qu'il en serait indigne, pourrait, si la cachette était découverte, rendre riche celui qui gémit d'être pauvre. Il pourrait triompher alors des résistances de la famille d'Irène des Aubiers et réchauffer ce tiède amour d'une coquette à qui il faut la fortune pour être heureuse, et qui préfère être la femme d'un riche parvenu que la femme d'un grand seigneur déchu.

Mais Jean devenu riche, s'il triomphait aussi de lui-même au point de s'arracher du cœur une indigne passion, ne pourrait jamais réparer le mal involontairement causé par lui et faire hommage à Véronique de sa liberté reconquise. Elle ne pourrait accepter, par scrupule de fierté, la main et le nom de Jean. Elle est fille d'un bon gentilhomme et il ne dérogerait pas à l'épouser s'il était pauvre comme elle. Mais épouser Jean redevenu millionnaire, ce serait déchoir à ses propres yeux, sinon aux yeux de Jean.

Tout finit par s'arranger, grâce à un dénouement ingénieux, bien digne de cette pièce entièrement vouée à l'émotion des sentiments ingénus, généreux, chevaleresques, et dont l'abbé est l'instrument inconscient, quand il découvre à son tour un document glorieux pour la maison, attestant que les parures et les joyaux de la fameuse cassette, objet d'un noble débat, sont des parures en pierres fausses, des joyaux sans autre valeur que celle que leur donne un héroïque sacrifice, qui n'est pas exemplaire pour rien.

Jean l'imite en bénissant le sort qui l'a laissé plus justement fier que jamais de sa noblesse et de sa pauvreté. Il offre sa main à Véronique qui a su gagner son cœur et ne saurait refuser de faire le bonheur d'un homme qui ne le demande plus qu'à l'amour. Et l'abbé a enfin trouvé un beau sujet de tragédie avec le sacrifice de l'aïeul, bien digne de présider en effigie aux noces prochaines, qui a sacrifié les bijoux de sa famille pour retenir au service d'Henri IV les lansquenets non soldés qui menaçaient de déserter à la veille de la victoire d'Arques. Mais cette tragédie, il ne l'écrira pas, ou du moins elle ne verra jamais, comme ses aînées, le feu de la rampe. Et c'est ainsi qu'il est des chefs-d'œuvre qu'on n'a jamais le temps de faire ou qu'on n'a jamais le bonheur de voir représenter quand on les a faits. C'est le sort de ce brave abbé qui, comme le plaideur gagnant son procès en imagination, voit applaudir en rêve son dix-neuvième ou vingtième chef-d'œuvre inconnu. Jolie et aimable figure que celle de cet abbé de l'ancien régime, la gaieté, le sourire de cette pièce un peu mélancolique, qui dit si bien de lui-même :

Bon à rien ! Je ne suis qu'un homme de génie,

qui prise si classiquement qu'il fait son oraison funèbre d'un mot :

Et l'on dira de moi : « C'est le dernier priseur, »

et qui donne si bien en un mot la théorie de *l'originalité classique :*

Qui donc vais-je imiter pour être original ?

Nous arrivons, après *le Luthier de Crémone* et *le Trésor*, ces deux charmants drames anecdotiques, gracieux et légers comme la jeunesse qui les enfanta, à la première grande aventure dramatique de Coppée, à l'épreuve décisive qui devait attester en lui la force nécessaire pour faire vibrer jusqu'aux derniers degrés de la terreur ou de la pitié, de l'amour ou de la haine, la corde des émotions tragiques.

Il ne s'agit plus ici d'un frêle canevas anecdotique, à broder de poétiques fleurs. Nous sommes en présence d'un thème historique, large, solide, austère, qu'il s'agit de rajeunir, de renouveler par des variations ingénieuses : il s'agit d'un sujet capable de porter sans plier non les constructions faciles de la pièce en un acte, mais les combinaisons compliquées, les architectures savantes de la pièce en cinq actes. Coppée n'a plus à faire ses preuves de grâce ; il a à faire ses preuves de force. Il doit montrer qu'il est plus et mieux qu'un sculpteur ingénieux et habile de petits bijoux poétiques et qu'il peut sortir autre chose que de jolis paniers de filigrane de sa main aussi hardie que souple, aussi bien faite pour les luttes que pour les jeux de l'art.

La pièce qui devait gagner au poète son brevet de maîtrise dramatique, avait été, de longue date, destinée par lui à ce témoignage public, à cette épreuve décisive où les apprentis du grand art, les candidats à la gloire donnent, dans un chef-d'œuvre de métier, la mesure définitive de leur valeur.

Sa conception date du lendemain du *Passant*, du matin enivré d'ambition et d'espérance, de la première nuit de succès. Mais l'exécution définitive, l'achèvement, la mise au point de la scène sont très postérieurs. La pièce, qui s'appelait *le Psautier*, avant de s'appeler *Madame de Maintenon*, est demeurée dix ans en portefeuille avant d'arriver à la scène et de trouver un directeur assez hardi, assez confiant pour risquer cette partie toujours hasardeuse, même avec l'atout d'un nom connu et aimé, du drame en cinq actes et en vers. C'est peu après 1870 que nous avons eu la première confidence de la pièce en ébauche, déjà poussée en maquette, déjà montée à son premier état, qui ne devait voir qu'en 1881 les feux de la rampe.

Vous rappelez-vous, mon cher ami, cette lecture d'essai, cette lecture intime du *Psautier* en petit comité de famille et d'amitié, qui n'eut pour témoins avec moi, que votre mère malade et votre sœur, gardienne dévouée de tous deux ?

Pour moi, je n'ai jamais oublié cette scène d'intérieur, digne d'un poète et d'un artiste et dont le moindre détail revit, à la première évocation, dans ma mémoire attendrie.

C'était dans le petit rez-de-chaussée, donnant sur la cour, s'ouvrant près de la porte cochère, de la rue Oudinot, dans le modeste et pourtant déjà élégant appartement des temps incertains, où vous attendiez, sous l'unique rayon du succès du *Passant*, l'heure de la pleine lumière, de l'aisance, sinon de la fortune, et l'appartement de votre rêve encore ambitieux, la résidence confortable, canonicale, que vous deviez occuper, non loin de l'autre, quelques années plus tard.

On était à la fin de l'automne. La matinée était froide et grise comme notre vie, encore livrée aux servitudes du travail mercenaire, et trop dépendante encore du hasard. Mais nous nous étions retrouvés avec plaisir; et notre causerie fraternelle roulait librement sur les idées et les passions dont nous demeurons éternellement épris. Nous parlions d'art, de littérature; nous échangions des confidences sur nos projets. Nos impressions sur les hommes et sur les choses alternaient familièrement, vivement, avec cette charmante surprise, toujours nouvelle, de nous trouver d'accord sur tout. Peu importait cette brume extérieure tamisée par la fenêtre qui voilait la table, devant laquelle nous étions assis, d'un demi-jour un peu terne. Nous avions en nous le printemps de la jeunesse, éclairé de ce soleil plus ou moins pâle qui s'appelle l'espérance. Nous faisions honneur de bon appétit à l'omelette et à la côtelette de votre modeste mais cordiale hospitalité. Nous choquions le verre gaiement, à la santé de nos vœux communs, et nous nous prenions à rire, la bouche pleine, de la saillie échappée à vos lèvres ou aux miennes, et qui éveillait aussi le rire autour de nous.

Je vois encore votre mère, étendue plus qu'assise dans le grand fauteuil à coussin où elle assistait au déjeuner plutôt qu'elle ne le présidait, s'abandonnant comme une enfant aux soins empressés et aux sollicitudes touchantes que lui prodiguaient avec nous votre sœur Annette et votre servante Mélanie, cuisinière encore inexpérimentée, mais dévouée à ses maîtresses et déjà fière de la gloire naissante de son maître.

La table desservie, le cœur et la tête échauffés par un repas substantiel, arrosé d'un verre de vieux vin, l'heure de la cigarette et du café venue, vous allâtes prendre le manuscrit, vous le dépliâtes d'un air devenu sérieux, et je m'apprêtai à le savourer, en buvant le moka à petites gorgées. Le bruit sourd du poêle ronflant discrètement, accompagnait le ron-ron de votre chat favori, pelotonné dans le giron de sa maîtresse, et dans cette atmosphère attiédie, je vous écoutai, glissant doucement des satisfactions du corps à celles de l'esprit, et de la volupté du gourmand à celle du lettré.

Vous aviez commencé à lire, après quelques mots de hâtive introduction, d'explications familières sur votre dessein poursuivi au cours d'un voyage à Genève, où vous veniez de faire, je crois, quelques conférences littéraires, avec un succès renouvelé depuis à Bruxelles, et qui devrait bien vous encourager à les publier.

Bientôt entraîné à votre suite, à travers l'idéal du passé, goûtant le plaisir rare d'entendre l'histoire interprétée par un poète, c'est-à-dire quand il est digne de ce nom, par le plus pénétrant, le plus hardi et le plus sûr à la fois des historiens, parce qu'il étudie les faits dans l'âme même des acteurs. Je me laissai aller au charme de ce rêve bercé par la plus noble de toutes les musiques, celle des beaux vers.

Vous lisiez de cette voix mâle, grave, encore un peu sèche et un peu triste, dont l'habitude et l'expérience ont depuis tour à tour assoupli, échauffé, attendri le métal, au point de la rendre capable d'exprimer dignement toutes les nuances de la gamme de douleur ou de colère, de haine ou de tendresse, et de faire de vous un des lecteurs favoris de l'Académie et de son public délicat.

Votre mère s'était redressée dans son fauteuil, ranimée, rajeunie, à la voix de son fils bien aimé, presque délivrée, par un miracle d'un instant, de la paralysie qui réduisait ses jambes, emprisonnées sous les couvertures, à l'immobilité. Les restes de sa force et de sa vie s'étaient réfugiés dans son visage, surtout dans ses yeux agrandis par la fièvre et y brillaient avec une intensité extraordinaire, un éclat suprême, comme il arrive pour les malades touchant aux derniers jours, et pour les lampes qui vont s'éteindre. Elle vous écoutait avec délices. Elle vous buvait des yeux. Elle vous considérait avec orgueil. Ses mains tremblaient d'émotion, et la joie intérieure débordait de ses paupières en larmes silencieuses. Elle voyait d'avance votre succès prochain. Elle en jouissait avec cette prescience qui ne trompe jamais le cœur des mères. Elle goûtait avec une béatitude prophétique les prémices de votre gloire, et le rayon de cette aube si douce aux yeux des jeunes gens, plus douce encore aux yeux des vieilles mères, qui dorait encore à peine votre front, illuminait déjà son visage transfiguré.

Et vous, d'un ton de tendre et doux reproche, redoutant pour elle la fatigue de cette émotion, vous la grondiez avec amour, vous la menaciez affectueusement d'interrompre votre lecture. Elle alors vous riait à travers ses larmes, comme une enfant qui veut être pardonnée. Et vous alors vous passiez les bras à son cou, et buviez dans cette étreinte ses larmes d'un baiser.

Ah! mon ami, ce jour-là, votre mère et vous, vous avez goûté l'un par l'autre ce que l'amour et la gloire ont de plus doux. Votre mère a été bénie entre toutes les femmes, et vous avez été béni entre tous les enfants.

Tout en contemplant ce spectacle, dont j'ai gardé ma part que ravive encore mélancoliquement le souvenir, chaque fois qu'il souffle sur ces cendres, je songeais combien vous aviez été hardi, de cette audace que récompense justement le succès, même lorsqu'elle n'a été heureuse qu'à demi, en vous attaquant, pour vos véritables débuts au théâtre, vos débuts héroïques, à cette figure de sphinx, à cette femme dont la vie n'est pas moins énigmatique que le visage, cette Françoise d'Aubigné, veuve Scarron, femme

Louis XIV, la grande institutrice de Saint-Cyr, la protestante relapse au zèle de convertie et de repentie qui paya de la révocation de l'édit de Nantes, la bénédiction de l'Église à ce lit royal qui fut son trône secret.

Étrange personnage d'histoire qui semble de roman que cette petite-fille d'Agrippa d'Aubigné, née en prison d'État des tristes amours d'un gentilhomme déclassé et de la fille de son noble geôlier; élevée dans la double disgrâce de la pauvreté et de la solitude par une tante égoïste, dévote jalouse qui n'a qu'un souci, celui de la convertir et de s'en débarrasser! Ayant à choisir entre le couvent et un mariage qui ne peut être que disproportionné, elle prend de deux maux le moindre, se dit qu'elle est jeune, qu'elle est belle, qu'elle est spirituelle, qu'avec cela rien n'est irréparable, et épouse le cul-de-jatte Scarron, poète bouffon, supérieur à ses œuvres, supérieur à sa réputation, à la mode, bien en cour, pensionné.

C'est un mari peu gênant, qui se contente de ce qu'on lui donne, et forme aux bonnes lettres et aux bonnes façons cette femme qui prend peut-être (les mauvaises langues le disent) d'autres leçons de Ninon, mais qui, gauche à l'amour, ne fait que l'effleurer, et, dans une maison où passe tout le Paris courtisan, mondain et frivole, trouve moyen d'être instruite sans préciosité, vertueuse sans pruderie, de se faire estimer de tous et respecter même de son mari.

Il meurt, lui laissant les restes de sa fortune et son nom à la fois célèbre et diffamé. Amie, conseillère, puis rivale de Mme de Montespan, institutrice et gouvernante des enfants du royal adultère, elle enlace peu à peu des replis caressants de sa raison enjouée, de sa grâce austère, le monarque lassé, blasé, ennuyé, désabusé de tout, hormis d'une liaison pour le bon motif, rassurante à la fois pour sa santé et pour sa conscience, avec une femme aussi sensée qu'aimable, la dernière maîtresse, la maîtresse du tête-à-tête de conversation, la maîtresse de pénitence, de salut, que légitimera, sur un scrupule habilement entretenu, le mariage secret, excuse de la faveur publique.

Comme nous comprenons que cette femme arrivée sans aucune des fautes et aucun des ridicules de la parvenue, au faîte des honneurs, au but de l'ambition la plus hardie et la plus habile à la fois, reine de France *in petto*, regrettant pourtant parfois mélancoliquement l'humilité et la pauvreté primitives « comme la cane regrette sa bourbe, » et, au milieu des suprêmes pompes de Versailles, se rappelant avec sa servante favorite Nanon Babbien, confidente de sa jeunesse, le temps où, dans le logis étroit et à la maigre table de Scarron, elle remplaçait le rôti par des histoires, ait attiré votre attention, et vous ait piqué au jeu de l'observation et de l'analyse, mon cher Coppée, moi qui plus d'une fois me suis arrêté, songeur, cherchant sans le trouver le mot de son caractère et de sa vie, devant le portrait de Mme de Maintenon par Mignard, cette Joconde nouvelle au charme irritant, aux lèvres minces où frémit à peine un léger sourire, aux yeux fins, au teint monastique, qui a si grand air de belle abbesse sous sa fontange de dentelles noires.

Cette femme énigme de l'histoire, dont les publications récentes de MM. Gréard et Geffroy n'ont à demi éclairé la physionomie que comme institutrice, comme directrice, comme pédagogue, comme épistolière, si l'on veut, demeure impénétrable comme femme, et les finesses de cette figure, et les mystères de cette âme s'accommodent mal de la lumière crue et de l'optique brutale du théâtre. L'épreuve de la rencontre avec une telle femme, de l'essai avec un tel sujet, fut plus honorable pour le poète qu'heureuse pour l'auteur dramatique. Le succès de *Mme de Maintenon* fut un succès d'estime. Il eut surtout cet avantage pour Coppée, qui avait payé en beaux vers, en belles tirades la rançon des erreurs ou des faiblesses dramatiques qu'on pouvait lui reprocher, de le montrer capable de manier cinq actes en vers, capable de gagner victorieusement la bataille de *Severo Torelli*. Œuvre ratée, a-t-on dit injustement, de *Mme de Maintenon*. Ratée, soit, mais il n'y a que les maîtres pour se tromper ainsi.

Severo Torelli, représenté sur le théâtre de l'Odéon, le 21 novembre 1883, demeure le plus grand effort et le plus beau succès dramatique de Coppée. C'est le plus noble fruit de son inspiration, tombé de la branche féconde, à l'heure de la parfaite maturité. C'est donc à propos de cette œuvre caractéristique qu'il est bon de rechercher et d'étudier les principes et les procédés de son auteur en matière de composition dramatique.

Tous les ouvrages de Coppée au théâtre se distinguant par l'exactitude historique, c'est-à-dire par la fidélité du costume et l'intensité de la couleur locale, on pourrait croire qu'il part d'un fait, d'un événement choisis par lui dans les annales nationales ou étrangères, pour le porter sur la scène en en déduisant les conséquences dramatiques, c'est-à-dire en conduisant les passions que ce fait, que cet événement révèlent ou supposent, vers leur dénouement logique, qu'il soit fourni par la vérité ou par la fiction.

Ce serait une erreur de croire que Coppée procède ainsi en interprète et en serviteur du fait. Point du tout. En sa qualité de poète héroïque, Coppée n'accepte pas la domination du fait. Il conçoit son action en pleine indépendance créatrice, abstraction faite de toute donnée historique. Il rêve d'abord un curieux, un émouvant, un exemplaire problème psychologique, un cas de conscience nouveau et hardi, un beau champ de lutte entre la passion et le devoir, ces deux éternels adversaires dramatiques. Il ne se préoccupe ni du lieu, ni du temps, ni du nom, ni du costume, ni de la patrie de ses personnages qu'il n'introduit dans la vie réelle qu'après les avoir fait passer par l'épreuve de la vie idéale. Avant d'avoir une nationalité, ils appartiennent à l'humanité, d'où il les a tirés, comme le sculpteur tire de l'argile ou du marbre des êtres sortis d'abord de son invention, et qu'il a pétris ou taillés en imagination avant de leur donner figure réelle et forme artistique.

Cette hauteur de vues, cette indépendance de tout préjugé, cet affranchissement préalable de toute servitude, de toute formule, cette façon de comprendre les choses *in abstracto* avant de les concrétiser, cette habitude de dominer les faits et de les plier à son gré, au lieu d'y accommoder son travail, sont caractéristiques du procédé de composition de Coppée que nous résumerons en disant que son incubation est plutôt au début morale que littéraire, et consiste à chercher d'abord de belles passions, de beaux crimes avant de chercher leur formule, leur expression dramatique.

Au théâtre, Coppée est de l'école de Corneille, de Shakespeare et de Victor Hugo. Il a la religion des sentiments simples, des passions héroïques, c'est-à-dire humaines, mais à leur plus haute puissance, à leur degré sublime, à leur valeur typique. Comme conception et composition dramatique, son procédé se rapproche assez de celui que M. Victorien Sardou a exposé dans une lettre célèbre, écrite à M. Auguste Vitu le lendemain de la représentation de *la Haine*. Comme lui, Coppée voit les passions à mettre en scène, les personnages d'abord abstraits puis *réalisés* qui les incarneront avant la pièce à faire. La pièce et le dénouement résultent de la donnée morale qu'il s'est donné pour but d'exploiter, d'exprimer sous forme dramatique. S'il exposait ses idées sur ce point, elles ne différeraient point beaucoup, croyons-nous, de celles que M. Sardou a exposées dans le document que nous rappelons.

Nous verrons tout à l'heure quelle a été l'idée maîtresse, la formule dominante de *Severo Torelli*, et quelle expression dramatique le poète a été amené à donner à ces principes, à ces sentiments, à ces passions qui s'appellent : l'amour de la patrie, de la liberté, la religion du serment, l'inviolabilité de la vie humaine surtout pour celui à qui elle est sacrée à double titre : à titre humain, à titre filial.

Ce qui précède suffit pour dissuader de leur erreur ceux qui seraient tentés de croire que l'auteur de *Severo Torelli* a trouvé les matériaux de sa pièce, dont l'action se passe à Pise pendant la domination florentine, dans les chroniques locales ou *l'Histoire des Républiques Italiennes* de Sismondi. Il n'en est rien; le poète s'est préoccupé d'abord de ce problème moral, de ce cas de conscience : un fils qui tue son père, tyran de Pise, et des conséquences tragiques, des leçons morales qu'on peut déduire logiquement d'une telle donnée. Que la scène se passe à Pise en 1494, il n'importe. Elle aurait pu se passer tout aussi bien ailleurs et à toute autre époque. Quand l'auteur a eu trouvé l'*âme* de sa pièce, et en a cherché le *corps*, comme le dit si bien M. Sardou, et a cherché pour ce *corps* le *vêtement*, le *costume* qui lui convenaient le mieux, il lui en a essayé plusieurs, de temps et de lieux différents. Il ne s'est décidé pour Pise et pour l'époque de la tyrannie florentine, comme M. Sardou a opté pour Sienne et pour la guerre civile de septembre 1369, que parce qu'il trouvait là les conditions de temps et de lieu, les coïncidences de mœurs et d'événements les plus propres à mettre dans tout leur relief les passions qu'il voulait personnifier. Il faut aux passions tragiques le cadre propice des époques troublées, fécondes en personnages et en actes violents, surhumaines, horribles ou sublimes, et pour leur brutalité, l'effet du lointain.

« Soyez en possession d'une forte idée dramatique, a dit Alexandre Dumas père, cité par M. Sardou : l'histoire est bonne personne, elle vous fournira toujours le milieu qui lui sied le mieux et le cadre qui la met le plus en relief. »

C'est en interrogeant, en tâtant l'histoire, « cette bonne personne, » que M. Sardou a tour à tour cherché à Venise, à Londres et enfin dans les Flandres, le théâtre le plus favorable à l'action de *Patrie*. C'est en vertu des mêmes licences qu'il a promené tour à tour, en voyages d'essai, l'action de *la Haine* en France au temps de la Fronde, puis au temps de la Ligue, remontant même jusqu'à la guerre de Cent Ans et à l'héroïque Pucelle, pour errer ensuite dans l'Italie du quatorzième siècle, de Florence à Pise et de Bologne à Sienne, et s'arrêter dans cette dernière ville.

De même Coppée a certainement erré, lui aussi, durant cette longue genèse de sa pièce la plus méditée, la plus mûrie, la plus remplie de vie et d'action, en divers pays, en divers lieux, en divers temps avant de fixer son choix sur

Pise asservie et révoltée, au temps de cette Renaissance italienne si féconde en œuvres de génie et en caractères héroïques.

Le premier acte de *Severo Torelli* est un chef-d'œuvre d'exposition. Jamais le spectateur n'a été introduit plus nettement, plus énergiquement en pleine action. Dès le second vers, l'intérêt est attiré par un récit faisant tableau, qui saisit l'auditeur aux entrailles et le transporte brusquement maîtrisé, de la vie contemporaine, abdiquée, dépouillée, dans cette existence anhélante, de témoin de l'événement initial et des événements qui vont suivre par une progression logique, implacable, comme celle de la fatalité.

ERCOLE BALBO

Ainsi voilà vingt ans que le fait s'est passé?

RENZO RICCARDI

Vingt ans. Au point du jour l'échafaud fut dressé,
Et Spinola — Florence, alors, venait de mettre
Sur Pise ce féroce et redoutable maître, —
Spinola, — qu'à jamais le reprenne l'enfer! —
Monté sur son cheval, et tout bardé de fer,
Était présent, gardé par les porteurs de lance.
Il se fit un profond et lugubre silence,
Lorsque les trois Pisans, col nu, les poings liés,
Apparurent en haut des affreux escaliers,
Près de l'exécuteur, appuyé sur sa hache.
L'un des trois, — j'étais là, bambino qui se cache
Dans la foule, — l'un d'eux, jeune homme de vingt ans,
Avait mis, par bravade, une fleur dans ses dents.
Il la jeta, lorsque le bourreau lui fit signe,
S'inclina du côté du peuple d'un air digne,
Tomba sur les genoux; et, cruelle douleur!
Sa jeune tête alla rouler près de la fleur.
Le deuxième, un hercule à la face rougeaude,

Mit son front dans le sang à la place encor chaude...
Oh ! le long hurlement qu'il fit quand le bourreau
Ébrécha son outil sur ce cou de taureau !
Il s'y prit à trois fois pour tuer cet athlète,
Et l'on vit, quand au peuple il présenta sa tête,
Que l'homme rouge avait affreusement pâli...
C'était le tour de Gian-Battista Torelli,
Du meilleur, du plus pur des citoyens de Pise.
Un murmure, pareil au souffle de la bise,
Sur le peuple assemblé longuement circula ;
Mais soudain, l'odieux Barnabo Spinola,
Comme si pour l'instant sa cruauté fût lasse,
Leva la main et dit : — « C'est assez... je fais grâce. »

ERCOLE

Et pourquoi ?

RENZO

Qui le sait ? Le rusé podestat
Craignit apparemment que l'émeute éclatât.

ERCOLE

Et Torelli ?

RENZO

D'abord, il rougit de colère ;
Mais entendant les cris joyeux du populaire
Il se plaça — jamais il ne parut plus grand —
Au bord de l'échafaud, en face du tyran :
— « Barnabo Spinola, j'accepte ta clémence,
Dit-il, sans espérer qu'un temps meilleur commence.
Mais on ne dira pas qu'un Torelli t'ait dû
Ce bienfait infamant sans te l'avoir rendu.
Je te fais grâce aussi ; comme toi, je désarme.
De mon côté sois donc, désormais, sans alarme,
Mais seul, par ce serment, je me lie aujourd'hui,
Et s'il me naît un fils, tyran, prends garde à lui ! »

Comme la scène est posée ! Comme l'on voit déjà, en face l'une de l'autre, ces deux haines dans ces deux pardons, ajournant, mais n'abdiquant pas leur vengeance et la remettant à l'avenir! Or, cet avenir est devenu le présent : Gian-Battista,

> S'enfermant dans la vie obscure et domestique,
> Se cloîtra pour jamais dans ce palais antique,
> Et sans plus rien tenter contre le Barnabo,
> Vécut dans son serment comme dans un tombeau.
> ... Mais, quelques mois après la terrible journée
> Où Torelli put voir de si près le bourreau,
> Donna Pia, sa femme, eut un fils, Severo.
> Il a fait de ce fils l'héritier de sa haine,
> C'est un cœur de héros, c'est une âme romaine
> Où s'est, depuis l'enfance, à jamais implanté
> L'amour de la patrie et de la liberté.
> Tu l'as pu voir, il a la croyance tenace
> Qu'il devra quelque jour accomplir la menace
> Que son père au tyran jeta sur l'échafaud.
> Tout le peuple le croit comme lui...

Voilà Severo moralement peint en quelques vers, et la situation est aussi dessinée assez largement pour servir de cadre aux deux scènes contrastées où se présenteront à nous le héros et son père, le tyran, sa maîtresse et ses séides, les uns provoquant les autres, de façon à amener la superbe explosion qui termine l'acte. Severo sent venir l'heure qu'il attendait impatiemment. L'occasion est propice. Le fruit de sa popularité est mûr. Tout un peuple n'attend, pour se soulever, que l'appel du héros prédestiné de sa délivrance, du chef futur de l'indépendance reconquise, Severo, qui s'est séparé de son père sur cet adieu :

> Laisse-moi regagner ma prison volontaire.
> Loin du spectacle affreux de mon pays en deuil,

J'y vivrai désormais, jusqu'au jour du cercueil,
Près de ta sainte mère, en relisant Tacite.
Et si j'en sors jamais, comme un mort ressuscite,
— Quel espoir! — ce sera le jour où mon enfant,
Mon Severo, mon fils, en vengeur triomphant
Viendra, parmi les cris où la victoire vibre,
M'embrasser sur le seuil, suivi d'un peuple libre.

Severo voit dans cet adieu comme un signal. Il ne doute plus quand il se voit salué comme chef d'attaque, comme héros de la délivrance par les trois conjurés qui cherchent précisément ce qu'il leur offre : une occasion et un chef, et lui prêtent hommage dans cette déclaration d'Ercole Balbo, témoin de sa générosité et de sa popularité :

Severo Torelli, quand je partis pour Rome,
Où, comme vous savez, je suis resté six ans,
J'avais le désespoir au cœur, car les Pisans
Pour le jour décidé d'émeute et de colère
N'avaient pas dans leur ville un homme populaire
Qu'ils pussent acclamer pour chef et pour tribun.
Mais je viens de vous voir à l'œuvre, ils en ont un.

Severo accepte cette investiture d'enthousiasme, et, s'il consent à marcher à la tête des trois gentilshommes pisans conjurés avec lui, c'est pour être le premier au danger.

RENZO, *à Severo.*

Tu seras notre chef dans le danger commun!

SEVERO

Pour mourir le premier, soit!...

Le cas est d'autant plus grave, le coup d'autant plus hasardeux, qu'il s'agit, suivant la méthode romaine et italienne, d'inaugurer le mouvement, de le rendre irrévocable, irrésistible, par le meurtre du tyran. Leppo le propose. Severo l'accepte. Et alors s'engage entre les quatre conjurés un colloque rapide où tous les mots portent comme des coups, et, dans cet assaut d'émulation stoïque, ont l'éclair et le bruit de l'épée.

Après avoir convenu de frapper, il va sans dire que les conjurés le *jurent*. Le mot le dit comme le veut la chose. Rien de plus commun, dans le théâtre tragique, que les conjurations et les serments. Ici le thème est heureusement rajeuni par une variation imprévue qui mêle pittoresquement le sentiment religieux au sentiment patriotique, et fait bénir par un prêtre, ami de la cause, mais ignorant du moyen, la résolution solennelle et sanglante dont les quatre amis veulent prendre à témoin le Saint-Sacrement :

SEVERO

Jurons donc.

Un bruit de clochettes se fait entendre.

Attendez !...

Fra Paolo, portant un ciboire et précédé par un enfant de chœur, paraît sur le pont.

Sur la très sainte hostie !

RENZO

Soit !

La courte scène qui suit est pleine de couleur et d'une sombre et farouche poésie :

SEVERO

C'est Fra Paolo, prieur des Célestins.
Il a, tout comme nous, l'horreur des Florentins :
Il voudra contenter notre désir, j'espère.

A Fra Paolo qui s'est dirigé vers l'église et déjà monte les premières marches du parvis.

Sire moine, deux mots!

FRA PAOLO

Que voulez-vous?

SEVERO

Mon père,
Vous nous connaissez tous... Or, un dessein puissant
Que nous ne dirions pas, même en nous confessant,
Tous quatre, nous unit pour le salut de Pise.
Montrez-nous le ciboire au seuil de cette église;
Silencieusement nous étendrons la main,
Et vous continuerez en paix votre chemin.

FRA PAOLO

Ainsi vous m'arrêtez, prêtre, sous ce portique,
Et vous voulez jurer sur le saint viatique?

SEVERO

Sur Dieu même.

FRA PAOLO

Il a dit, dans le livre divin,
Aux hommes : « Gardez-vous de m'invoquer en vain. »

SEVERO

Notre dessein est juste et notre œuvre est mûrie

FRA PAOLO

Vous avez dit le nom de la chère patrie :
Il suffit; vous aurez de moi consentement.
Mais c'est un redoutable, un éternel serment,
Contre lequel il n'est plus jamais de refuge.

Il découvre le ciboire.

Voici le corps du Christ.

Les jeunes gens, mettant un genou en terre, inclinent le front, et étendent silencieusement la main droite vers le ciboire, en signe de serment.

Mes fils, que Dieu vous juge !

Nous nous souvenons des applaudissements enthousiastes qui ont accueilli, à la première représentation et aux suivantes, la fin de ce premier acte si plein, si vif, si animé, où l'action est exposée et nouée de main de maître, où tout porte coup, où rien n'est inutile.

Severo et ses compagnons — de gloire s'ils réussissent, d'infamie s'ils échouent — ont donc juré sur l'hostie, par un double serment religieux et patriotique à la fois, de tuer le tyran. Immédiatement se pose l'obstacle mystérieux et fatal à l'accomplissement de l'œuvre sanglante et libératrice. Quel obstacle ? Le deuxième acte nous l'apprend. Il nous introduit dans l'intérieur du palais Torelli, et nous montre tour à tour, face à face, le père qui adore sa femme, plein de confiance dans son affection, d'admiration pour sa vertu, et la mère à laquelle la situation va arracher l'inévitable aveu, par suite duquel son fils sera réduit à plaindre l'un et à maudire l'autre.

Que je t'aime, Pia ! Tu ne peux pas savoir
De quel profond chagrin mon âme est oppressée
Quand je songe à ta vie auprès de moi passée,
J'avais plus de trente ans quand ce bonheur m'advint,
De te voir, de t'aimer ; tu n'en avais pas vingt.
... Mais l'idylle fut courte et trop vite achevée.
La hache du tyran sur mon front fut levée,

Et de cette épouvante et de cette douleur
Tu gardes pour toujours l'effrayante pâleur.
Et le sourire, après tant d'angoisse et de fièvres,
Même en me revoyant, n'a plus fleuri tes lèvres.

DONNA PIA, *à part*.

Hélas !

Pia repousse doucement l'éloge débordant de reconnaissance du proscrit dont elle a embelli la vie, après l'avoir rachetée — il l'ignore — à quel prix ! Et quand il s'écrie, en réponse à l'hommage de sa gratitude pour l'avoir élevée jusqu'à lui :

Non, tu ne me dois rien, ma Pia, cent fois non !
Les femmes comme toi, le ciel les prédestine
Aux grands et saints devoirs, et l'humble contadine
Au centuple a payé le peu qu'elle m'a dû.
Mère de notre fils, tu me l'as bien rendu,

et qu'elle répète avec un soupir profond de douleur apparente et de honte cachée : *Notre fils!* le spectateur frémit de l'angoisse de doute qui le prépare à la terrible surprise qui va suivre.

Son secret est prêt à lui échapper, quand son vieil époux, persistant et insistant sur son dévouement conjugal, lui en montre la récompense dans la juste préférence filiale :

Notre fils bien aimé !... je pleure en y pensant,
S'il est pur, généreux, bon, rempli de courage !
O ma chère Pia, c'est surtout ton ouvrage,
Et tu l'as, pour le faire aujourd'hui tel qu'il est,
Nourri de tes vertus autant que de ton lait.
Ah ! tu ne dis plus rien, tu gardes le silence . . .

Pia se contient et s'échappe, se dérobant à une épreuve trop forte, laissant en présence le père et le fils, qui vont s'encourager mutuellement au sacrifice prochain :

SEVERO

..... Je me nomme
Severo Torelli, père ! je suis un homme.
Mon bras est fort, mon cœur est brave, j'ai vingt ans,
Et je vais accomplir la menace. Il est temps !

Le père l'approuve, l'admire :

Une larme, une seule aujourd'hui serait lâche.
Tu l'as juré ! C'est bien, Severo, fais ta tâche.

SEVERO

Il ne vous reste plus, père, qu'à me bénir.

Le père bénit son fils dans une invocation superbe, et, de ses bras, le pousse dans les bras de sa mère, qui vient de rentrer :

Voici ta mère, enfant, mon héroïque épouse.
Tu lui dois ton secret, elle serait jalouse,
Et pour le grand péril où tu vas t'exposer
Ma bénédiction ne vaut pas son baiser.

DONNA PIA

Un péril ?... Pour mon fils ? Et lequel, je vous prie ?

GIAN-BATTISTA

Cet enfant va venger son père et sa patrie.

DONNA PIA

Comment ?

GIAN-BATTISTA

En attaquant Barnabo Spinola.

SEVERO

En frappant le tyran !

DONNA PIA, *avec un grand cri.*

   Ah !... Jamais !... Pas cela !

Elle défaille sur un siège.

Non, pas cela... C'est trop !...

GIAN-BATTISTA

      Pia, quelle faiblesse !
Songe qu'elle m'attriste autant qu'elle me blesse.
Tu souffres... Mais le cri que ta bouche a poussé
Dément en un instant tout ton noble passé.
Oui, pleure, c'est ton droit ; mais en ton cœur ramène
Cet amour du devoir, cette vertu romaine,
Dont jadis je tâchai de t'imprimer le sceau
En te lisant Plutarque auprès de son berceau.

SEVERO

Oui, mon père a raison. Par pitié, soyez forte !
Espérez et priez, mère, pour que je sorte
De ce grave danger heureux et triomphant.
Priez, ma mère, et Dieu vous rendra votre enfant...
D'ailleurs, à mon projet vous serez convertie
Lorsque vous saurez tout : j'ai juré sur l'hostie !

La malheureuse, accablée, atterrée, ne peut que réclamer dans un soupir, dans un cri, la fin de cette terrible épreuve, dont la pitié de son mari et ses doux reproches, et le redoublement de caresses, l'étreinte passionnée de son fils, aggravent, à leur insu et comme à l'envi, l'angoisse, multiplient et aiguisent les pointes douloureuses :

DONNA PIA, *à Gian-Battista, d'un air égaré.*

Seule avec lui !... Je veux être seule avec lui.

GIAN-BATTISTA

C'est bien.

A Severo.

Pour endormir sa cruelle pensée,
Que la mère à son tour par l'enfant soit bercée.

Il sort, et la mère et le fils se trouvent en présence dans cette entrevue terrible où éclate l'aveu de la mère innocente et coupable, victime adultère de son amour, et où la douleur du fils, qui ne peut plus l'aimer ni la mépriser, ni la haïr, trouve, pour pardonner et maudire à la fois, de ces mots, de ces cris shakespeariens qui vous prennent aux entrailles :

. . . . . Tu m'aimes bien, dis-moi ?

Tel est le mot, pareil au : « Rodrigue, as-tu du cœur ? », qui ouvre cette scène, qui sort bien aussi du moule cornélien, et qu'on ne saurait résumer. Il faut citer :

. . . . . Écoute,

répond résolument Pia, encouragée par ce caressant élan de son fils vers elle : « Ma bonne mère ! »

. . . . . Écoute
Spinola — son nom seul me fait frissonner toute —
Est un monstre, un satan sanguinaire et cruel ;
Je le hais, aussi vrai que Jésus est au ciel.
Sa vie et son triomphe offensent la nature,
Il mérite la mort et la pire torture.
Pourtant il vaudrait mieux pour toi,—m'entends-tu bien ?
Ne pas croire à la messe et vivre comme un chien ;
Il vaudrait mieux pour toi, mon fils, cent fois mieux être
Un voleur, un parjure, un scélérat, un traître,

Un chrétien renégat et violant ses vœux,
Que de faire tomber un seul de ses cheveux!

SEVERO

Ah! vous m'épouvantez, mère!

DONNA PIA

L'heure est venue
Où l'horrible action doit être enfin connue...
Ah! pour nous épargner ce supplice hideux,
Murailles, croulez donc, écrasez-nous tous deux!

SEVERO

Ma mère, apaisez-vous... Ma mère, je vous aime...
Vous m'avez entendu, j'ai juré sur Dieu même!
Comment un tel serment peut-il être aboli?

DONNA PIA

Parce que... tu n'es pas le fils de Torelli...

Severo recule, suffoqué.

Et que... sans en mourir faut-il que je le dise?
Ton père est Spinola, le gouverneur de Pise.

SEVERO

Lui!

DONNA PIA

Retiens ton dégoût, ta haine, ton mépris!...
Car tu ne peux savoir, car tu n'as pas compris...
Je n'ose te parler dans l'horreur qui m'accable.
La grâce... souviens-toi... la grâce inexplicable,
L'échafaud... Torelli sauvé seul du trépas...
Ah! tu te tords les mains!... Tu comprends, n'est-ce pas?

SEVERO, *se cachant la tête dans les mains.*

Oh! monstrueux!

Et alors vient le récit plein de rougeurs, plein de sanglots, conduit avec un art consommé en pareille matière, où il est difficile d'éviter l'odieux ou le ridicule.

Pourtant, il faut bien que tu saches.
Toujours ces échafauds, ces bourreaux et ces haches...
Vois-tu! je n'avais plus raison ni volonté.
J'étais comme une folle... On l'avait arrêté.
Ah! je savais la loi... La mort pour qui conspire.
Quel jour affreux! J'avais mordu la main d'un sbire,
Qui le premier avait touché Gian-Battista.
Mais ils étaient nombreux et forts... On l'arrêta,
Je restai seule... Alors, je n'eus plus qu'une idée,
Un désir... Ah! j'étais comme une possédée...
Voir Barnabo, crier : « Clémence ! » à ce tyran,
Et lui couvrir la main de baisers, en pleurant.
J'avais une douleur toute brute et rustique,
Moi! Je ne comprenais rien à la politique.
Dans l'affreux désespoir dont mon cœur était plein,
Je ne connaissais plus Guelfe, ni Gibelin ;
Je me souciais bien de la fierté pisane,
Moi, la fille du peuple, oui, l'humble paysanne...
Je voulais voir cet homme et lui jeter mon cri,
Afin qu'il empêchât de tuer mon mari...
Ah! je le vois encore, écoutant ma supplique,
Sur son trône, riant d'un rire diabolique,
Et jouant de la main avec son lourd collier ;
Et lorsque je tombai, lasse de supplier,
Demi-morte, à genoux, sans voix, je me rappelle
L'accent dont il me dit : « Comme vous êtes belle ! »

SEVERO

Par grâce! assez! assez!

DONNA PIA

Non, tu dois savoir tout.
Dès qu'il eut prononcé ce mot, je fus debout
Devant lui, frémissante et pâle de colère...
Oh! le contrat abject! Oh! l'ignoble salaire!
Mais le monstre me dit, d'un ton calme et glacé :
« Dès l'aube, l'échafaud demain sera dressé ;
Trois hommes y seront, cou nu, les mains liées.
Leurs sentences partout ont été publiées,
Et de loin, pour les voir, les curieux viendront.

De ces trois condamnés les deux premiers mourront.
L'autre sur le billot viendra poser sa tête;
L'exécuteur aura la hache toute prête,
Il prendra, pour frapper, un élan de trois pas...
Mais... si tu veux... le fer ne retombera pas! »
— Il n'est pas retombé!

SEVERO

Se cacher sous la terre!

DONNA PIA

Oui, me tuer... après... — Oui, j'aurais dû le faire!
Mon époux eût vécu, sauvé, sans rien savoir :
Mais, avant de mourir, j'ai voulu le revoir,
Et de ma lâcheté mon amour fut complice.
Aussi, quand il revint, échappé du supplice,
Et me dit, se trompant sur un cruel émoi,
Qu'il n'avait accepté sa grâce que pour moi...
— Je l'aimais tant... J'étais sa chose, son esclave... —
Quand je le vis tomber, lui si ferme et si brave,
Dans cette chaise, avec un geste de vaincu,
J'ai cru qu'il fallait vivre encore... et j'ai vécu.
J'ai vécu... Si mon crime est grand, combien j'expie!
Non! Dieu m'éprouve trop et je deviens impie...
Mais lorsque je jurai de vivre, à mon insu,
L'enfant de l'adultère était déjà conçu!

SEVERO

Et lorsqu'il vit le jour, ce fils de l'adultère,
Vous n'avez pas...?

DONNA PIA

Pitié! pitié! je suis ta mère.

Voilà donc, dès la fin du deuxième acte, la situation arrivée à son point culminant, et l'émotion du spectateur portée à son maximum d'horreur et de pitié. Mais ce n'est pas tout de nouer, il faut dénouer. Ce n'est pas tout de coudre, il faut découdre. Plus le nœud a été serré, plus la couture a été habilement faite, plus il faut de temps pour desserrer le nœud, pour défaire la couture. De là, dans toute action tragique, la nécessité qui s'impose, au nom de la logique, au nom de la vérité, d'un acte intermédiaire pendant lequel le spectateur respire, pendant lequel il se repose, pendant lequel il partage les doutes, les anxiétés du héros, pendant lequel il se demande : Severo tuera-t-il son père ? Comment échappera-t-il au dilemme : parricide ou traître ? Quelle sera l'attitude de la mère après son aveu ? Cet horrible secret dont elle vient de se décharger aux yeux, aux oreilles, aux pieds de son fils, le gardera-t-elle ? Le gardera-t-il ? Et par toutes ces questions, par tous ces doutes, la situation est tournée et retournée en tous sens dans l'âme du spectateur, et à chaque mouvement, à chaque effort du héros pour se débattre contre la fatalité, pour lui échapper, il enfonce aussi plus avant et retourne dans sa blessure la flèche implacable.

Nous résumerons cet acte intermédiaire où, à mesure que Severo se résigne, se résout, se dispute tour à tour à son terrible devoir, la jeunesse, l'amour sous les traits de la courtisane Portia cherchent à l'en détourner. Après cette halte d'attente, d'angoisse, où l'esprit et la chair inspirent tour à tour à Severo de si beaux cris de doute et de révolte, de si pénétrants soupirs de résignation, de pardon et d'adieu, l'action reprend son élan, et se précipite vers le dénouement. Tout contribue à le rendre inévitable. La foule excitée par les amis de Severo a couvert de boue et marqué d'inscriptions de haine et de défi les lions symboliques de la domination florentine. Le gouverneur relève le défi, prend des otages qui périront demain si le coupable ne se dénonce. C'est en vain que Severo se précipite par cette issue ouverte et se déclare coupable du crime anonyme et public. Barnabo, dans le secret désir d'épargner son fils, ferme cette issue en refusant d'accepter son sacrifice. Il faudra donc qu'il meure et que Severo le tue malgré lui, malgré sa mère, qui veille et qui épie, farouche, les conspirateurs venant sommer leur chef de son serment, s'étonner de ses hésitations, s'indigner de ses scrupules, lui portant la clef, livrée par le moine complice, de la chapelle de Sainte-Catherine où, toutes les nuits, le tyran féroce et dévot vient prier et peut-être se frapper la poitrine dévorée par le remords comme le Claudius d'Hamlet, lui mettre dans la main le poignard surmonté d'un buste de Brutus. Alors s'ouvre entre le tyran et l'assassin libérateur, entre le père et le parricide, ce duel superbe que clôt d'un double coup de poignard, doublement expiatoire, l'héroïque et subite intervention de Donna Pia mourant après avoir tué, et épargnant à son fils, par un calcul sublime, le crime de tenir son serment et la honte d'y manquer.

BARNABO

Approchons de ce saint reliquaire
Et prions.

SEVERO, *sortant de sa cachette.*

Tout à l'heure.

BARNABO
Un homme !... A moi !
Reconnaissant Severo.
Lui ! lui !

Criant.
Eh ! sire moine... holà !

SEVERO
Ne prenez pas l'ennui
D'appeler, Barnabo. La retraite est coupée,
Et ce moine qui vient d'emporter votre épée,
Est un complice... Il a soigneusement fermé
Cette grille sur vous... Vous êtes désarmé.
Et moi,

Montrant son poignard.
j'ai dans la main cette fine vipère.
Du calme... Maintenant, expliquons-nous..., mon père !

Severo explique, à la grande stupéfaction de Barnabo, pourquoi il le hait, à quel double titre, par quelle voix il a appris le crime et la honte de sa naissance, et comment il va le tuer, à moins qu'il ne rachète sa vie en lui abandonnant l'anneau d'émeraude dont il timbre tous ses décrets et qui va tout d'abord consacrer la délivrance de Pise. A ce prix la porte lui est ouverte, Severo prendra sur lui le crime de l'avoir épargné qu'il préfère encore à celui de l'avoir tué. Mais qu'il se décide vite, les minutes sont comptées, les conjurés attendent. Son anneau ou la mort !

Mais Barnabo est de la grande et forte race des tyrans de la Renaissance italienne, cruels, rusés, cupides, mais point lâches, et faisant belle contenance devant la mort. Barnabo refuse avec une verve de colère et de mépris qu'assaisonne une intrépide ironie le salut humiliant qui lui est offert. Il est de ceux qui jouent leur vie sur une carte, et qui sont beaux joueurs, quand le hasard les abandonne. Il a pardonné quelquefois, pour quelque chose ou pour rien, pour le plaisir ou pour le profit. Mais il n'est pas homme à accepter un pardon. Le poète a admirablement traduit, dans toutes ses nuances, ce caractère brutal et raffiné et peint, en magistrales touches, ce petit Borgia Pisan sorti, avec le sourire satanique, de l'école de Machiavel.

BARNABO, *railleur.*

C'est très ingénieux... Vraiment, je vous admire!
Mais ce que vous m'offrez, je pense, c'est pour rire.
Pendant que vous parliez, d'honneur! je suffoquais.
Ainsi je vais m'enfuir sous l'habit d'un laquais,
Je reçois votre aumône et la mets dans ma poche...
Mais vous êtes un fou, jeune homme, sans reproche,
D'avoir un instant pu croire qu'on vous cédât.
Je suis un gentilhomme et je suis un soldat,
Mon cher, et j'ai le front trop haut pour que je passe,
A n'importe quel prix, sous cette porte basse...
Sur votre bon cheval je devrais, n'est-ce pas,
Au quadruple galop m'en retourner là-bas!
J'irais, au débotté, faire la révérence,
Comme c'est mon devoir, aux Seigneurs de Florence;
Et quand, m'interrogeant sur Pise avec bonté,
Ils diraient : « Que devient notre bonne cité? »
Je répondrais à la Seigneurie étonnée :
— « J'ai là-bas un bâtard à qui je l'ai donnée... »
Fuir en lâche, livrer la ville et le château,
Moi, Spinola!... jamais!... Prépare ton couteau.

Severo insiste, peut-être même un peu trop, pour triompher de ce qu'il croit être une fanfaronnade. C'est à tort, Barnabo est bien homme à préférer la mort à un indigne salut, et se campant fièrement sur les marches de l'autel, il brave, il défie le poignard parricide. Severo, hors de lui, se précipite :

Eh bien! soyons damnés tous les deux! . . . . . .

Tout à coup une forme noire surgit auprès de la chaise. C'est Donna Pia, un couteau à la main; elle frappe Barnabo en pleine poitrine, en murmurant, en réponse à l'élan désespéré de son fils arrêté, frémissant, par le coup maternel qui a devancé le sien :

. . . . . Non ! lui seul.

Le spectateur, à ce coup de théâtre aussi imprévu que logique, partage la stupéfaction de Severo et bientôt après son admiration, sa pitié, sa douleur, quand la noble femme explique son intervention et la justifie.

DONNA PIA

Oui, je me tiens cachée
Depuis une heure ici... Tout m'était révélé,
Car, tantôt, j'écoutais quand Renzo t'a parlé...
Moi seule avais le droit de frapper la victime,
Et j'ai pu t'épargner l'épouvantable crime.

Mais ce n'était pas assez. La mère achève son œuvre d'héroïque dévouement en se frappant elle-même et en exhalant son dernier soupir et son dernier adieu sur un ordre cornélien.

Il le fallait et je devais partir,
Mon enfant... Ton épreuve eût été trop amère
D'entendre devant toi toujours mentir ta mère...
Reste auprès du vieillard, tu dois le consoler.

SEVERO

Mon Dieu! mon Dieu!

DONNA PIA, *à l'agonie.*

Mon âme est près de s'exhaler...
Un ordre... avant qu'aux pieds du Juge elle s'élance.

SEVERO

Et que m'ordonnez-vous, ma mère?

DONNA PIA

Le silence.

Elle meurt.

Nous le disons en notre âme et conscience : *Severo Torelli* est le chef-d'œuvre dramatique de Coppée, et un des chefs-d'œuvre de la littérature dramatique de ce temps. Celui qui a trouvé la situation du deuxième acte, qui a trouvé le coup de théâtre du dénouement, a été ce jour-là un grand poète. Il l'a été par l'invention, il l'a été par l'exécution. Il a touché victorieusement le sommet de l'art. Il a mérité le maréchalat littéraire. Et l'Académie en l'appelant dans son sein, n'a fait que ratifier de son suffrage le jugement de la critique et de l'opinion.

Par une rare bonne fortune, que Coppée a eue souvent et qu'il a méritée, il a associé à son triomphe deux jeunes acteurs qui ont fait avec lui brillamment leurs premières armes, et ont gagné du premier coup avec le rôle de Barnabo et celui de Severo, leur promotion de notre seconde scène à la première et de l'Odéon au Théâtre-Français. Si MM. Raphaël Lambert et Raphaël Duflos ont ce jour-là affirmé leur talent à son aurore, Mlle Aimée Tessandier, dans le rôle de Donna Pia, a vu justement consacrer le sien par des applaudissements qui en ont salué non plus seulement les promesses mais l'éclatante et précoce maturité.

Toujours hanté par ces grands problèmes de l'âme humaine, par ces attirants et inquiétants mystères de la conscience, toujours obsédé par ces grands combats entre la passion et le devoir qui sont le thème éternel des variations de la poésie dramatique, Coppée consacrera la virilité de son talent à l'expression de ces sentiments faits pour exalter la générosité native du cœur de l'homme. Il demeurera le seul, dans le théâtre contemporain, à travailler courageusement dans l'héroïque, et à ne demander l'inspiration qu'aux nobles leçons de l'histoire, qu'aux fières chimères de l'idéal. Sa Muse altière ne descendra jamais aux banales complaisances, aux flatteuses caresses qui donnent la popularité. Les œuvres qui suivront *Severo Torelli* nous parleront comme lui des vicissitudes que peuvent provoquer dans une âme, une famille, un pays, la poursuite de la gloire, la conquête de la liberté, la lutte entre la passion et la foi jurée, entre le devoir national et le devoir filial. Et tour à tour nous applaudirons sur les champs de bataille de l'Ecosse fidèle et martyre, dans les défilés des Balkans chrétiens opposant la croix au croissant et au bâton de la tyrannie turque, l'épée forgée avec le fer des chaînes brisées, les personnages variés, incarnations viriles ou féminines des ambitions qui ensanglantent les foyers troublés ou des sacrifices sublimes qui sauvent les peuples.

Nous trouvons l'inspiration de tous ces généreux sentiments, l'incubation de toutes ces nobles idées dans la genèse du drame *les Jacobites* représenté sur le théâtre de l'Odéon, le 21 novembre 1885. Il n'en faudrait pas chercher la source originelle dans l'ouvrage d'Amédée Pichot, l'*Histoire de Charles-Édouard*, ni dans des réminiscences de Walter Scott pas plus qu'il ne faudrait chercher celle de *Severo Torelli* dans l'*Histoire des Républiques italiennes* de Sismondi. Ce sont toujours des problèmes moraux, des cas de conscience, la poursuite de l'indépendance par un peuple opprimé, la patriotique religion du drapeau, l'héroïque respect de l'hospitalité et de son inviolabilité même pour l'ennemi, pour le traître, pour le rival adultère qui s'est confié à votre toit : c'est surtout la lutte entre deux femmes personnifiant l'une la galanterie chevaleresque et romanesque des amazones de la Fronde française ou de la révolte écossaise, l'autre l'abnégation tenace et la fidélité quand même du dévouement populaire au plus charmant et au plus décevant des princes, qui ont formé les éléments de la conception nouvelle.

L'œuvre est moins forte, dramatiquement parlant, d'une action moins simple, moins nue, d'une trame moins serrée, d'une progression moins habile que *Severo Torelli*. Le drame se tient moins bien armé de toutes pièces, et ne pivote point sur une situation unique. Il y a des défauts à l'armure. Mais le vol poétique, l'élan lyrique y ont peut-être plus d'envergure. La partie poétique y est d'une qualité supérieure. Moins longuement portée que *Severo Torelli*, la pièce des *Jacobites*, composée de verve, tout d'une haleine, au bord de la mer, pendant une villégiature solitaire à Coutainville (Manche) sur une plage ignorée des mondaines, un triste nid de pêcheurs, a la puissante envolée des œuvres d'inspiration que la réflexion critique n'a pas refroidies, ralenties, concentrées, mais contraintes dans leur essor. Ces vers écrits au bruit du vent et des flots ont quelque chose de la mélancolie du vent et de la souple et sombre harmonie des vagues heurtant la grève avec un soupir.

L'influence shakespearienne y est visible. Angus, le vieux mendiant aveugle; Marie, son Antigone, Duncan, le vieil Enoch, Robin, montagnard du clan des Mac-Fingall, Joë, l'enfant idiot, le fossoyeur Dickson, sont des personnages de race shakespearienne, c'est-à-dire à la fois issus de la réalité et de la poésie.

Depuis *les Burgraves*, de Victor Hugo, on n'avait pas vu sur la scène des personnages épiques, fatidiques, typiques, caractéristiques d'une race et d'un pays et d'un grossissement surhumain et quelque peu fantastique, comme l'aveugle Angus, incarnation de la vieille Écosse, de même que sa petite fille Marie est l'incarnation de la jeune Écosse.

Là est la grandeur, là aussi est la faiblesse de cette conception dramatique où l'action est de second plan, et semble avoir plutôt pour but de développer des caractères héroïques que de conduire à son dénouement, à travers des vicissitudes qui provoquent et soutiennent la curiosité émue, anxieuse, du spectateur, une intrigue fortement compliquée.

Le clan des Mac-Fingall se prononcera-t-il, oui ou non, pour la guerre et la levée de boucliers décisive ! Le prétendant, qu'on attend, débarquera-t-il heureusement au milieu de son peuple soulevé ? La coquette Dora trompera-t-elle impunément son mari ; et quand elle est prise au piège du rendez-vous adultère, quand Marie se substitue à elle et prend intrépidement sa faute à son compte, poussera-t-elle le sacrifice jusqu'au bout et y persistera-t-elle malgré les malédictions indignées de son aïeul ? Enfin lord Fingall, mis en passe de se venger, immolera-t-il sa juste haine au respect de l'hospitalité et aux scrupules du patriotisme ? Ces points d'interrogation, d'un caractère plus anecdotique que dramatique, se posent tour à tour devant le spectateur, dans une suite de scènes superbes, prises isolément, mais dont l'effet général fléchit parce qu'elles manquent d'un lien commun.

Toutes ces questions sont d'ailleurs résolues, quand la toile tombe sur le quatrième acte. Il ne demeure plus au spectateur à savoir qu'une chose, et cette chose ne l'intéresse pas assez pour le tenir en suspens : Charles-Édouard, dont le caractère est peint avec une exactitude trop historique pour qu'il demeure, dramatiquement parlant, bien intéressant, échappera-t-il, survivra-t-il à ce fléau de la guerre qu'il a déchaîné sur un peuple ? Marie, elle, n'a pas cessé d'intéresser ; mais son sort n'est pas douteux. L'on devine trop bien que cette héroïne de la fidélité est destinée à en être la victime et à mourir ensevelie dans le drapeau de la patrie vaincue. L'on devine trop bien que le vieil Angus ne survivra pas à sa perte. Tout ce cinquième acte, tout cet acte des suprêmes angoisses, des suprêmes douleurs, des suprêmes pitiés, est donc vide d'action et le drame au lieu d'y déployer victorieusement ses ailes pour le dernier essor, les y replie au contraire tristement. L'épopée finit en élégie. Élégie admirable il est vrai, l'oraison funèbre d'une nation qui succombe, d'une dynastie qui va cacher dans l'exil son irrévocable déchéance, l'oraison funèbre de la vieille Écosse pleurant sur l'inutile héroïsme de la jeune Écosse, sur sa fidélité sans espérance si poétiquement personnifiée par Marie! Jamais ces souvenirs, ces regrets, ces mutuels adieux d'une nation vaincue et d'une race condamnée n'ont été exprimés avec plus de largeur, plus de puissance, plus de mâle douceur, de tendre tristesse, de charme touchant. Aussi qu'est-il arrivé? C'est que tout en maintenant son reproche en ce qui touche une action trop complexe, trop flottante, la critique a dû convenir que jamais ce trop commun défaut n'a été réparé, compensé à un si rare degré par un cinquième acte aussi poétiquement beau qu'il est dramatiquement faible, et que jamais le spectateur n'a été dédommagé en plus beaux vers de la privation d'un dénouement imprévu, que jamais plus superbe effort d'art ne l'a contraint d'oublier une faute de métier.

Ce fut là l'impression générale dont la *moyenne* donne un jugement qui a chance, sauf erreur, de passer pour définitif. Jamais on n'a cité dans les journaux plus d'extraits d'un ouvrage dramatique que de ces *Jacobites* dont l'ensemble n'est pas un chef-d'œuvre, dont les morceaux donnent l'idée de fragments de chef-d'œuvre.

« *Les Jacobites*, dit en concluant M. Vitu, garderont une place à part dans l'œuvre de François Coppée, et c'est un grand honneur pour l'Odéon d'avoir pu les offrir aux acclamations du public*. »

Les Jacobites garderont cette place à part tout d'abord par l'originalité courageuse de ce plan qui, rompant avec la dernière survivante des harmonies classiques, a osé, suivant en cela moins les préceptes de l'architecture dramatique que l'exemple de la nature et de la vie elle-même, traiter avec la liberté shakespearienne, un sujet de sa nature à la fois dramatique et élégiaque. Ce mélange des genres, des impressions, des effets, ne doit-il pas être permis à l'art, puisqu'il existe dans la réalité; et après avoir conquis le droit si humain de provoquer tour à tour sur la scène, comme ils sont mêlés dans la vie, le rire et les larmes, peut-on refuser à la Muse tragique le droit de quitter de temps en temps le ton des grandes colères pour celui des grandes douleurs et des grandes pitiés, et d'ajouter à la lyre d'airain cette corde de luth faite de fibre humaine

---

* Nous avions pour *les Jacobites*, comme pour *Severo Torelli*, réuni, avec l'intention de les reproduire, — mais nous avons dû renoncer, faute de place, à les insérer, — les jugements de nos critiques dramatiques les plus autorisés, notamment de MM. Sarcey, Vitu, Henri de Lapommeraye, L. Ganderax, Paul Perret, etc... (M. Jules Lemaître n'avait pas encore succédé aux *Débats* à J.-J. Weiss et à Jules Janin.)

dont les tendres mélancolies prennent l'homme aux entrailles et font jaillir du cœur aux yeux la source des larmes ?

Les Jacobites garderont en second lieu leur place à part dans l'œuvre de Coppée et dans la littérature dramatique de ce temps par la superbe, l'intarissable abondance des beaux vers dans cette pièce écrite toute d'un coulée, en un mois de fièvre, de verve et d'inspiration. Les sables brillants dont un rayon de soleil qui dore leur mica fait les diamants et les rubis des grèves, les mouettes traversant l'air noir de leur aile blanche, les étoiles dont le clou d'or étincelle dans le dôme de l'éther nocturne, les bluets et les coquelicots dans les blés ne sont pas plus nombreux que ces vers fiers et doux, tendres ou mâles qui éclatent à tous moments dans *les Jacobites*, la plus féconde en beaux vers du théâtre de Coppée et du théâtre contemporain.

Depuis Victor Hugo, nul n'a su faire mieux parler sur la scène la poésie des sentiments héroïques, des passions épiques, et l'on peut dire que la langue dramatique de l'élève, qui a gardé pour la composition de ses drames l'audace romantique mais qui en a préservé le style de ces incorrections, de ces rudesses, de ces négligences, de ces *par-delà* que l'orthodoxie parnassienne ne comporte plus, on peut dire que la langue dramatique de l'élève est supérieure à celle du maître, de l'aveu même de la critique normalienne.

Quel malheur qu'une pièce ne puisse être jouée telle que l'auteur la rêve, et telle que la rêvent les auditeurs du poète quand il lit son œuvre, et qu'il la lit bien !

C'est le cas de François Coppée ; et nul des confrères et amis conviés par lui, un soir d'octobre 1885 à la double hospitalité matérielle et littéraire, n'oubliera les impressions de cette soirée où les convives d'un dîner cordial ont été les auditeurs charmés du poète, et n'ont pu l'entendre sans émotion, sans enthousiasme, sans applaudissements, lire de sa voix chaude et vibrante, de cette voix d'*âme* qu'il a dans ces occasions, lire successivement, entre cinq haltes de cigarettes, les cinq actes des *Jacobites*. L'impression de cette audition intime fut unanime, et avec nous, Jules Claretie, Paul Bourget, Louis Depret, Louis Ganderax et Widor furent unanimes à prédire le succès espéré et souhaité. Ce succès, un moment disputé et militant, ne l'eût pas été si l'auteur n'avait été à la fois servi et trahi par une interprétation parfois égale, trop souvent inférieure au rôle. Les personnages qui avaient le plus besoin d'être défendus furent précisément ceux qui le furent le moins. Mlle Méa fut une Dora insuffisante, ne portant crânement ni sa faute ni son repentir. Albert Lambert père est un acteur de mérite et d'expérience, mais sans flamme ; il se borna à jouer correctement et dignement le difficile personnage de lord Fingall et à le sauver du ridicule d'une situation équivoque, alors qu'il fallait enlever victorieusement les applaudissements dus à la passion sincère et au pardon héroïque. De même on peut reconnaître à Chelles, acteur de drame, toutes les qualités, hormis les qualités de prince, comme Duclos le dit du Régent. Par ce temps de déclin universel, les princes sont en décadence au théâtre, et même au théâtre, les restaurations paraissent invraisemblables. En voyant et en entendant M. Chelles, on comprenait mieux Culloden que Preston-Pans. On s'étonnait qu'un tel Tancrède eût eu tant de Clorindes, et en l'entendant, au dernier acte, se plaindre de la faim avec la voix du ventre et non celle du cœur, on était trop tenté de dire au royal mendiant, avec la voix d'un peuple déçu et désabusé : « Passez, passez, bonhomme, on ne vous a que trop donné. »

Heureusement pour le poète, pour la pièce, pour le public, que le rôle d'Angus fut traduit, au moins dans ses grandes lignes, avec une majesté un peu brutale, mais avec une belle figure et une belle voix d'OEdipe ossianesque par Paul Mounet, et que pour personnifier et incarner Marie, une bonne fortune de hasard d'abord, puis de choix, leur avait donné Mlle Weber. Cette jeune fille admirablement douée par la nature, non encore maîtresse par l'éducation et l'expérience des traditions et des finesses de l'art, avait été bien servie par ce rôle qu'elle servit si bien, tout de sentiment simple, de passion généreuse et de poésie patriotique. Il y avait là de quoi faire vibrer toutes les cordes de l'âme féminine quand elle vibre. Mlle Weber, devenue depuis la femme de son camarade Segond, élève de Got comme elle et premier prix du Conservatoire de l'année précédente pour la façon dont elle avait joué une Desdemone (M. Segond était son Othello), doit se souvenir avec fierté de son succès, qui alla presque jusqu'au triomphe, dans cette soirée mémorable, qui lui fit connaître les joies d'une courte popularité. Car il a fallu rabattre quelque peu de ces illusions enthousiastes à travers lesquelles nous avions salué l'espérance d'une nouvelle Rachel. Mlle Weber a du talent surtout instinctif, du tempérament, peut-être moins de roman que nous ne pensions, c'est-à-dire d'imagination et de poésie dans le sentiment. Peut-être son plus beau titre de gloire sera-t-il le premier, celui où le poète reconnaissant consacrait par la dédicace de son drame, partagée avec le directeur Porel, des promesses qui n'ont pas encore été toutes tenues, des fleurs de talent naissant qui n'ont pas toutes mûri.

Ce n'est plus à Mme Segond-Weber, qui a pris place, en attendant qu'elle y prenne rang, parmi les actrices de la Comédie-Française, ce n'est plus peut-être à Mlle Tessandier que le poète confiera le sort de la nouvelle bataille dramatique qui devait être un des événements littéraires de l'hiver de 1888, et que diverses considérations ont fait ajourner à une date encore indéterminée. Nous ne pouvons plus que l'attendre avec l'espoir qu'elle sera gagnée. Nous avons pour augure de ce succès prochain les applaudissements enthousiastes qui ont salué (décembre 1887) la lecture publique que l'auteur a faite de son drame dans une série de conférences à travers la Suisse française, qui ont eu, malgré sa modestie, un éclat triomphal*. Le public lettré de Genève, de Lausanne, de Neuchâtel, composé des petits-fils des auditeurs et des admirateurs de Voltaire, de Jean-Jacques, de Mme de Staël, a rendu solennellement hommage aux qualités viriles de cette étude magistrale consacrée à la peinture des mœurs des princes et des peuples de l'Orient chrétien au XVe siècle, à la mise en action pour aboutir à un dénouement d'une haute leçon morale, des crimes de l'ambition et des crimes du patriotisme. Partout ont été applaudies, au milieu d'une émotion intense, les principales scènes de ce drame : *Pour la Couronne* (appelé d'abord *le Justicier*), où l'amour met aux prises, pour la perte ou le salut d'un homme et d'un peuple, une reine au visage et au caractère grecs, une Macbeth byzantine, et une courtisane rachetée par une passion sincère et un dévouement héroïque, sœur déchue de la virginale Marie, figure au type byronien à ajouter, dans la famille idéale, sortie du génie du poète, à la figure shakespearienne de la petite-fille d'Angus.

* Renouvelé par le succès de la même lecture publique en Hollande. Janvier 1888.

VII

QUATRE ANS DE FEUILLETON

1880-1884

Nous avons à faire connaissance ici avec François Coppée sous un aspect nouveau, celui de critique dramatique. Il a porté dans ce genre de travail à lui imposé par la nécessité plus que conseillé par son goût l'originalité dont il ne lui est pas plus possible de se dépouiller qu'il ne l'est à un homme de changer de peau. Cette originalité tient moins aux vues générales, à la philosophie d'un écrivain qui ne se pique pas de philosophie qu'à l'indépendance de son goût personnel, son unique *criterium*, et à l'ingéniosité et au raffinement du détail d'exécution.

Aussi, pour apprécier Coppée dans son rôle de juge dramatique, nous bornerons-nous à le laisser causer, à citer quelques-uns de ses plus jolis arrêts, à le mettre, en un mot, en action sur son siège ou plutôt sur sa chaise familière de *dilettante*. Voulons-nous connaître les idées de Coppée sur l'ancien répertoire, profitons avec lui de deux reprises (en mars 1882) de l'*École des Femmes* ou du *Mariage de Figaro*, et nous verrons que sa façon de comprendre Molière et Beaumarchais et d'en causer au pied levé, n'est point du premier venu.

Écoutons-le d'abord sur l'*École des Femmes* :

Pourquoi ne fait-on pas toujours suivre ce chef-d'œuvre, dans les trop rares occasions où on le joue, de la *Critique de l'École des Femmes*, de cette délicieuse conversation littéraire où Molière, en réfutant les critiques que lui adressaient ses contemporains, a du même coup répondu par avance à tous les feuilletons qu'on a écrits et qu'on écrira sur sa comédie ? On reverrait avec beaucoup d'intérêt, nous semble-t-il, le pédant Lysidas, le marquis ridicule qui répond à toutes les observations par *Tarte à la crème*, Climène, prude et précieuse, et le chevalier Dorante, cet homme de cour à qui l'habile Molière donnait volontiers le rôle de l'homme de goût ; on entendrait avec grande satisfaction ce charmant dialogue, où la réplique légère vole d'un personnage à l'autre, comme le volant au jeu des raquettes.

Il serait très bon pour nous, chers confrères du bulletin dramatique, de revoir de temps à autre cette *Critique de l'École des Femmes*. Cela nous rappellerait combien nos jugements sont incertains et combien les arrêts de notre magistrature pour rire risquent d'être cassés par le tribunal d'appel de la postérité. Quel auteur comique a été moins respectueusement traité à ses débuts que Molière, et surtout à l'occasion de l'*École des Femmes* ? La clique des Précieuses ne lui pardonnait pas sa récente satire ; et c'était à qui l'accuserait le plus, dans ce monde-là, d'incorrection de style, de pauvreté d'imagination, de façons de parler basses et triviales, de comique grossier, d'indécence et d'obscénité. Il n'était guère mieux traité par les juges officiellement reconnus alors comme infaillibles, et il faut toujours reproduire la fameuse note écrite par Chapelain en regard du nom de Molière, sur la liste des pensions : « Ce garçon a du comique, il sait assez bien son latin, connoit un peu de physique, et pourra réussir dans le bouffon, s'il se garde de sa scurrilité. » Voilà, n'est-il pas vrai? un agréable pendant à la célèbre phrase de Mme de Sévigné sur le café et les tragédies de Racine. Ainsi sont presque toujours salués à leur aurore les hommes de génie, qui deviendront un jour des classiques; ainsi a été maltraité Victor Hugo, au lendemain d'*Hernani*. A l'exception du *Journal des Débats* et d'une ou de deux autres feuilles, ce fut une bordée d'injures. De même qu'après *l'École des Femmes* on cria au mépris de la langue, à l'immoralité, on traita les romantiques de scélérats, de fous furieux, on qualifia le lyrique *Hernani* d'œuvre ordurière et abominable.

N'oublions jamais cela, chers confrères. Méfions-nous de nous-mêmes, et ne soyons, s'il est possible, ni des Cottin ni des Duvicquet. Tâchons surtout de nous tenir en dehors de la mode, au-dessus du parti-pris. Qu'il n'y ait point parmi nous un père Loriquet du feuilleton, un Paul Bert de la critique.

L'autre soir, en assistant à la reprise de *l'École des Femmes*, nous mesurions la largeur de l'abîme qui sépare les contemporains de Molière des hommes d'aujourd'hui sur la question si grave de l'éducation des femmes.

Qu'on ne s'y trompe point, l'Arnolphe de Molière, en tâchant de rendre Agnès parfaitement imbécile, ne fait que pousser à l'excès les idées de son temps sur le rôle des femmes dans la société; ses principes ne diffèrent pas sensiblement de ceux du Chrysale, des *Femmes savantes*, qui nous est présenté par le poète comme un homme plein de sens.

N'est-ce point à peu près le même idéal qu'Arnolphe rêve pour Agnès? Qu'elle sache lire, écrire, coudre, filer et prier Dieu, cela suffit. Ces *Maximes du mariage*, qu'il lui fait lire à haute voix, contiennent, au fond, d'excellents préceptes sur la modestie et la retraite qui conviennent aux honnêtes femmes. Tout ce qu'il conseille à Agnès est bon en soi, et d'une bonne pratique. Le point de vue égoïste du bonhomme, qui veut unir ce printemps à son automne et que hantent « les visions cornues, » est seul impertinent et ridicule. Mais en somme, toute la bourgeoisie, au XVIIme siècle, — bourgeoisie très simple d'habitudes, pieuse, austère même, — n'élevait pas ses filles autrement qu'Arnolphe n'élève celle qu'il destine à « l'honneur de sa couche. » Un bourgeois de 1662, allant voir *l'École des Femmes* au parterre, pour ses quinze sols, devait approuver dans son cœur les recommandations des *Maximes du mariage* : qu'une femme ne doit se parer et être belle que pour son mari, qu'elle doit « étouffer les coups de ses yeux » sous la coiffe, ne point courir les assemblées, ne point jouer, ne point accepter les « cadeaux » des galants. Ce bourgeois du vieux Paris ne tenait pas un autre langage devant sa fille, ne lui donnait pas d'autres instructions. S'il riait d'Arnolphe, qui voudrait enfermer sa femme sous de triples serrures, comme un Turc, il devait cependant se demander parfois, avec inquiétude, s'il n'y avait pas quelque danger dans cette terrible comédie, qui tournait en dérision les devoirs les plus essentiels de la femme; car ce bourgeois devait penser, avec tout son siècle, que l'ignorance du mal est un grand bien, qu'elle n'est autre chose que l'innocence.

Ah! comme nous avons changé tout cela! Et que diraient Arnolphe et Chrysale, s'ils lisaient seulement *la Joie de vivre*, le dernier roman de M. Émile Zola; s'ils y voyaient la jeune Pauline passant des journées entières, « les yeux élargis par le besoin d'apprendre, le front serré entre ses deux mains, » devant le *Traité de physiologie* de Longuet et l'*Anatomie descriptive* de Cruveilhier; s'ils voyaient cette enfant de quatorze ans apprenant, comme dans un devoir, « ce que l'on cache aux vierges jusqu'à la nuit des noces? » Que penseraient-ils, les bonnes gens du vieux temps, quand l'écrivain naturaliste leur dirait que son héroïne, après avoir longtemps médité sur les planches de l'*Anatomie de Cruveilhier*, sur « ces planches d'une réalité saignante, » n'a éprouvé aucun trouble sensuel et est sortie de cette étude d'autant plus vertueuse qu'elle était mieux instruite?

Rendre une fille « idiote autant qu'il se pourra, » comme Arnolphe, ou lui faire « accepter et connaître la vie dans toutes ses fonctions, » comme M. Émile Zola, voilà deux systèmes d'éducation bien différents. Espérons qu'il existe un juste-milieu et qu'on nous éduque quelques fillettes qui ne sont ni si sottes que l'Agnès de *l'École des Femmes*, ni si bien informées que la Pauline de *la Joie de Vivre*. Il y a de la marge entre le Sacré-Cœur et les nouveaux lycées de filles, et l'on trouve peut-être encore de gentilles personnes qui ne ressemblent ni à des béguines, ni à des élèves sages-femmes.

Chaque fois qu'on reprend *l'École des Femmes*, les discussions recommencent sur la manière d'interpréter le rôle d'Arnolphe.

Faut-il que le comédien le tourne tout à fait au bouffon, en fasse un Cassandre et un Trufaldin, une ganache de vaudeville, une dupe grotesque? Ou bien éclairant et transfigurant le personnage à la flamme de la passion, peut-il le rendre douloureux, touchant même, presque tragique?

Un maître acteur, l'excellent Provost, a jadis essayé de faire ce tour de force, et il y avait presque réussi. C'est un de nos plus lointains souvenirs, mais il est assez intense pour que nous nous rappelions la figure grave et triste prêtée par Provost à Arnolphe. Il avait trouvé moyen de rendre pathétique ce dont le public avait coutume de rire, et dans la grande scène de jalousie, lorsqu'il s'écriait en versant de vraies larmes:

> Enfin à mon amour rien ne peut s'égaler.
> Quelle preuve veux-tu que je t'en donne, ingrate?
> Me veux-tu voir pleurer? Veux-tu que je me batte?

Veux-tu que je m'arrache un côté de cheveux ?
Veux-tu que je me tue ?....

le comédien mettait dans son jeu tant de puissance et de sincérité que tout le public était profondément ému.

C'était là une interprétation nouvelle, prise au cœur même du sujet, — car Arnolphe est réellement amoureux d'Agnès. — Cet effort faisait grand honneur à Provost et les spectateurs lui en savaient bon gré, puisqu'il n'a jamais joué ce rôle sans être couvert d'applaudissements.

Nous avons justement sous la main un très ancien article de Théophile Gautier, où le grand écrivain approuve chez Provost cette façon de comprendre et de traduire les douleurs d'Arnolphe. La page est charmante et vaut qu'on la cite :

« Au fond, cela n'a rien de gai, d'être amoureux d'une innocente qui vous trompe, et de se la voir enlever par le premier blondin qui passe en peignant sa perruque et en faisant luire l'ongle long de son petit doigt.

« Mettre son espoir, sa vie sur un rêve, dorer son couchant d'un peu d'amour, croire que les bienfaits, l'affection profonde, les mille soins de chaque jour peuvent compenser quelques cheveux gris, et voir cet édifice de bonheur, si laborieusement construit, s'écrouler soudain comme un château de cartes, sous un souffle, et sentir sa vieillesse dépeuplée à tout jamais, certes, cela est profondément ridicule, et il y a de quoi rire à se tenir les côtes ! Quant à nous, tous ces pauvres tuteurs si jaloux, si cruellement raillés et dupés, ne nous ont jamais beaucoup réjoui : ils aiment ; donc, ils souffrent ! Et quel plus affreux malheur qu'un cœur jeune dans un vieux corps, qu'une grande passion qui a le nez rouge et l'œil éraillé ? »

Provost n'a pas fait école. Ses successeurs dans le rôle ont renoncé à émouvoir et ne songent plus qu'à faire rire. Got le pousse au comique, selon la tradition.

Nous le voulons bien, car Got est excellent dans son genre. Mais, pour dire toute notre pensée, nous n'entendons jamais prononcer le mot *tradition*, à propos de théâtre, sans avoir un peu envie de hausser les épaules; il nous paraît surtout vide de sens, appliqué au jeu d'un comédien. Quoi de plus fugitif, de plus difficile à fixer qu'un regard, un geste, un mouvement de physionomie, une inflexion de voix? Qui pourra se les rappeler, les transmettre à d'autres? Si la chose était aisée, il n'y aurait pas tant de différence entre Rachel, — que beaucoup d'acteurs de talent existants encore ont vue et entendue, dont ils peuvent « donner la tradition, » — et telle tragédienne que la galanterie française nous empêche de désigner plus clairement. Ne raconte-t-on pas qu'un illustre tragédien — nous ne savons plus lequel — faisait frémir toute la salle, lorsqu'il agitait son casque à plumes, en déclamant le vers de *Cinna* :

Et, sa tête à la main, demandant son salaire.

Qu'un acteur tâche une fois de se conformer à cette « tradition ! » Vous entendrez l'éclat de rire !

Laissons donc aux artistes toute la liberté possible pour la composition de leurs rôles, et ne les gênons pas par les entraves de cette fameuse « tradition, » qui — en admettant qu'elle existe — doit s'altérer tous les jours.

Il est convenu qu'à propos du *Mariage de Figaro* un *lundiste* qui se respecte ne peut se dispenser de tirer son petit feu d'artifice. Mais n'est pas *artificier* qui veut. Coppée, en sa qualité de poète, a peu de rivaux dans l'art de faire ruisseler de feu la roue de son petit soleil, ou de dessiner dans le ciel pur la parabole lumineuse de la fusée paradoxale, secouant en pluie de mots étincelants sa poudre mêlée de raison et d'ironie, de fantaisie et de bon sens.

On n'en a pas fini, on n'en finira pas de sitôt avec ce terrible chef-d'œuvre, qui sonna le premier coup de tocsin de la Révolution et qui en accomplit une, en même temps, dans notre théâtre.

Comme œuvre de combat, comme machine de guerre, *Figaro* est formidable.

Sans doute, pendant la dernière moitié du dernier siècle, l'esprit philosophique avait déjà fait son travail au théâtre comme ailleurs. Dans la tragédie, dans Voltaire surtout, tirades contre la tyrannie et le fanatisme; dans la comédie qui devient de jour en jour plus frondeuse et plus ironique, comme dans le drame larmoyant et sentimental, tout nouvellement inventé, partout des sentences libérales, des maximes d'égalité: jusqu'à l'anodin opéra-comique qui donne dans ses couplets des leçons de morale. Mais tout cela était exprimé en termes vagues et généraux, tournait au sermon, n'attaquait en face aucune des autorités constituées. Vues à distance, toutes ces pièces de théâtre, réputées si hardies, paraissent bien ternes, bien fades. Rien n'est plus mort et enterré, à l'heure qu'il est, que les drames de Diderot et les tragédies de Voltaire. Ce n'est qu'un tas d'armes hors d'usage, comparables à ces brassées de fusils à piston qu'on trouve dans les boutiques de bric-à-brac.

Avec ce diable de Beaumarchais tout change. Son Figaro, comme agent de destruction, est absolument moderne; c'est de la dynamite littéraire, et voici de quoi faire sauter en l'air la vieille société. Jusque-là, comme dit spirituellement Saint-Marc Girardin, les philosophes semblaient avoir écrit des lettres, sans oser y mettre l'adresse: Beaumarchais s'en chargea. Plus de généralités, plus d'aphorismes, plus de sensiblerie, plus de vertueuses tartines; mais des mots qui vont droit au but comme des balles, mais des épigrammes qui sifflent et qui tuent, comme des flèches empoisonnées. Quelle grêle de traits acérés et mortels! Le bataillon carré des privilèges et des abus est troué, du premier coup, par ce paquet de mitraille.

Applaudis, vieux monde qui vas crouler! Éclatez de

rire, gens de l'ancien régime, devant le miroir que l'auteur comique présente à votre grimace ! Laissez-vous entraîner par le vent d'imprudence et de folie qui vous emporte, feuilles sèches du vieil arbre de la France monarchique ! Seul, ou à peu près seul, le lourd bon sens du pesant Louis XVI s'inquiète. Il défend la pièce ; mais la coterie de la reine, mais les Vaudreuil et les Polignac l'emporteront. « Il faudrait détruire la Bastille, s'écrie le roi dans un accès de colère prophétique, avant de permettre cela ? » Eh bien ! on la jouera, la dangereuse comédie, comme on la démolira, la massive et antique Bastille ; et ils s'écraseront tous pour entrer à la « première, » et la comtesse Almaviva y acceptera une place entre deux filles d'opéra ; et le comte se collettera avec les portiers du théâtre ; et l'abbé Bazile et le président Brid'oison se feront étouffer au parterre. Pirouettez légèrement, gentilshommes et belles dames, en répétant le mot de Louis XV : « Après nous, le déluge ! » Vous teindrez bientôt vos talons rouges dans la boue sanglante des échafauds. Ah ! vous vivez dans une époque exquise et délicate, dans l'apaisement d'une société à son crépuscule ; vous goûtez délicieusement la douceur d'être. Patience ! Il va falloir que vous appreniez à bien mourir. Gentil page Chérubin, il faudra retrouver un des rubans dérobés à ta belle marraine pour t'en faire une cocarde blanche et tomber en brave à la tête d'une bande de chouans ! Président Brid'oison, tâche de ne pas trop bégayer devant le tribunal révolutionnaire et de répondre d'une voix à peu près ferme aux questions de Fouquier-Tinville ! Vous courrez le cachet dans les brouillards de Londres, dom Bazile, et vous donnerez des leçons de musique à des Rosines anglaises ! Et toi, comte Almaviva, dresse-toi de toute ta taille et relève ta tête aristocratique, quand l'homme en bonnet à queue de renard, sa liste crasseuse à la main, fera retentir ton nom de condamné dans le préau de la Conciergerie ! Et vous, hélas ! belle comtesse, reconnaîtra-t-on votre pensive et charmante tête d'amoureuse, quand elle passera dans les carrefours, au bout de la pique d'un massacreur, pâle sous ses cheveux sanglants?

Mais toutes ces horreurs, c'est pour demain, et vous ne les prévoyez guère. En attendant, amusez-vous! Riez de l'audacieux et malin Figaro! Protégez le spirituel et hardi faquin! Il vous écorchera bientôt plus profondément que vous ne pensez, le maudit barbier, et vous reconnaîtrez la lame de son rasoir, placée obliquement entre les deux montants de la guillotine!

Jamais nous n'avons pu assister à une représentation du *Mariage de Figaro* sans que toutes ces sinistres images s'évoquassent dans notre pensée. Nous ne pouvons pas oublier que cette gaieté est le prologue de la Terreur, que cette joyeuse folie s'achèvera en tragédie hideuse. D'autres s'enivreront sans souci à cette coupe de vin de Champagne; pour nous, nous ne pouvons la boire sans garder dans la bouche le dégoût du verre de gros vin que les bourreaux de Septembre présentèrent, taché de leurs doigts rouges, à Mlle de Sombreuil!

Le 27 avril prochain, il y aura cent ans qu'elle a eu lieu, cette fameuse première représentation du *Mariage de Figaro*, où des princes du sang mendièrent à Beaumarchais la faveur d'un billet pour « lui servir de battoirs, » où des cordons bleus firent la queue avec des Savoyards, où des femmes de qualité s'enfermèrent dès le matin dans les loges des actrices, y dînèrent et se mirent sous leur protection afin d'entrer les premières, où la salle fut prise d'assaut, la garde dispersée, où la porte et les grilles furent brisées, où la foule étouffa trois malheureux à l'ouverture des bureaux, où courut enfin, prise d'un affolement sans exemple, toute une société qui se suicidait.

Les théâtres ne manqueront certainement pas de célébrer cet illustre anniversaire. On jouera, ce jour-là, à la Comédie-Française et à l'Odéon, avec une distribution d'élite, l'immortelle satire; et l'on représentera des à-propos, on déclamera des vers de circonstance. Mais, en fait de cérémonies, nous n'en imaginons qu'une qui soit saisissante et philosophique. A la fin de la pièce et de son vaudeville, Brid'oison, rouge sous sa blanche perruque à marteau et s'appuyant sur sa longue baguette, chanterait le dernier couplet :

> Oui, messieurs, la Co-omédie
> Que l'on juge en cè-et instant,
> Sauf erreur, nous pein-eint la vie
> Du bon peuple qui l'entend.
> Qu'on l'opprime, il peste, il crie ;
> Il s'agite en cent fa-açons :
> Tout fini-it par des chansons.

Puis la toile du fond s'envolerait et l'on apercevrait la place de la Révolution, où le peuple en désordre autour de l'échafaud hurlerait *la Carmagnole*. Car c'est par cette chanson-là qu'a vraiment fini la *Folle Journée !*

Malgré tout, c'est un chef-d'œuvre, cette *Folle Journée*, oh ! bien impur, bien mélangé, mais un chef-d'œuvre quand même. Le style seul, si plein et si aigu qu'il soit, offre à chaque instant prise à la critique. Il y a là du plat et du déclamatoire, du prétentieux et du trivial. Que de coq-à-l'âne, de jeux de mots, de *concetti !* N'importe, cette prose se grave dans la mémoire comme les meilleurs vers, ces phrases font proverbe à tout coup. Avec tant de recherche, de mauvais goût, de défauts de toutes sortes, Beaumarchais est un écrivain original, un écrivain de génie.

Ce qui est prodigieux, c'est ce type de Figaro. Jamais création, toute de fantaisie, n'a eu en même temps plus de réalité. On croit que l'auteur a connu toute sa vie, et très intimement, cet étonnant drôle, dont l'esprit est éblouissant comme son habit pailleté. Il y a un mot, fort à la mode aujourd'hui, bien que peu correct, le mot « vécu, » dont il faut se servir ici. Beaumarchais semble avoir « vécu » ce personnage de Figaro. Figaro, c'est Beaumarchais lui-même.

Mais nous nous surprenons à répéter ce que tout le monde sait, que *le Mariage de Figaro* est un chef-d'œuvre. Ajoutons, ce qui est moins admis, que ce chef-d'œuvre a été très funeste pour notre théâtre national. De quel fatal exemple n'ont pas été pour les auteurs dramatiques cet art de Beaumarchais, d'embrouiller et de débrouiller le peloton de ficelles de l'intrigue, son goût pour les travestissements, les erreurs, les quiproquos ? Depuis lors, le public n'a plus su se passer de combinaisons et de complications dans une pièce de théâtre, et c'en a été fini à jamais de la comédie simple et pure des anciens maîtres. Molière — l'éternel modèle — s'était bien vite dégagé de toutes les extravagances italiennes et espagnoles, pour arriver à la comédie psychologique, tirant tout son intérêt de l'étude des caractères. Le terrain qu'il avait conquis, en allant de *l'Étourdi* au *Misanthrope*, — terrain sur lequel s'étaient tenus ses successeurs, surtout le charmant analyste Marivaux, — a été perdu en un jour par le succès du *Mariage de Figaro*. On est revenu au théâtre mécanique, au théâtre à surprises. La comédie de Beaumarchais a été prise pour drapeau par la nouvelle école. Scribe vient de là, lui et son peuple d'automates ; et tous les auteurs actuels viennent de Scribe et se font gloire d'être appelés de bons charpentiers. De tous les maux qu'a causés *le Mariage de Figaro*, celui-là n'est pas le moindre.

Le fond de la critique dramatique, qu'il s'agisse d'une œuvre classique ou d'une œuvre romantique, est épuisé, et les restes n'en sont guère plus bons qu'à servir de thème à variations. Avouez que celles-ci ne sont ni d'une verve médiocre, ni d'un gauche doigté.

Si nous prenons le critique à l'épreuve, au piège de ses opinions sur le théâtre contemporain, nous ne le trouvons ni d'une moindre franchise ni d'une moins alerte finesse. Voici des notes sur Alexandre Dumas père et son théâtre, avec ses qualités et ses défauts, qui sont d'une saveur piquante :

Il se produit depuis quelque temps un grand mouvement de l'opinion autour du souvenir d'Alexandre Dumas père. Son théâtre, resté un peu dans l'ombre dans les quinze ou vingt dernières années, est repris avec beaucoup de faveur sur les principales scènes parisiennes; l'Odéon n'a guère eu, cet hiver, de meilleures soirées que celles de *Charles VII chez ses grands vassaux*; la Gaîté, qui, à défaut d'un ouvrage nouveau qui puisse tenir l'affiche, passe en revue tout le vieux répertoire du drame, n'a réalisé de sérieux bénéfices qu'avec l'antique *Tour de Nesle*; et voici que les *Demoiselles de Saint-Cyr* viennent de ressusciter avec éclat à la Comédie-Française.

Que n'est-il là, le pauvre grand homme, mort beaucoup trop tôt, le joyeux et glorieux esprit disparu au moment même où la France venait de perdre pour longtemps toute joie et toute gloire; que n'est-il là pour voir qu'on lui rend justice, pour prendre sa revanche de l'inique abandon où les théâtres le laissèrent vers la fin de sa vie? Souvenez-vous du Dumas des derniers jours, ne parvenant plus à faire jouer ses pièces que par des acteurs de hasard sur des planches d'occasion, donnant sa *Madame de Chamblay* à la salle Ventadour, en été, et ses *Gardes forestiers* au Théâtre-Parisien, tout là-bas, plus loin que la Bastille, presque dans la banlieue.

Le public, en revenant avec une préférence marquée aux œuvres du plus puissant dramaturge des temps modernes, fait une sorte d'amende honorable, et cette réparation est de nature à réjouir tous les amis des lettres.

D'ailleurs, la mémoire d'Alexandre Dumas va recevoir une autre marque d'honneur; la statue de l'auteur des *Trois Mousquetaires* se dressera bientôt sur une des places publiques de Paris; elle y est même déjà installée, sous le voile qu'enlèvera une main officielle, le jour de l'inauguration; et la bonne et large face du grand mulâtre apparaîtra à tous les yeux, presque vivante, coulée dans le bronze qui rappellera son teint basané.

A la bonne heure ! voilà une statue méritée, et aussi longtemps que durera la langue française, tous ceux qui passeront devant ce monument le salueront d'un sourire reconnaissant, en se souvenant de bien des heures distraites et amusées ; car tout le monde, absolument tout le monde, a lu Alexandre Dumas, et l'on peut lui appliquer le mot de Sainte-Beuve sur Molière : « Quiconque sait lire est un lecteur de plus pour lui. »

Par ce temps de statuomanie qui court, par ce temps où l'on galvaude l'airain à un tas d'hommes politiques, tous plus ou moins médiocres et plus ou moins funestes, cela réjouit de voir un personnage de bronze qui n'a fait de mal à personne, qui a fait plaisir à tout le monde, au contraire, et dont la popularité n'a rien coûté au pays ; cela repose un peu des bonshommes officiels, de toutes les redingotes parlementaires, de tous les pantalons ministériels, du toupet de Thiers, et des favoris de Ledru-Rollin, coulés dans le métal éternel.

On fait donc bien de donner à Alexandre Dumas cette consécration suprême, ce brevet d'immortalité. Parmi les hommes de la génération de 1830, il possède une gloire qui, si elle n'est pas la plus haute, est la plus répandue, une gloire, on peut le dire, universelle. A ce titre, il est juste qu'un des premiers, parmi ses contemporains, il obtienne l'honneur du piédestal.

A l'heure de cette apothéose, le critique doit oublier que, dans sa hâte de produire, Dumas n'eut pas le constant souci de la forme et du style, qui est le devoir et à la fois la joie et la douleur du véritable artiste ; il ne doit pas se souvenir non plus que la vie tout entière d'un homme, ayant même renoncé au repos et au sommeil, n'aurait pas fourni le temps matériel d'écrire ces centaines de volumes de roman et de théâtre qui constituent l'œuvre de Dumas. Cet abus de la collaboration, — le grand vice de la production moderne, de ce temps où la littérature est devenue une profession, un moyen d'existence, —

c'est pourtant là le point faible de cette renommée. Comment? On vient d'applaudir cette tirade de beaux vers dans *Charles VII*, et elle est de Gérard de Nerval! Quoi! on admire la couleur historique des *Mousquetaires* et de *la Reine Margot*, et c'est Auguste Maquet qui a donné tous les documents, dépouillé les mémoires de l'époque, fait tout le travail préparatoire. Bah! il ne faut penser qu'à une chose, c'est que tout ce que Dumas a signé a bien le cachet, le caractère de Dumas; c'est qu'aucun de ses collaborateurs, travaillant seul, n'a rien écrit qui eût la même valeur, la même originalité. Dumas, prodigieux et infatigable créateur, peut se comparer à Rubens qui, dans ses portraits, ne peignait que la tête et les mains et laissait faire le reste à ses élèves ; à Rubens qui, dans ses grands tableaux, n'a souvent esquissé que la composition d'ensemble, exécuté que les parties principales, abandonnant tout l'accessoire aux artistes sous ses ordres, confiant un personnage à Van Dyck, un autre à Téniers, les fleurs au Jésuite d'Anvers, les animaux à Snyders; et, malgré tout, faisant toujours un Rubens.

Rappelez-vous encore le beau chapitre d'*Ascanio* où Benvenuto Cellini, pour achever la fonte de son *Persée*, prend et jette dans la fournaise tout le métal, précieux ou non, qui lui tombe sous la main. Benvenuto, c'est Dumas; et voulez-vous de cela une preuve de plus? Il paraît qu'*Ascanio* est de Paul Meurice.

Au dire de Pline, il y a du cuivre, de l'or et de l'argent dans l'airain de Corinthe. Il peut bien y avoir un peu de Meurice et de Maquet dans la statue d'Alexandre Dumas.

L'essentiel, c'est qu'en lisant ce nom sur le socle, tous les passants souriront avec sympathie. Les naïfs, les gens du peuple se souviendront des longues veilles, charmées par les improvisations sans fin des *Bohémiens de Paris* ou de *Monte-Cristo*; et les raffinés eux-mêmes, ceux pour qui la forme prime le fond et qui ne goûtent que les livres d'artistes, se rappelleront certaines longues heures de fatigue, de tristesse, de convalescence, où, redevenus enfants, ils n'ont pu tuer le temps qu'en s'oubliant dans ces fantasques récits de conteur arabe.

Entre tant de mérites, Alexandre Dumas en a un, bien à lui, sur lequel nous voulons insister : il a appris l'histoire au peuple. L'histoire arrangée, faussée, diront les pédants. Et nous prévoyons les quolibets. Les grisettes sont persuadées qu'Athos était sous l'échafaud de Charles Ier et que le roi confiait au mousquetaire ses dernières volontés, en lui disant *Remember* entre les planches; vous n'ôterez pas de l'esprit des faubouriens que c'est d'Artagnan qui a rétabli les Stuart sur le trône en enlevant Monk dans un tonneau. Qu'importe ? Sans les folles imaginations de Dumas, faubouriens et grisettes ne connaîtraient ni Charles Ier, ni Monk, ni rien de ce morceau d'histoire d'Angleterre.

Un exemple, entre mille, qui prouve que Dumas a été pour le petit monde un maître d'histoire.

S'il est un roi de France inconnu, obscur, perdu dans la nuit des temps, c'est assurément le bon Louis X, dit le Hutin; il n'a régné que deux ans, et sans grand éclat. Interrogez sur son compte le meilleur élève des écoles primaires; tout au plus, nous le parierions, l'enfant vous dira que Louis X est le fils et le successeur de Philippe-le-Bel. Mais, un peu plus tard, si le gamin est allé, pour ses quinze sous, au poulailler de la Gaîté, il saura sur cette époque une foule de renseignements : que Louis X avait une femme nommée Marguerite de Bourgogne; que cette Marguerite était fille du duc Robert; qu'il y avait donc un duché, des ducs de Bourgogne; qu'un intendant des finances du nom d'Enguerrand de Marigny fut exécuté alors à Montfaucon, etc., etc. Et vous serez bien forcé de reconnaître que, grâce à *la Tour de Nesle*, ce Louis X, ce roi quelconque, est aussi connu du peuple que le bon Henri IV, si célèbre par la poule au pot et la statue équestre du Pont-Neuf.

Nous savons bien les objections qu'on va nous faire. Le gamin qui aura vu jouer *la Tour de Nesle* s'imaginera de bonne foi qu'Enguerrand de Marigny n'a été perdu que par les intrigues du capitaine Buridan, que la reine de France se promenait nuitamment dans les cabarets avec le sceau de l'État dans sa poche, et autres balivernes semblables. Eh bien! après? Il vaut mieux que le peuple sache un peu d'histoire, même mêlée de beaucoup de fantaisie et de légende, que de n'en rien savoir du tout. Tout le monde n'a pas le temps de lire Michelet, et c'est déjà quelque chose que d'avoir regardé des images d'Épinal.

D'ailleurs, ne boudons pas contre notre plaisir et n'imitons pas le ridicule Pécuchet de Gustave Flaubert, qui entreprend de reviser Dumas au point de vue de la science.

« L'auteur, dans *les Deux Diane*, se trompe de date. Le mariage du dauphin François eut lieu le 15 octobre 1548, et non le 20 mars 1549. Comment sait-il (voir *le Page du duc de Savoie*) que Catherine de Médicis, après la mort de son époux, voulait recommencer la guerre? Il est peu probable qu'on ait couronné le duc d'Anjou, la nuit, dans une église, épisode qui agrémente *la Dame de Montsoreau*. *La Reine-Margot*, principalement, fourmille d'erreurs. Le duc de Nevers n'était pas absent. Il opina au conseil avant la Saint-Barthélemy, et Henri de Navarre ne suivit pas la procession quatre jours après. Henri III ne revint pas de Pologne aussi vite. D'ailleurs, combien de rengaines! Le miracle de l'aubépine, le balcon de Charles IX, les gants empoisonnés de Jeanne d'Albret! Pécuchet n'eut plus confiance en Dumas. »

Conservons, au contraire, toute notre confiance au bon Dumas, quand il nous raconte ses belles histoires, et ne le chicanons point, lecteur chagrin et pointilleux, quand il commet quelque erreur de fait ou de date. Écoutons-le sans l'interrompre, lorsqu'il arrange les événements selon son caprice et qu'il se met à mentir, — nous allions dire à « blaguer, » — avec la verve aimable et *bon-enfant* du voyageur qui vient de loin ou du chasseur qui raconte ses exploits. Nous avons mieux à faire, en lisant Dumas, que de relever quelques bévues sans conséquence; nous avons à admirer son invention intarissable, qui coule, abondante et large comme un fleuve; ses innombrables types, vrai peuple de héros, qui ont tous dans le cerveau une flamme idéale et qui se ruent dans la vie avec un si bel instinct de vaillance et de dévouement!

Car c'est la qualité suprême de Dumas. Ce joyeux génie est toujours généreux; il est aussi toujours innocent et pur, et ses mille fictions, qui amusent les hommes de tout âge, peuvent être mises entre les mains des jeunes filles et des enfants.

Qu'on érige donc la statue du conteur! Qu'elle triomphe dans Paris avant celles de Balzac et de Musset, morts depuis plus longtemps que lui cependant, et plus grands que lui? Nous en dresserons plus tard au poète des *Nuits*, au père de *la Comédie humaine*. Il n'y a pas d'injustice à ce que la gloire de Dumas soit satisfaite la première; car, nous le répétons, il n'en est pas de plus populaire, et lui seul — ce qui n'est jamais une infériorité — peut être et a été lu et compris par tous.

Avec tout cela, direz-vous, vous nous parlez bien peu des *Demoiselles de Saint-Cyr*?

Hélas! nous avons une bonne raison pour cela; nous n'avons pu assister à la reprise. Il y a une dizaine de jours, trompé par une belle matinée, nous sommes allé voir un peu si le printemps s'avançait. Une grosse averse, reçue dans les bois, nous a prouvé que nous avions bourgeonné trop vite. Nous sommes revenu au logis avec une cruelle bronchite, et à l'heure qu'il est, nous n'osons pas encore nous risquer dans les salles de spectacles.

Nous avons pourtant relu *les Demoiselles de Saint-Cyr* dans les loisirs forcés que nous donnait la maladie. Ce n'est point la meilleure comédie de Dumas, ni la plus mauvaise. Toujours beaucoup de légèreté, de grâce, d'esprit, et une merveilleuse souplesse de main qui ne se trouve peut-être, à ce degré, chez aucun autre auteur dramatique. Mais, en somme, c'est un pur ouvrage d'intrigue et d'adresse, une simple anecdote dialoguée. Et puis — il faut être franc — on n'était pas difficile, en 1843, en matière de couleur locale, et il faut oublier son Saint-Simon quand on lit la pièce de Dumas. Comme vérité historique, elle n'est pas supérieure au *Verre d'eau*, de Scribe, où il n'y en a guère.

Elle doit faire quand même, elle a fait, — nous assure-t-on, — beaucoup d'effet à la représentation; et nous n'en sommes pas étonné, *les Demoiselles de Saint-Cyr* étant, au point de vue spécial de la facture théâtrale, un chef-d'œuvre.

François Coppée ne se croit pas quitte envers Dumas, aux bienfaisants récits qui guérissent l'ennui pour lequel il n'est pas d'autre remède, et qui ont mérité l'*ex-voto* reconnaissant de tant de convalescences charmées. Il trouve, avec la reprise de *Henri III et sa cour*, le moyen de payer encore sa dette au grand conteur, au grand amuseur, au grand charmeur, et comme le public parisien, qui l'applaudit tour à tour sur la plupart de ses théâtres, il ajoute un bouquet à ce regain d'admiration et de popularité qui reverdit et refleurit une mémoire trop oubliée.

Il y a quinze jours, à propos des *Demoiselles de Saint-Cyr*, nous constations le regain de succès obtenu, depuis quelque temps, par le franc et superbe théâtre d'Alexandre Dumas père. Nous trouvons une preuve nouvelle de ce que nous disions alors dans l'enthousiaste accueil que le public de la Gaîté vient de faire à la reprise de *Henri III et sa cour*.

Rien de plus touchant que les débuts dans la vie de ce bon et brave grand homme qui a nom Alexandre Dumas. Ce jeune garçon qui doit à sa belle écriture plus encore qu'aux glorieux services de son père la modeste place qu'il occupe dans les bureaux du duc d'Orléans, et qui vit, lui et sa maman, dans une étroite médiocrité, de son chétif traitement d'expéditionnaire, est un type plein de pénétrante et intime poésie. On imagine aisément l'humble intérieur du grand fils et de la vieille mère, et la lampe de famille qui reste allumée si tard et dont le doux rayonnement éclaire chaque soir quelques nouvelles pages du chef-d'œuvre inédit. Bientôt viendra le grand jour, l'inoubliable soirée du 11 février 1829, où, en quelques heures, le nom d'Alexandre Dumas sera illustre à jamais; mais nous nous arrêtons, avec une sympathie tout particulièrement émue, devant la physionomie de l'auteur d'*Henri III* à la veille de cette date glorieuse, car il représente, à cette heure précise, ce qu'il y a de plus poétique au monde : le génie pauvre et obscur.

S'il y eut jamais justice à ce qu'un ouvrage donnât à son auteur la gloire en un seul jour, ce fut bien pour ce drame, dans lequel, par un coup d'essai à la Rodrigue, Dumas fit éclater dans toute sa puissance son admirable tempérament d'auteur dramatique. Simplicité et clarté parfaites de l'action, gradation constante de l'intérêt, agencement logique et ingénieux des scènes, dessin ferme et net des caractères, couleur locale juste et sans inutiles détails, style courant, agile, plein de vie, toutes les qualités du vrai dramaturge sont réunies et poussées au suprême degré dans cette pièce, la seconde que Dumas ait écrite, la première qu'il ait fait jouer et qui doit être considérée, puisque son apparition a précédé celle d'*Hernani*, comme le lever du soleil romantique.

Mais nous n'avons pas besoin d'insister sur les mérites supérieurs d'*Henri III et sa cour*. L'œuvre est consacrée par plus d'un demi-siècle de succès. Toutes les reprises qui en ont été faites ont réussi avec éclat, et la dernière sera, croyons-nous, aussi fructueuse qu'elle est honorable pour le théâtre de la Gaîté et la direction de M. Larochelle.

Une observation que nous avions déjà faite autrefois, en lisant le drame, nous est revenue à l'esprit, d'une façon bien plus frappante, en le voyant représenter. C'est que le quatrième acte des *Huguenots*, si vanté et qui permet aux admirateurs de Scribe de tels accès d'enthousiasme, n'est qu'une imitation, nous dirions presque un « démarquage » du cinquième acte de *Henri III*. Dans l'opéra de Scribe, Valentine veut retenir Raoul; dans le drame de Dumas, la duchesse de Guise supplie Saint-Mégrin de fuir. La situation est donc retournée, mais c'est bien la même; car, pour retenir Raoul ou pour faire fuir Saint-Mégrin, Valentine et la duchesse de Guise se servent d'un moyen pareil : l'aveu de leur amour. On exalte donc un peu trop Scribe à propos du duo que la musique de Meyerbeer a rendu immortel. Rendons, en passant, à Dumas ce qui appartient à Dumas.

Voici maintenant, à propos de la reprise de *Marie Stuart*, une chaude et vibrante esquisse du public artistique des soirées populaires de l'Odéon, puis un fin et spirituel portrait du grave et solennel auteur de la dernière des tragédies mixtes et d'une des meilleures ou des moins mauvaises, suivant les goûts.

Ces soirées populaires de l'Odéon sont vraiment très intéressantes, et elles le sont autant par les pièces qu'on y joue que par le public qui y assiste. Rien que des jeunes gens, ou à peu près. Beaucoup d'étudiants et une foule d'élèves du Conservatoire, accourus pour applaudir les débutants qui étaient hier leurs camarades de classe; tout un petit monde remuant, bruyant, enthousiaste, — très amusant à voir et à observer. Dans cette rangée de fauteuils d'orchestre, cinq ou six jeunes premiers de l'avenir ont pris place, s'étant fait déjà des têtes de comédiens et ayant soigneusement rasé leurs six poils de barbe; pour un peu, ils se seraient mis au menton du bleu de blanchisseuse. Dans ce coin du balcon, un groupe de futures coquettes et de soubrettes en herbe, — toilettes fraîches, chapeaux extravagants, — est éveillé comme une poignée de souris. A la bonne heure, voilà une salle où cela fait plaisir de promener le double canon de sa jumelle. Toute cette jeunesse, qui a des roses sur les joues et des étoiles dans les yeux, nous change et nous repose un peu du fameux « Tout-Paris des premières, » de cette redoutable assemblée de visages livides et d'esprits dégoûtés, de qui dépend la destinée de toute œuvre nouvelle et qui ont la mine tout à fait convenable pour porter aux nues une ineptie et pour siffler un chef-d'œuvre.

A son public jeune, ardent, naïf, dont le seul aspect réchauffe le cœur, l'Odéon a offert, lundi dernier, la reprise de *Marie Stuart* et les débuts, dans les célèbres rôles de la reine d'Écosse et de la reine d'Angleterre, de Mlles Caristie Martel et Lefebvre, les deux tragédiennes couronnées au concours du mois de juillet.

« Il faut une tragédie pour le peuple, » dit assez drôlement le général du *Monde où l'on s'ennuie*. Rien n'est plus vrai, et le public français conservera toujours un vieux fonds de respect invétéré pour le genre tragique. Il est sacré à ses yeux, même si l'on prend ce mot dans le sens que lui donnait Voltaire en raillant les vers de Lefranc de Pompignan :

Sacrés ils sont, car personne n'y touche.

Ce goût quasi religieux est singulier, Corneille et Racine ayant fait fort peu de petits, mais il existe. Au Parisien le plus sceptique, tout disposé à « blaguer » Dieu, la famille et la propriété, un poète tragique fait l'effet d'un personnage mystérieux et sacerdotal, d'une sorte d'hiérophante. De nos jours, bien que ce sentiment s'affaiblisse, il a encore mis une auréole au front de M. Henri de Bornier. Moins récemment, Viennet aussi en profita, et l'on ne trouva pas trop ridicule qu'il fût académicien.

Mais, au commencement du siècle et jusque dans les dernières années de la Restauration, on crut à la tragédie comme à un dogme. Tout mortel capable d'édifier cinq actes en vers pauvrement rimés, célébrant les augustes infortunes d'une personne royale, était alors considéré comme un être d'essence supérieure. « Si Corneille eût vécu sous mon règne, s'écriait Napoléon, ivre de tragédie comme tous ses contemporains, je l'aurais fait prince ! » Et, n'ayant point de Corneille, il criblait de faveurs, de pensions et de ruban rouge le piètre sire Luce de Lancival.

M. Lebrun, — qu'il ne faut pas confondre avec Lebrun, duc de Plaisance, traducteur de l'*Iliade* et de la *Jérusalem délivrée*, ni avec Écouchard Le Brun, alors surnommé le *Pindare français* et dont il restera tout au plus quelques épigrammes, — M. Lebrun, l'auteur de *Marie Stuart*, arriva donc au bon moment, à l'époque où la tragédie était encore un article de foi. Sa pièce, qui n'est pourtant qu'une copie affaiblie de l'ouvrage de Schiller, eut un succès prodigieux, et lui, homme habile, sut fort bien monnayer la couronne de laurier d'or que lui avait décernée un jour l'engouement du public. Il ne devint pas classique, mais il devint officiel. Il fut directeur de l'Imprimerie nationale, pair de France, puis sénateur, académicien, grand officier de la Légion d'honneur. Heureux âge que celui où la tragédie menait aussi loin !

Avant la guerre, nous avons quelquefois rencontré dans le monde M. Lebrun, alors très âgé déjà. C'était un vieillard maigre et vigoureux, au visage sanguin sous de beaux cheveux blancs. Il portait avec élégance son habit noir et il avait un aspect général extrêmement distingué, presque aristocratique. Ses manières courtoises et bienveillantes, avec un peu de hauteur, la correction de sa tenue, le prestige de son ancienne gloire que personne n'avait la curiosité d'aller contrôler, sa cravate blanche, sa vieillesse, sa plaque d'argent sous le revers du frac, tout cela lui composait une physionomie assez imposante et majestueuse, quand il s'asseyait à la droite de la maîtresse de la maison, dans les dîners en ville.

Il parlait modérément, avec tact et esprit, et l'on découvrait dans ses opinions ce fond de médiocrité qui est dans tous les gens de son école. Nous lui avons un jour entendu dire que jadis, quand il faisait des vers,

AHIER (S) OU PAGE (S) INTERVERTI (S) A LA COUTURE
ETABLI (S) A LA PRISE DE VUE.

DE LA PAGE 321
A LA PAGE 336

— depuis longtemps il ne travaillait plus, — il ne trouvait jamais mieux « l'inspiration » qu'en se promenant dans une longue avenue plantée d'arbres. Le procédé nous paraît bon, en effet, pour composer des hexamètres selon l'ancienne mode. Rien ne ressemble à une tragédie comme un jardin de Le Nôtre.

Est-il besoin de dire que M. Lebrun rappelait volontiers le souvenir de sa *Marie Stuart* et du fameux cri de Talma, imitant le bruit du coup de hache, dans le monologue du cinquième acte. M. Lebrun n'était pas ingrat pour la pièce à laquelle il devait sa fortune, et il l'aimait si violemment qu'il ne se souvenait plus qu'il en était seulement le père adoptif.

Lorsque Mme Ristori joua *Maria Stuarda* aux Italiens, on mena M. Lebrun voir la tragédienne. Dès les premières scènes, il donna des signes d'impatience et de mécontentement, et, à la première chute du rideau, quand on lui demanda la cause de son irritation :

— Mais c'est ma pièce qu'on joue là! s'écria-t-il tout en colère. Ces gueux d'Italiens m'ont volé ma pièce!

Le poète avait absolument oublié — et de très bonne foi — l'existence du drame de Schiller.

Malgré le respect que nous devons à la mémoire d'un galant homme, il nous faut bien déclarer aujourd'hui, après avoir entendu la tragédie de M. Lebrun, que c'est Schiller qui est le véritable auteur de *Marie Stuart*. A Schiller reviennent de droit la composition générale de l'œuvre, qui est magistrale, les situations qui sont très fortes et très dramatiques, les caractères qui sont tracés avec autant de relief que de vérité. A M. Lebrun, hélas! appartient seulement la forme de sa *Marie Stuart*, et cette forme est pitoyable. C'est la forme classique amenée, à force d'imitations, au dernier degré de l'anémie et de l'épuisement. Ces alexandrins plats, monotones, mal écrits et mal rimés, qu'à chaque instant l'inversion et la périphrase rendent inintelligibles, sont aux vers de Racine et de Corneille ce que sont aux marbres purs du musée des Antiques les moulages de plâtre baveux que des Piémontais exposent, le soir, sur le parapet des quais. Un beau vers par-ci, par-là, sans doute ; mais un beau vers selon la formule, un *faux bon vers*. Ce sublime-là pourrait s'enseigner en vingt-cinq leçons, comme la calligraphie ou la tenue des livres.

Mais la charpente du drame — du drame de Schiller, bien entendu, — est si solide, mais l'histoire de la captivité et de la mort de Marie Stuart est si pathétique et si touchante, qu'on finit par ne plus penser au style de la pièce et qu'on se laisse gagner quand même par l'émotion. Nous parlons ici des lettrés, car, pour le gros public, son indifférence en matière littéraire est complète. L'autre soir, à l'Odéon, la lutte des deux reines rivales a passionné l'assistance, et au dernier acte, — le meilleur du reste, même au point de vue de la forme, — au dernier acte, devant le spectacle de Marie marchant à la mort avec autant de courage que de religieuse résignation, il y avait des larmes dans bien des yeux. Puissance du chef-d'œuvre ! Même travesti, il est reconnaissable ; et sous la laide peau d'âne de la rhétorique, éclate, malgré tout, la radieuse beauté de la poésie.

Nous avons vu, dans Coppée, le critique dramatique aux prises avec le répertoire classique, le répertoire moderne. S'agit-il maintenant du répertoire contemporain ? Il trouvera moyen, à propos de *Toujours!* comédie en un acte, de M. Charles de Courcy, représentée à la Comédie-Française en juin 1883, de glisser un agréable couplet de poète moraliste, ou à propos de *Autour du mariage*, comédie en cinq actes, par M. Gyp et Hector Crémieux (22 octobre 1883), de dire son mot sur le genre *Vie parisienne*.

Voici ce passage charmant du compte rendu de *Toujours!* la pièce de M. de Courcy.

Amants, amants, éternelles dupes du désir, méfiez-vous du mot : Toujours !

Eh bien, non ! Ne vous en méfiez pas, et quand il vous montera aux lèvres, dans les heures délicieuses, dites-le sans fausse honte et ne songez pas aux ironies, plus ou moins spirituelles, des faiseurs de comédies. Ils passent leur temps à railler l'amour, ses exquises illusions, ses doux mensonges; mais c'est bien du temps perdu, et les vaudevilles, pas plus que les moines, ne sont des raisons. Le mot *toujours* est le fond de la langue amoureuse, et les deux bouches qui vont se confondre en un baiser seraient sans excuse si elles ne le prononçaient pas. Dans le « déduict, » comme disaient nos aïeux, il n'y a que les libertins qui soient muets.

Avec *Autour du mariage*, Coppée donne nettement son avis, comme on va le voir, sur le journalisme *épicé* et le théâtre *faisandé* :

Nous ne recherchons pas le journal *la Vie Parisienne*; mais, quand il nous tombe par hasard sous la main, nous y jetons volontiers un coup d'œil.

Il s'est publié là quelques excellentes choses. Taine y a donné son curieux *Thomas Graindorge;* Droz, Halévy, d'autres encore, y ont signé de courtes et légères compositions qui sont, dans leur espèce, de petits chefs-d'œuvre. Aujourd'hui, il se fait toujours, dans ce journal, une grande dépense de talent et d'esprit. Talent dépravé, esprit cynique. N'importe, c'est toujours de l'esprit et du talent; et, quand nous les rencontrons, nous leur tirons notre chapeau. Le malheur, c'est que, malgré sa religion du « chic » et ses grandes prétentions aristocratiques, l'endroit est mal famé, et mérite de l'être. On respire, en feuilletant *la Vie Parisienne*, une atmosphère malsaine. Ainsi, les narines d'un homme délicat sont offensées par la bouffée de gros parfums et de poudre de riz qui s'échappe d'un mauvais lieu. Nous ne sommes pas plus bégueule qu'il ne faut. Si *la Vie Parisienne* n'était destinée qu'à traîner dans quelques boudoirs de cocotte et sur les canapés de cuir des clubs, il n'y aurait pas grand mal. Mais il paraît que cette gazette de la « haute vie » est lue et très lue par les femmes du monde, et, ce qui est plus grave, qu'elle est en partie rédigée par plusieurs d'entre elles. Or, il n'y a pas à dire le contraire, certains articles de *la Vie Parisienne*, certains dessins surtout, — citons la scandaleuse planche des *Asperges*, — sont de la simple pornographie, de l'obscénité toute pure; et les autres dessins, et les autres articles, ont tous ou presque tous un fond d'indécence. Y a-t-il vraiment beaucoup de gens comme il faut qui lisent *la Vie Parisienne*, et surtout ressemblent-ils aux gens comme il faut, dépeints dans *la Vie Parisienne*? Ont-ils cette constante préoccupation du libertinage mondain, de la polissonnerie élégante? Ce serait tant pis, et cent fois tant pis; et *la Vie Parisienne* deviendrait alors un des microbes les plus inquiétants à observer dans la décomposition de la société française.

Quoi qu'il en soit, la série d'articles signés : Gyp et intitulés *Autour du mariage*, qui a paru récemment et avec un très vif succès dans le journal de M. Marcelin, était bien faite pour ajouter à son mauvais renom. Il y a quelque observation et quelque esprit mais encore plus de scandaleuse audace, dans l'histoire des frasques et aventures de Paulette d'Alaly, sorte de Froufrou perverse et du plus mauvais ton. Ce qu'il est impossible de chercher là, par exemple, c'est un sujet de pièce, ce sont des caractères de comédie.

M. Hector Crémieux est cependant tombé dans cette erreur, — ce qui nous étonne de la part d'un vieil auteur dramatique comme lui, — et il a extrait du livre de Gyp un long et insipide vaudeville.

Personne ne reconnaîtra la Paulette de *la Vie Parisienne* dans la Paulette du Gymnase, qui, comme l'autre, est coquette et mal élevée sans doute, mais au fond bien naïve, puisque, après de nombreuses « flirtations » qui ne vont jamais jusqu'aux choses essentielles, elle s'aperçoit, *proh pudor!* qu'elle aime son mari. Et pourquoi? Nous vous le donnons en mille. Pourquoi? Parce qu'il lui a fait des vers. C'est ainsi qu'un habile homme tempère du Crébillon fils par du Berquin et compose une immangeable cuisine où il assaisonne le fromage à la crème au poivre de Cayenne.

Ce qu'il y a de plus remarquable dans *Autour du mariage*, ce sont les réclames, à peine dissimulées, qui y sont introduites. Réclame pour le couturier Félix, appelé dans la pièce M. Lheureux; pour Mme Rodrigue, désignée sous le nom de Mme Chimène. Il y a là une idée : le théâtre-annonce. Dans la prochaine pièce du Gymnase, nous entendrons probablement ce bout de dialogue entre deux jeunes premiers : — « Peste ! mon cher, comme te voilà mis ! — C'est bien simple... Un complet à 39 francs de la *Maison du Pont-Neuf*. — Et ce superbe chapeau? — Six francs... A *l'Hérissé*. » Et soudain, entrant par la porte du fond, le patron de l'établissement des 30,000 *Paletots* descendra devant le trou du souffleur, en s'écriant joyeusement : — « J'ai donc enfin fait faillite ! »

Il est impossible aujourd'hui, à un critique dramatique, de ne pas intervenir pour dire son avis dans la grande querelle contemporaine du *naturalisme* et de l'*idéalisme* dans le roman et au théâtre. Coppée n'a pas éludé l'occasion perfide de la profession de foi sur ces deux points, fournie tour à tour par un *Roman Parisien*, de M. Octave Feuillet, au Gymnase, et de *Pot-Bouille* à l'Ambigu.

Nous voudrions pouvoir citer quelques pages de ce feuilleton d'analyse à l'emporte-pièce, où pétillent, à côté des traits que fournit la pièce elle-même, beaucoup de traits personnels que le critique emprunte à son observation. Nous ne pouvons malheureusement, faute de place, en reproduire que la conclusion, c'est-à-dire le jugement sur l'auteur et son genre.

C'est un roman. — Pardieu, oui, c'est un roman!
et l'affiche vous a prévenus.

Certes, il y a là des défauts, et qui sautent aux
yeux : pas d'unité dans le plan, dans l'action ; des
événements bien arbitraires ; le même récit trois fois
répété inutilement ; d'autres fautes encore. Malgré
toutes ces judicieuses critiques, la pièce est d'un
intérêt poignant et vous emporte, du lever de la toile
au dénouement, dans un irrésistible courant d'émotions.

Nous ne boudons pas contre notre plaisir et nous
applaudissons des deux mains avec tout le public d'ailleurs, qui a fait au *Roman Parisien* un succès éclatant,
complet.

Que si l'on nous demande d'analyser notre sympathie pour le talent de M. Octave Feuillet en général
et particulièrement pour son dernier ouvrage, il nous
sera facile de répondre. Nous reconnaissons chez
M. Feuillet cette façon supérieure et délicate de sentir,
de penser, d'écrire ces nuances dans la sensibilité,
cette aristocratie dans le style qui constituent le maître,
le poète. D'autres, mieux que lui peut-être, sauront
enchevêtrer une intrigue, tortiller un dialogue, faire
éclater la mousqueterie des mots à effet, habiller une
banalité en paradoxe ou farder une idée fausse, —
lâchons le gros mot, — « faire du théâtre ; » mais ce
tact dans le sentiment, cette élégance d'expression,
cette fleur de pensée, enfin cette vertu si rare aujourd'hui : *n'être jamais commun*, — c'est à lui, bien à lui,
— et, si nous songeons à la brutalité du théâtre contemporain, nous avons presque envie d'ajouter : c'est
à lui seul.

A *Pot-Bouille* maintenant. François Coppée a
le goût trop libre et trop hardi, il est trop de
son temps pour ne pas faire du talent puissant,
mais grossier, de M. Zola, le cas qu'il mérite.
Il admire donc très sincèrement le romancier
et le peintre dans M. Zola. Mais il puise dans

cette admiration même le droit de lui dire la vérité, et il en remplit le devoir avec une cordiale franchise.

Nos pères, gens économes, avaient des tailleurs à façon, à qui le client apportait une pièce de drap et qui lui rendaient un habillement complet : habit, veste et culotte. Ces modestes habitudes ne sont pas encore tout à fait perdues, et, dans le vestibule des maisons de faubourg, il est assez fréquent de voir un écriteau, sur lequel on lit ces mots : « Le concierge est tailleur. »

M. William Busnach exerce, dans la littérature contemporaine, cette humble profession de tailleur à façon. On lui confie un roman et il vous rend une pièce de théâtre. Très rarement, il fournit l'étoffe lui-même et s'élève jusqu'au grand art des Laurent Richard et des Dusautoy. Il s'est taillé cependant quelques pantalons originaux et, sans jouer sur le mot, quelques *vestes* personnelles ; mais, en général, il se contente de couper ses mélodrames dans la grossière cheviotte de M. Alexis Bouvier ou dans le solide elbeuf de M. Émile Zola. Parfois, il a été assez heureux. L'Assommoir, par lui mis en drame, quoique ne rappelant que d'assez loin le chef-d'œuvre du maître naturaliste, était un ouvrage passablement fabriqué. Ce fut un gros succès ou — pour revenir à notre comparaison — un vêtement « de fatigue, » comme on en vend chez les marchands d'habits pour les ouvriers. M. Busnach avait taillé dans la légende de Coupeau et de Gervaise un « complet » de gros velours à côtes, pareil à ceux que portent les travailleurs sous la blouse et la cotte de toile bleue. Après trois cents jours de rude besogne, cette bonne marchandise était à peine usée.

Nous dirons tout à l'heure si, en s'accroupissant sur son établi et en promenant ses grands ciseaux dans la prose de *Pot-Bouille*, le tailleur à façon William Busnach s'est acquitté congrûment de sa tâche ; mais d'abord parlons un peu du roman qui, tel qu'il est, vaut cent fois mieux que la pièce.

On connaît notre haute estime pour Émile Zola. Il y a chez lui un grand talent, une grande volonté, une grande force, trois choses que nous admirons et que nous respectons. Mais tout cela ne nous empêche pas d'être sincère. *Pot-Bouille*, disons-le brutalement, est l'ouvrage le plus faible, le plus manqué, du père des Rougon-Macquart.

Voulant peindre la bourgeoisie parisienne, M. Émile Zola s'est servi de son procédé ordinaire, qui consiste à réunir tous ses personnages dans un même milieu et à donner à ce milieu, — dans *Pot-Bouille*, c'est une maison moderne à cinq étages, au centre de Paris, — une vie personnelle, à en faire une sorte d'être vivant et symbolique. C'est là une idée de poète, dont nous sommes loin de contester la grandeur. Appliquée à une étude sur le menu peuple, elle était excellente. Les familles populaires habitent en effet des ruches énormes, où chacune a son alvéole. On voisine beaucoup, on vit les portes ouvertes, dans ce petit monde-là. La maison de la rue de la Goutte-d'Or, dans *l'Assommoir*, avec son bourdonnement de commérages et sa trépidation d'usine, a donc pu devenir, grâce aux magiques descriptions du romancier, un être animé, une espèce de personne.

Il n'en pouvait être de même d'une maison bourgeoise. Nous en appelons à tous les Parisiens qui habitent dix années de suite un logement, sans savoir, les trois quarts du temps, le nom de leur voisin de palier. Zola lui-même l'a bien senti ; car, dans *Pot-Bouille*, ce n'est pas à la maison elle-même, c'est au seul escalier qu'il a prêté une âme et une physionomie. On a trop raillé certains détails de la description, sans cesse recommencée et comme obsédante, de ce fameux escalier ; on s'est trop moqué de « l'honnêteté des acajous » et d'autres expressions un peu bizarres. Toute cette partie du livre est exécutée de main de grand ouvrier, et c'est avec une étonnante puissance de rendu que Zola reparle sans cesse du centre banal de cette maison, de cet escalier tiède, confortable, inspirant le respect, dont toutes les portes sont fermées sur tant de vices et de hontes.

La grande erreur de l'auteur de *Pot-Bouille*, — erreur résultant de son procédé littéraire, — c'est d'avoir réuni arbitrairement dans la même demeure, c'est d'avoir fait voisiner ensemble des gens et des familles appartenant à des classes très distinctes de la bourgeoisie parisienne. C'est vraiment la trop mal connaître que de nous montrer un simple commis en nouveautés, un calicot, comme Octave Mouret, reçu chez le plus gourmé, chez le plus raide des justiciards, chez le magistrat Duveyrier!

Elle nous est familière, à nous, cette bourgeoisie de Paris; nous en sommes, et nous savons qu'elle est divisée et classée comme les castes de l'Inde. Hâtons-nous de le dire, elle ne ressemble nullement à la caricature qu'en a faite Zola dans son livre. Elle est pleine de routines et de préjugés, soit; elle a des idées très étroites, d'accord; mais elle est, pour la très grande majorité, honnête et pure. Attachée aux vieux usages, elle se préserve de la corruption moderne par sa sage médiocrité. Ses deux gros défauts sont l'amour du gain et le manque absolu d'idéal; mais on ne saurait nier ses qualités essentielles : l'honneur commercial, le respect des liens de famille et un grand fond de bonhomie. Il existe sans doute des bourgeois dépravés comme ceux de *Pot-Bouille;* mais ce sont des exceptions, des monstruosités, et un roman sur la classe moyenne qui ne nous montre que de tels personnages est sans vérité et sans valeur, au point de vue humain comme au point de vue social.

Du reste, disons-le, en lisant *Pot-Bouille*, nous nous sommes souvent demandé où et comment l'auteur avait pu observer la société si mystérieuse, si renfermée, des petits bourgeois parisiens, lui qui n'en fait pas partie, lui qui n'est même pas né à Paris. Il se pique pourtant de peindre toujours devant le modèle, de faire toutes ses études d'après nature; mais, cette fois, il aura beau dire, nous doutons de sa sincérité.

Car nous savons — ce qu'il semble ignorer dans son roman — combien il est difficile de pénétrer dans la plupart des familles bourgeoises, combien elles sont peu hospitalières, méfiantes devant les nouveaux visages. C'est même là un trait de caractère de la vieille bourgeoisie française. Nous connaissons — cela est dit très sérieusement — certaines salles à manger de gros commerçants où il serait plus malaisé d'être invité à manger la soupe et le bœuf que d'être admis dans une cour du Nord.

Et, précisément, cette porte que le bourgeois n'entr'ouvre qu'avec précaution pour les gens de son monde, — proches parents, amis très intimes et très sûrs, — il la ferme impitoyablement au nez de quiconque appartient ou touche aux lettres ou aux arts. Ces gens-là, aux yeux du bourgeois, sont des ennemis; et il n'a pas tout à fait tort de le croire. En tout cas, il les considère comme des irréguliers, comme des bohèmes, et il les évite; si l'un de ces êtres dangereux naît par hasard dans sa famille, il l'en chasse.

Comment donc l'auteur des Rougon-Macquart a-t-il pu écrire une étude sur cette société close, sur ce monde inconnu ? Nous le soupçonnons, et c'est là le côté faible du système : avec des notes fournies par des amis, avec des renseignements recueillis à droite et à gauche; notes douteuses ou obscures, renseignements mal contrôlés, ou pas du tout.

Nous pouvons même raconter, à ce sujet, une assez amusante anecdote.

Un jour, nous rencontrons un jeune romancier de l'école, qui semblait fort irrité contre le Maître.

— Non, c'est décourageant ! s'écria-t-il, quand nous l'eûmes questionné. On donne à Zola un personnage, il le défigure; on lui fournit un document, il l'altère... Ainsi, pour *Pot-Bouille*, je lui avais *donné mon oncle*, dont il a fait son Bachelard... Eh bien, il n'est pas reconnaissable !

Sans insister sur le délicieux comique qu'il y a dans l'action de « donner son oncle, » à titre de document humain, recueillons ici un aveu. Émile Zola ne pouvait pas prendre et n'a pas pris sur le vif la petite bourgeoisie; cette fois, le naturaliste n'a pas travaillé d'après nature. Ainsi s'explique le manque de réalité des types de *Pot-Bouille*, ou du moins de la plupart de ces types.

Non que le livre soit sans mérite, bien entendu : Zola ne peut rien écrire où il n'y ait quelques pages magistrales. Mais, nous le répétons, il a manqué *Pot-Bouille*. Il ne possédait pas bien son sujet, un des plus complexes et des plus difficiles qui soient, et il n'a mis que de la force et même de la brutalité, là où il aurait fallu des nuances.

Zola a d'ailleurs déjà pris sa revanche, et son dernier roman, *le Bonheur des Dames*, est un des meilleurs qui soient sortis de sa plume puissante. Ici, il était à son aise. Il avait sous les yeux le *Louvre*, le *Bon Marché*, le *Printemps*, tous les modèles qu'il pouvait désirer pour construire son monstrueux caravansérail de la mode. Aussi le livre fourmille de splendides descriptions; le peintre d'énormes natures mortes qu'est Émile Zola s'en donne à cœur joie, s'amuse visiblement de son œuvre. Les personnages, eux aussi, qu'il a vus, observés, coudoyés, ont de la vie, et plusieurs de la grandeur. Octave Mouret, le calicot sublime, menant la ronde des femmes du monde et des bourgeoises, affolées de toilette, se dresse avec la fière allure du Génie de la Danse, de Carpeaux, entouré de ses bacchantes hystériques; et le vieux spécialiste Bouras, sculptant ses manches de parapluies dans son échoppe, seule restée debout dans l'îlot de maisons conquis par le grand magasin, a quelque chose de la stoïque impassibilité d'Archimède pendant le sac de Syracuse.

Nous nous attardons à causer de *Pot-Bouille*, roman, et nous n'en finissons pas d'arriver à *Pot-Bouille*, pièce; mais nous n'agissons pas ainsi sans dessein, car nous comptons être très laconique sur le nouveau spectacle de l'Ambigu, qui mérite peu qu'on s'y arrête. Avec Émile Zola, il est question de littérature ; avec M. William Busnach, il ne s'agit plus que de métier.

M. Busnach sait son métier, c'est clair ; il le sait même trop, et nous n'en voulons pour preuve que les effets comiques, usés dans cent vaudevilles, dont il a émaillé son arrangement de *Pot-Bouille*. Il faut que le public soit, selon l'expression de Montaigne, une « bête d'habitude, » pour rire encore d'un mot quelconque répété vingt fois, d'une tasse de thé destinée à un personnage et bue par un autre, etc., etc. Mais M. Busnach connaît le public mieux que nous, lui sert ce qu'il aime, se met à sa hauteur, — et cela ne lui réussit pas trop mal, en vérité.

Sous ses heureuses mains, *Pot-Bouille* est devenue une grosse et lourde bouffonnerie. Du livre de Zola, où l'on trouve de la satire cruelle et de l'ironie noire, M. Busnach a tiré une farce à la Paul de Kock, avec des coins d'Henry Monnier. Mais il n'a guère imité que la trivialité du premier et la platitude du second, oubliant que Paul de Kock est toujours gai et Monnier profond quelquefois.

Une seule figure relève et ennoblit un peu la basse charge de M. Busnach : celle du pauvre Josserand, qui aime de tout son cœur ses deux filles, travaille nuit et jour pour qu'elles aillent au bal en robes fraîches, et meurt de découragement et de douleur quand elles sont déshonorées.

Ce travail de facture a réussi. Qu'importe ?

Après les portraits d'auteurs, François Coppée, au hasard de l'occasion, n'a pas laissé de brosser de verve quelques portraits d'acteurs, ou, faute de mieux, quand le rôti du compte rendu manquait, de le remplacer par des histoires. C'est ainsi que tour à tour la reprise du *Crime de Faverne* à la Porte-Saint-Martin lui a permis d'exhumer de ses souvenirs un croquis de Frédérick Lemaître vieillissant, qui le ressuscite pour les nôtres, et qu'il a tiré prétexte de la publication des *Mémoires d'un chef de claque* par Jules Lan, pour tracer une curieuse esquisse du monde des théâtres.

Voici d'abord son portrait de Frédérick Lemaître réduit aux restes de la voix, aux ruines du visage encore illuminées des éclairs d'un œil que la mort seule a pu éteindre.

Quand nous avons lu sur l'affiche de la Porte-Saint-Martin qu'on allait reprendre *le Crime de Faverne*, nous nous sommes abandonné à nos souvenirs sur Frédérick Lemaître.

Car nous l'avons vu, nous l'avons entendu, nous l'avons applaudi à nous peler la paume des mains, le grand acteur, le Napoléon des planches. Certes, nous n'avons pu assister qu'à sa décadence, heureusement pour nous, qui ne sommes pas encore un vieux. Déjà l'édifice était en ruines, mais en ruines du plus magnifique aspect, de la plus grande tournure; le vieux cheval de sang était couronné des deux genoux, mais quand il sentait l'éperon, il partait encore d'un furieux galop. Songez donc, nous parlons d'il y a vingt-trois ans, lorsque Frédérick reprit à l'Ambigu, — nous ne savons plus au juste sous quelle direction, mais il nous semble que c'était celle de Chilly, — toute une série de ses rôles à grand succès : *Trente ans ou la vie d'un joueur*, *Don César de Bazan*, *la Dame de Saint-Tropez*, *le Vieux Caporal*. Il était déjà bien cassé, le pauvre Frédérick, mais, allez ! les morceaux étaient bons.

Nous ne le revîmes qu'assez longtemps après, dans ce *Crime de Faverne*, grossière machine charpentée à coups de hache par Théodore Barrière, qui a tant galvaudé et gâché ses puissantes qualités d'homme de théâtre; et Frédérick nous parut encore admirable dans les quelques scènes du notaire Séraphin. Mais cette dernière impression est moins vive dans notre mémoire que les anciennes. Étions-nous devenu plus blasé, plus difficile? Bien plus probablement, c'était Frédérick qui avait encore vieilli davantage, qui avait descendu quelques degrés de plus de la vie effrénée, de la vie d'excès et de bohème, où il s'est lentement et continuement abîmé! Sa voix surtout, cette voix qui fut toujours pleine de « trous, » mais dont nous avions encore pu entendre les derniers éclats, était perdue tout à fait; cela tenait du hoquet, du sanglot, du râle; on n'entendait presque plus rien, et le malheureux homme, qui avait la conscience de son impuissance à cet égard, faisait pour parler des efforts douloureux toujours, parfois horribles même, et ne pouvait plus manifester son génie que çà et là, par un geste étonnant, une trouvaille de pantomime, où cet artiste damné savait encore mettre un peu de sublime.

Pour une raison ou pour une autre, nos souvenirs sur Frédérick Lemaître, dans *le Crime de Faverne*, sont moins enthousiastes et aussi plus confus que ceux d'il y a vingt-deux ou vingt-trois ans, ceux des reprises de l'Ambigu. Parlons donc de ces derniers, — non de tous, car il nous faudrait parler jusqu'à demain, — mais de quelques-uns, de Frédérick dans *le Vieux Caporal*, par exemple.

La pièce, vulgaire besogne de d'Ennery, est quelconque, et son plus grand mérite consiste dans l'invention d'un personnage qui devient muet pendant trois actes; car, dès lors, Frédérick commençait à perdre sa voix. Depuis plusieurs années déjà, il n'avait plus une dent et portait un râtelier complet qui le gênait fort. Il ne pouvait s'en passer cependant, pour parler distinctement. On raconte qu'un jour, en pleine scène, ce râtelier lui tomba de la bouche. Mais, sans se troubler, improvisant aussitôt une petite pantomime, le vieil acteur ramassa l'appareil sans que le public s'en aperçût, en relevant son mouchoir négligemment jeté à terre, puis, feignant de s'essuyer le visage, il remit le râtelier à sa place, avec un geste merveilleux de grâce, d'adresse et d'agilité.

C'était donc une idée excellente de lui confier un rôle de muet, et ses faiseurs ordinaires la mirent bien vite à exécution. Pourtant Frédérick avait encore un peu à parler dans *le Vieux Caporal*, notamment au prologue, où il chantait même — avec quelle aphonie lamentable ! — une petite chanson.

Ce qui était superbe, par exemple, dans ce prologue, c'était l'entrée de Frédérick en grande tenue de caporal des grenadiers de la garde impériale. Jamais grognard, tiré par l'oreille et appelé par son nom à la parade par le Grand Napoléon, n'a mieux porté le haut bonnet à poils, les grandes guêtres noires, l'habit bleu étoilé de la croix d'honneur et traversé par les buffleteries blanches, les vieilles épaulettes rouges, le sac et la giberne, portés très bas; jamais vieux de la vieille, ayant fait toutes les étapes de Toulon à Waterloo, n'a été plus à son aise dans ce fameux uniforme et n'a plus légèrement manié le fusil de munition. Frédérick, en caporal de grenadiers, évoquait et symbolisait toute la Grande-Armée. L'apparition seule du comédien donnait la mesure de son art consommé du costume et de la composition. Le vieux caporal de Frédérick aurait pu être signé Charlet.

Tout de suite, il y avait une scène charmante.

On confiait au vieux caporal une enfant, une petite fille de trois ou quatre ans, lorsque soudain, pif! paf! la fusillade éclatait. Aux armes! on rompait les faisceaux; et le brave homme, fort empêché, mettait l'enfant sur son dos, à cheval sur son sac, et commençait à tirailler sur les Autrichiens, se retournant entre chaque coup de feu vers la petite et lui recommandant de se bien tenir.

Tout à coup, les ennemis font un feu de bataillon, et le bonnet à poils du vieux caporal est renversé par une balle, — par une balle qui a dû tuer l'enfant. Cette horrible crainte se peignait sur le visage de Frédérick; il détournait la tête avec lenteur, osant à peine regarder par-dessus son épaule. Mais la petite fille n'avait pas été atteinte, et, joyeuse, sans se douter du danger couru, elle tirait la moustache de son ami, dont les yeux s'emplissaient alors de larmes de joie.

Jamais nous n'avons vu physionomie d'acteur exprimer deux sentiments opposés avec autant de force et de mobilité que la physionomie de Frédérick dans cette scène. Il y a plus de vingt ans de cela, et nous n'avons qu'à fermer les yeux, à l'heure qu'il est, pour revoir le prodigieux artiste.

Mais où il triomphait, c'était dans la grande scène muette.

La situation imaginée par le dramaturge ne manquait ni d'ingéniosité ni de pathétique. Fait prisonnier en Russie et longtemps retenu dans les mines de sel de la Sibérie, le vieux caporal parvenait enfin à s'évader et revenait en France, après mille misères. Là, il n'avait qu'un mot à dire pour confondre un traître quelconque et réparer nous ne savons plus quelle injustice. Mais au moment où le pauvre voyageur arrive dans son village, un scélérat glisse un rouleau de louis dans son sac et lui dérobe ses papiers; puis on l'accuse de vol, et, dans son saisissement, le vieux caporal est frappé d'une paralysie de la langue. Comment faire maintenant pour révéler le secret? Le vieux caporal est muet, et, naturellement, ne sait pas écrire, car, s'il avait su écrire, il serait devenu depuis longtemps maréchal de France. Il ne lui reste que le langage des muets, le geste et la physionomie; ils lui suffiront. Et alors, Frédérick jouait une scène inoubliable, où il racontait, par la seule puissance de la pantomime, la campagne de Russie, sa captivité dans les mines, son évasion, son long voyage de mendiant à travers l'Europe, tout cela mêlé à une sombre histoire d'enfant perdu, d'héritage détourné, à une intrigue très compliquée de mélodrame, que le muet trouvait pourtant moyen de faire comprendre.

Frédérick n'a peut-être jamais été plus beau, plus complet que dans cette scène. Tout le servait: son visage ravagé et labouré de rides, sa bouche tombante, son front à moitié chauve sous le désordre de ses cheveux gris. Il offrait la figure même de la souf-

france. Son costume aussi était un chef-d'œuvre. Drapé dans une capote en lambeaux et chaussé de souliers boueux dans de vieilles guêtres grises, il roulait entre ses doigts un bonnet de police pourri ; et les journées de marche dans la neige et sous la pluie, les sommeils dans la paille des granges, toutes les fatigues du vagabond étaient écrites dans ses éloquents haillons. Nous n'avons rien vu, nous n'espérons plus rien revoir de si grandiose et de si tragique.

Mais, encore une fois, nous écririons des pages et des pages si nous voulions jeter seulement quelques croquis à la plume de Frédérick dans les rôles où nous l'avons admiré. Rappelons seulement, pour ceux qui ont pu voir ce comédien si puissant et si varié, son regard d'épouvante dans *la Dame de Saint-Tropez*, quand il voyait, en regardant dans une glace, sa femme lui verser du poison ; rappelons le geste ample et royal avec lequel il se couvrait, au dénouement de *Don César de Bazan*, en s'écriant : « Et moi, je suis le roi d'Espagne ! » Rappelons surtout le poème de misère qu'il exprimait d'un seul regard, au dernier acte du *Joueur*, lorsque, ramassant un morceau de pain et le mettant dans sa besace, il disait, avec des larmes dans la voix : « Pour ma famille ! »

Nous écrivons ces lignes avec ivresse, hélas ! et elles n'auront aucun sens pour la plupart de nos lecteurs. Triste destinée que celle du comédien, qui meurt tout entier !

Le compte rendu *à côté* des *Mémoires d'un chef de claque* (28 mai 1883) débute par un tableau de son intérieur au printemps, il y a cinq ans passés, qui est bien un des plus précieux et des plus curieux qui soient jamais sortis de la plume, c'est-à-dire du pinceau du poète. On va en juger comme nous, certainement.

Dans un livre de Charles Baudelaire que tout le monde devrait connaître en long et en large, — car c'est un des plus savoureux chefs-d'œuvre de la prose française contemporaine, — mais que tout le monde ignore, — car on n'aime guère que les romans à sensation et les niaiseries, — on peut lire un très étrange poème, intitulé : *La Soupe et les Nuages.*

Qu'on nous permette de le citer :

« Ma petite folle bien aimée me donnait à dîner, et, par la fenêtre ouverte de la salle à manger, je contemplais les mouvantes architectures que Dieu fait avec les vapeurs, les merveilleuses constructions de l'impalpable. Et je me disais, à travers ma contemplation : toutes ces fantasmagories sont presque aussi belles que les yeux de ma bien-aimée, la petite folle monstrueuse aux yeux verts.

« Et tout à coup je reçus un violent coup de poing dans le dos, et j'entendis une voix rauque et charmante, une voix hystérique et comme enrouée par l'eau-de-vie, la voix de ma chère petite bien-aimée, qui disait : « Allez-vous bientôt manger votre soupe, « s... b... de marchand de nuages ? »

Être un « marchand de nuages » et se voir forcé de manger et, qui plus est, de gagner sa soupe, n'est-ce pas notre sort à nous, infortuné poète chargé d'un feuilleton dramatique ? Jamais l'ingénieuse et mystique allégorie, contenue dans le poème en prose de Baudelaire, ne nous a plus frappé que ce soir. Nous étions, en effet, en train de bayer aux nuages, et il faut à présent manger notre soupe.

Expliquons-nous.

Vers sept heures du soir, — il fait encore grand jour à sept heures, au mois de mai, — nous avions regagné notre logis au fond du faubourg Saint-Germain. Sachez qu'il est charmant : un rez-de-chaussée entre cour et jardin, dans une maison qui respire toute la mélancolique poésie de la province. Nous avions fait là, en compagnie de notre sœur, de l'excellente et bien aimée compagne de notre vie, un frugal dîner, commençant par le bon potage bien gras servi dans des assiettes à fleurs, et finissant par le café parfumé, comme on ne peut l'obtenir qu'après de longues expériences. Puis nous étions allé fumer une cigarette — on nous doit cet axiome : « La cigarette est la récompense du dîner » — dans notre petit jardin. Petit jardin, oui, mais enclavé dans de grands jardins, entouré d'un verger magnifique, et d'où l'on peut voir un vaste espace de ciel.

Nous avions passé là une heure exquise de rêve et de flânerie.

Le soir tombait ; et dans un ciel couleur de turquoise malade, de turquoise un peu pâle, les souples hirondelles passaient et repassaient continuellement en poussant leur petit « cuik. » Hirondelles et martinets abondent dans ce coin de faubourg perdu. Il y a là, pour leurs nids, les grands et anciens murs de la caserne de Babylone, et les oiseaux migrateurs y reviennent fidèlement, chaque année, sans prendre garde aux roulements de tambours et aux appels de clairons. Donc, bien à notre aise, ayant mis une vieille veste de chambre et des pantoufles assouplies par l'usage, nous fumions, dans notre jardinet, la délicieuse cigarette d'après dîner et nous suivions, dans le ciel pur et laiteux d'un beau soir de printemps, le vol palpitant ou planant des rapides hirondelles.

Et puis, nous goûtions les délicates voluptés du Parisien qui jouit, à lui tout seul, d'un morceau de terrain où il y a des fleurs et des feuilles. Nous examinions, avec un puissant intérêt, nos quelques rosiers, constatant avec chagrin que le « William Allen » et la « Gloire de Dijon » étaient fort malades, mais nous consolant devant les petits francs-de-pied et le « Sultan de Zanzibar » qui donnent de sérieuses espérances. Si les silènes et les myosotis étaient défleuris, si les giroflées avaient perdu leurs gerbes d'or, le massif des pensées, des jolies pensées, qui ont un regard et un air humain, presque un visage, resplendissait, et, sur le kiosque de chaume, qui rappelle les étables « rustiquées » du « Jardin des Plantes, » la vigne vierge tordait gaiement ses vrilles capricieuses. Autour de la fenêtre de notre cabinet de travail, récemment construit, avait grimpé la végétation dont nous pouvons dire, comme Rousseau : « Je l'ai plantée, je l'ai vue naître. » Les rosiers de muraille sont bien chétifs, sans doute, mais, pour la première fois, depuis trois ans, ils sont quelques boutons; et les chèvrefeuilles vont éclore, et la clématite a déjà ouvert ses blanches étoiles, d'où jaillit une aigrette légère.

Oh ! la bonne soirée ! Notre modeste carré de fleurs, de verdure, — jardin de curé ou d'invalide, — et le grand verger qui l'entoure et que nous possédons par le regard, embaumaient, sentaient la terre arrosée et la feuillée nocturne. Dans le ciel assombri, d'un ton d'acier, mais où ne passait point une brise, les premières constellations ouvraient leurs yeux clignotants; et, baigné par cette rafraîchissante atmosphère, nous amusant à voir le foyer de notre cigarette devenir plus lumineux au fur et à mesure que le crépuscule tombait, nous songions vaguement que la vie est douce, et qu'il est bien agréable d'habiter, à quelques portées de fusil du *Bon Marché*, un asile aussi retiré, aussi paisible, où l'on peut s'imaginer qu'on est en pleine nature, puisqu'on y respire des fleurs, et qu'on y contemple tout le ciel du Nord, où s'allument l'étoile polaire et les sept astres de la Grande Ourse.

Mais alors les horloges d'alentour — celles de la caserne et des trois ou quatre couvents voisins — sonnèrent huit heures, l'une après l'autre, et nous rappelèrent que notre récréation était finie et que le devoir, l'implacable devoir — c'est-à-dire notre feuilleton — nous réclamait.

Il fallut remonter les marches du perron, fermer la porte-fenêtre au nez des étoiles et, pour plus de précaution, tirer le rideau, rentrer dans la chambre tapissée de livres, dans notre « librairie, » comme on disait autrefois, allumer la lampe des longues veilles, nous asseoir devant cette table sur laquelle nous avons écrit tant de pages, et ouvrir le volume nouveau qui devait, à défaut de pièces, nous fournir un sujet d'article, et le titre de ce volume : *Mémoires d'un chef de claque*, faisait un contraste si violent, si brutal avec la rêverie virgilienne d'où nous sortions, que nous nous sommes rappelé soudain la singulière phrase du poëme en prose de Charles Baudelaire :

« Allez-vous bientôt manger votre soupe, s... b... de marchand de nuages ? »

Et pourtant, au point de vue du feuilleton — car il faut toujours y revenir, à ce rocher de Sisyphe qui retombe hebdomadairement sur nos épaules — au point de vue du feuilleton, on ne peut rien rêver de plus excitant, de plus riche de promesses qu'un livre cyniquement intitulé : *Les Mémoires d'un chef de claque.*

La claque ! c'est souvent, hélas ! ce qu'il y a de plus clair et de plus sûr dans la vie des auteurs et des comédiens ; et un de nos amis, — nous ne lui jouerons pas le mauvais tour de le nommer, — prétend que le mot « succès, » le mot « gloire, » le mot « triomphe, » devraient toujours, dans le dictionnaire de l'art dramatique, être suivis de cette sceptique indication : *Voyez claque.*

Il y aurait à écrire une curieuse histoire de la « claque, » allant des Augustans de Néron, qui, selon l'expression de Racine, arrachaient des applaudissements pour le maître, — c'est peut-être de là que date le mot *romain*, — jusqu'aux humbles amateurs de spectacles qui, chaque soir, s'enrôlent chez le « chand de vin » du coin, sous les ordres des modernes entrepreneurs de succès. Cette histoire, nous espérions la trouver dans le livre de M. Jules Lan ; mais elle reste à faire, ou du moins elle n'est qu'esquissée dans le volume qui vient de paraître à la Librairie nouvelle.

Oui, la physiologie du chef de claque reste à faire et c'est cependant là un type bien étrange des bas-fonds parisiens.

Où il est beau à observer, c'est aux dernières répétitions d'un ouvrage. La pièce est sue ; on a enlevé de l'avant-scène la petite table et les trois chaises de paille ; l'auteur et le directeur, rejetant la toile grise qui recouvre le troisième rang des fauteuils d'orchestre, vont s'asseoir là pour juger du jeu des acteurs d'après la vraie perspective, et le souffleur est rentré dans son trou. On joue dans le décor et la rampe est allumée; mais la salle reste encore sombre. Alors, dans l'abîme ténébreux que les comédiens voient se creuser devant eux, entre les deux manches de contre-basse, retentissent de temps en temps quelques légers coups de canne frappés sur le parquet. C'est le chef de claque qui indique les « effets. » Installé, lui aussi, dans un fauteuil d'orchestre, mais à distance respectueuse de l'auteur et du directeur, chaudement vêtu et généralement coiffé d'une toque de velours — car les salles de théâtre, où le jour ne pénètre jamais, ont, quand elles sont vides, l'humidité des caves — le « chef du service du parterre, » pour l'appeler par son titre officiel, note de cette façon, et avec un instinct presque toujours sûr, les endroits où les applaudissements de ses romains auront chance d'entraîner ceux du public. Dans les théâtres de drame, il prend soin aussi de retenir les phrases pathétiques, les passages attendrissants, où pour faire fonctionner la « pompe aux larmes, » il se mouchera avec fracas. Enfin, dans les théâtres de bouffonneries, il cherche le moment opportun de faire éclater le gros rire. Car — le fait est positif — il y a des *rieurs* au Palais-Royal, comme il y a des pleureuses aux enterrements anglais.

Oh! ce monde des théâtres, si singulier, si artificiel, avec ses mille dessous, ses innombrables petits mystères, quelle mine féconde il ouvre à l'observateur! On a déjà écrit des centaines de volumes sur la vie étrange des coulisses, mais la matière est inépuisable. Car il y a une source de comique toujours jaillissante dans la vanité, et si, par impossible, elle disparaissait de la société, on la trouverait encore derrière les portants placardés de vieilles affiches. Nous en voulons presque à l'auteur des *Mémoires d'un chef de claque* d'avoir manqué son ouvrage; seul, il pouvait mesurer la vanité des comédiens, et c'est à peine s'il en parle.

Qu'on ne s'imagine pas, en nous entendant exprimer ce malicieux regret, que nous ayons la moindre malveillance contre les artistes dramatiques. Ils ont, au contraire, toute notre sympathie, et leur vanité, dans une profession où la gloire ne fait pas crédit et où il faut toucher son succès argent comptant, nous semble très excusable. Nous aurions aimé à rire un peu avec « le chef de claque, » s'il avait été plus indiscret, voilà tout ; et il n'est jamais défendu de rire. Mais nous n'oublions pas l'estime qu'on doit à l'acteur ; nous n'oublions pas qu'il exerce un art qui amuse, instruit et console la foule, un art qu'ont anobli deux des plus grands génies de l'humanité, Shakespeare et Molière.

On ne peut se figurer, à moins d'être, comme nous, un biographe doublé d'un pieux et curieux collectionneur et d'avoir entrepris de révéler au public un Coppée inconnu, en fouillant son talent dans ses plus secrets replis parfois ignorés de lui-même, car il y a là bien des pages qu'il a eu tort d'oublier, on ne peut s'imaginer tout ce qu'il trouve moyen de mettre dans son feuilleton, surtout les jours où il n'a rien à y mettre, et où il s'agit non pas seulement de faire passer le poisson, mais de remplacer par la sauce le poisson absent.

Tantôt, s'il lui reste de la place, comme un écolier né peintre, qui couvre de croquis le blanc du papier noirci par le devoir officiel et importun, il crayonne en marge de son feuilleton un vif et bref compte rendu bibliographique, toujours plein de sève personnelle, tantôt il va jusqu'au tableau de genre, à l'aquarelle, et le lecteur a sous les yeux, à la place du compte rendu impossible de la pièce qui a manqué, un récit de voyage pyrénéen, un croquis d'intérieur parisien ou un paysage agreste. Ces mauvaises fortunes du critique empêché d'aller voir la pièce, ou surpris par un relâche imprévu, sont toujours des bonnes fortunes pour son public qui en vient à souhaiter que les théâtres chôment et que sa matière ordinaire fasse défaut à celui qui s'en venge et qui l'en dédommage si joliment.

C'est ainsi que nous devons tour à tour à ces intermèdes, à ces entr'actes de Coppée, critique dramatique, le morceau sur *les Chansons populaires*, sur *les Poésies de Catulle*, sur *les Canonniers de Lille*, *les lions de Pezon*, *Port-Créteil* ou *Paris port de mer*, ou les récits et tableaux de nature et de mœurs pyrénéennes, datés de Cauterets. Ce sont des morceaux de bravoure, enlevés de verve, qui suffiraient à faire la fortune d'un livre, qui suffiront au succès du nôtre, où le héros fait si souvent et si à propos oublier le biographe.

Nous citons beaucoup, ne pouvant pour cette partie de l'œuvre de Coppée, quatre ans d'improvisation hebdomadaire, renvoyer le lecteur à une publication qui n'existe pas. Nous glanons le plus possible de ces épis non noués en gerbe, de ces feuilles légères semées aux vents : « *ludibria ventis* » par la prodigalité d'un artiste trop dédaigneux de l'inachevé, et, sûr de la fécondité de son talent, sacrifiant comme miettes de la table ces ébauches et ces croquis qui eussent fait le festin d'un autre.

Nous reproduisons quelques lignes de la variation sur Catulle parce qu'elle contient des traits autobiographiques qui ont leur valeur, et le morceau sur les poésies populaires, parce qu'il contient l'opinion nette et précise de Coppée à propos de ces déviations, de ces dépravations du système parnassien qu'on appelle le *Deliquescentisme* ou le *Floupettisme*. Chez Coppée la santé de l'esprit et la santé du cœur s'indignent contre le pessimisme moral et le névrosisme littéraire. Voici dans quels termes charmants il profitait de l'occasion de dire son mot sur les chers primitifs, de couronner de fleurs la source rustique, où il est si doux de boire encore une fraîche naïveté, et de présenter au public le futur créateur d'Adoré Floupette, le futur vengeur du génie et du goût français outragés par la mièvrerie systématique et grimacière des *Décadents*.

Aimez-vous les chansons populaires?
Nous, nous les adorons. Pas celles du peuple de Paris, bien entendu, qu'il va chercher au café-concert; mais les vraies, celles des paysans, celles qui exhalent un fort parfum de foin coupé. Cela nous repose de tant de poésies à la mode, si peu sincères, si « livresques, » si tarabiscotées. Il n'y a plus guère de poésie pure, comme il n'y a plus de vin pur; et, dégoûté que nous sommes des liquides frelatés qu'on nous verse, nous sommes ragaillardi si par hasard, dans quelque auberge de campagne, on nous sert une bouteille de tout petit vin, de vin du pays, mais qui est fait du moins avec du raisin véritable, avec du raisin de la vigne que nous pouvons voir par la fenêtre, sur le coteau pierreux, de l'autre côté de la route.
Au moment où les « Macabres » nous fourrent sous le nez leurs bouquets de fleurs carnivores, il est doux d'aller aux bois et d'y cueillir des violettes. A toutes les *Névroses* du monde, nous préférons ce petit chef-d'œuvre de naïveté et de mélancolie, que tout le monde devrait savoir par cœur:

> Chante, rossignol, chante,
> Toi qui as le cœur gai.
>
> Mon cœur n'est pas de même,
> Mon amant m'a quittée,
>
> Pour un bouton de rose
> Que trop tôt j'ai donné.
>
> Je voudrais que la rose
> Fût encore au rosier,
>
> Et que le rosier même
> Fût encore à planter,
>
> Et que mon ami Pierre
> Fût encore à m'aimer.

Il serait un peu exagéré de prétendre que vous trouverez beaucoup de pages aussi exquises que celle-ci dans le beau volume que vient de publier M. Charles Guillon, et où il a réuni, avec un soin amoureux, les paroles et la musique d'un très grand nombre de chansons populaires de la Bresse et du Bugey. La gerbe est grosse, cueillie en pleins champs; il y a beaucoup de jolies graminées, de délicieuses campanules, et, forcément, quelques pissenlits insignifiants. Mais tout cela fleure à plein nez la campagne. Nous sommes sorti de cette lecture enivré, comme après une longue course dans les bois. Faites comme nous, et vous nous direz merci.

Notre confrère et ami Gabriel Vicaire, un franc, un vrai, un savoureux poète rustique, qui n'a qu'un tort: celui de rester trop longtemps inédit et de ne pas faire partager au public le plaisir délicat qu'il donne à ses amis en leur montrant ses vers, a écrit, pour le recueil de M. Charles Guillon, une préface ou, pour mieux dire, une étude sur la chanson populaire, qui contient les idées les meilleures, les aperçus les plus justes sur cette poésie naturelle, sortie du cœur même du peuple. Ces pages de Vicaire sont écrites dans une prose de choix, à la trame solide, aux fines et charmantes broderies. Car, sachez-le bien, tout bon poète est bon prosateur et connaît, aussi bien et mieux que tout autre, le sens profond, le charme pénétrant, la sonorité spéciale, enfin la valeur des mots.

Volume et préface, tout est à lire. C'est de l'eau de source, à boire dans le creux de la main. Allez vous rafraîchir là. On reviendra de bien des littératures en vogue ; mais on ne se lassera jamais de ces œuvres de poètes primitifs, tout près de la nature, et qui mettent des rimes dans leurs chansons parce qu'il y a des échos dans les vallées.

C'est par suite d'un de ces accidents de métier que le feuilletonniste déplore si gaiement qu'il lui arrive de parler de Catulle, et voici sa petite conférence qui n'a rien de pédantesque.

Il y a de « fichus quarts d'heure, » comme disait Gavarni, dans l'existence du critique dramatique. Le pauvre homme s'est réveillé le vendredi matin — la fin de la semaine approchant — un peu soucieux de n'avoir pas encore songé à son feuilleton. On lui a apporté dans son lit son chocolat et le *Figaro*; il a sur-le-champ déployé la feuille, couru à l'article de Jules Prével et constaté avec joie que, le soir du même jour, le théâtre des Menus-Plaisirs ferait sa réouverture avec une comédie en trois actes intitulée la *Rue Bouleau*. Alors il a poussé un soupir de satisfaction et s'est dit, en se roulant dans les couvertures pour faire la grasse matinée :

— Bon ! voilà du vaudeville sur la planche, et, demain matin, j'aurai de quoi remplir tout ou partie de mon feuilleton. D'abord je féliciterai les nouveaux directeurs de leur courage ; car, pour des gens intrépides, ce sont des gens intrépides. Le théâtre des Menus-Plaisirs ne ressemble-t-il pas en effet à la célèbre guérite où les factionnaires se suicidaient tour à tour ? Bien des directeurs se sont succédé dans ce théâtre néfaste ; vainement ils en ont changé le nom, modifié le genre ; tous ont fait de mauvaises affaires...

Je chercherai alors les causes de cette défaveur. Ne viendrait-elle pas du voisinage des nombreux cafés-concerts du quartier ? Où trouver en effet un attrait comparable à l'air idiot de Libert chantant *Oh ! la la !* ou à l'horrible tête de souteneur en casquette à trois ponts que se fait Duhem pour dégoiser le suave refrain : *Y avait qu' des muff à c't noce-là !*... Je déclarerai qu'il est difficile de lutter avec des choses aussi séduisantes et de faire concurrence à des plaisirs aussi délicats. Puis, devenant rétrospectif, je rappellerai que les directeurs d'antan des Menus-Plaisirs se sont bien rendu compte de ce danger ; que l'un d'eux avait cru mettre un fort atout dans son jeu, en appelant à son aide

Le puissant coryza
De Thérésa,

comme dit le poète Théodore de Banville en une de ses odes sur le rythme de Ronsard ; qu'un autre avait introduit dans sa revue de fin d'année l'illustre Paulus et son irrésistible *Chaussée Clignancourt*... Puis je constaterai l'insuccès de leurs efforts. On ne peut vaincre, m'écrierai-je, les cafés-concerts avec leurs propres armes ; ils auront toujours cet immense avantage d'être des spectacles où l'on boit, où l'on fume, où l'on cause avec son voisin, et surtout où l'on n'écoute pas... Là-dessus, tirade ironique sur les cafés-concerts... Cent cinquante lignes... Enfin la pièce qui, si peu qu'elle vaille, tiendra toujours de la place, comme la semelle de botte dans la soupe de l'Auvergnat... Et voilà le feuilleton fini !

Ayant ainsi songé dans son gîte, pareil au lièvre de La Fontaine, le critique dramatique se lève tranquillement, fait sans hâte sa toilette, déjeune de bon appétit, comme un homme qui a assuré son lendemain ; puis, s'il est quadragénaire — comme nous, hélas ! — il reste au coin du feu à parcourir quelque livre ami, ou, s'il est encore au printemps de la vie, il va voir sa connaissance, le gaillard ! Enfin, il passe une bonne journée, l'esprit libre, en se disant de temps à autre :

— J'ai mon sujet de feuilleton !

Le soir vient; on lui sert son dîner; il se met à table un quart d'heure après et déploie sa serviette sans précipitation.

— Bah! on ne commencera pas avant neuf heures... J'ai bien le temps.

Mais au moment où le premier nuage de fumée s'échappe de la soupière découverte, la bonne apporte les journaux du soir. Patatras ! Pas de Menus-Plaisirs : Pas de *Rue Bouleau !*... Mlle Van Dyck est malade !... Relâche pour cause d'indisposition !

Ah ! le critique dramatique n'est pas content ! Il est *singulièrement* en colère, le père Duchêne !

— Mlle Van Dyck ? Qui ça, Mlle Van Dyck ?... Ah ! oui, je me rappelle... Je lui ai vu jouer un rôle de cocotte dans la cave de Montrouge... Pas un Rubens du tout, Mlle Van Dyck. Une grande femme mince, élégante, plutôt de l'École florentine... Enfin, qu'elle se guérisse bien vite, la pauvre enfant, je le lui souhaite de tout mon cœur... Mais plus de feuilleton !... Oui, samedi soir, on jouera la pièce d'Octave Feuillet au Gymnase, s'il n'y a pas d'indisposition, pourtant... Mais Octave Feuillet est un académicien, un écrivain de premier ordre; je prendrai pour parler de lui ma plume des dimanches, et ce n'est pas trop de huit jours pour analyser son nouvel ouvrage avec soin et l'apprécier avec maturité... Donc, pas de feuilleton, pas de feuilleton !

Telles doivent être, ce soir, les angoisses de plusieurs « lundistes; » mais nous, plus heureux, nous ne les partageons pas. La brave *Patrie* est indulgente pour nous; elle nous laisse quelque liberté ; et puisque l'on pave encore aujourd'hui dans la *Rue Bouleau* et qu'elle est impraticable, nous enfilerons une venelle et nous irons faire l'école buissonnière dans les champs de la poésie.

Nous parlons assez souvent des poètes modernes pour qu'il nous soit permis aujourd'hui de parler d'un ancien.

D'un ancien, et d'un très ancien ; — car il s'agit de

Caius Valerius Catullus, mort, si l'on en croit saint Jérôme, dans la dernière année de la 180e olympiade. — Rassurez-vous. Nous ne venons pas vous répéter pour la millième fois — nous profane et plus que médiocre latiniste, hélas! — que l'amant de Lesbie fut un poète exquis et que ses vers, d'une simplicité raffinée, firent entrer la poésie latine dans une phase nouvelle et annoncèrent, en les précédant, les chefs-d'œuvre de Virgile et d'Horace. Vous le savez sans doute aussi bien et mieux que nous.

Mais ce que nous devons apprendre à tous les amis des lettres anciennes, c'est qu'un poète, M. Eugène Rostand, et un professeur à la Faculté des Lettres de Paris, M. Benoist, viennent d'élever un nouveau monument à la gloire du grand érotique. Les deux magnifiques volumes qu'a récemment publiés la maison Hachette contiennent, en effet, — outre une traduction de Catulle en vers français par M. Rostand, — une vie du poète par le même, intéressante comme un roman et savante comme une thèse, et un commentaire critique et explicatif, par M. Benoist, tellement hérissé de notes et de scolies qu'il fera sans doute crever d'envie tous les « herr doctor » et « herr professor, » qu'on reconnaît, dans les rues d'Heidelberg et de Leipzig, à leurs grosses hanches, à leurs pieds massifs et à leurs inamovibles lunettes d'or.

Nous sommes tout à fait incompétent pour apprécier la valeur d'érudition du livre, et nous ne pouvons que nous en référer à cet égard à l'Académie française, qui lui a décerné une de ses couronnes; mais, si brouillé que nous soyons avec nos souvenirs classiques, nous avons le droit de dire un mot de la traduction de M. Eugène Rostand. Nous aussi, après tout, nous nous sommes mêlé de tourner poétiquement une églogue de Virgile ou une ode d'Horace du latin en français, du temps où nous faisions le désespoir de notre famille, qui n'était pas riche, par la rapidité avec laquelle nous usions nos fonds de culottes sur les noirs gradins du lycée Saint-Louis; notre excellent professeur de troisième nous adressa même un jour des félicitations publiques pour notre version en vers de la célèbre pièce :

> *O fons Blandusiæ, splendidior vitro*, etc.

et renonça, depuis le jour où il reconnut en nous cet instinct de rimeur, à nous prédire un avenir de vices et de crimes, avec l'échafaud en perspective. En ceci, le bonhomme se montrait optimiste ; car la poésie mène à tout, même à la guillotine ; et sans parler d'André Chénier, qui ne fut qu'une pure victime, on a vu Lacenaire, lequel troussait fort proprement la chanson « éternuer dans le panier. »

Rassemblant donc, tant bien que mal, ce qui reste de nos humanités, nous avons lu la traduction de M. Eugène Rostand, en suivant du doigt le texte placé en regard, et elle nous a étonné par sa couleur et par sa fidélité. Les vers en sont bons souvent, — pas toujours, c'est impossible quand on veut traduire exactement et serrer de près le modèle ; — et ils se recommandent par leur souple adresse.

L'auteur cite la traduction du fameux *Lugete veneres cupidinesque*, et il ajoute :

On ne peut mieux faire, n'est-il pas vrai ? et l'on sent vibrer encore ici un écho du poème latin. Ne le relisez pas dans le texte pourtant, car vous verriez que le versificateur français n'en a qu'imparfaitement rendu la grâce émue. Mais que voulez-vous ? une traduction, si habile et si consciencieuse qu'elle soit, n'est qu'une photographie, un décalque, un moulage, et le mot cruel de Henri Heine reste vrai : « Clair de lune empaillé. » M. Rostand — mérite considérable — arrive aussi près que possible de l'original. N'est-ce pas quelque chose, n'est-ce pas beaucoup, en somme, que d'obtenir une bonne reproduction d'un chef-d'œuvre ? Bien des gens ont regardé, dans la vitrine de Goupil, la gravure de la *Reddition de Bréda*, sans se douter de la lumière argentine qui caractérise le talent de Vélasquez ; mais tout le monde ne peut pas faire le voyage d'Espagne, pour admirer le tableau des *Lances* au musée de Madrid. La Vénus de Milo — posée sur le parapet du Pont-Royal, que vous propose, par les soirs d'été, un Piémontais barbu jusqu'aux yeux, en vous disant : « *Azetez la Vénous, signor*, ça vous donnera de beaux rêves ! » — n'est qu'une assez grossière image de plâtre ; mais c'est la Vénus de Milo !

« Sauvez-vous par la charité, » a dit Béranger à la courtisane devenue sentimentale, et en quête d'un moyen de rédemption. « Sauvez-vous par la variété, » peut-on dire au feuilletonniste à court de sujets. Et c'est ainsi qu'au gré de l'occasion ou du caprice qui la crée, nous passons avec le romantique Coppée, qui ne méprise pas pour cela les classiques, et fait tout comme un autre, sans pédantisme et sans solécisme, son feuilleton sur Catulle, du moineau de Lesbie aux canonniers de Lille en 1792, et de l'élégie amoureuse au drame patriotique et guerrier. Coppée est chauvin, il ne s'en cache pas. Et il y a plaisir à l'entendre à propos de ce drame de son ami Armand d'Artois, son complice de *la Guerre de Cent ans*, répondre à l'appel de ces souvenirs glorieux, qui font vibrer fièrement l'âme de la foule et l'âme de l'élite, quoi qu'en disent les fanfarons d'insouciance qu'on voit affecter de rire de ce qui fait pleurer les simples d'esprit et les poètes.

On ne connaîtrait pas bien l'homme dans Coppée, si on n'avait pas lu les quelques lignes qui suivent.

On est en train de refaire l'histoire et c'est à qui détruira les légendes. Tout gris de la poussière des

archives, les chercheurs de documents surgissent de toutes parts et vous prouvent, pièces en mains, que Machiavel était un homme droit et candide, Lucrèce Borgia une honnête femme, et le cardinal Dubois un ministre plein de patriotisme et de désintéressement. Quelque jour, un jeune paléographe, charmé de sa découverte, nous révélera que Bayard était le complice du connétable de Bourbon et que le chevalier d'Assas est mort de la colique. Le comique de la chose, c'est que tous ces enragés de vérité historique, ces contrôleurs si scrupuleux et si méfiants de toute légende, ne font jamais, par un singulier jeu de hasard, que des trouvailles profitables au parti politique auquel ils appartiennent. Bon Dieu! comme les papiers authentiques sont commodes et comme les archives officielles sont complaisantes! Tout ce fatras vous fournira la preuve, si vous êtes réactionnaire, que les volontaires de 92 se sont sauvés comme des lapins au premier feu de bataillon, et, si vous êtes républicain, que Napoléon n'a pas gagné, à lui tout seul et sans l'aide de quelque lieutenant trop modeste, une pauvre petite bataille. Belles choses, sans doute, que l'érudition et la recherche de l'exactitude; mais, comme on continue à les mettre au service des passions personnelles, elles ne serviront qu'à augmenter cet affreux gâchis qu'on appelle l'histoire.

Pour nous, poète incorrigible, esprit crédule et borné, nous nous en tenons à la légende. Dussent tous les ennemis de Napoléon nous traiter d'imbécile, nous croyons qu'il a contribué au gain de la bataille d'Austerlitz, sans mépriser pour cela la fameuse canonnade de Soult, et au risque de nous faire conspuer par les antirévolutionnaires, il nous semble que les volontaires ont contribué au glorieux résultat de la journée de Valmy, tout en n'oubliant pas qu'ils n'eurent qu'à suivre l'exemple des soldats aguerris de l'armée royale, que Dumouriez eut le bon sens de mettre en avant.

Ce scepticisme devant la tradition, cet esprit contrariant en matière historique se sont naturellement exercés à propos du siège de Lille par les Autrichiens, en 1792. Pour les uns, tout l'honneur de la défense revient au général Ruault et à sa poignée d'hommes; pour les autres, il n'y a que le maire André et la batterie des canonniers lillois. La vérité, c'est que tous, soldats et citoyens, firent admirablement leur devoir. Ruault, qui commandait la citadelle, coup d'essai et chef-d'œuvre de Vauban, déploya les plus hautes facultés militaires, et la population — gens du Nord, calmes, simples et résolus — montra autant de sang-froid que de constance.

Lille, d'ailleurs, avait déjà donné la mesure de son énergie, quand le maréchal de Boufflers l'avait défendue contre le prince Eugène. On sait le mot du vainqueur : « Monsieur le maréchal, j'aimerais mieux avoir défendu Lille comme vous que de l'avoir prise comme moi. » Encore aujourd'hui, un témoin des deux sièges — celui de 1708 et celui de 1792 — est debout : la Tour-Noble, où, malgré les réparations, il y a plus d'un trou de boulet qui sert de nid aux hirondelles.

La vieille cité prouva qu'elle n'avait rien perdu de son antique vertu, quand le duc Albert de Saxe-Teschen vint mettre le siège devant elle et y jeta, dans l'espace de neuf jours, trente mille boulets rouges et six mille bombes. La garnison — les quatre mille hommes de Ruault — n'aurait jamais pu suffire à la défense des remparts; mais Lille avait encore six mille gardes nationaux, parmi lesquels figuraient les célèbres canonniers.

L'organisation de ce corps, reste de la constitution municipale des anciennes cités flamandes, datait de quatre siècles au moins. Il était composé de marchands et de bourgeois, mais tous étaient exercés à la manœuvre de l'artillerie. Ces canonniers furent intrépides; l'un d'eux, un barbier, faisait mousser son savon dans un éclat d'obus, et rasait ses camarades en pleine batterie ; les deux capitaines, Ovigneur et Niquet, méritent d'avoir leurs noms inscrits au Livre d'or de la France. Comme on venait annoncer à Ovigneur que sa maison brûlait, il eut un mot héroïque :

— Rendons-leur feu pour feu, dit-il en montrant les positions autrichiennes.

On n'eût pas mieux dit devant Toulon, dans la batterie des Hommes-sans-peur, dont la canonnade semble un écho de la batterie des canonniers lillois.

Il les admira, le maigre officier corse aux longs cheveux, qui allait faire de l'artillerie un si formidable usage; il les admira et ne les oublia point. A deux reprises, il leur témoigna son estime d'une façon éclatante : comme Premier-Consul, en leur donnant des canons; comme Empereur, en les passant en revue lui-même, à Lille, et en décorant de sa propre main les capitaines Ovigneur et Niquet.

Ce corps d'élite existe encore, honneur et ornement de la cité de Lille. Malgré la fièvre de réorganisation qui court — elle ressemble beaucoup à une fièvre de destruction, — on a par bonheur respecté cette ancienne et bonne chose. Il y a à Lille une rue et un hôtel des Canonniers. Cet hôtel est à la fois un cercle où se réunissent ces messieurs et le lieu ordinaire de leurs exercices; il est de plus le musée, le reliquaire du corps, et l'on y conserve la précieuse collection des antiques obusiers et des vieilles pièces de rempart.

Les Lillois sont extrêmement fiers, et avec raison, de ce siège de 1792. C'est le plus pur diamant de leur écrin historique, et aucune date n'est plus populaire chez eux. Ils l'ont déjà célébrée deux fois, — en 1845, à propos de l'érection d'un monument commémoratif, et l'année dernière encore — avec une très grande solennité et des explosions magnifiques d'enthousiasme et de patriotisme. Une place publique porte le nom du général Ruault. Près du lieu où s'élevait l'église Saint-Étienne, détruite de fond en comble par le bombardement, se trouve la rue des Débris Saint-Étienne. Toute une littérature locale est sortie de ces grands souvenirs, et l'inauguration de la statue triomphale de 1845 a surtout inspiré un grand nombre de poètes lillois.

Tout ce glorieux passé, M. Armand d'Artois vient de

le ressusciter dans ses *Bourgeois de Lille*, un drame très vivant et très mouvementé.

Il a été écrit, — on le devinerait aisément, quand même on ne le saurait pas, — au lendemain de la guerre de 1870. A ce moment tragique de la vie contemporaine, bien des écrivains, bien des poètes, encore tout vibrants d'une généreuse colère, se proposèrent d'entretenir le sentiment patriotique, par le livre ou par le théâtre, et d'attiser la flamme nationale. Ce fut à cette époque que Paul Déroulède publia ses premiers *Chants du soldat* dont le succès fut éclatant; on sut bien vite par cœur ces braves vers faits par un brave et qu'il semblait avoir écrits avec le sang de ses blessures. Au théâtre, les ouvrages inspirés par la même pensée furent moins nombreux et ne firent pas autant d'effet; car le théâtre, pays de la routine par excellence, est toujours en retard. Il ne se trouva pas alors un directeur qui eût la bonne idée d'accueillir les *Bourgeois de Lille*. Puis, l'effervescence guerrière qu'avaient produite nos malheurs se calma — beaucoup trop vite même, selon nous; — le bon chauvin fit rouler plus timidement l'*r* du mot revanche; un souffle pacifique passa sur l'opinion; et Armand d'Artois réserva sa pièce pour une meilleure occasion.

Elle se présenta l'an dernier, lorsque la ville de Lille célébra le quatre-vingt-dixième anniversaire de son siège. Les fêtes furent très pompeuses, avec force discours, banquets et cavalcades. Le drame de d'Artois, joué à Lille, fut acclamé; mais l'auteur, tout en étant très flatté de ces applaudissements locaux, ne s'en contentait pas tout à fait.

Ce sont d'assez beaux yeux pour des yeux de province,

pensait-il tout bas, et il n'abandonnait pas l'espoir de faire représenter son drame à Paris.

La direction de la Gaîté vient de lui donner cette satisfaction, et *les Bourgeois de Lille* ont confirmé et complété par un succès parisien leur succès départemental.

Ce feuilleton d'avril respire la verve, la fécondité, l'alacrité printanière; nous arrivons à ce genre mixte, sorti du même génie industrieux, aiguillonné par la nécessité qui faisait trouver au cuisinier du maréchal de Richelieu, pendant la campagne de Hanovre, le moyen de composer un dîner de 36 plats avec du veau et des pommes de terre; ce genre, que Coppée n'a pas inventé, mais certainement perfectionné, il l'intitule avec une malicieuse effronterie « le feuilleton d'été » et jamais il n'y a déployé plus d'ingéniosité, plus du talent de faire beaucoup avec rien, que durant le mois de juillet 1883.

S'agit-il, par exemple, d'esquiver le compte rendu de la reprise d'*OEdipe-roi*, traduction de Sophocle par Jules Lacroix, et l'insoluble problème de tirer quoi que ce soit de ce vieil os, tant de fois rongé par la critique, voici comment il s'y prend, pour ne pas nous mener à la Comédie-Française en passant et en s'arrêtant à Port-Créteil.

On nous racontait, ces jours derniers, une anecdote curieuse.

Pékin, la capitale de la Chine, est la ville la plus mal tenue de l'Orient, où toutes les villes le sont fort mal. Pékin tombe en ruines, Pékin est dans un état de saleté déplorable, et toutes les épidémies imaginaires s'y développent et y prospèrent comme la vermine sur un fakir. Cela, depuis plusieurs siècles; et depuis plusieurs siècles aussi, le gouvernement chinois essaye en vain de combattre cette effrayante décadence. Une loi, promulguée depuis des centaines d'années, ordonne que le mandarin remplissant à Pékin des fonctions analogues à celles de nos préfets, parcoure, chaque année, à un jour dit, tous les égouts de la ville; si, après cette agréable promenade, le mandarin a une seule petite tache de boue sur ses chaussures, la loi le condamne à divers supplices d'un raffinement horrible, à la suite desquels on doit lui trancher la tête en cérémonie.

Or, les égouts de Pékin sont d'immondes cloaques, où nos égoutiers parisiens, bottés jusqu'à la ceinture, oseraient à peine se risquer. Comment le mandarin-préfet, contraint de les visiter une fois l'an, se tire-t-il de ce pas difficile? Mon Dieu! c'est bien simple. Il les visite en effet, mais monté sur le dos d'un domestique. Il en sort donc sans une seule tache de fange à ses babouches; on ne lui tranche point la tête. La capitale de l'empire du Milieu continue d'être infecte et pestilentielle; mais la lettre de la loi a été respectée, et les Chinois, peuple discipliné et respectueux des vieilles traditions, meurent comme des mouches sans se plaindre.

Ne vous hâtez pas de trouver ces Chinois si ridicules. Il se passe des choses à peu près pareilles dans notre vieille et routinière Europe; et, sans aller chercher bien loin des exemples, que vous semble-t-il de ce feuilleton dramatique que nous vous servons régulièrement tous les huit jours, pendant les trois mois de l'année où les théâtres sont fermés?

Voilà du chinois, convenez-en.

Cette singulière situation de critique sans matière à critiquer et de parleur pour ne rien dire nous remet en mémoire une autre historiette qui, celle-ci, se passe en France.

Dans le couloir d'un ministère, on posait, depuis de longues années, un factionnaire avec la baïonnette au fusil. Un jour on se demanda à quoi pouvait bien servir ce factionnaire, et l'on reconnut qu'il ne servait absolument à rien. Cependant, on voulut avoir le mot de cette énigme. On remonta aux origines, on bouleversa les cartons verts, et l'on finit par découvrir qu'autrefois — oh! comme il y avait longtemps! — le mur du couloir en question avait été réparé, et qu'un soldat avait été mis là en sentinelle pour dire aux gens qui passaient : « Prenez garde à la peinture ! »

Ce factionnaire n'offre-t-il pas la parfaite image du critique de théâtres pendant les mois d'été ?

Les voici revenus pourtant, les mois déserts, les mois vides ; et par respect de l'usage et de la fo...orme, comme dit Brid'oison, il nous faut aligner quand même, au rez-de-chaussée du journal, notre colonnade de prose. Heureusement que, dans cette bonne *Patrie*, on est plein d'indulgence pour nous et qu'on nous laisse libre de causer au hasard de la plume.

Nos lecteurs — et nous espérons bien que beaucoup d'entre eux sont devenus nos amis — savent que nous ne sommes qu'un poète. C'est sans joie aucune et sans nul enthousiasme, ils s'en doutent bien, que nous leur racontons, en contenant mal notre ironie, les drames et les vaudevilles. Ils doivent bien soupçonner combien est fastidieux pour nous le travail de débrouiller le paquet de ficelles qu'on appelle une pièce de théâtre ; d'expliquer, par exemple, comme quoi les précieux papiers de famille, dérobés par le troisième rôle en bottes à la Souvarow, permettront au vertueux père noble en redingote à trois collets couleur oreille d'ours, de presser sur son cœur et d'appeler sa fille — à la scène dernière du cinquième acte — la petite chanteuse des rues, qui a été tour à tour menacée de viol et d'assassinat. Ils savent aussi, nos aimables lecteurs, que nous nous moquons du dénouement d'un vaudeville comme d'une guigne et qu'il nous est indifférent que le jeune premier comique, après s'être caché dans l'appareil d'hydrothérapie et avoir reçu une douche sur son chapeau de soie, épouse ou n'épouse pas, aux environs du couplet final, la demoiselle de la maison, qui avait d'abord pris l'attaché d'ambassade qu'on lui destinait pour le frotteur de l'appartement et lui avait fait cirer en mesure le parquet de la salle à manger, en lui jouant la *Rêverie* de Rosellen.

Voilà pourtant trois ans que nous noircissons du papier à analyser de pareilles balivernes, et le résultat le plus clair de cette besogne est de nous avoir inspiré un profond dégoût du théâtre. Nous ne savons pas dissimuler et nous avons tout franchement exprimé ce dégoût. Mais nos lecteurs sont de bons enfants et, loin de se fâcher, ils nous ont permis de temps en temps de faire l'école buissonnière, d'aller à la chasse aux papillons, de faire, en un mot, un feuilleton de poète et de fantaisiste.

Plus que jamais, en ces mois d'été, nous userons de la permission et nous vous parlerons d'autre chose que de ce monde du théâtre, si artificiel, si faux, si irritant à voir à la longue. En ce moment il y a de vraies fleurs dans les jardins, qui montrent combien sont grossièrement badigeonnées les roses-trémières des décors; il y a des nuits claires et endiamantées d'étoiles, qui « enfoncent » le gaz et le Jablosckoff. Eh bien, si vous voulez, nous causerons de tout cela et nous irons faire ensemble des promenades dans ces adorables environs de Paris, où le flâneur intelligent peut toujours faire de nouvelles découvertes.

Tenez, l'autre soir nous sommes allé passer la soirée à Port-Créteil. Parions que la plupart d'entre vous ne connaissent pas Port-Créteil. C'est pourtant tout près de Paris, à vingt minutes à pied de Charenton, dans le département de la Seine. Vous entendez bien, dans le département de la Seine !

Si vous craignez d'être coudoyé par le petit peuple, — nous, cela ne nous déplaît pas, — n'allez pas là le dimanche : vous tomberiez dans le canotage et les baignades : il y aurait tout le long des jolies berges de la rivière une file de pêcheurs à la ligne en vieux chapeaux de paille, et le soir, tous les bosquets des guinguettes s'étoileraient de pipes et de cigares, seuls vers luisants de la banlieue.

Allez plutôt à Port-Créteil un soir de semaine comme nous avons fait l'autre jour.

Faites arrêter l'omnibus de Saint-Maur-les-Fossés au bout du pont, descendez tout de suite au bord de l'eau, par l'escalier en ruine qui est à gauche, et allez droit devant vous sous les peupliers, en suivant la rivière. L'endroit est exquis. A votre gauche, la Marne coule, verte et marbrée çà et là de remous, et le flot rapide incline, dans le sens de son cours, les grands roseaux emmêlés et remplis de nids de fauvettes ; à votre droite, l'alignement des peupliers, — nous avons rarement vu de plus beaux arbres, — borde la lisière d'un bois taillis d'une verdure charmante.

Flânez là jusqu'à l'heure du dîner, en remontant le cours de l'eau. Ah ! ce ne sera pas la solitude complète, et par-ci par-là, un papier graisseux ayant enveloppé quelque pâté du faubourg Saint-Antoine, vous prouvera qu'on a dîné la veille sur l'herbe fleurie, et que vous n'êtes pas dans l'île de Robinson. Vous rencontrerez peut-être bien aussi un ouvrier baignant son chien, ou quelque amoureux populaire enveloppant du bras la taille de sa « connaissance. » Mais, en somme, le chemin est peu fréquenté, et, tout en écoutant le murmure de la rivière en marche et le chuchotement du vent dans les feuilles, vous vous sentirez délicieusement reposé par la fraîcheur du lieu. Faites là les cent pas jusqu'à l'heure du dîner, ou asseyez-vous sur la berge, les pieds pendants. Devant vous, s'arrondira gracieusement le commencement de la boucle de la Marne, qui s'en va du côté des Iles-d'Amour, et dans l'azur tendre du ciel de l'après-midi, passeront lentement, sans doute, quelques beaux nuages d'un blanc argenté, dont vous verrez là-bas, sur l'autre rive, l'ombre glisser sur les avoines.

Il faudra revenir sur vos pas, par exemple, dès que le soleil descendra vers l'horizon, repasser le pont de Créteil et redescendre par la berge de gauche vers le village. Ici, cela ne peut pas s'appeler de la campagne, c'est seulement de la banlieue. Au-dessus des portes rondes des jardins de cabarets on lit : « Matelottes et fritures, » et il y a des balançoires dans les arbres. Puis vous arrivez à un groupe de petites maisons blanches, et vous reconnaissez le vide-bouteilles du marchand ou du petit fabricant parisien, déjà à son aise, qui vient se reposer là du samedi au lundi avec sa famille. Vous savez : la maisonnette à perron, qu'on voit de la grille, et toujours le bassin à jet d'eau, avec des rocailles et la boule de verre étamé, et derrière la maison on devine le verger brûlé de soleil, tout en longueur, clos de murs neufs où grimpent des vignes maigres et des pêchers rabougris.

Mais voyez-vous cette petite passerelle, au bas de laquelle est un embarcadère de canots, et ce magnifique bouquet de peupliers géants ? C'est l'île de Créteil, où vous dînerez chez Jambon, — un beau nom de restaurateur, n'est-ce pas ? — et où vous commanderez, selon toute apparence, une friture de goujons et du veau à la casserole. Le « reginglet » se laisse boire, et la cuisine est passable ; mais savez-vous ce que vous aurez pour dessert, à votre table sous les grands arbres ? Un somptueux, un éblouissant coucher de soleil sur l'eau, un ciel de turquoise criblé de rubis en feu, se réfléchissant dans la rivière et que traversent en tous sens de grandes envolées d'hirondelles !

Restez là en buvant votre café à petits coups et en fumant paisiblement des cigarettes, jusqu'à l'éclosion des premières étoiles. En semaine, vous avez beaucoup de chances d'être seul, dans le jardin de Jambon. Tout au plus aurez-vous pour voisinage un couple de canotiers sérieux, coiffés de chapeaux de paille à pointes, qui causeront à demi-voix et avec force termes techniques, devant une canette, de la prochaine régate de Joinville ; ils ne troubleront guère votre contemplation. Quand la nuit viendra, vous repasserez devant les villas bourgeoises ; vous vous amuserez un peu à voir les grandes fillettes en robes claires et à voix criardes, dans une rage d'activité, jouer encore au volant à la lueur des becs de gaz. Puis vous regagnerez la station de Saint-Maur, rafraîchi, reposé par ces quelques heures en plein air, emportant dans votre souvenir vingt délicieux paysages, — des bouquets de saules à la Corot ; des tournants de rivière à la Daubigny ; — et vous rentrerez à Paris, n'ayant pas comme nous, hélas ! pendue sur la tête, l'épée de Damoclès du feuilleton d'été, que cette bonne promenade à Port-Créteil nous permet du moins d'esquiver aujourd'hui.

Un autre jour, toujours en juillet, le feuilletonniste nous mène, toujours par le chemin de l'école buissonnière, à l'Hippodrome, où l'on joue une pantomime nouvelle : *Néron, César romain*, et surtout à la ménagerie Pezon. Qui songerait à se plaindre du voyage, avec un si charmant compagnon de route?

Lorsque paraîtra ce feuilleton, nous serons certainement dans quelque asile vert; car, à aucun prix, nous ne voulons recevoir dans les jambes les pétards patriotiques du 14 Juillet. Au Trocadéro enflammé, nous préférons les petites étoiles bleuâtres des lucioles dans la haie, et les plus brillantes illuminations ne valent pas pour nous le merveilleux zodiaque, dans un vaste espace de ciel, au-dessus d'une plaine noire qui se perd dans la nuit.

Mais, à l'heure où nous écrivons ces lignes, divers soins nous retiennent dans le Paris torride. Nous y sommes fort misérable, et en dépit des légers draps anglais et des gilets de coutil, nous ne pouvons faire vingt pas dans la rue sans être aussitôt transformé en « alcaraza, » en gargoulette de terre poreuse et suintante. Prenant le trottoir à l'ombre et tenant notre chapeau à la main pour essuyer avec le mouchoir notre front où perle la sueur, nous considérons tristement les traces de pas imprimés sur l'asphalte ramolli, et nous voyons là se croiser et s'entremêler les empreintes de la mince et élégante bottine de la Parisienne et celles du lourd « godillot » à clous du fantassin.

Il y aurait peut-être une assez gentille fantaisie à écrire sur ces empreintes de pieds humains, — ou, pour mieux dire, de chaussures, — visibles seulement dans les jours de canicule. Tout à l'heure, en traversant le Sahara de bitume de la place du Carrousel, nous avons suivi quelque temps la piste de deux jolis petits petons, qui devaient évidemment appartenir à une femme charmante. Toutes les galantes hyperboles inventées sur ce sujet en Espagne — la patrie des petits pieds — nous revenaient à la mémoire, et nous nous rappelions la formule de politesse en usage au delà des Pyrénées : « Mettez-moi aux pieds de Madame une telle, si elle en a. » Et nous supposions un homme de vive et ardente imagination, devenant tout à coup amoureux d'une inconnue pour avoir vu seulement la trace de son mignon soulier imprimé sur un trottoir en fusion, comme le prince du conte de *Cendrillon*, ayant ramassé la pantoufle de verre. Ce serait, si vous le voulez, le lord anglais traditionnel ou le classique boyard, l'*excentricman* capable de tout, enfin ; il suivrait la trace du petit pied, objet de ses désirs, depuis l'Odéon jusqu'à la chaussée Clignancourt sans se tromper, avec la persévérance et la certitude d'un braconnier français ou d'un chasseur de chevelures du lac Ontario ; il rejoindrait à la fin la propriétaire du pied andalou, qui serait une exquise corsetière ou un délicieux trottin de modiste, et, — toujours comme dans les contes de fées, — le roi épouserait la bergère.

Mais le temps des *Contes de ma mère l'Oie* est loin de nous ; il faut au public d'aujourd'hui de la littérature « cruelle » et « coudoyée, » et nous renonçons bien vite à écrire une histoire si peu naturaliste, si peu documentaire.

D'ailleurs nous sommes incapable d'inventer et de conter la moindre histoire, celle-là ou une autre, par cette chaleur sénégalienne. Tout au plus, avant de nous enfuir vers quelque prochain paysage, indiquerons-nous aux innombrables provinciaux que les trains de plaisir vont jeter sur le pavé de Paris, l'emploi qu'ils pourront faire d'une ou de deux de leurs soirées et les spectacles qu'ils trouveront dans la capitale. De cette façon, la rubrique de *Revue dramatique* placée en tête de cet article sera, une fois encore, à peu près justifiée.

Ce que les braves touristes peuvent faire de mieux, en somme, c'est d'aller à l'Hippodrome, applaudir la grande pantomime nouvelle : *Néron, César romain*.

Elle est vraiment somptueuse, et jamais, dans les spectacles analogues, nous n'avions encore vu pareil luxe de costumes et d'accessoires, pareil déploiement de figuration et de cavalerie. Avec un peu de bonne volonté, on peut vraiment se croire transporté dans la Rome impériale, dans la Rome de Suétone et de Juvénal. Nous l'avions dit depuis longtemps : l'Hippodrome semblait fait exprès pour nous offrir une restitution inoffensive, bien entendu, et « pour rire, » comme disent les petits enfants, des combats de gladiateurs. La nouvelle pantomime réalise notre vœu. L'autre soir, devant la reproduction très exacte, mais, de plus, vivante et animée, des fameux tableaux de Gérôme, *Ave César* et *Pollice verso*, nous avons presque éprouvé les farouches sensations d'un plébéien du Suburre, convié par la largesse de l'Empereur à quelque grand massacre de Gaulois et de Samnites. Pour un peu, lorsqu'un des combattants recevait quelque bon horion, nous nous serions écrié : *Hoc habet!* (Il en tient!) et si le figurant tombait avec maladresse, nous avions envie de tendre notre main droite fermée, le pouce en bas, pour ordonner son égorgement.

De notre part, évidemment, cela n'était pas sérieux et notre férocité était purement historique et littéraire. Il faut prendre garde, cependant ; car il y a au fond de l'homme le plus cultivé et même le plus doux par nature, un vieux reste de barbarie, un instinct brutal et sanguinaire toujours mal étouffé et qui ressusciterait aisément.

Tout récemment, à Béziers, la foule est entrée en fureur et a brisé et détruit une arène où Frascuelo, le frère du célèbre toréador, donnait une course qui n'avait pas répondu à l'attente du public. Les taureaux ayant été lâches et paresseux, les spectateurs se sont fâchés et ont cassé gradins et banquettes. Voici qui donne à réfléchir sur la douceur du roi de la création.

Il est clair que les gens de Béziers ne sont pas particulièrement méchants ; il devait y avoir, dans l'arène de Frascuelo, beaucoup d'honnêtes bourgeois qui, à l'ordinaire, arrosent leur jardin au coucher du soleil et font sauter leurs petits enfants sur leurs genoux. Ce sont les mêmes cependant qui ont fait une espèce d'émeute, parce que la vie de la *Spada* n'avait pas été en péril et parce que de pauvres vieux chevaux n'avaient point traîné dans le sable leurs entrailles sanglantes.

On avait eu tort, voilà tout, d'autoriser une course à Béziers, comme on aurait tort d'en permettre à Paris, comme on aurait tort, en général, d'encourager ou même de tolérer tout ce qui excite et développe la brutalité humaine.

Nous ne disons point cela, c'est clair, pour les gladiateurs de l'Hippodrome qui ne combattent qu'à armes courtoises. Les grands coups qu'ils se donnent font plus de bruit que de mal, comme les soufflets que donnait et recevait autrefois Pierrot aux Funambules. *Néron, César romain* est le plus pacifique des ballets et la plus innocente des pantomimes.

Ces réflexions un peu inquiètes sur la barbarie foncière de l'homme nous sont inspirées bien plutôt par les spectacles en plein vent, si nombreux dans le Paris d'été. Groupés, ces jours derniers, à la foire de Neuilly, ils vont profiter de la tolérance de l'administration à l'occasion du 14 Juillet pour se répandre par la ville. Peut-être déshonoreront-ils encore, comme l'année dernière, sous prétexte de kermesse, le jardin des Tuileries. Puis ils s'attarderont dans les fêtes foraines des environs de Paris. Bref, en voilà pour quatre ou cinq mois.

Flâneur que nous sommes, nous avons déjà flâné devant ces baraques. Eh bien ! il n'y a pas à dire le contraire : les plus fréquentées, les plus prospères, celles où se presse un nombreux public — et un public où, malheureusement, on remarque beaucoup de femmes — sont les baraques de lutteurs et de dompteurs de bêtes féroces.

Si c'est un symptôme, un signe des temps, il est mauvais ; et cela fleure à plein nez la décadence.

Mais n'est-ce pas depuis trop longtemps déjà faire de la morale ? Et nous-même, n'avons-nous pas une ancienne prédilection pour les bateleurs et les saltimbanques ? N'y avons-nous pas cédé, l'autre soir, en allant faire un tour, après dîner, sur l'esplanade des Invalides, où s'est installé, aux approches de la fête dite nationale, tout un campement de spectacles forains ? Et il faut croire que, décidément, circulent encore dans nos veines quelques gouttes du sang de la populace romaine, qui criait : *Panem et circences!* Car nous avons fait une longue visite à la ménagerie de Pezon.

Nous la recommanderons même aux badauds de province et de campagne qui vont envahir Paris, puisque, au bout du compte, ces sortes d'exhibitions sont à la mode et puisque nous avons promis de leur signaler quelques divertissements d'été.

Pezon a trente-neuf lions, — un de moins qu'à l'Académie, — sans compter divers tigres du Bengale, panthères de Java, hyènes du Grand Désert, ours des Pyrénées et autres menues bestioles. Il possède aussi un éléphant de la grande espèce — *elephas asiaticus*, comme disent les étiquettes du Jardin des Plantes — à qui la fille du patron de l'établissement, Mlle Pezon, fait exécuter toutes sortes de gracieusetés.

Ceux qui aiment les animaux — nous nous vantons d'être de ceux-là — passeront donc un très bon moment devant les cages de Pezon. Il y a là de vieux lions africains chevelus, au mufle presque humain, qui auraient fait la joie de Barye, et le tigre du plafond d'Eugène Delacroix, dans la Galerie d'Apollon, n'est pas plus beau que le grand fauve du Pendjâb, qui nous montrait, l'autre jour, en se roulant sur le dos, son ventre blond, largement zébré de bandes noires.

Toutes ces belles bêtes sont d'une obéissance et d'une docilité surprenantes. L'affiche vantant les mérites du dompteur termine en ces termes le boniment : « Sans brutalité aucune, sans armes... rien que la ficelle. » Ce n'est pas dit en style noble, mais c'est parfaitement vrai. Pezon traite ses animaux avec douceur ; c'est à peine s'il fait claquer son fouet. Ce grand méridional, sec et maigre, avec une figure de Méphistophélès bon enfant, opère sans façon, en bras de chemise, et n'a de la tenue professionnelle qu'une triomphante paire de bottes à l'écuyère. Il parle tout le temps à ses fauves, d'une voix éraillée, mais joyeuse, leur adresse cent plaisanteries, les traite en camarades, rit avec eux. A cela sans doute, le spectacle perd de sa solennité, mais il perd aussi de sa terreur, et, chose étonnante, on finit par y assister sans angoisse. Ce diable d'homme a l'air de jouer avec de gros chiens, tant il agit familièrement avec ses lions. Allez le voir. Vous ne tremblerez pas pour lui et, tout de même, c'est un « crâne. »

D'ailleurs vous ne regretterez pas votre halte chez Pezon, si vous y voyez encore la touchante scène à laquelle nous avons assisté.

Dans une des cages, une chienne de chasse, à qui l'on a pris ses petits chiens, allaite deux lionceaux et deux jaguars nouveau-nés. La bonne bête les lèche et les caresse avec amour, et cependant les jeunes félins, dont les crocs et les griffes commencent à pousser, lui font mal, sans le vouloir, en la tétant. Pareils aux complices de Bouillé, dont il est question dans *la Marseillaise* — avouez que la comparaison, à la veille de la fête du 14 Juillet, est pleine d'à-propos — ces monstrueux enfants

<blockquote>Déchirent le sein de leur mère,</blockquote>

ou plutôt de leur nourrice.

Mais la bonne chienne les aime quand même, et c'est pitié de la voir, esclave de son instinct maternel, offrir aux petits fauves, sans une plainte, ses tétines meurtries de coups de dents et lacérées d'égratignures.

Encore une variation à la Paganini sur le

thème : *Rien !* Encore un fin tableau parisien accroché dans la galerie du « *feuilleton d'été* » *Paris port de mer*.

Le goût des bains de mer est devenu à peu près général. Le plus mince bourgeois, s'il a un peu de loisir et quelques économies, s'échappe de Paris avec sa famille, dès que les chaleurs commencent à sévir, et s'en va vers une côte prochaine. Tout lui est bon pour sa villégiature marine ; les dunes de sable où pousse le chardon azuré et où grouillent des myriades de « sauticots » à la marée montante, les étroites vallées creusées dans une échancrure de falaise, les plages de galets ronds où l'on trébuche à chaque pas, tout lui plaît, pourvu qu'il ait devant lui beaucoup d'espace et qu'il reçoive en plein visage la rude brise du large. Pour le plaisir d'être au bord de la mer, le Parisien sacrifie tout, jusqu'à ses habitudes de confortable et de bien-être. Nous ne parlons pas, bien entendu, du richard, qui achète ou loue une élégante villa, entourée de géraniums et de tamaris ; nous parlons de l'homme de demi-fortune, qui se loge dans deux chambres meublées, au-dessus de la boutique de l'épicier, ou qui demeure chez un pêcheur et fait sécher dans la cour, sur un filet, son caleçon et le costume de bain de sa femme.

On n'est pas trop bien, c'est clair, dans ces campements improvisés. Le rôti que vous vend le boucher du village est décidément de la vache, et l'on couche dans des chambres à araignées. Mais, qu'importe ! « Madame » a déclaré qu'il lui faut ses six semaines de bains de mer, et que c'était la santé des enfants. Si « Monsieur » est retenu à Paris par son bureau ou par sa boutique, eh bien ! il viendra tous les huit jours, du samedi au lundi, et se servira du train des maris. Et l'on emportera des robes claires, des vestes de toile et des chapeaux de paille ; et l'on déjeunera au cidre, avec la paire de soles que la marchande de poissons apporte le matin, toutes fraîches, en les tenant par un anneau de paille passé dans leurs ouïes.

Dans l'après-midi, « Madame » s'en ira sur la plage, son pliant sous le bras et portant le petit panier de paille sur lequel sont cousus, en lettres de drap rouge, ces mots : *Souvenir de Fécamp*. Elle s'installera là, avec des connaissances, et, tout en faisant de la tapisserie, on regardera les baignades et l'on dira un peu de mal du prochain, de la belle nageuse américaine qu'accompagne si loin le jeune homme qui se baigne avec un lorgnon, et de l'actrice qui porte un corset sous son costume.

Mais ce sont les enfants qui sont contents ! Tout petits sous leurs grands chapeaux, jambes nues, jupes et pantalons troussés, ils sont tout le temps dehors. Quand la mer est basse, ils s'en vont dans les rochers découverts, et là, ils trouvent un tas de bêtes, un tas de merveilles : des flaques d'eau claire comme l'eau des sources, où saute une grosse crevette transparente, qu'on peut quelquefois attraper avec la main ; des crabes qui se sauvent en courant tout de travers, et qui disparaissent en faisant un trou dans le sable ; des anémones de mer, rougeâtres, verdâtres, noirâtres, qui ont d'abord l'air d'une horrible fleur gluante et épanouie, et puis qu'on touche, et qui se contractent, et qui ressemblent à un fruit ou à un légume, et qui sont pourtant vivantes, songez donc ! Et ce que les gamins s'amusent, et ce qu'ils barbotent, et ce qu'ils se salissent ! Et quels cris de joie, quand, étant parvenus à soulever une lourde pierre, ils s'emparent d'une bête encore plus vilaine et plus effrayante que les autres, d'un bernard-l'ermite, par exemple, ce monstre qui s'établit dans un coquillage dont il a dévoré l'habitant primitif, et qui, sortant de là, tout à coup, ses deux pinces de homard, saisit à chaque instant une nouvelle proie !

Ah ! oui ! grands et petits, parents et enfants, se plaisent joliment aux bains de mer, et les distractions sont encore plus nombreuses, encore plus charmantes, quand c'est dans un petit port, dans un endroit à marins et à bateaux. D'abord il y a les jolis départs, le matin, avec les vingt barques, toutes voiles dehors, inclinées du même côté par la brise fraîche, et diminuant à vue d'œil, dans l'azur infini de l'eau et du ciel : il y a les retours de pêche, le soir, et la vente du poisson à la criée, et les énormes congres, et les chiens de mer monstrueux qui se tordent sur le galet à la lueur des lanternes. Et puis, quand on veut, toute la journée, il y a la promenade sur le port, et toujours des scènes nouvelles, des tableaux naturellement pittoresques : ne fût-ce que ce vieux douanier, au nez couleur de bronze, assis sur la gueule d'un vieux canon, planté en terre, près d'un gros anneau de fer qui se rouille au soleil, ou bien le sloop désert, mouillé près du quai et seulement gardé par le chien du bord, un petit « loulou » aux oreilles pointues, l'air affairé et bon enfant, qui trotte sur le beaupré du navire avec l'assurance d'un gabier qui aurait fait trois fois le tour du monde.

Nous évoquions tous ces bons souvenirs de plages normandes, l'autre jour, en nous promenant dans l'horrible Paris du lendemain de la fête du 14 Juillet, dans ce Paris infect et brûlé, sur lequel les provinciaux et les paysans des trains de plaisir ont fondu comme une invasion de Barbares. Et nous qui pouvons, après tout, nous absenter de temps à autre, nous qui, lundi prochain, quand paraîtra cette causerie, fumerons notre cigarette sur le « plancher » de Trouville, nous nous sommes subitement senti plein de pitié pour les pauvres Parisiens qui sont absolument prisonniers de la capitale et à qui il est tout à fait interdit de respirer la bonne odeur du varech et de contempler le sublime spectacle du coucher du soleil sur la mer.

Longtemps, nous avons été comme eux, et nous en avons souffert cruellement ; car toujours nous avons adoré la mer, aimé passionnément les paysages, les spectacles maritimes. Aussi, jadis, lorsque l'esclavage de nos occupations et — nous pouvons l'avouer sans honte — le manque d'argent nous défendaient toutes vacances, nous avions imaginé plusieurs moyens, bien factices, à la vérité, de tromper notre appétit marin, et de satisfaire, avec l'aide de beaucoup d'imagination, notre goût pour les ports et pour les bateaux. Ces moyens, nous allons, s'il vous plaît, nous les rappeler aujourd'hui et les dédier à ceux qui n'ont ni le temps ni l'argent nécessaires pour aller passer un dimanche au Havre ou à Dieppe.

D'abord, il y a la Frégate, oui, la pauvre vieille Frégate du quai d'Orsay. Oh! elle est horrible, nous le savons bien, elle tombe en pourriture; on l'a déshonorée par les affiches de l'établissement d'hydrothérapie qui y est installé, dépouillée de sa voilure et de ses haubans. C'est un fantôme, une ruine, et, pour la bien décrire, nous ne pouvons mieux faire que de citer l'ironique sonnet du poète Gabriel Marc.

> Toi qui devais bondir sur la mer, ô frégate,
> A travers la mitraille et les flots irrités,
> Quel triste sort te rive aux pierres des cités,
> Et te pend une enseigne au front, comme un stigmate!
> Morne, ainsi qu'un oiseau retenu par la patte,
> Tu regrettes l'azur et les immensités.
> Le bourgeois se prélasse en tes flancs attristés,
> Et ta quille a des airs navrés de cul-de-jatte.
> Le batelet t'insulte et le lourd remorqueur,
> En rampant devant toi, te lance un cri moqueur.
> Oh! qui pourra sonder ton destin sans exemple?
> Ta cale désormais sert aux ablutions;
> Ta proue est enchaînée, et ta hune contemple
> La Caisse des Dépots et Consignations!

Eh bien, oui, c'est vrai. La Frégate du quai d'Orsay est hideuse; mais elle n'est hideuse que vue de près. Quand on la regarde de l'autre côté de l'eau, d'assez loin, dans la brume du crépuscule, ses mâts et ses vergues principales — elle les a encore — peuvent donner l'illusion d'un navire. D'ailleurs, elle est entourée de fort beaux arbres, et quoi de plus pittoresque que des mâts se mêlant à des branches? Avec un peu de bonne volonté, vous pouvez vous croire transporté dans un des coins verdoyants de l'arsenal de Brest, où un vaisseau de ligne, à demi désarmé, vient d'être livré, après une longue et pénible campagne, aux charpentiers et aux calfats. Et si, par un heureux hasard, l'on est en train de réparer le trottoir du Pont-Royal et qu'une âcre odeur de bitume en fusion arrive à vos narines, que vous faut-il de plus pour rêver de port de guerre, de magasins flottants et de cales sèches ?

Mais n'insistons pas pour la Frégate. Nous avons mieux ; nous avons le petit port, qui est auprès du pont des Saints-Pères.

Vous croyez le connaître, n'est-ce pas ? Vous passez là tous les jours, et vous avez vu qu'il y avait souvent, le long du bas quai, un gros bateau, un vrai bateau de mer, venu de Londres ou de Liverpool. Vous avez dû même remarquer que sa cargaison ordinaire était composée de cornes, et vous vous êtes écrié, — oh ! ne dites pas le contraire, nous vous connaissons, vous êtes Français et vous avez un vieux fond de vaudevilliste, — vous vous êtes donc écrié :

— Des cornes !... Pour qui ? Les Parisiens n'en manquent pourtant pas.

Mais nous, badaud plus raffiné, flâneur plus dilettante, nous ne nous sommes pas contenté de cet examen superficiel. Nous sommes descendu sur la berge, par le chemin en pente qui se trouve un peu plus loin, sur le quai du Louvre, devant la Porte des Lions, et, nous arrêtant sous le pont des Saints-Pères, nous avons eu devant nous, encadré par la courbe de l'arche, un tableau d'une couleur et d'une saveur marines qui eussent réjoui Boudin ou Émile Vernier.

Amarré à un quai sans parapet, un vrai quai de port de mer, le navire — un gros navire noir, aux flancs épais, à la mâture basse, à la cheminée trapue, un navire aux lourdes façons de charbonnier anglais — était en pleine activité de débarquement. Les matelots — des gens de mer authentiques, à visage d'acajou dans des colliers de barbe jaune — couraient pieds nus sur le rouffle, ou roulaient des tonneaux sur le pont de planches. Là-bas, un brouillard matinal — c'était en automne — voilait l'Institut et le pont des Arts, et rien n'empêchait de croire qu'au delà du bateau, barrant l'horizon, il y avait l'étendue d'une rade, la pleine mer, l'Océan ! Et il sentait son fruit, allez, le navire, un fort et rude parfum de goudron, de cuisine et de machine à vapeur; une petite maîtresse en aurait eu le mal de mer. Tout était marin sur ce bord de Seine, jusqu'au bureau de la douane, avec son pot de fleurs étiolées sur le rebord d'une fenêtre; et sincèrement, à moins d'être totalement dépourvu de fantaisie, rien n'était plus facile que de rêver là de longues traversées et de se croire sur le point d'appareiller pour les mers du Sud.

A ceux qui veulent découvrir des marines dans Paris, nous ne pouvons rien offrir de plus complet que le bateau du pont des Saints-Pères; mais nous leur réservons encore quelque chose de plus étrange et de plus piquant.

On pouvait voir à Paris, il y a une douzaine d'années, on peut sans doute voir encore à l'heure qu'il est, un navire en terre ferme.

Oui, vraiment, un navire parfaitement armé, prêt à partir, un trois-mâts avec toutes ses vergues, voiles et bonnettes, auquel il ne manque ni un cacatois, ni un perroquet, et dont un maître d'équipage approuverait le gréement, jusqu'au dernier cartahu ! Et cela, rue Saint-Jacques, au milieu d'une cour sablée, entre deux rangées de tilleuls.

Ce fut par la fenêtre du logis d'un de nos amis, demeurant aux environs, que nous aperçûmes pour la première fois cet objet extraordinaire, et nous faillîmes tomber à la renverse de stupéfaction. Nous supposâmes d'abord que le problème de la navigation aérienne venait d'être résolu par quelque fantastique inventeur américain, et que ce navire, le premier qui eût traversé les espaces du ciel, arrivait en droite ligne de New-York ou de Chicago. Nous ne nous expliquions pas, il convient de l'ajouter, que le capitaine de la merveilleuse machine, au lieu d'opérer sa descente sur la place de la Bourse ou tout autre lieu populaire et fréquenté, eût choisi pour atterrir une petite cour d'aspect provincial, au fond d'un quartier perdu.

L'explication que nous donna notre ami détruisit notre belle chimère — c'est, hélas! le propre de toutes les explications — et nous apprîmes sans aucun plaisir que ce navire avait été monté là, pièce à pièce, comme la première charpente venue, afin de servir aux exercices des élèves d'une école préparatoire pour la marine.

Mais, en dehors de son rôle pratique, le joli trois-mâts a quand même son charme et son utilité poétique. Pour parler le style à la mode, il « pique une note » de mer au milieu du faubourg Saint-Jacques, et permet à l'honnête bourgeois, voisin du Val-de-Grâce, de se supposer à Hambourg, à Amsterdam ou dans quelque autre ville où les navires semblent circuler au milieu des rues.

On conviendra, nous l'espérons, d'après les renseignements qui précèdent, que Paris peut être considéré comme un port de mer, au moins par les gens d'imagination. Or, pour ceux-là seuls le monde extérieur existe. Nous connaissons des hommes qui sont allés aux quatre coins du globe et qui, positivement, n'ont rien vu. La plupart des Yankees qui font tous les ans la traversée de l'Atlantique, ressentent certainement beaucoup moins la poésie du voyage qu'un rêveur impressionnable qui fait une visite d'une heure au Musée de marine.

Et maintenant, *claudite jam rivos pueri, sat prata biberunt*. Nous citerions encore. Nous avons beaucoup cité. Qui s'en plaindrait? Ce n'est pas le lecteur, à coup sûr, qui ne trouvera jamais trop long ce chapitre, le plus curieux de notre livre, où il a pu déguster dans sa saveur encore fraîche un Coppée inconnu, sinon inédit. Il faut pourtant clore là cette galerie de peinture de genre, si heureusement ouverte par le feuilletonniste dans l'embarras. Il faut terminer par le feuilleton d'adieux, plein encore de détails autobiographiques précieux, ces *Mémoires* — car ces extraits et bien d'autres que nous y aurions pu ajouter ont le charme intime, vécu, piquant des Mémoires — de Coppée pendant ses quatre années de critique dramatique. Nous passons avec un regret atténué par ce fait que Coppée en a dérobé une partie à l'oubli sur les feuilletons de voyage, et nous arrivons à ce dernier feuilleton, à cette lettre d'adieux au journal hospitalier, où le nouvel académicien expose au directeur qui a eu l'esprit, récompensé par le succès, de le choisir comme critique dramatique, en termes faits pour les honorer tous deux, ses raisons de regretter et ses raisons de quitter sa tâche hebdomadaire.

A Monsieur Eugène Guyon, directeur de LA PATRIE.

Paris, le 15 mars 1884.

Mon cher ami,

Il y a tout à l'heure quatre ans, par un beau matin du mois de mai, je me promenais, en formant des huit, autour des deux massifs de mon petit jardin, quand votre visite, très inattendue, — je n'avais pas le plaisir de vous connaître, — interrompit brusquement ma rêverie et ma cigarette.

Vous me dîtes, sans préambule :

— Je suis le directeur de *la Patrie*, qui vient de perdre son rédacteur dramatique, Édouard Fournier. Voulez-vous lui succéder?

La proposition me fut faite, comme vous avez toujours coutume de faire, rondement, cordialement, à la française. — Elle me surprit et m'effraya tout d'abord. « En moins de temps qu'il n'en faut pour l'écrire, » comme dit la vieille formule, je me rappelai que j'étais un poète, c'est-à-dire un flâneur de la pensée, un paresseux; que, d'ailleurs, je n'avais que fort peu écrit en prose; qu'il faudrait improviser quand même — *invitâ Minervâ*, même les jours de spleen et de migraine, à heure fixe, malgré vents et tempêtes — trois cents lignes de « copie » par semaine; que j'aimais bien le théâtre, mais à mes heures, quand le cœur m'en disait; que, pour une pièce intéressante, je devrais écouter cent sottises et en rendre compte. J'hésitai, j'eus peur et je vous l'avouai franchement.

Mais vous aviez votre idée et vous y teniez.

— Vous serez absolument libre dans votre rez-de-chaussée, me dîtes-vous d'une voix tentatrice. Quand la matière théâtrale fera défaut, eh bien! vous parlerez d'autre chose, en prose ou en vers, à pied ou à cheval, comme vous voudrez.

C'était bien tentant. J'étais ébranlé.

— Me sera-t-il permis, vous demandai-je, de parler, de temps à autre, de mes amis les poètes, sans qu'on m'accuse de marcher dans les plates-bandes d'un camarade du journal, d'empiéter sur les droits du critique littéraire?

— Tout ce qu'il vous plaira.

Vous aviez réponse à tout.

Et puis, il faut bien le dire, vous n'êtes pas de ceux à qui l'on résiste. Je sentais en vous une si vraie sympathie pour moi que j'en étais touché, et vous me tendiez si loyalement votre main que j'y laissai tomber la mienne, en disant : *Tope!* comme font les paysans, les jours de marché.

C'est ainsi, vous vous en souvenez, mon cher ami, que je suis devenu le feuilletonniste de *la Patrie*. Vous êtes cause que je me suis jeté à l'eau sans savoir nager, et — tout de même — voilà bientôt quatre ans que je nage.

Eh bien! le jour où vous êtes venu me trouver, le sourire sur les lèvres et la main ouverte, dans mon petit jardin de curé, vous m'avez rendu un grand service, et je tiens à vous en remercier devant les lecteurs de votre journal.

D'abord et avant tout, vous m'avez donné l'occasion — que je n'avais guère eue jusque-là — de m'exercer à la prose, d'assouplir ma plume à cette forme littéraire, dont Louis Veuillot a si bien dit, en un des rares bons vers dont il soit l'auteur :

O prose, mâle outil et bon aux fortes mains !

C'est très amusant d'écrire en prose, je le sais aujourd'hui. On est fatigué, quelquefois, de faire volter et parader le vieux Cheval Ailé et de le plier à tous les travaux du manège poétique. Le voyage à pied a du bon : vous m'en avez révélé le charme.

Comme j'entrais en fonctions à la fin de la saison, tout de suite il fallut inventer des feuilletons « à côté, » brosser des fantaisies à propos d'une vieille reprise, d'une pièce d'été insignifiante. Parfois même, il n'y avait rien à dire, rien du tout ; pas même un prétexte pour parler théâtre. Ma foi ! j'ai profité alors de la liberté que vous m'aviez donnée. Je suis allé me promener et je vous ai envoyé mes notes de touriste, — ou bien je vous ai conté des petites histoires.

Elles n'ont point déplu. D'autres journaux m'en ont demandé de pareilles, et je n'ai pas dit non. Je me suis ainsi transformé en conteur, en nouvelliste ; et il en est résulté deux volumes de prose, qui se sont ajoutés à mes nombreux livres de vers. Tout cela encore, cher ami, grâce à vous. Voyez combien je suis votre obligé.

De plus, j'étais un peu auteur dramatique, et il est nécessaire pour l'auteur dramatique d'aller souvent au théâtre. Mes fonctions de critique m'y obligeaient. A force de démonter les montres des autres, on devient horloger. Voir beaucoup de pièces et les analyser, est bon pour qui en fait soi-même. Sans doute, les neuf dixièmes des drames et des comédies qu'on joue ne valent rien. Mais leurs défauts sont encore un enseignement. A de certains égards, il vaut peut-être mieux, pour faire des progrès, voir les mauvaises pièces que les bonnes.

Étant inimitables, les chefs-d'œuvre sont décourageants; tandis que les ouvrages courants inspirent, à tout esprit un peu délicat, l'horreur de la « ficelle » et du métier. C'est toujours cela de gagné.

Pour cette raison ou pour d'autres, il est un fait : c'est que, après plusieurs années de feuilleton, votre collaborateur et ami, qui n'avait encore pu réussir au théâtre qu'avec de petits actes, lesquels étaient plutôt des poèmes que des ouvrages dramatiques, a fait jouer un grand drame en vers, en cinq actes, que l'indulgence du public a bien voulu trouver supérieur à ses aînés. Qui sait si je ne dois pas un peu le succès de *Severo Torelli* à l'exercice même de la critique ?

Est-ce à dire que, parfois, ma besogne n'ait point été pénible ? Assurément non. J'ai souvent bâillé dans ma stalle, moi qui n'ai pas la précieuse faculté, que possèdent quelques hommes privilégiés, de dormir au spectacle. C'était quelquefois bien rude, en hiver, de laisser là ses pantoufles, son foyer plein de cendres chaudes, sa lampe de travail, sa tasse de café sirotée à petits coups, et de se faire trimballer dans un fiacre jusqu'à l'Ambigu ou à l'ex-théâtre de Ballande, pour voir une centième reprise du *Courrier de Lyon* ou quelque monstrueux *Garibaldi*. Il y a eu des jours de neige fondue où j'étais d'une humeur de dogue en confiant ma pelisse à l'ouvreuse. Je me reproche même d'avoir quelquefois trop manifesté ma fatigue et mon ennui devant vos lecteurs. Qu'ils me le pardonnent. *Meâ culpâ*. Mais je voudrais bien les y voir !

Vous savez, mon cher ami, comment je me vengeais de ces mauvaises soirées : en me rappelant l'aimable permission que vous m'aviez octroyée de causer ici à ma guise ; en ensevelissant à la hâte le fœtus de vaudeville ou le mélodrame mort-né dans quelques lignes dédaigneuses, et en parlant de mes chers poètes, des plus jeunes surtout, à qui l'encouragement et la poignée de main d'un camarade chevronné font tant de plaisir. J'étais heureux alors de protester contre cette iniquité installée dans la presse, qui consacre tous les comptes rendus de tous les journaux à la plus imbécile des féeries et qui marchande avarement dix lignes de publicité au livre dans lequel un débutant plein de foi a versé tous les trésors de son cœur et de son imagination.

Si j'ai pu quelquefois, dans la mesure de mes forces, réparer cette injustice, c'est parce que vous m'en aviez donné le moyen. Pour cela encore, soyez remercié chaudement.

Voilà bien des motifs, n'est-il pas vrai? pour me faire chérir mes fonctions à *la Patrie*. Pourquoi donc renoncer à cette causerie hebdomadaire dont je m'étais fait une douce habitude? Pourquoi abandonner mon feuilleton?

Est-ce parce que je viens d'être élu à l'Académie française? Non, ou du moins pas absolument.

Sans doute mon admission dans l'illustre Compagnie m'eût imposé, à cette place, des convenances nouvelles. L'Académie a dans ses rangs plusieurs auteurs dramatiques — les plus fameux de notre temps — et j'aurais eu la tâche, parfois difficile, de juger leurs ouvrages sans faillir aux devoirs du critique et sans manquer aux égards de haute courtoisie dus aux confrères éminents avec qui je vais me trouver, à l'avenir, en constantes relations. Mais quoi? On sait retenir sa plume, mesurer ses expressions, et il est possible de rester sincère, sans dureté et sans complaisance.

Les fonctions du critique dramatique et celles de l'académicien ne sont nullement incompatibles. Jules Janin s'est assis sous la coupole, et il y a dignement occupé sa place.

Si je me retire, c'est pour des raisons d'un tout autre ordre.

La première — et celle qui me tient le plus au cœur — c'est que, depuis quatre ans, j'ai publié ici environ deux cents articles, mais que j'ai écrit fort peu de vers. Or, la poésie est ce que j'aime le plus au monde. J'ai encore, je l'espère, quelques poèmes, quelques drames à produire, et c'est à ce travail que je veux désormais consacrer tout mon temps et tous mes efforts. Je crois donc bien faire, dans l'intérêt de mes projets littéraires, en renonçant à cette besogne du critique théâtral, qui n'est nullement sinécurielle, qui occupe parfois, dans la saison d'hiver, plusieurs soirées par semaine, sans compter le jour du feuilleton, et qui laisse, à celui qui l'accomplit, un trop petit nombre d'heures pour la solitude et la concentration d'esprit, indispensables au poète.

J'ai encore une autre raison de rentrer sous ma tente. En quatre ans, j'ai eu tout le loisir d'exprimer les idées générales que je pouvais avoir sur le théâtre. Je les ai dites et redites, et je craindrais, en persistant, de me répéter par trop. Il n'y a pas trente manières de déclarer que l'on préfère le théâtre d'Alfred de Musset à celui de M. Scribe, et que tel dramaturge n'a aucun rapport avec Shakespeare ; ou du moins, si elles existent, je ne me soucie plus de les chercher.

Je vous ai déjà donné, mon cher ami, ces raisons de ma retraite, dans une de ces bonnes et amicales conversations comme nous en avons souvent ensemble en votre cabinet de la rue du Croissant. Vous avez désiré que j'en fisse part à mes lecteurs, dont quelques-uns, j'ai des raisons de le croire, ont pour moi un peu de sympathie. C'est maintenant chose faite. Ils savent pourquoi je vous quitte, et avec quel regret.

Ce qu'ils ne savent pas — et ce que je tiens à leur dire encore — c'est quelle reconnaissance je garde au directeur de journal plein d'activité et de hardiesse, à l'excellent homme qui est venu me chercher un jour que je me promenais devant les rosiers de mon petit jardin, et qui m'a confié — d'instinct, sans savoir si je ferais un journaliste suffisant, par pure attraction littéraire vers moi — le feuilleton de *la Patrie*. Ce feuilleton m'a été utile à bien des égards, comme je viens de l'expliquer ; mais vous m'avez aussi rendu, au moment où vous me l'avez offert, — pourquoi ne l'avouerais-je pas, mon ami?—un service matériel. Ces choses-là ne s'oublient pas.

Je ne sais qui sera mon successeur, mon cher Guyon, — bien que je sois certain que votre tact et votre bon goût, le choisiront excellent — mais je le félicite d'avance d'avoir affaire à vous. Il éprouvera, comme je l'ai éprouvé, ce sentiment de bien-être qu'on a dans votre honnête et vaillant journal, dont les collaborateurs forment une sorte de famille, sentiment qui fait que je ne me sépare d'eux et de vous qu'avec une mélancolie qui ressemble à du chagrin. Mais ce dont je le défie bien, ce successeur, quel qu'il soit, c'est d'avoir jamais pour vous plus d'estime et d'amitié que

Votre ami,

FRANÇOIS COPPÉE.

Le lecteur maintenant connaît assez à fond Coppée feuilletonniste, pour partager les regrets du directeur de *la Patrie*, de ses rédacteurs, quand ils perdirent un tel collaborateur, de ses lecteurs quand ils perdirent un tel causeur. Ces regrets furent diminués par l'espoir, qui n'a pas été déçu, d'applaudir encore souvent en qualité d'auteur dramatique, le critique dramatique qui, en apprenant à analyser, à démonter les pièces des autres, n'avait pas perdu son temps, ajoutant aux dons du talent, aux effets de l'art, les secrets du métier.

VIII

ROMANS ET CONTES PARISIENS

1871-1887

FRANÇOIS COPPÉE, dans son feuilleton d'adieux à *la Patrie*, constatait que pendant ces quatre années il avait appris à écrire en prose, s'était exercé à l'art de peindre et de conter, et que, le public ayant pris goût à ses histoires, il en était résulté pour lui l'ouverture d'une nouvelle veine, et l'occasion de nouveaux succès.

Le poète avait raison de se rendre ce témoignage sur les bienfaits de la gymnastique du feuilleton et sur le succès de ses contes. Ils en avaient obtenu et mérité un tel que certains critiques, aveuglés par l'éclat de ce succès, en sont arrivés à ne voir que lui, à y trouver la preuve d'une vocation, d'une destination particulière, presque exclusive, et à considérer comme la faculté maîtresse, comme le caractère dominant du talent de Coppée, ce don et cet art de conter.

Décidément la critique la plus sagace, la plus bienveillante même, a ses œillères. M. Cherbuliez a justement loué dans Coppée le poète des *Humbles* et des *Tableaux parisiens*, mais il n'a vu que lui. Il a presque oublié l'auteur dramatique, et n'a fait que mention de *Severo Torelli*. M. Scherer condamne gracieusement et strictement Coppée à n'être qu'un conteur. Il ne voit son talent que sous cette face.

> M. Coppée, dit-il, est essentiellement conteur. S'il n'a pas commencé par là, sa vocation s'est pourtant vite prononcée... Il n'a pas cessé depuis lors (*le Passant* et *la Grève des Forgerons*), revenant toujours, par un instinct secret, au genre où il excelle. Ses élégies mêmes retombent dans le récit; ses pièces de théâtre sont des anecdotes dialoguées... Hier encore, ayant à faire l'éloge de son prédécesseur, n'a-t-il pas tout de suite tourné à la narration [*]?

Évidemment Coppée est un conteur et admirablement doué. Mais n'est-il vraiment que cela? Les deux tiers de son œuvre, la partie élégiaque, lyrique, dramatique, doivent-ils être écrasés, étouffés par le reste? La question comporte la réponse et nous n'insisterons pas.

C'est par le roman ou plutôt la nouvelle intitulée: *Une idylle pendant le Siège* et publié d'abord en feuilleton au *Moniteur universel* en 1872 que François Coppée a débuté dans ce genre un peu démodé, mais auquel il ne touche pas sans mêler du premier coup à quelques inexpériences de novice quelques traits d'originalité et de précoce *maestria*.

---

[*] Edmond Scherer. *Études sur la littérature contemporaine.* T. VIII, p. 296.

Si nous fermons le livre et cherchons notre impression générale, elle est assez vague et ne trouve pas du premier coup sa formule. La lecture nous laisse comme un souvenir de la *Confession d'un enfant du siècle* et de *Frédéric et Bernerette*, d'Alfred de Musset, mêlé avec le souvenir de quelques-unes des nouvelles et des romans de Henry Mürger et de Guy de Maupassant, c'est-à-dire qu'il nous reste l'idée de beaucoup d'imagination uni à beaucoup d'observation, et que notre mémoire évoque à la fois des tableaux qui sont d'un poète, et des portraits qui ont la précision un peu sèche de la photographie.

Ce qui domine enfin, surtout pour le lecteur qui comme nous a traversé en témoin oculaire et auriculaire la Révolution de Septembre, le Siège et la Commune à Paris, c'est une intense sensation, agréable à la fois et pénible, de *vu* et de *vécu*, de *rendu* exact et brutal des scènes de ces trois moments, de ces trois actes de la tragi-comédie de la chute d'un trône et de l'avènement d'un peuple. Beaucoup de pages d'*Une Idylle pendant le Siège* ont une sorte de valeur documentaire, la fidélité caractéristique d'un journal intime, d'une déposition d'audience, faites pour frapper un historien.

C'est là surtout qu'est l'originalité de cet essai d'où se détachent, sur le fond d'une action simple et nue comme la vérité, des tableaux et des portraits parisiens d'une rare justesse de dessin, et d'une rare sobriété de couleur.

Nous l'avons déjà dit et nous plaisons à le répéter, Coppée un des premiers, sinon le premier, en tout cas, le plus vivement, le plus profondément de tous, avec un œil et une main strictement contemporains, a senti et rendu la poésie pittoresque de Paris. Il a découvert Paris pittoresque, comme Guardi et Tiepolo l'ont fait pour Venise, comme Fromentin l'a fait pour l'Algérie. Il a trouvé des eaux-fortes qui ont le relief de celles de Méryon sans le sombre et farouche fouillis qui les rend parfois obscures. Il a su jeter sur le tout une légère teinte d'aquarelle à la Niltis. Nous sommes aussi loin avec lui, artistiquement parlant, de la fade bonhomie d'un Michel ou d'un Demarne, que littérairement de Scribe ou de Bouilly. Voici un de ces croquis qui font tableau :

Lorsque, par une claire matinée, l'habitant de cette chambre haute s'accoudait à sa croisée, il pouvait contempler un des plus sublimes spectacles de ce Paris dont la beauté comme paysage n'a pas été encore assez exaltée par les écrivains et les poètes. D'un regard circulaire, il embrassait tout le cours de la Seine, les quais et les ponts fourmillant de monde, les monuments émergeant des toits. A droite, tout près, la masse imposante de Notre-Dame; devant lui, les tourelles du Palais-de-Justice et le clocheton d'or de la Sainte-Chapelle; et là-bas, à gauche, à travers la brume des matinées d'été, au delà de la courbe gracieuse du fleuve et de la statue de Henri IV, dans l'admirable cadre formé par l'angle de la Cité et par les maisons du quai des Augustins, la ligne harmonieuse et lointaine du palais du Louvre. De toutes parts montaient jusqu'à lui, doublés par la sonorité de la rivière, les mille bruits joyeux de la ville en éveil, les soupirs haletants des bateaux à vapeur, le roulement des omnibus et des voitures, les cris des marchands des quatre saisons, et les fanfares des pelotons de la garde montante. Il pouvait s'enivrer longuement de cette vie intense, de ce mouvement éblouissant, de ces magiques échos, et respirer à pleins poumons l'air libre et pur de ce vaste ciel rempli d'hirondelles.

De ce tableau, l'homme est absent. En voulez-vous un autre animé du mouvement lointain d'une poignée d'hommes armés, emportés vers la mort par la plus noble passion de toutes, l'amour de la patrie?

Il voyait, le matin d'une bataille rangée, la ligne sombre des troupes à perte de vue, les estafettes au galop, toutes petites dans la plaine. Il était là lui-même, l'arme au pied, au premier rang de la colonne d'attaque. Puis c'étaient les coups sourds du canon, les clairons sonnant la charge, le départ à la baïonnette, des témérités de zouves; et tout là-bas, en haut de la colline, près d'un moulin déchiqueté par la mitraille, au milieu des canonniers râlant sur leurs pièces, il se reconnaissait encore dans ce simple soldat qui plantait un drapeau parmi la fumée rouge au soleil.

Ce n'est pas là un tableau de réalité; ce n'est que la mise en scène d'un des « rêves de combat et de gloire » de Gabriel Fontaine, le héros du roman. Mais avouez qu'il faut être un bon peintre pour donner ainsi à une fiction tout le relief de la vérité, et faire passer dans l'âme du lecteur, sur un simple croquis de chic, le frisson que donnerait le d'*après nature*.

C'est bien d'*après nature* qu'a été peint Marius Cazaban, l'étudiant en médecine, ami du fils du professeur, destiné à être professeur lui-même, ce jeune Gabriel Fontaine qui représente si bien dans ses aspirations indécises et ses naïvetés généreuses la génération de 1870, un peu trop couvée sous l'aile des illusions maternelles, pour être bientôt soumise, désarmée, trop à l'épreuve des convulsions et déceptions nationales. Le pendant, le repoussoir de Gabriel, d'une virilité précoce, brutale et décevante, tandis que Gabriel, sous ses délicatesses féminines, cache une volonté capable d'héroïsme, quand elle aura un but, c'est ce Marius Cazaban dont l'auteur fait ce joli portrait, saisissant, crevant de ressemblance pour un contemporain du quartier latin :

Il s'appelait Marius Cazaban. Petit, trapu, roulant des yeux enflammés, il était déjà barbu jusqu'aux yeux et paraissait avoir trente-cinq ans, quoiqu'il fût à peine majeur, par ce singulier privilège des méridionaux qui jamais n'ont l'air jeune, c'est vrai, mais chez qui, par compensation, les signes de la vieillesse ne se manifestent que très tard. Toujours coiffé d'un feutre mou, il se distinguait par des foulards rouges et des vestons trop courts, et sa chemise débordait entre un gilet remontant sur la poitrine et un pantalon d'étoffe claire, tellement collant qu'on redoutait à chaque instant, dans l'intérêt de la pudeur, de le voir éclater avec bruit.

Marius Cazaban était athée, matérialiste et *irréconciliable*. Le mot était alors à la mode. Dans le café du boulevard Saint-Michel où il prenait sur les banquettes des attitudes vautrées, son terrible accent du Midi faisait retentir des discours incendiaires. Il avait crié : *Vive la République !* à l'enterrement de Victor Noir et se croyait *filé* par la police...

Il habitait une chambre dans un hôtel de la rue de l'École-de-Médecine, dont l'allée étroite et fermée par une demi-porte, était surmontée d'un transparent de verre sur lequel on lisait : *Hôtel du Progrès et du Tarn-et-Garonne meublé*, et où des femmes en camisole et dépeignées se penchaient sur la rampe de l'escalier pour appeler le garçon. Marius fréquentait le bal Bullier. Il disait *le quartier* pour parler du quartier latin, et quand il avait une maîtresse, il l'appelait avec emphase : *ma femme !*

Du reste, bon garçon, ayant la verve facile et la cordialité banale des gens du Midi.

On retrouve en touches plus discrètes cette finesse, cette malice d'observation qui débordent un peu ici, par un trait de ressemblance de plus avec la blague exubérante du modèle, dans les autres portraits du livre, le lieutenant de gardes mobilisés Robert, élégant, brave et fat, l'officier de garde nationale Clément, le futur fédéré, la maîtresse du premier, la brune Mme Henry, et la petite femme de l'autre, cette gentille et honnête bourgeoise, si candide et si timide dans la faute, qui traverse tout effarouchée — pour s'enfoncer dans l'obscurité où se cachent les violettes meurtries, les oiseaux blessés et aussi les héroïsmes modestes, les martyres muets — cette scène aux personnages violents, aux incidents tumultueux et brutaux de guerre étrangère et de guerre civile. Les amours de Gabriel Fontaine et d'Eugénie Clément, aux péripéties simples comme ces deux innocents qui se déniaisent l'un l'autre, aux vicissitudes honnêtes, au drame tout intérieur, se déroulent au milieu de ces vagabondages à deux, si chers aux amoureux, qui permettent au poète d'encadrer dans de délicieux paysages suburbains cette idylle parisienne. De même, mais cette fois le plus souvent avec Marius Cazaban pour guide, nous nous promènerons, aux meilleures places pour l'observation, celles des acteurs secondaires, à travers les épisodes les plus caractéristiques de l'année terrible, à commencer par le départ triomphal et inquiet sous ses fanfaronnades pour Berlin... si inopinément arrêté par la défaite à la frontière d'Alsace, et à la frontière belge, par cette reddition de Sedan où notre armée perd tout fors l'honneur, mais où nous ne retrouvons plus rien des générosités chevaleresques et de la poésie héroïque d'une reddition de Pavie. La journée du 4 Septembre, les alternatives d'espoir et de doute, de confiance et de déception, de popularité et d'impopularité, de la dictature Trochu, les accès principaux, tragiques ou comiques, de la fièvre obsidionale sont croqués au vol et au vif, sans trace de la déclamation dont la contagion était alors comme irrésistible, et la vie au bivouac du rempart, la physionomie diurne ou nocturne de Paris pendant le siège, revivent dans des pages qui ajoutent une valeur historique à leur valeur littéraire.

Et le dénoûment? Il n'y en a pas. Et les amours de Gabriel et d'Eugénie? Interrompues à jamais par l'absence, par le silence obstiné, implacable de l'une à des appels de l'autre, dont l'inutilité éclate bientôt. Le mari fédéré est aux pontons; la femme s'est réfugiée dans sa famille, en province, sans laisser d'adresse. Gabriel ne la retrouve pas, malgré des efforts que découragent bientôt leur stérilité, et aussi les nécessités, les tentations d'une vie nouvelle. Ne vaut-il pas mieux qu'il en soit ainsi? La plupart de nos sentiments n'aboutissent pas, ne mûrissent pas, et expirent doucement et tristement en germe ou en fleur. La vie est pleine de ces avortements. La réalité est pleine de romans ébauchés qui n'ont pas de dénoûment. L'amour qui meurt de trop de nourriture, d'indigestion, meurt aussi d'inanition, quoi qu'en dise la galanterie. Là où la femme est absente, partie pour la province sans donner son adresse, et s'est cachée dans la mort ou dans l'inconnu, que voulez-vous qu'on fasse? Ce que fit Gabriel Fontaine sans doute : se résigner, se consoler, et chercher ailleurs aventure pour son cœur, jusqu'au dégoût de ces bonnes fortunes, toujours illusoires, qui saisit, au milieu de la vie, au milieu du roman, le héros et souvent aussi son biographe; dégoût qu'a si bien, par exemple, ressenti Marivaux, qu'il n'a eu le courage de finir ni l'un ni l'autre de ses deux romans, chefs-d'œuvre inachevés.

Inachevé! ce n'est pas le titre de regret et de reproche que méritent ces deux volumes de *Contes en prose* qui ont, — par leur perfection et la maîtrise avec laquelle l'auteur a su faire tenir tout un drame, toute une histoire dans un cadre de miniature, avec le fini de dessin et le moelleux de couleur de la miniature, — ravi les dilettanti, et ajouté un de ses traits les plus populaires à la physionomie du poète, animée par l'art et le succès.

François Coppée, — qui est un admirable conteur en vers, qui a écrit les récits épiques comme *le Pharaon*, *l'Hirondelle du Bouddha*, *la Tête de la Sultane*, *les Parias*, qui a écrit les récits contemporains comme *Bleuette*, *la Marchande de journaux, les Boucles d'oreille, le Roman de Jeanne, l'Épave,* — est aussi un très habile écrivain, un conteur exquis en prose.

Il a renouvelé et rajeuni une des formes anciennes les plus chères, les plus favorables à l'esprit français; il a su assaisonner ses récits d'une pointe d'observation très fine et pénétrante, en même temps qu'il les animait par un mouvement qui en fait autant de petits drames en raccourci. Ajoutons que si l'effet en est toujours juste et proportionné, l'inspiration en est honnête et la moralité saine, quoique légèrement ironique, comme il convient à un philosophe parisien qu'il est, dont l'expérience est sans amertume, mais non sans malice. On y sent la pitié pour les misères humaines, l'indulgence pour les humaines faiblesses d'un homme qui n'est implacable, — et encore sa colère tient tout entière le plus souvent dans le haussement d'épaules du mépris, — que contre la bêtise sans humilité et la méchanceté sans repentir. La bêtise naïve le désarme par le sourire, et la méchanceté qui pleure le désarme par le pardon. Il ne garde d'inexorable que sa clairvoyance, comme un peintre qu'il est, dont l'œil a une conscience. S'il a cette probité de l'observation, il a aussi du goût pour le plaisir qu'elle donne, indépendamment de tout autre. Il y a tels de ces récits qu'il appelle contes, qui ne sont que de simples tableaux d'intérieur ou d'extérieur, intimes ou pittoresques, dont l'auteur ne s'est proposé d'autre but que la volupté de bien exprimer ce qu'il a bien vu, et n'en donne d'autre au lecteur que celle qui en résulte pour lui. Ces tableaux, d'où l'action est absente, si la figure humaine ne l'est pas, n'en produisent pas moins une impression intense, comme la vie qui les anime.

C'est par ces esquisses, par ces croquis, par ces pochades, par ces tableaux de genre, que l'auteur s'est fait la main et s'est exercé à la représentation non plus d'un aspect de la ville ou de la campagne, mais d'une action concentrée en quelques figures, en quelques scènes. Le talent de Coppée a suivi dans la prose la même évolution, la même progression que dans la poésie. De même que le poète élégiaque est devenu peu à peu un poète dramatique et que l'auteur du *Passant*, qui n'est qu'un rêve dialogué, est devenu l'auteur de *Severo Torelli* et des *Jacobites*, pièces fortement construites et sorties du moule à chefs-d'œuvre de la scène française, de même l'auteur du *Coucher de soleil*, qui n'est qu'un admirable panorama de Paris aux feux mourants du déclin, sur lesquels s'abaisse peu à peu l'ombre du crépuscule, du *Dé d'argent*, qui n'est qu'une étude des souvenirs sans remords, mais non sans regrets, d'une courtisane impénitente, mais spleenétique, de *Maman Nunu*, simple souvenir d'enfance, de *la Robe blanche*, histoire sans événements d'une jeune fille du peuple, chétive et infirme, dont l'unique bonheur aura été celui de l'unique robe blanche de la première communion, — est devenu l'auteur de ces récits qui enferment, dans leur raccourci, tout un drame intérieur ou extérieur, toute une évolution et une révolution de sentiments ou de faits, toute une tempête sous un crâne ou toute une tempête dans un verre d'eau : *Les Vices du Capitaine*, *le Remplaçant*, *Un Nouveau Tantale*, *Mon ami meurtrier*.

Nous insisterons sur quelques-uns de ces récits de premier essai, de première manière, parce qu'ils nous montrent à nu et curieusement les procédés du poète cherchant sa voie, mais surtout parce qu'ils sont ceux où, avant de s'abandonner au hasard du talent et à la liberté du genre, il a borné à sa maison, à sa rue les prises de cette faculté d'observation dont il n'était pas encore le maître, n'a pas osé s'écarter des domaines et des horizons familiers, a dessiné d'un pointillé minutieux ses figures et ses intérieurs, en prenant ses modèles autour de lui, dans son logis, dans son enfance, et en les éclairant de la douce lumière du souvenir. *Maman Nunu*, *la Robe blanche* sont des chapitres, des épisodes, des confidences de la vie de Coppée enfant, écolier ; de même nous retrouverons dans plusieurs autres de ses récits, — *Mon ami meurtrier*, par exemple, — des réminiscences, qui ne sont pas sans quelque rancune secrète, des années de jeunesse ensevelies dans l'ombre d'un bureau de ministère, des belles heures perdues pour l'expéditionnaire à gâcher son papier, comme pour Sedaine maçon à gâcher son mortier, et de cette fleur de santé à jamais flétrie dans l'ennui du labeur mercenaire et contraint.

Quelle impression de bonheur décent dans le travail et de joie mélancolique dans l'espérance se dégage de ce tableau d'intérieur qui ouvre le récit intitulé : *Maman Nunu!* et quelle saveur de confidence autobiographique dans ces aveux émus d'un Dickens français !

Mes parents n'étaient pas assez riches pour avoir une servante. Certes non, les pauvres gens ! et je me souviens même qu'elles duraient très longtemps, les redingotes à collet de velours de mon père, et que maman faisait assez souvent de petits savonnages. Dès le matin, le pauvre homme s'en allait à son ministère, emportant dans sa poche un morceau de pain fourré de charcuterie pour son déjeuner ; mes deux sœurs — elles étudiaient la peinture — partaient pour leur atelier, et tandis que la cadette, celle qui devait mourir à vingt-trois ans, hélas ! et que nous appelions alors « la grosse Marie, » finissait le ménage, ma pauvre mère s'installait à son petit bureau près de la fenêtre, et commençait à copier des mémoires de charpente ou de serrurerie du voisinage. Or j'étais alors un important personnage de six ans, désigné ordinairement par le sobriquet de « Cicis, » un gamin maladif, vêtu d'un petit caban de drap écossais, à carreaux blancs et rouges, chef-d'œuvre de l'industrie maternelle, dont j'étais très fier. Ma sœur Marie, bien que déjà elle se rendît utile à la maison, n'avait que trois ans de plus que moi, et d'aussi jeunes enfants avaient besoin d'exercice et de grand air.

Aussi, vers midi, la mère Bernu, une pauvre vieille du quartier, venait nous prendre tous les deux pour nous mener à la promenade. Elle déjeunait sur un coin de table, et maman lui donnait dix sous. Avec cette petite ressource, les secours du bureau de bienfaisance et quelques autres aumônes peut-être, elle trouvait encore moyen de vivre ; et mes humbles, très humbles parents qui, par des prodiges d'économie, conservaient dans la pauvreté un air de décente bourgeoisie, devaient lui faire l'effet de puissants capitalistes.

Maman Nunu emmenait les deux enfants dans

les avenues désertes qui rayonnent autour des Invalides et leur racontait des histoires empruntées à ses souvenirs. Elle en avait beaucoup et c'était quelque chose de curieux, en effet, que ce cours d'histoire contemporaine faite par une pauvresse, la Révolution et l'Empire et la Restauration vus de la foule à travers des poussières de revues, des fumées d'émeute, des libations de fêtes populaires.

A la tombée du jour, nous revenions vers la rue Vaneau, où demeurait ma famille, et nous remontions nos cinq étages. Les grandes sœurs étaient de retour et, riant de leur beau rire de jeunes filles, aidaient la mère à mettre le couvert. Puis, le père revenait de son bureau, fatigué, courbé, pauvre homme d'esprit et de rêverie qui s'usait sur des paperasses ! Mais quand il avait embrassé tout le monde, son naïf et fin visage sans barbe, sous une brosse de cheveux gris d'argent, s'éclairait d'un heureux sourire. Il ôtait sa redingote, — cette redingote qui durait si longtemps ! — disait : « Ouf ! » en enfilant sa robe de chambre, et, comme la soupière fumait déjà sur la table, et que la mère Bernu la regardait du coin de l'œil, tout en faisant mine de s'en aller, il lui disait gaiement, avec sa générosité de pauvre et sa bonne grâce de gentilhomme :

« Asseyez-vous là, maman Nunu,... vous dînerez avec nous. »

Le conteur ne manque aucune occasion, pour notre agrément comme pour le sien, de mettre en scène son père. Nous le voyons dans *Maman Nunu* bien à notre aise, peint de face et dans un portrait où le talent du peintre trouve son compte comme l'affection du fils. Nous le retrouvons, mais seulement de profil, dans *Un Vieux de la vieille* des *Contes nouveaux*. Nous le voyons passant avec son fils, bambin de cinq ans, devant le palais des Tuileries un 1ᵉʳ mai, jour de la Saint-Philippe de l'année 1847 et haussant les épaules au cri de *Vive le roi !* en entraînant vivement son gamin, pour aller chez son vieil ami le capitaine Blot se soulager le cœur par une conversation séditieuse.

Car il est légitimiste, le pauvre cher homme ! légitimiste bien désintéressé, lui petit employé sans fortune, humble de mœurs et de cœur. Son Roi, à lui, c'est le duc de Bordeaux, dont nous avons à la maison un portrait gravé, dans un cadre d'acajou, un portrait à l'âge de dix-huit ans, avec une jolie figure poupine, les cheveux en coup de vent, et, au bas, le *fac-simile* de la signature du prince.

Le conteur, plein de respect pour ces souvenirs, ces illusions, ces sacrifices ignorés, ces dévouements obscurs des fidélités sans récompense, s'amuse à montrer le capitaine aussi henriquinquiste que son père, bien qu'il eût été décoré de la main de l'Empereur à l'affaire du pont de Montereau, s'oubliant à raconter la fameuse charge et s'emballant à crier *Vive l'Empereur !* comme au jour héroïque, et rougissant et balbutiant devant son interlocuteur, lui montrant du doigt, en souriant, le portrait de Charles X scandalisé. Mais il redevient grave pour protester, à l'ombre paternelle, de son culte pour toutes les reliques de sa religion politique.

Sois tranquille, cher et vénéré père, si sceptique en ces matières que soit devenu ton fils, ce portrait est toujours à sa place, dans la salle à manger, ce portrait sur lequel je t'ai vu lever tant de fois, pendant le repas, ton fidèle regard d'honnête homme.

C'est dans *Un Vieux de la vieille* que se trouvent en guise d'épilogue ces lignes exquises :

> J'avais oublié le capitaine Blot qui fut si bon pour moi dans mon enfance ; mais son souvenir m'est revenu, un jour de l'été dernier, dans un petit port de la Manche où je me promenais sur un quai brûlé de soleil. Je regardais un canon hors d'usage qu'on avait planté en terre par la culasse pour amarrer les navires et qui devait être à cette place depuis bien longtemps, car le vent l'avait rempli de terre et de sable jusqu'à la gueule, si bien qu'une touffe de chardons de mer avait poussé là. Cette petite fleur bleue dans la vieille pièce de bronze m'a rappelé la bonté du vieux soldat.

C'est dans *Maman Nunu* que se trouvent ces paroles caractéristiques à propos des avenues désertes qui rayonnent autour des Invalides et que la vieille faubourienne animait pour l'imagination de ses auditeurs enfantins des fantômes de ses souvenirs.

> J'habite aujourd'hui de ce côté ; je suis revenu là poussé par un irrésistible attrait, car le Parisien est plus fidèle qu'on ne croit à ses souvenirs d'enfance et garde un sentiment attendri pour son quartier natal.

Dans le touchant récit intitulé *la Robe blanche*, le poète nous initie à un des motifs de cette affection passionnée qu'il éprouve pour Paris en général et pour le Paris suburbain en particulier. Ce n'est pas seulement l'attrait des souvenirs d'enfance qui l'y a ramené, c'est la curiosité de l'artiste à tous moments piquée par des aspects nouveaux de ce pittoresque particulier, le pittoresque parisien qu'il a inventé, par des variétés intéressantes du type et des mœurs populaires qui changent selon les quartiers. François Coppée a retracé la physionomie pittoresque et morale de son quartier en traits ineffaçables auxquels il se plaît à ajouter sans cesse des traits nouveaux.

C'est par ce joli tableau de la rue voisine de sa maison, dont la précision photographique est relevée çà et là de touches artistiques, que s'ouvre le touchant récit: *la Robe blanche*, qui arrive à l'effet à si peu de frais. C'est là la grande qualité, l'originalité de Coppée dans ses premiers contes en prose. Cela ne s'analyse guère, pas plus qu'un parfum de fleur ou une saveur de fruit; tout est dans un choix de détails habilement et profondément caractéristiques.

C'est bien peu de chose que l'histoire de ce commissaire des pompes funèbres devenu contrôleur d'un petit théâtre, qui n'a jamais pu voir de pièce que par fragments, et que dévore la nostalgie inassouvie d'une représentation dont la fête pour lui ne soit jamais troublée, et cela fait rire, ou plutôt sourire.

On sourit aussi de ce fanfaron de vices et de querelles si belliqueux en apparence et si pacifique en réalité, employé de ministère qui passe à soigner tendrement sa vieille mère, à cultiver son petit jardin, à promener le chien de la maison les dimanches qu'il se vante de passer en folles orgies et en pugilats homériques. Et l'on sourit encore, mais avec une larme au coin de l'œil.

C'est dans ce conte : *Mon ami meurtrier*, que se trouve ce début d'un enjouement mélancolique :

Il fut un temps où j'étais employé dans un ministère. Tous les jours, de dix à quatre heures, je devenais le prisonnier volontaire d'un triste bureau tapissé de cartons jaunis, où régnait toujours une écœurante odeur de vieux papiers. Là je déjeunais de fromage d'Italie et de pommes que je faisais cuire à la bouche du poêle, je lisais le journal jusqu'aux annonces, je rimais des vers ignorés, et j'expédiais même les affaires de l'État, afin de toucher, à la fin du mois, une somme qui me permettait strictement de ne pas mourir de faim.

C'est encore des souvenirs personnels, non plus de son séjour au ministère, mais de son passage à travers les cafés et les bals du quartier latin qui ont inspiré le récit intitulé *Un mot d'auteur*. Là passe un poète d'estaminet, un grand homme de la cynique bohème, digne frère du Marius Cazaban, d'*Une Idylle pendant le Siège*.

Je brûlais de cette ardeur de néophyte lorsqu'un camarade me proposa de faire la connaissance d'Albert Merlin, jeune poète déjà célèbre dans toutes les brasseries de la rive gauche. Anarchiste et athée, Albert Merlin était rédacteur en chef du journal satirique *Le Coléoptère*, dans lequel il avait publié d'assez jolis vers imités à la fois de Villon et de Mürger, mais où l'on sentait un certain bouillonnement de jeunesse. C'était crânement intitulé : *Contes d'estoc et de taille* ; l'auteur y traitait Dieu sans façon, « blaguait » l'édifice social et se plaignait amèrement d'une personne nommée Rosette.

Songez qu'à cette époque j'étais un humble employé de ministère, allant tous les matins à son bureau avec un petit pain dans sa poche; un bon jeune homme qui vivait chez sa maman et qui apportait au pot-au-feu familial ses appointements à la fin du mois, un timide qui cachait ses vers comme des crimes, et vous comprendrez mon émotion à la pensée de voir de près un personnage illustre qui ne passait jamais devant les Tuileries sans leur montrer le poing, — on était sous l'Empire, — et dont l'entrée au bal Bullier faisait sensation.

Il y a dans ce récit : *Un mot d'auteur*, plus que cette étude de mœurs de café et de bal du nouveau bousingotisme en 1868 et le portrait physique d'Albert Merlin, que le manque de place nous empêche de reproduire. Il y a une lettre de jeune fille, la sœur du grand homme en simili-talent, mais qui a encore moins de cœur que d'esprit. C'est un bijou de naïveté fine et de tendresse spirituelle que cette lettre où se trouve ce joli mot: « C'est très gentil, les vers. La poésie, c'est de la musique qui veut dire quelque chose, et tu peux en croire ta malheureuse sœur, qui a déjà fait ses dix ans de piano forcé. »

Mais si ce sont là des récits dans la note gaie et qui emportent le sourire avec leur sel de discrète ironie, on a envie de pleurer et on pleure, ma foi, tout de bon, à l'histoire de ce vieil officier retraité, renonçant peu à peu, non sans combat, à ses vices et à leur dépense, pour adopter une petite orpheline boiteuse et se reprendre, avec cette innocente gouvernante et pour elle, aux pures délices d'un intérieur tranquille et d'une paternité fictive. Rien de plus dramatique aussi que le dévouement de ce coquin héroïque se sacrifiant pour un ami voleur et prenant à son compte le crime et le bagne.

Dans les *Vingt Contes nouveaux*, l'auteur est tout à fair maître de sa manière ; et *le Morceau de pain*, *le Cantonnier*, *la Griffe de lion*, *la Sœur de lait*, *la Brosse aux miettes*, *l'Enfant bibelot* sont des études très poussées, dont le sujet est fort simple, mais dont le détail est de l'art le plus savant. Là passent tour à tour pour nous, dans une attitude dont la plastique et l'expression sont inoubliables : la reine délaissée, apprenant en berçant *incognito* la fillette d'un garde-barrière, le devoir et le sacrifice maternels ; le soldat grand seigneur, apprenant du camarade affamé le respect des dévouements héroïques ; la mère, selon la mode, traitant son enfant comme une poupée qu'on adore au premier costume et qu'on délaisse au dernier ; la sœur de lait à l'amour ignoré, mourant à la porte de ce bonheur nuptial qui la tue ; le petit employé invité dans un ménage voisin, séduit par un geste heureux de coquetterie ingénue de la fille de la maison, payant l'hospitalité d'une demande en mariage aussi habilement acceptée que maladroitement faite et rivé à ce mariage décevant.

Une Mort volontaire, un *Accident*, *l'Honneur est sauf*, *la Vieille tunique*, *la Médaille*, *l'Ouvreuse*, *le Naufrage de l'Inflexible* sont de vrais drames, de petits drames par le petit nombre des personnages et des scènes, mais dont l'action émeut et dont le dénouement, pour être simple comme la vie et la mort, n'en est pas moins pathétique.

Si l'on veut se rendre compte, par une mesure exacte, de la différence des temps, des mœurs, des forces des talents et des formes de l'art à la distance d'un siècle, il faut lire avant ou après les *Contes* de Coppée — sans épithète — les *Contes moraux* de Marmontel, et comparer le frottis demi-effacé de ces fragiles pastels, le parfum de rose fanée qui s'en exhale et le soupir d'épinette fêlée de ces variations sur un thème ingénieusement banal avec la solidité savoureuse, la saine odeur de réalité et le cri sincère de passion et de vie, de cœur ou de chair, de l'œuvre contemporaine inspirée non par le goût de la nature d'opéra comique et des sentiments de boudoir, mais par le goût de la nature vraie, de l'humanité franche qui n'ont rien de commun avec le naturel artificiel, la simplicité minaudière et la polissonnerie sentimentale de l'auteur des *Incas*.

Ce n'est pas une petite affaire, ce n'est pas un triomphe vulgaire que de savoir mettre en quelques pages ce qu'il faut d'émotion sincère, de poésie vraie, d'observation juste et, parant le tout, de style et d'art enfin, pour buriner une figure qui ne s'oublie plus, pour tirer d'une situation tout ce qu'elle comporte, pour atteindre ce but que tant manquent, que tant dépassent et qui est le succès du conteur : faire rire ou faire pleurer d'honnêtes gens d'une gaîté ou d'une émotion également salutaires.

Les mots qui portent coup, les traits heureux d'observation, de passion et de vie abondent dans ces *Contes* et éclatent sous le doigt quand on les feuillette.

C'est une merveille de ressemblance légèrement ironique que cette « crémerie de la rue de Seine, » tenue par une vieille Polonaise surnommée la princesse Chocolawska à cause de l'énorme terrine de crème au chocolat qu'elle exposait quotidiennement dans la montre de sa boutique.

Outre quelques jeunes gens qui se destinaient à avoir du génie, les hôtes ordinaires de la crémerie étaient de pauvres compatriotes de la patronne qui tous avaient plus ou moins commandé des armées. Il y avait surtout un imposant et mélancolique vieillard à barbiche blanche, dont l'antique caban à olives, les bottes juteuses et le chapeau sur lequel semblaient avoir passé des limaces, offraient un poème de misère, et que les autres Polonais traitaient avec une déférence marquée, car il avait été dictateur pendant trois jours[*].

Encore quelques jolis traits : on pourrait moissonner une gerbe; glanons une poignée d'épis et de bleuets.

Comme la soirée était fraîche, on alluma une flambée de brindilles et de copeaux, et tandis que nous fumions, Miraz et moi, en ressassant les vieux souvenirs, la maîtresse de la maison, tenant sur ses genoux sa petite Hélène en chemise, lui faisait répéter un « Notre Père » et un « Je vous salue, Marie » que l'enfant ânonnait en frottant voluptueusement ses petits pieds devant la flamme.

Les croquis d'enfant portent bonheur au conteur.

Cependant le bébé, enfoui sous les dentelles, com-

---

[*] *Vingt Contes nouveaux.* — *Une Mort volontaire.*

mençait à saisir dans sa petite main de singe, avec une singulière énergie, le gros doigt rugueux de sa nourrice ; sa bouche ébauchait le sourire si bonhomme des tout petits et ses yeux grand ouverts maintenant étaient de ce bleu adorable qui nous prouve bien que les enfants viennent du ciel*.

Les souvenirs d'enfance n'inspirent pas moins bien le poète, et l'on se reprend avec lui à se rappeler et à regretter ses bonheurs de petit garçon.

Oh ! les heures délicieuses où l'on ouvre sa boîte d'aquarelles et où l'on mouille son pinceau avec la langue pour enluminer les gravures sur bois d'un vieux bouquin ! Quiconque n'a pas ainsi gâté un exemplaire des premières années du *Magasin Pittoresque* avant sa première communion n'a pas eu d'enfance **.

Et ce tableau d'intérieur, cette vue de l'appartement d'un vieux garçon, qui traînera dans le mariage le boulet du regret du célibat. Il est emprunté à ce délicieux tableau de la vie de l'employé et du petit bourgeois, brossé à la Dickens, avec une pointe de comique plus légère, et, pour tout dire en un mot, avec un pinceau français : *la Brosse aux miettes.*

Qui peut bien l'habiter maintenant, s'écrie le mari malgré lui, ma chambre haute de la rue d'Assas ? quelque philistin peut-être, qui aura déshonoré les murailles en y clouant des portraits d'hommes politiques en *chromo*. De mon temps c'était une chambre de pauvre, parbleu ! mais meublée à ma guise. La chambre d'un sédentaire, d'un « intimiste, » qui gardait le souvenir d'une rêverie dans chaque fleur de

---

* *L'Enfant bibelot.*
** *Le Pain bénit.*

son papier. J'avais là une flûte, ma pipe, un bon tapis, un grand fauteuil à demi renversé, bien commode pour songer et pour lire au coin du feu; sur une planche, les livres que je sais par cœur, les sceptiques sans férocité, Montaigne et La Fontaine, et pour les heures d'attendrissement le cher Dickens; et à droite et à gauche de la glace une belle épreuve du « Coucher de la mariée » et des « Hasards heureux de l'escarpolette. »

... Oui, d'accord, ça manquait de femmes. Il n'y avait guère de jupons dans ma vie, c'est vrai, et j'en avais assez des petites modistes qu'on attend à la sortie du magasin, qu'on ramène en écoutant leurs histoires coupées de « pour sûr ! » et de « ah ! bien, vrai ! » et qui reboutonnent leurs bottines avec une épingle à cheveux. Mais c'est cela justement que j'eus l'imprudence de confier à un collègue (j'aurais dû me méfier de ce gaillard-là, un homme pratique qui avait appris la cordonnerie comme art d'agrément, par esprit d'économie, et qui se fabriquait lui-même ses souliers au bureau dans ses moments perdus). Il me dit tout de suite, etc...

Quel joli type encore que celui de ce fruit sec, de ce raté de la peinture, Clodion-des-Bouleaux, célèbre à Marlotte, et qui avait réalisé ce problème : peindre « de chic » d'après nature[*] !

Mais il faut tirer l'échelle. Nos lecteurs savent où ils la retrouveront pour cueillir sous l'ombre des feuilles touffues, derrière le mur, ces histoires savoureuses comme de bonnes et rouges cerises, à la chair faite de réalité mûre, légèrement acidulée d'ironie.

[*] *Le Naufrage de l'Inflexible.*

IX

LA DOUBLE VEINE

1878-1888

OLIVIER est le seul poème de longue haleine qui se trouve dans l'œuvre de Coppée. C'est son *Jocelyn*. Tout porte à croire qu'il ne recommencera pas. Les sujets développés sont moins son affaire que les sujets vifs, clairs, mais courts, les sujets compatibles avec le tempérament des poètes ou des conteurs à souffle bref, les sujets propres au récit ou formant tableau, les sujets à *quadri* chers à André Chénier et avant lui à Salvator Rosa. Nous l'avons dit déjà, il convient de le répéter ici au moment où après les tâtonnements et les essais en tout sens de toute carrière au début, François Coppée se rend compte de ses aptitudes, de ses forces, prend position sur les lignes définitives de son champ de bataille et de succès, et établit l'emploi de son talent, dans les conditions les plus conformes à sa vocation. De 1878 à 1887 il est évident qu'il s'est décidé sur la direction à donner à sa vie littéraire, et qu'il ne cessera plus de marcher sur la grande route, où les ormeaux classiques sont remplacés pour lui par les romantiques tilleuls de la littérature dramatique avec son buste de Shakespeare et son buste de Victor Hugo fraternisant au fond de l'avenue; ceci, bien entendu, sans préjudice des crochets subits, des sentiers de traverse, de chaque côté de la grande route, permettant à son talent les diversions, les écoles buissonnières, les fugues de rêverie qu'il affectionne, à son succès les variétés de couronnes qui accentuent son originalité.

Le théâtre, le théâtre héroïque, le théâtre en vers, avec les distractions, les diversions, les bonnes fortunes du récit en vers ou en prose, du tableau interne ou externe, parisien, suburbain ou agreste, du flacon ciselé avec un art curieux, pour y insérer, comme une perle d'essence précieuse, une larme de plainte amoureuse ou de passagère mélancolie, voilà bien dans son unité et dans sa variété, la physionomie de François Coppée, au moment où son talent se fixe comme sa vie, où au sortir des années d'apprentissage et de voyage dans la réalité et dans l'idéal, il a fini son tour du monde de l'art, pris pignon sur rue dans la littérature, et où il a dédié à la maîtresse de son logis, à la compagne de son existence, à la gardienne de son repos, à sa sœur Annette : *les Récits et les Élégies.*

Dans ce volume, si nous trouvons quelques

raisons de regretter que Coppée ait renoncé à l'élan et à l'essor de la poésie lyrique, à ses pompes et à ses hasards, parfois dangereux, et se soit réduit à la Muse pédestre, nous en rencontrons encore davantage de le féliciter de ce sacrifice. Nous y trouvons un talent mûr, absolument sûr du fond et de la forme, de la trame et de la broderie, se payant sans la moindre gaucherie de parvenu, mais avec l'aisance d'un maître qui prend possession d'un domaine, sa petite *Légende des siècles*, ses petits *Poèmes Antiques* ou *Barbares* dans des récits d'une inspiration à la fois imitatrice et originale. Il ne les eût peut-être pas écrits si Victor Hugo et Leconte de Lisle ne lui eussent frayé la voie, mais il y apporte des qualités qui lui sont personnelles : la clarté et le sentiment, tout en enguirlandant, tout en couronnant au besoin ses tableaux épiques, tragiques ou domestiques de ces fleurs d'idylle ou d'élégie pour la couleur et le parfum desquels il ne procède que de lui-même.

Ce sont ces *Récits* et ces *Élégies* que nous allons examiner, c'est cette double veine caractéristique de son talent de conteur et de rêveur, où nous allons compter les nouveaux filons ouverts par le poète.

Ces filons, il les a cherchés naturellement dans les parties inexplorées de la Bible, de l'Évangile, du Koran, dans les traditions brahmaniques et boudhiques, dans les légendes du Moyen-âge et de la Renaissance. Il a fait son tour du monde à travers les cosmogonies, les théogonies, les ethnographies et les hagiographies. La route, de son premier à son dernier récit, va de l'Éden aux rêves préhistoriques à l'Empire, cette épopée de l'histoire, à la guerre de 1870, cette tragédie de l'histoire. Ce qui distingue les épis qu'il a ainsi glanés, c'est la solidité et la saveur du grain, la sobriété de la feuille. Aucun de ces récits ne tourne aux luxuriances, souvent exubérantes, du poème. Un récit épique doit enfoncer rapidement au cœur après quelques moulinets de salut et de parade la pointe de son épée. Une parabole, et les légendes ont le plus souvent ce caractère parabolique, est un fruit dont la moralité, leçon douce ou amère, ne doit pas être étouffée sous les feuilles et sous les fleurs. Coppée excelle à faire briller, tournoyer et pénétrer la pointe, le trait final du récit. Il excelle à concentrer dans un beau fruit le miel ou le fiel de la leçon. Tous ces récits épiques sont marqués au sceau de ces deux qualités de maître : la clarté, la brièveté. Ils font voir, ils font penser. Beaucoup de vers y ont la sobriété et la simplicité du style lapidaire Ils sont écrits au burin. Nous n'avons plus affaire aux obscurités parfois apocalyptiques du maître, dont le Sinaï se couronne d'autant de fumées que de flammes, ni aux aspérités du chemin à travers lequel nous conduit son prophète pour arriver avec ce guide impassible jusqu'aux cimes neigeuses, jusqu'aux marmoréens sommets d'un pessimisme himalayen. Ici nous avons la joie modeste et tranquille que donne le morceau d'art achevé sans autre prétention que de ressembler à l'histoire ou à la nature, sans autre philosophie que celle du beau, sans les aspirations symboliques, pyrrhonistes, panthéistiques et anti-aphrodisiaques de la poésie transcendentale et décadente.

Victor Hugo est parfois aussi nébuleux que Gœthe dans ses mauvais moments, dans ses moments trop allemands, et Leconte de Lisle n'a pas toujours préservé une forme admirable d'une subtilité de pensée trop métaphysique. François Coppée, dans ses *Récits épiques*, a la simplicité, l'alacrité, la clarté, la grâce de la bonne école française.

Ils s'ouvrent par une vision qui n'a rien de miltonesque; car Milton, qui avait pourtant connu et aimé la beauté italienne, a fait une Ève par trop britannique. L'Ève de Coppée n'est d'aucun pays. Sa patrie, c'est l'idéal. Mais cet idéal ressemble fort à celui des sculpteurs de la Renaissance. Jean Goujon lui eût trouvé quelque chose de sa Diane.

Son visage très pur, dans ses cheveux noyé,
S'appuyait mollement sur son bras replié
Et montrait le duvet de son aisselle blanche;
Et du coude mignon à la robuste hanche,
Une ligne adorable aux souples mouvements
Descendait et glissait jusqu'à ses pieds charmants.

Après cette Ève à qui Dieu met dans le regard « tout l'infini du ciel » nous voyons passer successivement dans ce panorama poétique, biblique, islamique, historique et légendaire, les deux fils de Cham, Heth et Sidon, le premier maudissant le Dieu qui lui a pris son fils, le second agenouillé dans une supplication égoïste, le premier épargné par la tempête parce que Jéhovah

En voyant la douleur eut pitié du blasphème,

le second, avare en pleurs, frappé, parce que la prière au Seigneur adressée

Déplaît quand elle part d'une âme intéressée.

Puis c'est Sennachérib passant

. . . . . à cheval sur la rive
Du Tigre, en habit d'or de perles constellé,

et contemplant un grand vieillard aveugle et mutilé,

De l'ancienne victoire épouvantable preuve.

Le poète en effet a résumé les résultats de la lutte victorieuse du sultan assyrien contre la Chaldée, avec la netteté du fatalisme oriental, sur lequel plane l'inévitable et inexorable talion.

Il emmena captif tout le peuple. Aux plus vieux,
L'on coupa les deux mains et l'on creva les yeux ;
Le reste lui bâtit des palais dans Ninive.

Le tyran donc contemple ce trophée vivant de son triomphe, un vieillard mutilé pieusement guidé et nourri par ses deux fils.

Car pour le pauvre infirme errant dans les chemins,
L'un avait des regards et l'autre avait des mains.

Et il se dit :

..... Cet esclave a de bons fils. Pourquoi
Suis-je jaloux de lui ? N'en ai-je donc pas, moi ?

Et il énumère toutes les raisons qu'il a d'être assuré d'avoir, lui aussi, de bons fils, et d'être rassuré sur leurs entreprises.

Je dois être aimé d'eux ainsi que je les aime,
Mes deux aînés surtout, mes deux préférés même,
Ceux qui marchent toujours aux côtés de mon char,
Mon fils Adroméleck et mon fils Sarazar,
Qui gouvernent sans moi mon empire et le gèrent.
— Cette nuit-là, ses deux fils aînés l'égorgèrent.

Puis c'est le Pharaon salué à son avènement par les guerriers et les prêtres thébains, et qui, morne, déjà saoul d'ennui précoce et d'incurable dégoût de la vie, répond aux offres de services des courtisans hiératiques et militaires, qui s'attendent à l'ordre de préparer quelque guerre triomphale ou quelque monument de fête et de joie. « Bâtissez mon tombeau. »

C'est ensuite le Boudha, qui n'a pour compagne d'extase qu'une hirondelle nichant dans le creux de sa main (attitude aussi attribuée à un saint breton par l'hagiographie) et qui pleure en s'apercevant un jour qu'il abaissait sur la terre

. . . . . ses yeux
Éteints et fatigués de contempler les cieux,
Ses yeux aux cils brûlés, aux paupières sanglantes ;

que sa main était vide.

Et celui dont l'esprit était resté béant
Devant l'amour du vide et l'espoir du néant,
Et qui fuyait la vie et ne voulait rien d'elle,
Pleura, comme un enfant, la mort d'une hirondelle.

Après les légendes boudhiques viennent les légendes évangéliques ou islamiques. Sur chacun de ces livres sacrés, à la marge, le poète crayonne un croquis (une sorte de commentaire illustré) où revivent, avec une singulière intensité de couleur locale, des figures et des scènes de son invention, qui semblent traduites du texte même.

C'est Jésus, filant la quenouille et berçant l'enfant de la veuve secourable, qui s'est chargée du fardeau d'un vieux mercenaire succombant au double poids de l'âge et du jour.

Quand un pauvre a pitié d'un plus pauvre, mon Père
Veille sur sa demeure et veut qu'elle prospère...
Quand il eut dit ces mots le Seigneur vint s'asseoir
Sur le vieux banc de bois devant la pauvre hutte.
De ses divines mains, pendant une minute,
Il fila la quenouille et berça le petit,
Puis, se levant, il fit signe à Pierre et partit.
Et quand elle revint à son logis, la veuve
A qui de sa bonté Dieu donnait cette preuve,
Trouva — sans deviner jamais par quel ami,
Sa quenouille filée et son fils endormi.

C'est le prophète proscrit, errant, s'enfermant pour échapper aux assassins qui le cherchent dans une caverne où jadis il a épargné l'araignée tissant sa toile, pitié qui lui sauve la vie.

Car cette aérienne et fragile barrière
Suffit pour arrêter la bande meurtrière,

Qui revint sur ses pas, pensant qu'un corps humain
N'aurait pu se glisser par cet étroit chemin,
Sans détruire en passant l'araignée et ses toiles.

Ensuite ce sont les personnages et les miracles de l'épopée chevaleresque. Guntz-Tête-de-Fer, jaloux de sa femme, trahie par un nom qu'elle a murmuré, en songe, interroge son épée, et s'en remet au jugement de cette gardienne de son honneur.

. . . . . . Alors la noble et juste épée
Qui savait que, malgré qu'elle eût le cœur touché,
Hilda n'avait jamais accompli le péché
Avec le chevalier qu'elle nommait en songe,
La généreuse épée, exempte de mensonge,
Ne voulut pas que Guntz agît comme un bourreau
Et, brusque, elle rentra d'elle-même au fourreau.

Timour-Leng, conquérant de l'Inde et de la Perse, fait ouvrir devant lui tour à tour le tombeau de Firdousi,

Le cercueil du poète était jonché de roses;

et le tombeau de Djinghiz-Khan, vainqueur de la Chine,

La tombe du despote était pleine de sang.

Pendant la guerre des Hussites, près de la vieille Egra, dans la Bohême noire, est un moutier de bénédictines que sauve, comme son abbesse Thécla, du saccage, du viol et de l'incendie le miracle du liseron éclos en une nuit, et entourant de sa spirale parfumée l'épée de

Procope le Tondu, chef des Taborites, fichée par lui en terre.

Un liseron, autour de la lame immobile,
Avait fait tournoyer sa spirale débile.
La moindre de ces fleurs que l'abbesse aimait tant
Tenait captif le glaive au reflet éclatant,
Et suave, et charmant comme un œil qui regarde,
Son frais calice bleu fleurissait sur la garde.

Voici une légende fleurie comme ce liseron libérateur, autour de l'épée de la Pucelle, dont elle embaume l'histoire. Ce n'est plus le miracle du liseron que Coppée a trouvé dans son imagination. C'est le miracle des croix tombales changées en épées sur la prière de l'héroïque vierge, à laquelle une population en vain par elle aiguillonnée, a répondu qu'elle n'avait pas d'armes. Coppée s'est souvenu de ce cimetière dans *les Jacobites*, quand il fait sortir de la tombe, à l'appel du vieil Angus, non la moisson de l'épée, mais la moisson du drapeau de l'Écosse, ressuscité comme elle. Les deux chefs-d'œuvre des *Récits épiques* sont *la Tête de la sultane*, dédié à Gustave Flaubert, et *les Parias*. Le premier nous montre le fils du grand Mourad, le sultan Mahomet jetant à l'émeute militaire et populaire, grondant autour de son palais, et lui reprochant de s'endormir dans les délices du sérail, la tête, décapitée par lui, de sa favorite.

« Fils de chiens, ma réponse est prête : La voilà ! »
Et quand il eut ainsi parlé d'une voix mâle,
Mahomet deux plongea sa main royale et pâle
Au sac de cuir que Djem à genoux lui tendit;
Puis il en arracha brusquement et brandit,

Aux regards stupéfaits de la foule attroupée,
Une tête saignante et fraîchement coupée,
Celle de la Sultane aux yeux couleur de ciel
Que dans son sac immonde et pestilentiel
Venait d'apporter là, toute chaude, l'eunuque.
. . . .
Les soldats, prosternés aux pieds de leur Sultan,
Couvraient d'ardents baisers le bas de son caftan
Et vers son front levaient des regards plein d'ivresse.
Et lorsque de leur rude et sauvage caresse,
Dédaigneux, il voulut enfin se dégager,
Comme on jette à des chiens leur charogne à ronger,
Mahomet deux lança la tête échevelée
Bien loin, au beau milieu de la foule affolée,
Qui la reçut avec un râle de plaisir ;
Puis, joyeux et montrant du geste à son vizir
Ce peuple qu'enivraient son crime et sa présence :
« Et maintenant, dit-il, ils me prendront Byzance ! »

Le poète excelle dans ces mots de la fin, qui résument toute une action et peuvent contenir tout un petit monde. Le *Duel de Raffinés*, où deux mignons vont sur le pré, l'un tenant pour les cheveux blonds, l'autre pour les cheveux bruns, et où le vainqueur, qui a tué son homme du coup, convient qu'il a été un peu vif, car après tout — sa maîtresse est rousse, — la vision de saint Vincent de Paule, où la Madone incline vers le héros de charité son bambino, en lui disant : « *Embrasse-le, tu l'as bien mérité,* » sont des tableaux exquis, auxquels le dernier mot, le trait final pourrait servir de titre.

Mais si jamais Coppée n'a été plus énergique, plus farouche, plus fort comme son sujet que dans sa *Tête de la sultane*, et si ce jour-là il a tendu l'arc de l'émotion, de la terreur, de la pitié, et envoyé la flèche aussi loin et aussi haut que les plus grands maîtres, jamais ni Victor Hugo ni Leconte de Lisle n'ont dépassé, et le premier n'a pas souvent atteint l'effet de douceur, de tendresse et de mélancolie de ces *Parias*, où deux martyrs, deux mutilés mettent en commun les membres et les sens qui leur restent, font de ces deux moitiés un tout et trouvent moyen d'être heureux en partageant leur malheur. Il y a là non le sentiment faux des *Incas* ou d'*Estelle et Némorin* mais le sentiment juste et vrai de Bernardin de Saint-Pierre. L'ombre de Florian est aussi évoquée par un involontaire rapprochement. C'est la fable de *l'Aveugle* et du *Paralytique* que *les Parias*, pourrait-on dire. Oui, répondrions-nous, avec l'amour en plus, l'amour qui triomphe de tout, même de la mort et aussi avec la poésie en plus : la poésie, que le poète d'Estelle et de Némorin ne connaissait pas. Ce n'est pas lui qui eût trouvé l'histoire de ce paria, le beau Sangor, puni par l'atroce mutilation, l'ablation du nez et des oreilles, du crime d'avoir levé son bâton, pour se défendre contre ses morsures, sur le levrier de Perse, favori du rajah de Dinapour, Sarroo-Sahib. Il a honte de cette laideur d'infamie, il maudit son amour dont il lui semble être devenu indigne, et s'assied au seuil d'un temple de Krichna, pour y demander l'aumône, en essayant d'oublier Djola. Celle-ci apprend la mutilation, devine le scrupule de ce silence héroïque, et pour en triompher, choisit le sacrifice le plus naïf et le plus sublime à la fois. Elle s'aveugle, et servira de servante à

celui qu'elle ne verra plus, et qui lui servira de
guide.

Sangor, ivre d'amour, étreignit sa Djola.
Ils pleurèrent ensemble ; et depuis ce jour-là
Ceux qui venaient prier l'idole sur son trône
Regardaient au passage, en jetant une aumône,
Le groupe lamentable et pourtant consolé
De cette pauvre aveugle et de ce mutilé.

La Mort du général Walhubert, *le Fils de l'Empereur* clôturent les *Récits épiques* par deux tableaux, l'un belliqueux et glorieux, et couronné de lauriers, l'autre mélancolique et funèbre, et couronné de cyprès. *Le Naufragé*, dédié à Constant Coquelin, qui depuis... mais alors il était un ami que n'offusquaient pas encore sur l'habit de bibliothécaire de la Comédie-Française la broderie de palmes académiques, *la Veillée*, dédié à Mme Eugénie Doche, sont des récits contemporains de ton comme de sujet, où le lecteur palpite d'une émotion toute *moderne*, au récit du vieux gabier manchot, Jean Goëllo, meurtrier involontaire de son chien enragé, ou à l'histoire d'Irène, la sublime ambulancière de 1870, soignant l'officier allemand blessé qui a tué son fiancé, Irène dont les cheveux blanchissent en une nuit à l'épreuve du plus difficile des pardons, du plus douloureux des sacrifices

Nous arrivons au recueil intitulé *l'Exilée*. C'est une série de pièces d'espoir, de desir, de desabusement, de désespoir amoureux, une de ces gerbes de fleurs gracieuses et tristes où le souci se mêle à l'hyacinthe, pareilles à celles que les anciens vouaient à la mémoire des ombres chères, à celles dont les poètes du seizième siècle décoraient le monument de leur passion inspiratrice, parfois imaginaire, parfois réelle, et dédiaient au souvenir et au regret de celle qui les avait trompés dans la vie ou qui les avait fuis dans la mort. Ces pièces emblématiques et funéraires, ces gerbes de fleurs moissonnées au jardin d'amour, aux diverses heures du jour et de la nuit, du bonheur ou du malheur, s'appelaient du nom générique de *Tombeaux*.

C'est le tombeau d'une passion réelle, sincère, vivante d'abord dans la réalité, morte ensuite et évanouie dans l'idéal, que François Coppée a orné des fleurs les plus pures, au parfum le plus doux, de l'inspiration élégiaque. Nous ne toucherons pas à son secret, et n'en trahirons pas la demi-confidence. Nous ne dirons que ce qu'il a voulu dire de la jeune étrangère, objet de cette passion sans espoir mais non sans regret, Laure voilée d'un Pétrarque nouveau, plus discret que l'autre. Si éloquents que soient ses vers, plus éloquent encore est peut-être son silence. Les plus beaux vers d'un poète sont parfois ceux qu'il n'a pas voulu publier, et qu'il n'a écrits que pour lui. Nous ne parlerons que de ceux dont il a voulu que l'hommage fût public, et demeurât immortel. Car aussi longtemps qu'il y aura des âmes éprises des délicatesses du sentiment et des grâces de la poésie amoureuse, il y aura des admirateurs pour ces petites pièces exquises, pour ce tombeau d'une passion sincère, contrariée par tant d'obstacles qu'elle ne pouvait vivre que de la vie idéale des ambitions irréalisables, des espoirs chimériques et des désirs inassouvis. Elle gît maintenant à jamais ensevelie sous les roses et les lys, comme ces pâles enfants, morts en naissant, ayant à peine figure humaine, qui poursuivent dans les limbes une existence crépusculaire, dont le souvenir glisse comme eux, d'une aile sans bruit, dans les limbes de la mémoire, symbolisé par l'ébauche voilée décorant, au rendez-vous funèbre, un marbre sans nom.

Sans dévoiler ce pur et gracieux visage du Nord, que le poète amoureux a laissé voilé, et dont il ne survivra pas pour la postérité d'autre image que celle qu'il s'est plu à peindre dans ses vers, nous pouvons dire que jamais plus jolis vers, plus dignes de ce « *spirto gentil* » dont parle Dante, ne furent dédiés à une plus charmante Béatrix, encore vivante, et pour longtemps, nous l'espérons, mais qui mourra comme l'autre, vierge de toute caresse, et même du simple baiser de son Alighieri, destinée à ne lui appartenir que par la chaste possession du rendez-vous paradisiaque. Elles sont dignes de leurs modèles, « ces douces fleurs mouillées des larmes du sincère amour, » « ces petites chansons faites sur ses grands chagrins » par le poète qui a emprunté heureusement cette double épigraphe à l'*Hamlet* de Shakespeare et à l'*Intermezzo* d'Henri Heine.

L'*Exilée* s'ouvre par une *Invocation* dont nous citerons quelques vers.

Enfant blonde aux doux yeux, ô rose de Norwège
Qu'un jour j'ai rencontrée au bord du bleu Léman,
Cygne pur, émigré de ton climat de neige !

Je t'ai vue et je t'aime ainsi qu'en un roman;
Je t'aime et suis heureux comme si quelque fée
Venait de me toucher avec un talisman.

Quand tu parus, naïve et d'or vivant coiffée,
J'ai senti qu'un espoir sublime et surhumain
Soudain m'enveloppait de sa chaude bouffée.

Voyageur, je devais partir le lendemain;
Mais tu m'as pris mon cœur sans pouvoir me le rendre,
Alors que pour l'adieu je t'ai touché la main.

A ce dernier bonheur j'étais loin de m'attendre,
Et je me croyais mort à toutes les amours;
Mais j'ai vu ton regard spirituel et tendre,

Et tout m'a bien prouvé, dans les instants trop courts
Passés auprès de toi, blonde sœur d'Ophélie,
Que je pouvais aimer encore et pour toujours.

La déclaration continue dans la délicieuse pièce d'aveu intitulée : *Lettre*.

Non, ce n'est pas en vous « un idéal » que j'aime,
C'est vous tout simplement, mon enfant, c'est vous-même.
Telle Dieu vous a faite et telle je vous veux.
Et rien ne m'éblouit, ni l'or de vos cheveux,
Ni le feu sombre et doux de vos larges prunelles,
Bien que ma passion ait pris sa source en elles.
Comme moi, vous devez avoir plus d'un défaut;
Pourtant, c'est vous que j'aime et c'est vous qu'il me faut.
Je ne poursuis pas là de chimère impossible,
Non, non! Mais seulement, si vous êtes sensible
Au sentiment profond, pur, fidèle et sacré
Que j'ai conçu pour vous et que je garderai,
Et si nous triomphons de ce qui nous sépare,
Le rêve, chère enfant, où mon esprit s'égare,
C'est d'avoir à toujours chérir et protéger
Vous comme vous voilà, vous sans y rien changer.
Je vous sais le cœur bon, vous n'êtes point coquette;
Mais je ne voudrais pas que vous fussiez parfaite,

Et le chagrin qu'un jour vous me pourrez donner,
J'y tiens pour la douceur de vous le pardonner.
Je veux joindre, si j'ai le bonheur que j'espère,
A l'ardeur de l'amant, l'indulgence du père.

Cette lettre si douce, si grave et si tendre est le thème pareil aux quelques lignes de grosse gothique des manuscrits à miniatures que le poète, avec la curieuse et dévote patience du moine, brodera des plus délicates, des plus fines enluminures, enguirlandant chaque ligne comme on enguirlande un cordeau de trophée des plus gracieuses fleurs de la flore des arabesques. Comment faire pour donner l'idée de ces fleurs précieuses, de ces bijoux curieusement ouvrés, de ces diamants creusés pour contenir une larme, de ces billes d'ivoire sculptées au couteau, durant ses longs ennuis, par le forçat artiste de cette passion bientôt sans espérance, par ce galérien obstiné à rêver l'impossible, et à ramer, heureux de son supplice, vers l'invisible et introuvable port? Comment traduire l'effet de cette litanie galante, de ce chapelet de prière et de complainte amoureuse, de cette poésie où pour la première fois passent à travers les clartés françaises les brumes du Nord, et qui, pour faire à l'adorée un passage digne d'elle, jonche son chemin des pâles perce-neige de la saga Scandinave ou des campanules bleues du lied d'Uhland et de Novalis?

Tu m'es ravie, enfant, et la nuit tombe
Dans ma pauvre âme où l'espoir s'amoindrit;
Mais sur mon cœur, comme sur une tombe,
C'est pour toujours que ton nom est écrit.

J'ai crié dans la solitude :
« Mon chagrin sera-t-il moins rude,
Un jour, quand je saurai son nom ? »
Et l'écho m'a répondu : « Non. »

« Comment vivrai-je en la détresse
Qui m'enveloppe et qui m'oppresse
Comme fait au mort son linceul ? »
Et l'écho m'a répondu : « Seul ! »

« Grâce ! le sort est trop sévère !
Mon cœur se révolte ! Que faire
Pour en étouffer les rumeurs ? »
Et l'écho m'a répondu : « Meurs ! »

C'est ainsi que tour à tour le poète rajeunit et renouvelle toutes les formes à la naïveté mignarde, tous les moules aux grâces archaïques, de la poésie amoureuse, la forme de l'*écho*, qui arrive parfois à des effets d'une intensité si douce ou si cruelle, la forme du refrain de rondeau ou des finales entre-croisées.

Triste exilé, qu'il te souvienne
Combien l'avenir était beau,
Quand sa main tremblait dans la tienne
    Comme un oiseau,

Et combien son âme était pleine
D'une bonne et douce chaleur,
Quand tu respirais son haleine
    Comme une fleur !

Mais elle est loin, la chère idole,
Et tout s'assombrit de nouveau ;
Tu sais qu'un souvenir s'envole
    Comme un oiseau ;

Déjà l'aile du doute plane
Sur ton âme où naît la douleur,
Et tu sais qu'un amour se fane
    Comme une fleur.

Ce Coppée à l'habit gris de lin, à la fleur d'edelweiss à la boutonnière, ce Coppée de romance et de lied, ce Français qui par amour se germanise et se slavise à loisir, et se déguise si bien qu'on croirait qu'il n'a jamais fait autre chose que de pincer ce luth de sérénade lunaire, est très nouveau, très inattendu. La surprise ajoute au ragoût de cette métamorphose, causée par une passion sincère, pour une inconnue, pour une absente, passion qui languira et pâlira d'inanition, et s'effacera peu à peu, ombre indécise, avec un bruit de soupir, vers la forêt sombre où s'enfoncent, s'évanouissent et s'effacent nos souvenirs et nos regrets. Cette métamorphose du poète lui a porté bonheur et ce deuil de son cœur a renouvelé son talent. Il s'en rend compte lorsqu'il répond à des conseils importuns et vulgaires :

> Vous aurez beau faire et beau dire,
> L'oubli me serait odieux ;
> Et je vois toujours son sourire
>   Des adieux.
>
> Vous aurez beau dire et beau faire,
> Sans espoir je dois la chérir ;
> J'en souffre bien, mais je préfère
>   En souffrir.

Les Mois sont encore traversés par l'image de la chère exilée, mais confuse et souriante avec la grâce pâle des passions qui s'éteignent et qui s'éloignent. Dans ce recueil de douze pièces, liées par le lien du même hommage, du même souvenir, et qui n'ont rien de commun, je n'ai pas besoin de le dire, avec *les Mois* didactiques, idylliques et mythologiques, du bon Roucher, nous avons toujours affaire à l'amant. Pour le poète, cesser d'aimer, serait cesser d'être poète. Quand le cœur se tait, la lyre ne vibre plus. Le poète est un homme qui a beaucoup aimé les femmes et dont la punition — qui n'a rien de cruel, comme semble le croire Joubert — est de les aimer toujours. Mais on peut ne pas cesser d'aimer et ne pas continuer d'espérer. C'est l'état d'âme que symbolise en traits charmants la pièce intitulée : *Juin*.

>Dans cette vie où nous ne sommes
>Que pour un temps si tôt fini,
>L'instinct des oiseaux et des hommes
>Sera toujours de faire un nid.
>
>Et d'un peu de paille et d'argile,
>Tous veulent se construire un jour
>Un humble toit, chaud et fragile,
>Pour la famille et pour l'amour.
>
>Par les yeux d'une fille d'Ève,
>Mon cœur, profondément touché,
>Avait fait aussi ce doux rêve
>D'un bonheur étroit et caché.
>
>Rempli de joie et de courage,
>A fonder mon nid je songeais ;
>Mais un furieux vent d'orage
>Vient d'emporter tous mes projets.
>
>Et sur mon chemin solitaire
>Je vois, triste et le front courbé,
>Tous mes espoirs brisés à terre
>Comme les œufs d'un nid tombé.

Dans le recueil *Jeunes Filles* qui suit *les Mois*

nous ne trouvons plus guère le souvenir de la belle scandinave, que dans la pièce intitulée : *Souvenirs du Danemark*. Elle n'est pas oubliée; mais le poète cherche à oublier celle qui ne peut jamais être à lui, et sans infidélité, à faire refleurir son cœur, débarrassé de la couronne de feuilles mortes. La blessure qu'il a reçue est cicatrisée, et comme le soldat guéri revient au feu, il revient s'exposer à d'autres blessures. Mais c'est surtout d'un œil d'artiste, de curieux, promenant partout où l'occasion l'attire

Ses rêves d'art intime et de modernité.

C'est surtout en peintre, pour son compte personnel, désabusé sinon détaché, que le poète esquisse cette amazone montant à cheval à la grille d'un parc, en voile blanc flottant sur son vêtement noir, puis, las

. . . . de Paris et du quartier d'Antin,
Des sentiments d'album, des beautés de keepsake,

la belle et robuste Trouvilloise, à laquelle, profitant d'une surprise, il usurpe — en rêve — la caresse de retour du matelot fiancé.

Je te prends par la taille et, malgré tes bourrades,
J'applique sur ton cou, dont frissonne la chair,
Un gros baiser salé par la brise de mer.

Le poète achève de se dérider et de s'émanciper avec le souvenir d'une *connaissance*, copiste acharnée du Musée des Antiques au Louvre, avec laquelle il partageait des sentiments ingénus et un déjeuner frugal.

Elle me confiait tout, espoirs et douleurs,
Et parfois j'apportais, dans ma boîte à couleurs,
Des fruits qui s'écrasaient un peu — c'était dommage —
Mais dont elle voulait bien accepter l'hommage
Et dont nous déjeunions tous deux, en partageant,
Sous la protection du regard indulgent
Des dieux grecs, qui gardaient leurs poses sculpturales
Et songeaient aux amours naïfs des pastorales.

La pièce intitulée *Dans un Train de banlieue* nous montre le poète rendu à ses aspirations habituelles, à ses tableaux favoris, intimes ou agrestes, revenant de son voyage à travers la passion et l'idéal, qui n'est pas sans blessure, aux spectacles de la réalité parisienne et populaire, interrogés d'un œil apaisé, avec ce sourire d'un scepticisme mélancolique des gens qui sortent d'une épreuve et d'une déception de plus, et dont la gaîté tempérée n'est qu'un voile léger jeté sur les tristesses de l'expérience.

Les *Contes en vers* et *Poésies diverses*, et enfin l'*Arrière-Saison*, seront les fleurs et les fruits de cet été mûrissant et jaunissant de la fécondité du poète, inclinant aux harmonies voilées, aux tièdes douceurs, aux idées modérées, aux sentiments tempérés de l'automne.

Ce qui caractérise les derniers Recueils où les traits habituels et connus de la physionomie poétique de Coppée s'accentuent, s'affermissent mais ne se modifient, ne se renouvellent pas (il en est des traits de l'esprit comme de ceux du visage qui a pris aujourd'hui, en perdant un peu de sa finesse de profil, la moelleuse ampleur de lignes et le contour césarien); ce qui caractérise ces derniers Recueils, ce n'est plus la fécondité, la variété. Il y a là des nuances et des nuances raffinées de couleurs connues, il y a des variations de virtuose sur les anciens thèmes. Ce qui les caractérise, c'est la perfection impeccable de la forme, la solidité du métal, la finesse de la ciselure, la sûreté de main, la certitude du coup d'œil, l'expérience de métier, acquises par vingt ans de métier. En un mot, la maturité du talent. On respire partout dans ces Recueils d'automne la saine et savoureuse odeur du blé mûr, du foin mûr, du fruit mûr. Voilà pour leur physionomie littéraire générale. Pour ce qui est de leur physionomie morale, on peut remarquer dans plusieurs pièces une tendance légèrement satirique, un piquant parfum de ce vinaigre attique où il entre du miel aigri, et qui s'appelle l'ironie. L'expérience a engendré un scepticisme sans amertume mais non sans malice, et un certain pli de tombant de la lèvre, une certaine crispation de l'œil attestent non la satiété, non le dégoût de la vie qui garde encore son charme d'être l'unique certitude de ce monde, et un champ inépuisable pour la curiosité et l'observation, mais la lassitude mélancolique de la période quadragénaire.

Ce sourire un peu sec d'une indulgence trop souvent déçue qui se fatigue parfois d'être dupée, d'un goût qui a ses colères, on le remarque surtout dans *la Marchande de Journaux* et *l'Enfant de la Balle*. Nous n'analyserons pas ces pièces connues, qui sont classées comme chefs-d'œuvre du genre, de ce genre dont Coppée est le créateur, et où il règne sans rivalités sinon sans jalousies à redouter, genre que l'on dit si simple, si naturel, si pédestre, si inférieur à la grande poésie à tempérament, à roman, à falbalas, mais qui n'est pas si simple, si naturel, si pédestre, puisque dans le verre de cette modeste originalité, Coppée est seul à boire encore et que ceux qui peuvent faire du Coppée ou même du simili-Coppée sont encore à venir. C'est qu'il faut en effet à ce genre, le *Conte parisien*, et la trouvaille n'est pas commune, un joli sujet, un petit drame, tenant en quelques pages et promenant l'émotion du lecteur ou de l'auditeur du sourire à la larme; rien de brutal, de violent, dans ce triomphe du demi-mot. C'est une miniature où tout est indiqué, où rien n'est accentué, qui ravit par la surprise du fini dans l'ébauche.

N'est-ce pas une idée originale et ingénieuse que cette idée de la marchande de journaux, vendant philosophiquement les feuilles de toutes les opinions, faisant de la hausse ou de la baisse de sa vente le thermomètre de la situation publique, et aspirant ingénûment après les grabuges parlementaires et les crises ministérielles qui font monter les recettes et lui fournissent de quoi élever, de quoi soigner son petit-fils, enfin de quoi — quand elle l'a perdu — entretenir et parer sa tombe? Il y a là un ragoût de contraste piquant et une vérité trop incontestable agitant pour se faire mieux entendre les grelots fantastiques du paradoxe. On y sent bien la sympathie pour les misères des humbles, qui a rendu populaire, dans le bon sens du mot, le poète qui, en effet, a le cœur populaire et ne ment pas lorsqu'il dit :

Car mon goût est très vif pour les petites gens.

On y sent aussi le peu de goût du poète pour la machine parlementaire, ses chinoiseries et les miracles de l'éloquence tribunitienne ou césarienne.

Je m'éloignais, trouvant singulier le destin
Qui voulait que ce fût le crime du matin,
Où le tumulte fait dans la Chambre, la veille,
Qui donnât quelque aisance à cette pauvre vieille.
Je trouvais un plaisir ironique à savoir
Que l'antique combat du peuple et du pouvoir,
Et tout leur vain travail pour mettre en équilibre
Le besoin d'être fort et l'ardeur d'être libre,
. . . .
Aidassent cette femme à payer son loyer.

Les mêmes incidents, les mêmes scandales, les mêmes curiosités, les mêmes inquiétudes, les mêmes *belles journées* du Paris politique ou judiciaire qui permettaient à la vieille grand'mère, marchande de journaux, de nourrir et d'élever son petit-fils, lui fournissent les moyens d'entretenir sur sa tombe la parure de fleurs.

Depuis lors, conclut le poète :

Je suis tout consolé, quand un ministre tombe,
Car, ces jours-là, l'enfant a des fleurs sur sa tombe.

C'est encore une ingénieuse et touchante histoire, où la réalité ressemble à la fiction, qui aura beau s'enfler, qui ne sera jamais aussi triste ou aussi drôle que la réalité, où la vérité affecte des allures de paradoxe, que celle de la petite actrice prodige, *l'Enfant de la balle :*

Parfois, dans un coin triste et noir, pousse une fleur ;
Sa mère était concierge et son père souffleur...

qui s'étiole dans la nature artificielle, où elle passe sa vie et où elle conquiert la gloire, qu'on arrache à cet air corrompu de la scène, aux odeurs rances du décor, à la lumière aveuglante et à l'atmosphère embrasée du gaz, qu'on porte à la campagne et qui meurt de la caresse trop rude pour elle, pauvre fleur de théâtre, de l'air agreste et du soleil.

Car c'était une fleur à l'ombre habituée ;
Elle a vu le soleil un jour : il l'a tuée.

Ce mélange de sensibilité et de malice, ce scepticisme un peu goguenard qu'inspirent au poète les vanités des mœurs politiques ou des mœurs dramatiques, et les ridicules de ce double cabotinage, Coppée les abdique et les abandonne volontiers quand il se trouve en présence d'un sentiment vraiment noble, d'un acte de générosité héroïque comme celui qui pousse l'enfant du matelot naufragé à se précipiter avec un élan précoce inspiré par l'âme paternelle dans les dangers du sauvetage, et à mériter ainsi d'être tour à tour maudit et béni par sa mère *(l'Épave)* ou qui fait, au moment du danger, pour le salut, pour l'honneur du drapeau, de cent chenapans de forçats, auxquels le commandant du poste attaqué par une nuée d'Arabes a donné la liberté et confié des armes, cent héros qui, après avoir combattu, reprennent leur livrée et leurs fers *(le Drapeau)*.

La fibre patriotique ne s'est jamais relâchée chez Coppée et vibre toujours aussi énergiquement. Sa pitié pour les douleurs obscures, pour les martyres muets, les sacrifices ignorés et les héroïsmes naïfs, n'est pas moins vive et moins tendre au milieu de sa carrière qu'à son début. Ce n'est pas d'elle qu'il pourrait dire comme il le fait avec un regret qui contient un reproche, de certaines autres compassions moins généreuses,

Un peu de ce mépris que contient la pitié.

C'est cette pitié sincère, profonde, naïve, où il entre quelque chose de l'amour pour les humbles, les simples, les enfants, les oiseaux, les fleurs d'un François d'Assise ou d'un Vincent de Paule, qui donne un charme si pénétrant, si touchant à cette histoire des *Boucles d'oreilles* ou du *Roman de Jeanne* où coule, toujours jeune et pure, la source de bonté, de charité, de tendresse, qui a arrosé et vivifié les plus douces et les plus belles fleurs de son inspiration première.

On ne peut lire, on ne peut entendre sans attendrissement le récit du sacrifice héroïque et discret de la jeune ouvrière, fière et douce victime du devoir filial et du devoir fraternel, qui met en gage les boucles d'oreilles, présent de ses nobles protectrices, et n'ose plus les revoir, par crainte d'un soupçon de mensonge, par pudeur de sa misère et de son dévouement.

Le Roman de Jeanne, ce roman qui se compose d'un baiser unique,

D'un baiser de hasard qui n'était pas pour elle,

est plein de nuances délicates et de grâces exquises de sentiment.

La contre-partie de ce charmant récit pourrait se trouver dans la pièce intitulée : *Premier désir*. Elle est inspirée par le souvenir d'un premier amour d'adolescence, au sortir du collège, un roman comme il en éclôt à cette heure indécise et troublée de la vie, qui se compose de moins encore qu'un baiser, qui tient tout entier dans un désir et un soupir, une espérance et un regret, douces et pâles fleurs d'imagination et de sentiment qui ne fleuriront pas.

Il y a dans ce dernier Recueil des tableaux d'intérieur ou de rue, agrestes ou parisiens, comme *Une Aumône*, comme *le Raisin, le Bateau-Mouche, la Chambre abandonnée*, qui sont de la meilleure veine d'intimité et de modernité ouverte, il y a vingt ans, par le poète.

Il y a aussi un joli bouquet de dizains qui ont le parfum piquant et l'épine sournoise de l'observation sans complaisance et du désabusement sans rancune, bornant leur plaisir et leur vengeance à souligner d'un trait léger la vanité des hommes et la malice des choses : *Brune, Blonde, Rousse, Blanche, le Corset, les Marchands de bons Dieux, le Fardier, la Retraite du feuilletonniste*, sont d'un Parisien parisiennant, d'un dilettante passionné des curiosités urbaines et suburbaines doublé d'un poète qui goûte et fait goûter le plaisir de faire tenir tout un petit monde en dix vers.

Il y a des stances adorablement gracieuses comme celles dites par Mlle Blanche Baretta, sous les traits de la Nymphe de Ville-d'Avray, à l'inauguration du monument de Corot, le 27 mai 1880, ou émouvantes et pathétiques comme l'oraison funèbre de ce poète de vingt ans, Henri-Charles Read, gravée en *Préface d'un livre posthume*, sur le marbre ombragé de cyprès et de saules de ce jeune soldat de la poésie, mort à sa première bataille et à sa première victoire.

Il y a enfin et surtout, dans ce Recueil dont le titre reconnaît lui-même un de ses caractères dominants, la variété *(Poésies diverses)*, un souvenir, un écho de la plupart des événements contemporains, surtout des événements littéraires et artistiques. Le poète reçoit le prix et porte la peine de sa fécondité, de sa cordialité, de sa popularité, dans la confiance qui en fait le héraut, le porte-voix, le porte-parole de toute fête de charité, de tout appel solennel aux enthousiasmes de l'esprit ou aux entraînements du cœur. Sa muse, qui a des larmes pour toutes les douleurs, des fleurs pour toutes les gloires, quêtera pour l'Hospitalité de Nuit ou pour les ouvriers sans travail de Lyon. Elle couronnera de lauriers l'image typique de Victor Hugo par Bonnat, ou célèbrera ses glorieux anniversaires, ou déposera sur l'orgueilleuse modestie du corbillard neuf que tout un peuple suit au Panthéon, les palmes de l'immortalité. Elle glorifiera le savant et brave amiral, au compas infaillible, le premier qui, depuis Chanzy et Faidherbe, ait donné à la France vaincue le noble frisson et la mâle volupté d'une réconciliation avec la victoire. Elle exaltera les victoires et conquêtes pacifiques de la science vouée au bonheur de l'humanité, marquant ses progrès par des bienfaits, purifiant les ferments, paralysant les virus et rédimant le monde de l'annuel et trop large tribut de victimes payé à la contagion ou à la rage. Enfin elle sera la compagne bienvenue des voyageurs d'élite, représentant la France dans l'hospitalité de la Hongrie ; elle fera alterner ses vers avec la prose toujours galante et éloquente du président et de l'orateur de la caravane, Ferdinand de Lesseps. Elle jettera des roses sur la tombe du plus populaire et du plus patriote des poètes hongrois, Petœfi, et elle étendra à la France qui les ignorait, grâce à une traduction, supérieure à l'original, le domaine de sa gloire et de son génie.

Parfois même, toujours légère, svelte et souriante, elle bornera son ambition et son succès à faire amicalement et spirituellement les honneurs d'une statue de Delaplanche, d'un tableau de Lefebvre ou de Jacquet, ou d'un Recueil de chroniques sémillantes et pimpantes de Parisis (Émile Blavet) *.

* Depuis que ces lignes furent écrites, Coppée a continué de jouer ce rôle, d'exercer ce ministère d'ambassadeur poétique, d'interprète des sentiments généraux et généreux de la nation. Il n'y a pas de solennité littéraire ou patriotique sans lui. Il représente l'Académie à Montbrison, et prononce devant la statue de Victor de Laprade un de ses meilleurs discours. Hier encore (10 septembre 1888) il était a Lorient, célébrant en beaux vers, justement applaudis, le génie tendre et pur de Brizeux.
Quelque temps avant, ne représentant cette fois personne que lui-même — et c'était assez — mais parlant au nom de ces rêves chers à tous ceux qui sentent plus qu'ils ne pensent, au nom de ces espoirs que réveille au fond de toutes les généreuses consciences chaque occasion pour les puissants d'étonner noblement le monde, au nom de cet idéal enfui qui demeure, malgré tout, le phare de l'humanité, le poète avait réclamé de l'Empereur Frédéric III mou-

Et la gamme du sentiment, et la viole d'amour et de volupté, me demandera-t-on ? Le poète a-t-il fermé les claviers intimes de son âme, a-t-il suspendu à jamais au mur comme à la panoplie les armes inutiles, le luth de l'élégie et la mandoline des sérénades ?

Point : dans ce recueil où il y a de tout et où le poète a jeté une fois encore à pleines corbeilles toutes les fleurs de l'été de son esprit et de son cœur, il y a aussi des souvenirs, des regrets, des espérances d'amour, le poète ne devant jamais cesser d'aimer et d'espérer. Ces pièces sont plus rares, plus sobres, d'un souffle plus sec, et d'un tour un peu plus maniéré, un peu plus précieux, comme il arrive lorsque le travail exquis de la forme n'a pas seulement pour but d'orner mais aussi de dissimuler l'indigence du fond.

C'est un fait d'expérience que la galanterie des grisons est plus recherchée, plus délicate que celle des blondins ; que la maturité de l'esprit et du cœur nous incline et dispose volontiers aux raffinements d'imagination et de sentiment dont se passe si bien, sans en sentir le besoin ni la privation, la passion impatiente et prodigue de la vingtième année. De là ce regain de ronsardisme, de boccacisme, de mignardisme,

---

rant, la délivrance de l'Alsace et de la Lorraine. Cette belle pièce de vers a eu en France et en Europe un immense retentissement. Elle a surpris l'Allemagne plus qu'elle ne l'a indignée. Elle a mérité et obtenu le respect de ses contradicteurs les plus passionnés. Politique de poète ! disent dédaigneusement les diplomates à solennelles bévues. En effet, mais il était bon pour l'honneur de la poésie, et aussi pour l'honneur de la France, qu'un poète et qu'un Français commissent cette sublime algarade, d'exprimer des vœux patriotiques, de prononcer de pacifiques et prophétiques adjurations, qui n'ont pas été écoutés, mais qui ont été entendus.

ce souffle de Renaissance italienne et française qui parfume cette partie du Recueil aux sentiments tout modernes revêtus d'une forme archaïque, où nous trouvons des sonnets forgés, ciselés et damasquinés comme des épées de Tolède, des rêveries amoureuses ou galantes, des subtilités et des lascivités qui font penser aux honnestes hommes et aux honnestes dames du *Décaméron* et de *l'Heptaméron*. Voulez-vous décider tout de suite de la justesse de cette impression de Renaissance, de cour florentine ou française des Médicis, d'épicuréisme platonicien et de parfums galants et dévots, de boudoir et d'oratoire, de chambre de belle dame aux villas de Laurent ou aux châteaux de François Ier et de Henri III à Prato ou à Fontainebleau ? N'est-ce pas un contraste à la façon du temps des mignons si efféminés et si braves, si voluptueux et si mélancoliques, si sceptiques et si fanatiques, si insouciants de la vie et si peureux de l'enfer, que celui qu'expriment ces conseils d'indifférence à un amant trop inconsolable de la trahison de l'infidèle, et que pourrait contresigner, en en christianisant un peu la forme païenne, le moine qui profita, pour les jeter hors du monde, du désabusement d'un Joyeuse ou d'un Rancé ?

Tu pâlis en songeant à l'odeur de sa chair,
Son visage est toujours le seul qui te soit cher,
De tout autre, aussitôt blasé, tu te dégoûtes.

Va, tu me fais pitié, triste martyr d'amour,
La vie est un éclair, la beauté dure un jour !
Songe aux têtes de mort qui se ressemblent toutes.

Du même ton, du même temps, du même caprice de restauration, de revivification des formes disparues, sont la *Ballade pour deux dames qui sont amies*, avec son envoi, sa flèche entre deux lais d'amour :

> Princesses, mon cœur langoureux
> A fait beaucoup d'économies,
> Qui de vous veut d'un amoureux?
> C'est le secret des deux amies.

Et la Ballade à maître Théodore de Banville avec son joli refrain :

> Faisons des vers pour rien, pour le plaisir.

Parfois, doublant la difficulté et le triomphe, le poète s'amuse à nous donner de l'Antoine de la Salle traduit par Tressan, du Baïf ou du Belleau traduit par Parny ou Dorat.

On trouve la double impression, le mélange et le contraste du paganisme en justaucorps, en pourpoint, en feutre empanaché, du temps et de l'école de Ronsard, et du paganisme en perruque, en poudre à la bergamote, en veste d'or, en jabot de dentelle, en talon rouge, en épée en verrouil de l'école de Dorat et de Gentil-Bernard dans ce billet de congé si lestement et si galamment troussé à une maîtresse de huit jours, trop belle et trop riche sans doute pour être gardée par un poète pauvre et fier :

> Adieu! j'ai peur d'aimer. Quittons-nous ce soir-même.
> Je te ferais souffrir et tu me rendrais fou.
> Ainsi qu'une coquette ôte un collier qu'elle aime,
> Je détache à regret tes bras blancs de mon cou.

Adieu, l'amour viendrait. Bornons-nous au caprice.

. . . .

Ayons pitié de nous! Fuyons-nous, mon amie!
Mais souffre qu'en un rêve où sont mouillés mes yeux,
Je te revoie encor dans mes bras endormie
Et pose entre tes seins le baiser des adieux.

Et *l'Exilée?* demandera quelque indiscret malin. Il nous semble qu'elle est un peu oubliée, la blonde et insensible Scandinave. Oubliée, non. Regrettée, oui. Mais, que voulez-vous? Tout passe, tout lasse, tout casse en ce monde. Un poète indifférent cesserait d'être un poète. Un poète inconsolable ne cesserait pas moins d'être un poète, aimable du moins. Quand on a dit comme Marguerite d'Écosse : *Fi de la vie!* on meurt. Quand on a écrit sur les crêpes de sa chambre, comme Valentine de Milan : « Rien ne m'est plus, plus ne m'est rien, » on se cache et on se tait. Les grandes douleurs sont muettes. Voilà pourquoi les poètes qui ont besoin d'aimer, de souffrir, de le dire, ne vont jamais jusqu'au désespoir. Ils ont leur chapelle d'amour pleine des tombeaux de passions heureuses ou déçues mais défuntes, symbolisées par le cœur mystique percé d'épées. Ils y prient volontiers un instant; ils y pleurent même, attendris par l'agenouillement, par le silence, par l'ombre, par le mystère, par le pâle rayon tamisé des vitraux où passent, avec un vague bruit d'ailes pareil à celui d'un baiser furtif ou d'un soupir étouffé, avec une odeur triste et douce de rose fanée, les spectres gracieux et fugitifs des amours finies. Mais bientôt le chant du rossignol les rappelle au dehors, et ils rentrent dans la vie, en traversant un cimetière aux allées ensoleillées et embaumées, où « l'esprit des morts épars autour de leur tombeau »

Chante avec les oiseaux et fleurit dans les vases.

L'Anneau est de la même philosophie légèrement panthéistique et tristement résignée. Le poète n'ira jamais jusqu'au pessimisme outré, trop à la mode aujourd'hui. Nous ne trouvons pas trace dans son œuvre de la moindre contagion de wertherisme et de vampirisme. Ce n'est ni un byronien, ni un leopardien. Dans sa plainte, où parfois le cri de la chair se mêle au cri du cœur, il peut rappeler parfois Alfred de Musset, mais jamais Shelley. Il est deux sacrifices qu'il lui est impossible de faire : celui de la mesure et celui de la clarté.

Le souvenir de *l'Exilée* lui revient donc plus d'une fois encore, toujours avec un regret, mais un regret de plus en plus pâlissant et adouci comme une étoile qui s'efface, une voix qui s'éloigne, une ombre qui s'évanouit. Quand il rencontre une fiancée, il lui dit :

> Elle était blonde comme vous,
> Celle dont les yeux fins et doux
> Me laissèrent l'âme blessée...

Mais il se reprend bien vite et il ajoute non sans tristesse, mais sans rancune :

> Honte à ceux qu'aigrit la douleur.
> Je n'ai rien d'elle qu'une fleur;

> Mais quand un couple d'amants passe,
> Je dis au bon Dieu : « Rendez-leur
> En félicité ma disgrâce. »

S'il passe sur son chemin une blonde, il frémit et ne peut retenir un soupir.

> Car un amour perdu, mais dont je souffre encor,
> Naguère m'inspira pour un front nimbé d'or.
> Ce sont des cheveux blonds qui me firent poète.

Cette blonde des premières amours, elle lui apparaît à chaque détour d'allée de ce jardin du Luxembourg auquel il a consacré une si charmante pièce. Elle lui apparaît aussi, celle dont il est venu pleurer l'oubli, celle dans laquelle il voyait la vierge des dernières amours.

Des dernières amours. En est-il de telles pour le poète? Plus d'amour, partant plus de joie, a dit La Fontaine. Plus d'amour, partant plus de poésie, pourrait-on ajouter. Si le poète n'a pas cessé de chanter, c'est qu'il n'a pas fini d'aimer. Il est comme cette Mme Brissart, à qui une amie reprochait le nombre de ses amants. « Hélas ! répondit-elle naïvement, je croyais toujours que ce serait le dernier. »

Le poète est de ceux qui ont dû sourire à la naïveté d'une telle excuse. Il a consacré sous le titre d'*Arrière-Saison*, dont la simplicité a ses coquetteries, dont la mélancolie a ses sourires, son dernier recueil à un sujet unique, à un sentiment unique, celui qui couronne sa maturité des roses d'automne, nées sous un air tempéré, sous un rayon attiédi et dont le parfum discret n'en est pas moins pénétrant.

Nous ne ferons que ce qu'il a fait lui-même, en dévoilant légèrement l'image de la modeste Muse, connue seulement des amis de sa seconde jeunesse, de celle qui est la compagne de ses promenades suburbaines ou agrestes, de la nymphe parisienne des pittoresques ombrages de Mortefontaine, de celle qui pourrait parer sa tête aux cheveux dorés, aux yeux pers, au sourire mutin de jeune faunesse, des fleurs de cette idylle artistique et bourgeoise menée avec elle. Cela fait, nous ne dirons que quelques mots de ces vers doux, tendres et décemment voluptueux comme elle, qu'elle a inspirés, dont elle agrée l'hommage, repousse l'honneur et qui lui feront une gloire anonyme.

Arrière-Saison, c'est la confidence des petits bonheurs de cette affection consolatrice des vieux chagrins, réparatrice des déceptions des passions à orages et à naufrages ; c'est la collection des *ex-voto* de gratitude en l'honneur du port enfin atteint après tant de tempêtes, du havre-de-grâce où jette l'ancre dans la solitude et dans la quiétude, fatigué de tant d'amour où il a plus donné que reçu, le poète heureux de savourer un amour fait d'admiration et de dévouement, où il reçoit plus qu'il ne donne.

Le poète explique ingénieusement, par un sonnet de début, comment et pourquoi il chante *paulo minora*, et il paraphrase le vers du vieux Ronsard :

Ainsi que nos cheveux, blanchissent nos désirs

en ces vers expressifs :

> Mon cœur était jadis comme un palais romain
> Tout construit de granits choisis, de marbres rares.
> Bientôt les passions, comme un flot de barbares,
> L'envahirent, la hache et la torche à la main.
>
> Ce fut une ruine alors. . . . .
> Mais tu parus enfin, blanche dans la lumière,
> Et bravement, afin de loger nos amours,
> Des débris du palais, j'ai bâti ma chaumière.

Dans cette chaumière, bâtie de ruines brillantes et de superbes débris, dont le mur sert de passage au frileux lézard et de terrasse à l'humble giroflée, le poète a installé une passion douce, modeste, discrète, caressante, reposante, comme celle qui en est l'objet, sans aucun rapport avec les passions à subtilités byzantines, à casuistiques pédantes et raffinées, à voluptueux et stériles platonismes, à orages dans un verre d'eau sucrée, à tempêtes sous un crâne chauve, à déclamations philosophiques et à allusions parlementaires du monde où l'on s'ennuie. Le jeune académicien n'a rien de ce qu'il faut pour emmêler et démêler les toiles de Pénélope de la coquetterie vertueuse, et il ne saurait s'agenouiller en cravate blanche, le pistolet de Werther à la main, comme Oswald — Benjamin Constant devant Célimène — Récamier. Foin des transports de l'éloquence hystérique aux prises avec les résistances d'une défense dont la pudeur ne défend pas seule la dernière porte! Foin des passions de tête, qui n'ont pas de cœur, dont le roman est sans tempérament et qui, parant les baisers avec des syllogismes, disputent sur le sofa de Crébillon transformé en canapé de la doctrine, un dénouement toujours arrêté à la dernière faveur !

La passion du poète n'a pas connu ces tactiques puériles, ces stratégies agaçantes, ces scrupules de la rouerie hypocritement ingénue, ces illusions et ces désillusions. Elle a été fondée sur la franchise des aveux réciproques, des pardons mutuels.

> Par la tendre et simple manière
> Dont tu m'avouas ton passé,
> Je te dois ma larme dernière,
> Et par elle il est effacé.

Le poète ne regrette, comme l'amant, qu'une chose : les printemps perdus « à ne pas s'aimer. »

Hélas! pourquoi si tard t'ai-je donc rencontrée,
Rose de mon automne, ô mignonne adorée?

Du moins, il est le seul à avoir profité de cette métamorphose de l'amour libre et sincère.

> Avant de m'avoir pour amant,
> A d'autres tu semblais jolie ;
> Mais par moi tu fus embellie
> De la beauté d'un sentiment.

Quel charmant portrait que celui où il décrit son charme !

> Au premier regard elle plaît,
> Ma fine blonde au teint de rousse,
> Mais, seul, je sais combien elle est
> Silencieuse, tendre et douce.

> L'air anglais et mise avec goût,
> La taille svelte et gracieuse,
> Elle est exquise, mais surtout
> Tendre, douce et silencieuse.
>
> Ses yeux clairs sont de purs émaux
> Et mon désir s'y laissa prendre ;
> Mais son vrai charme est dans ces mots :
> Douce, silencieuse et tendre.

Rien, on le voit, de la femme littéraire, politique, diplomatique, de la femme à cerveau à la place du cœur, de la femme sans sexe, disait Rivarol, qui a adressé à son amie Manette les jolis vers finissant ainsi :

> Ayez pour moi toujours du goût comme un bon fruit
> Et de l'esprit comme une rose.

« Vous ne sauriez croire, » disait Talleyrand pour expliquer son choix de Mme Grand en qualité de maîtresse et même en qualité de femme, « quelle volupté il y a à partager son oreiller avec une personne qui ne s'inquiète pas de l'équilibre des puissances, et que les intérêts européens laissent indifférente. » Il y a dans Chamfort un mot du même genre. Ces trois personnages ne manquaient pas d'esprit. Ils en avaient assez pour deux, et ce n'est pas de l'esprit qu'ils demandaient aux femmes, mais de la bonté, de la gaîté, du sentiment,

Et la grâce, plus belle encor que la beauté.

Et cette fleur plus rare encore et plus douce que celle de la virginité, et qui est sans épines, de la probité du cœur et des sens, de la sincérité, de la fidélité.

Ce bonheur aux tons roses et gris, plein de pâles, de tendres, d'exquises nuances, comme le ciel d'automne, ce bonheur entretenu

. . . . . par la chaleur de ces lèvres si douces
Qui font sur son vieux cœur fleurir de jeunes pousses,

ce bonheur humble et simple, populaire et bourgeois, qui

Est tout dans l'habitude et dans le souvenir.

Le poëte en raconte les phases, les menus accidents, les légers tremblements de barque qui font que l'on se serre l'un plus près de l'autre, et que le choc se résout dans un baiser; il en retrace les émotions rustiques et en brosse à la flamande les tableaux de promenade et de rêveuse flânerie à deux, dans les sentiers ombreux, de dînettes sous les tonnelles, de toasts entre-choquant les verres, après lesquels on se trompe de verre, de sommeils partagés dans le patriarcal lit d'auberge, et de tendres réveils à l'étreinte scandée par le chant du rossignol dans les arbres fleuris pour la saison nuptiale. « Que de choses, disait Vestris, dans un menuet! » Nous disons à notre tour, en fermant ce petit livre exquis, d'un parisianisme si florianesque, d'un florianisme si parisien, d'une volupté plus décente et plus fine que les *Élégies* de Parny, d'un paganisme et d'un épicuréisme plus simple et moins savant en réminiscences que les *Élégies* d'André Chénier, d'un sentimentalisme plus franc et plus clair que celui du lunaire *Intermezzo*, sorti d'une veine limpide et transparente comme le ruisseau sur les bords duquel il fut écrit, qu'il est vraiment charmant, qu'il nous gagne sans peine aux sourires de son enjouement, et aussi aux larmes de son attendrissement, et qu'il peut tenir bien de la poésie, bien du sentiment, bien de la grâce, bien du talent, bien du succès dans un menuet de poète, dans une plaquette de cinquante pages.

La dernière pièce : *Désir de gloire*, est peut-être la meilleure : d'une large et sûre envolée, d'un sentiment délicat, d'une émotion tendre et triste. On y respire la mélancolie du soir d'un beau jour. Nous ne sommes plus à l'enivrement triomphal du *Toast champêtre*, au salut, au réveil de la nature et de l'amour, quand commence la villégiature printanière ou estivale, quand on monte pour la première fois dans la voiture ou dans la barque qui conduisent aux meilleurs endroits de rendez-vous ou de rencontre, aux petits coins élyséens de la Cythère de Mortefontaine, quand on savoure les intimes ou agrestes délices

. . . du beau pays de forêts et d'étangs
Qui cache nos amours depuis quelques printemps.

Il y a quelque chose de la tristesse des départs d'octobre et des baisers mouillés par une pensée d'adieu, par ce sentiment de la brièveté de la vie qui donne à toutes les séparations d'automne une solennité testamentaire, dans cette pièce où le poète et l'amant dédient à la plus chère et dernière maîtresse l'hommage des vers qu'elle a inspirés, et souhaitent à ces vers préférés la survivance et l'immortalité de la gloire :

> J'ai vu des hardes surannées
> Dans la boutique d'un fripier ;
> Telle sera, dans peu d'années,
> Ma pauvre gloire de papier.
>
> On me lit. Soit. J'en ai des preuves :
> On réimprime encor mes vers.
> J'apprends, par ces paquets d'épreuves,
> Que mes lauriers sont toujours verts.
>
> Mais, hélas ! tout passe et tout lasse.
> Les meilleurs et les plus fameux
> A d'autres ont cédé la place,
> Et l'on m'oubliera tout comme eux.

Parfois pourtant, en dépit des infidélités de la popularité et des capricieuses cruautés de la mode, quelques débris survivent de la gloire tombée en ruines qui garde une brèche fleurie.

> Et quelques vers, une élégie,
> Un sonnet, sauvés de l'oubli,
> Dans l'herbier de l'anthologie
> Conservent leur charme pâli.
>
> Oh ! si par bonheur doit survivre
> Un humble poème de moi,
> Qu'il soit donc choisi dans ce livre
> Que j'ai, mignonne, écrit pour toi.

Ce vœu d'un amour trop modeste sera surabondamment exaucé. Tant qu'il y aura de l'amour et des amants, des poètes et un public pour les poètes, toute Anthologie de la poésie française au dix-neuvième siècle devra faire une large place aux vers de François Coppée, et dans la gerbe moissonnée et non glanée dans son œuvre, la critique n'aura garde d'oublier de choisir une fleur au bouquet d'aubépine et de lilas, de bluets et de coquelicots de l'*Arrière-Saison* où verdoie et embaume, rajeuni par des variations nouvelles, un sentiment ancien comme la nature et comme l'humanité*.

* C'est là l'opinion des bons juges. Voir notamment le *Temps* du 5 juin 1887 (*La Vie littéraire*) : « C'est du vrai Coppée et du meilleur, » dit M. Anatole France, un fin critique qui est aussi un délicat poète.

X

INTIMITÉS

Nous consacrerons ce dernier chapitre aux intimités non de l'œuvre de Coppée, mais de sa vie. Nous voulons achever de faire connaître, c'est-à-dire de faire estimer, de faire aimer l'homme dans le poète, en le montrant dans le cadre familier de cette maison qu'il habite depuis vingt ans, et qu'il ne quittera pas plus que Jules Simon ne quittera ce cinquième de la place de la Madeleine où il vit depuis quarante-deux ans. Cette propension aux voluptés de l'habitude, cette fidélité aux lieux sont caractéristiques et il est bien rare qu'elles ne soient pas en rapport, en harmonie avec l'esprit et le cœur de ceux qu'elles honorent. Car cette manie est une vertu tout simplement. Celui qui aime sa maison, aime sa famille ; celui qui aime sa famille, aime sa patrie. Il n'y a qu'un poète, il n'y a qu'un philosophe pour s'attacher aux choses comme aux gens, pour savoir ce qu'il peut y avoir d'échange de tendresses muettes et de caresses invisibles entre l'âme du rêveur, du penseur, et l'âme des meubles par exemple, de tel coin de bibliothèque où parfois on entend des murmures de voix amies, de tel piano qui résonne tout à coup, comme frôlé par l'aile d'un esprit familier, de telle table qui semble encore hantée par la pensée du père disparu qui y lisait ou y écrivait tous les soirs, de tel fauteuil vide, hélas ! et où pourtant l'ombre adorée de la mère absente vient s'asseoir pour les yeux du cœur.

Seulement le philosophe breton, qui est doublé d'un homme d'État assez fort pour mépriser l'impopularité et assez éloquent pour charmer jusqu'à ses adversaires, a placé sa demeure à la hauteur d'une tour, en pleine ouverture des boulevards, d'où son œil plonge, s'il s'avance vers le balcon de son ermitage, sur l'horizon de la Madeleine, aux lignes sereines, aux abords battus par le flot des passants et le roulement des voitures. S'il demeure dans son fauteuil, la fenêtre ouverte envoie à son oreille de coureur des grèves, cette grande rumeur des foules pareille au bruit de la mer secouée par le vent, et de cette fièvre de travail et de plaisir, qui agite tous ces hommes, toutes ces femmes que mène l'intérêt quotidien, il monte vers l'oreille du politique, tour à tour bercé et froissé, vanté et méconnu par la multitude, le murmure, flatteur pour celui qui ne l'a pas flattée, consolateur pour certaines consciences, vengeur pour certaines disgrâces, de la mobilité populaire.

Si le philosophe s'est logé au-dessus des bruits

du Paris frivole, c'est loin de ces bruits que s'est logé le poète qui a la haine et quelque peu le mépris de la politique. Mais s'il ne se soucie pas d'avoir le peuple pour client, il ne déteste point de l'avoir pour voisin, comme il mérite de l'avoir pour ami, lui l'auteur des *Humbles*, le chantre des jeux et des promenades du dimanche des pauvres gens, le glorificateur attendri des martyres de la misère et des héroïsmes du travail.

C'est dans un quartier populaire du Paris suburbain, c'est au bout de la rue Oudinot, autrefois rue Plumet, au fond d'un rez-de-chaussée ouvert sur de larges jardins, dans une atmosphère de paix et de silence, qu'animent à peine tour à tour la cloche des chapelles et des couvents, la trompette ou le tambour des casernes, les récitations monotones ou les rires joyeux des pensions dont il est environné, que François Coppée, assis sur le fauteuil de paille d'un cabinet planant sur un jardinet, le dos tourné à la longue bibliothèque dont les rayons font à sa figure pensive un cadre bénédictin, les yeux au ciel qui azure l'horizon, le nez aux roses qui parfument sa fenêtre, reçoit ses amis, visiteurs du mercredi ou hôtes du dimanche.

Il est là en habit de velours marron l'hiver, l'été en vareuse de flanelle rouge ou bleue, roulant la cigarette ou caressant ses chats qui se caressent à lui. Il est là dans ce quartier tranquille et pieux, occupant lui-même une sorte de couvent profane, de presbytère laïque, entre sa sœur et sa servante, ayant quelque chose, avec sa tête de médaille, son visage pâle et rasé, ses façons de célibataire, d'une sorte de curé civil, d'abbé séculier et bourgeois, sans messe et sans bréviaire; très supérieur, certes, comme talent et comme mœurs, à ces abbés du siècle passé dînant de l'autel et soupant du théâtre, comme l'abbé Pellegrin, prenant comme l'abbé Arnaud une part passionnée à la querelle musicale des Gluckistes ou des Piccinistes, faisant faire comme l'abbé D'Arthy leurs sermons par Diderot, ou faisant dire comme l'abbé de Voisenon leur bréviaire par leur laquais.

Dans ce presbytère laïque de la rue Oudinot le culte, c'est la religion du vrai, du beau et du bien, c'est l'amour de la poésie et de la patrie, des grandes actions, des beaux tableaux et des beaux vers. La messe se dit à midi, à la table hospitalière et cordiale, dont Coppée et sa sœur font les honneurs avec la simplicité patriarcale. Coppée n'est ni gros mangeur ni fin gourmet. C'est un épicurien sobre, un sybarite plus épris du parfum des fleurs, de l'éclat des lumières, du rire des bons mots que du fumet des plats qu'il goûte distraitement. Pour finir par un trait de malice, la porte est toujours discrètement entr'ouverte pour la charité, largement ouverte pour l'amitié, impitoyablement fermée pour les fâcheux. Les pauvres sont soulagés, les gens d'esprit sont fêtés, les sots sont éconduits. Coppée n'en veut pas dans sa paroisse.

Esquissons donc quelques tableaux d'intérieur, quelques portraits familiers de cette petite maison de sage, de philosophe et de poète parisien, assez grande pour les vrais amis. Pénétrons dans ce *home* confortable où d'artistiques amitiés multiplient sur la toile, dans le marbre et le bronze l'image du poète, où il vit entouré de ses portraits de famille, et des bibelots, trophées de ses triomphes ou souvenirs de ses voyages, dans un nid de livres et de fleurs dont la modestie lui sourit.

Hic mihi angulus ridet,

a dit le poète qui a parlé aussi du plaisir qu'il y a non seulement à vivre, mais à lire dans un coin : *in angello cum libello.*

De ces tableaux intimes, le cadre est, depuis cette année 1874 où nous avons laissé le poète en proie à ce bonheur mélancolique des premiers succès et des dernières épreuves, fatalement bordé et voilé de deuil comme l'esprit et le cœur du poète lui-même. Depuis le 2 septembre 1874, il n'y a plus eu pour lui de joie sans nuage. Son enjouement a gardé une ombre de tristesse ; son sourire est demeuré pâle comme ce soleil d'automne par lequel, avec lui et un cortège d'amis, nous conduisîmes à l'église Saint-François-Xavier le cercueil maternel.

Nous le savons, Coppée a eu la meilleure des mères et il a été le meilleur des fils. On comprend sa douleur, marquée d'un caractère particulièrement touchant pour ceux qui devinaient ou connaissaient par quelles délicatesses de piété filiale s'accroissaient et s'aggravaient les regrets de cette séparation. Coppée perdait plus que la mère de sa chair et de son cœur, il perdait la mère de son esprit, celle qui la première, et la seule, avait cru en lui, avait deviné son talent et salué sa gloire future dans la modeste fleur de son premier succès. Et c'est au moment où — il en avait le pressentiment — finissaient pour lui la vie militante et la vie souffrante, c'est au moment où ses ambitions, où ses espérances allaient être comblées, qu'elle disparaissait !

Elle ne pourrait plus jouir de son œuvre dans lui, il ne pourrait plus jouir lui-même de cette part la plus noble et la plus douce de la gloire, celle dont on offre le laurier à sa mère. Elle n'entendrait pas le chant de bénédiction : « Heureux le sein qui t'a porté. » Elle avait été à la peine, elle ne serait plus à l'honneur... que dans son tombeau.

Bien que la mère du poète, le dernier-né, le Benjamin d'une assez nombreuse famille, touchât à la vieillesse, à l'époque où lui-même, à trente-deux ans, était en pleine virilité, et qu'il pût déjà dans son visage, ridé par le temps et pâli par la maladie, se figurer embrasser à la fois une mère et une grand'mère, c'était encore une jeune aïeule, que la gloire de son fils eût bien vite rajeunie encore et ranimée. Le bonheur prolonge la vie des siens. Comme elle eût été fière de voir son Francis sous l'habit à palmes vertes de l'Institut ! Comme elle eût été heureuse d'embrasser son maréchal de France littéraire !

C'est neuf ans après le triste jour dont la pieuse commémoration assombrit à jamais pour François Coppée les premiers jours du mois du printemps automnal, le 21 février 1884, que le poète reçut des suffrages de l'Académie française le droit de participer à la répartition des cent vingt mille francs de rente (que la libéralité testamentaire du duc d'Aumale triplera quand elle portera son fruit) distribués solennellement au talent et à la vertu, de porter la pacifique épée à garde de nacre, de l'uniforme consulaire, de toucher les mille et quelques francs de la maigre pension académique, et tout d'abord, de prononcer l'éloge public et solennel de son prédécesseur, Victor de Laprade.

François Coppée, élu le 21 février 1884, après trois candidatures infructueuses, par 24 voix contre 8 données à M. Émile Montégut, ne pouvait se plaindre ni de beaucoup de déceptions, ni d'une longue attente. Il avait eu moins à disputer le fauteuil que Victor Hugo, et, entré à l'Académie à quarante-deux ans, il allait succéder à Prévost-Paradol dans le rôle du plus jeune, du favori des séances publiques, beaucoup plus agréable, mais peut-être aussi difficile à tenir que celui de doyen du chapitre qui siège sous la coupole mazarinesque.

Est-ce par un privilège attaché à cette jeunesse faite pour désarmer par sa bonne grâce toute hostilité, n'est-ce pas plutôt par suite de l'attraction sympathique, de la séduction irrésistible de son talent, de sa figure, de son caractère? Quoi qu'il en soit, le plus aimable et le plus sociable des hommes reçut dans l'accueil unanimement favorable fait par la presse, par l'opinion à son élection académique, une récompense d'un prix supérieur à celui de cette élection même.

Son succès, contre l'ordinaire, n'eut que des amis. Son bonheur fit plaisir à tout le monde. Il eut la preuve de cette popularité littéraire par l'affluence et la cordialité des convives au banquet de congratulation qui lui fut offert dans les derniers jours du mois de mars 1884 par ses confrères, ses amis connus et inconnus, ses admirateurs.

Ce banquet, sorte de petite réception avant la grande, était présidé par M. Sully Prudhomme, et nous avons plaisir à donner ici les deux discours prononcés *inter pocula*, au dessert de cette séance sans cérémonie, par le poète au talent fier, noble et pur, Sully Prudhomme, faisant à ce cadet de la même famille, en aîné par l'âge, par la priorité académique, les honneurs de ces agapes confraternelles et triomphales.

Le discours de M. Sully Prudhomme est charmant. Il fait honneur à celui qui l'a écrit comme à celui qui l'a inspiré. Il est impossible de mieux définir le talent et le caractère de Coppée, et de mieux exprimer les raisons pour lesquelles on ne peut l'admirer sans l'aimer. En cette académie libre et familière, siégeant au milieu des vins, des lumières, des fleurs, dont les brefs discours, les longs rires, les voluptés d'esprit, de cœur et même d'estomac, offraient un piquant contraste avec les graves plaisirs et les joies solennelles de *l'autre*, le président terminait son discours par un double vœu aujourd'hui à demi réalisé par l'entrée à l'Académie française du maître de la jeune école, Leconte de Lisle.

Le récipiendaire ne fut pas moins éloquent,

moins heureux dans sa réponse, triple hommage rendu au rival généreux qui, arrivé avant lui au rivage, lui avait tendu la palme d'honneur et de salut; à l'amitié, pour qui de pareils miracles d'émulation sans envie et de dévouement sans égoïsme sont choses simples; à la commune religion des vers, de l'art et du beau qui inspire aujourd'hui aux poètes, ces frères ennemis d'autrefois, une affection vraiment fraternelle.

Voici le discours de M. Sully Prudhomme :

Mon cher Coppée,

Je ne veux pas entreprendre ici sur l'éloge public, où bientôt seront appréciés tous vos titres à l'élection que nous fêtons ce soir. Il m'en coûte, je l'avoue, car j'aimerais à signaler dans votre œuvre les qualités qui n'appartiennent qu'à vous et dont nous, vos confrères en poésie, nous pouvons le mieux connaître toute la valeur, parce que seuls nous les sentons inimitables. J'aurais plaisir à étudier par quel prodige vous avez su tout ensemble émouvoir les plus rebelles à notre art, étonner les plus habiles et satisfaire les plus délicats, à caractériser, par exemple, vos rimes à la fois si choisies et si peu laborieuses, dont les groupes ressemblent à ces nobles familles qui ne doivent qu'à leur sang leur richesse et leur distinction. J'aurais plaisir surtout à rappeler comment, dans la mêlée sociale où l'Idéal a tant besoin de défenseurs, vous vous êtes fait le champion de la poésie sur les terrains les plus divers, maniant avec la même adresse et la même sûreté les vers de tout accent, du plus héroïque au familier.

Mais nous ne vous avons pas convié à ce banquet pour tendre un piège à votre modestie et la mettre à l'épreuve de notre admiration; nous avons tout bonnement voulu vous faire sentir que nous vous aimions.

Nous vous aimons, et c'est bien cette affection seule qui réunit ici vos aînés, vos contemporains et vos cadets dans la carrière des lettres, tous également subjugués par votre affabilité franche et ferme et par votre simplicité dans le succès. Vous avez réussi, mon cher Coppée, vous vous êtes élevé sans abandonner aucune amitié, sans en perdre aucune, car c'est le privilège et le signe du talent supérieur d'ennoblir la jalousie dans l'âme de ses rivaux, de leur faire saluer dans son triomphe le triomphe de leur propre cause, qui est avant tout celle du Beau.

Cette fête, dont vous êtes le roi, symbolise la concorde qui règne de nos jours entre les poètes. Jamais entre eux la cordialité ne s'est manifestée plus entière qu'à notre époque. On ne les voit plus, comme autrefois, s'adresser ces cruelles satires, ces épigrammes sanglantes où Boileau se consolait par sa malice de la modération de son souffle, où le tendre Racine laissait percer des ongles si aigus sous le velours de son vers. Dans le siècle suivant, à mesure que l'élégance déchoit, les poètes en viennent à s'invectiver. Au matin du nôtre, l'affaire fut chaude entre les classiques et les romantiques. Mais il n'en est plus question : le génie victorieux dont nous sentons encore le sceptre paternel s'étendre sur nous, ne condamna les vaincus qu'à l'affranchissement perpétuel. La querelle finit par un mariage, car maintenant l'imagination renouvelée épouse le bon sens rajeuni. A ces noces, les Parnassiens mêmes tiennent le poêle. Après avoir savamment discipliné la forme, ils ont compris qu'elle est seulement belle par sa transparence, qui donne envie de toucher le fond. Les mœurs littéraires se sont donc adoucies pour nous et tous les poètes aujourd'hui sont vraiment confrères.

Il était naturel, mon cher Coppée, qu'une parfaite unanimité les rassemblât ici autour de vous. De même qu'en vous l'artiste concilie les tempéraments divers dans la forme tour à tour simple ou opulente, énergique ou gracieuse et toujours colorée de vos vers, de même par la constante aménité de son caractère, l'homme en vous personnifie la tolérance et la bonne grâce qui nous rendent tour à tour l'union facile et douce. Interprète de vos confrères, qu'il me soit permis d'ajouter qu'aucun d'eux ne vous est demeuré plus fidèlement attaché que moi, depuis le jour où, il y a vingt ans, nous nous sommes rencontrés chez notre admirable maître Leconte de Lisle. J'ai le ferme espoir qu'avant peu nous le recevrons à notre tour chez nous pour nous y sentir plus à l'aise. Nous ne devons pas moins à Banville, et si importun que lui soit le dérangement, nous lui signifierons aussi que nous sommes las de ne le consulter que chez lui.

Pardonnez-moi, mon cher Coppée, si dans votre nouvelle demeure je vous souhaite une bienvenue moins souriante que je ne le voulais. Depuis hier, M. Mignet n'est plus. Vous êtes en droit de ressentir doublement sa perte, comme Français et comme membre de l'Académie.

Mais je n'y arrête pas votre pensée qu'il ne siérait pas d'attrister en ce moment.

Vous pouvez accueillir sans scrupule et goûter sans réserve un témoignage d'amitié qui est le meilleur prix de vos travaux.

Voici la réponse de François Coppée :

Mon cher Sully Prudhomme,

Je vous suis bien reconnaissant, je suis même confus des éloges magnifiques que vous venez de m'adresser, éloges dont votre talent et votre caractère doublent la valeur. Vous êtes un penseur subtil et profond, un artiste exquis et puissant ; vous avez, en des poèmes sans modèles et sans analogues, réalisé l'accord réputé presque impossible de la poésie et de la science, et, dans vos vers intimes, vous avez noté jusque dans leurs moindres nuances les sentiments du cœur le plus tendre et le plus délicat. J'aime, j'admire sincèrement tout ce que vous avez écrit, et, comme vous voyez, il me serait facile, en retournant votre *speech*, de mettre à mon tour votre modestie à une rude épreuve.

J'agirais ainsi comme à l'Académie, dont je dois désormais observer les usages et partager les deuils, ainsi que vous l'avez fait en donnant un regret ému à M. Mignet. Son nom avait le droit d'être prononcé dans cette réunion amicale, car il ne fut pas seulement un savant historien et un écrivain de haute valeur, il fut aussi un héros d'amitié.

L'amitié ! c'est elle qui vous a dicté tout à l'heure le discours dont je suis encore attendri. Elle date de près de vingt ans, notre amitié, et elle n'a jamais été obscurcie par le plus léger nuage. Dans les luttes académiques, nous avons été concurrents sans qu'elle en souffrît. Il y a deux ans, dans une réunion pareille à celle-ci, j'avais le bonheur de boire le premier à votre triomphe et de féliciter l'Académie de son choix. Aujourd'hui j'ai un devoir non moins doux à remplir : j'ai à vous rendre grâces d'être devenu, dans l'Académie même, le champion le plus dévoué, le plus énergique de votre rival de la veille. Cette union entre les poètes, nous l'avons connue dès nos débuts, elle existait il y a vingt ans, dans ce groupe de jeunes esprits, si divers d'inspiration, qu'on a mêlés un peu confusément sous le nom général de Parnassiens. Conjurés pour remettre en honneur, dans un temps très prosaïque, le culte des vers et luttant avec courage contre l'indifférence du public, ils formèrent entre eux de ces amitiés que rien ne peut dissoudre ni altérer, des amitiés de frères d'armes. Nos camarades de ce temps de jeunesse qui sont assis à cette table ne me démentiront pas. Nous avions tous alors, n'est-il pas vrai ? et tous nous avons précieusement gardé les mêmes sentiments : l'esprit de compagnonnage, l'amour passionné de notre art et le profond respect de nos maîtres.

Aucun poète n'aspire au premier rang dans un siècle qui a la joie et l'orgueil de posséder Victor Hugo. Mais immédiatement après lui, les deux maîtres que vous avez nommés tout à l'heure sont placés dans notre admiration. Le grand et fier poète des *Poèmes Barbares* et le parfait et fidèle lyrique qui est assis à ma droite et que j'aime d'une tendresse filiale, Leconte de Lisle et Théodore de Banville, savent qu'en toutes circonstances nous nous effacerons devant leurs noms chers et illustres, comme les soldats se rangent pour présenter les armes à leurs officiers. Mais une élection académique ressemble à un assaut, et dans les assauts c'est la générosité, c'est la modestie des capitaines qui permettent aux simples soldats d'arriver sur la brèche les premiers.

Il me reste, messieurs, à remercier tous ceux qui, en prenant part à ce banquet, me donnent un si éclatant témoignage d'amitié et d'estime. Je salue d'abord parmi eux les frères d'armes dont je parlais tout à l'heure, les témoins de mes premiers travaux et de mes premières luttes; je souris aux nouveaux venus, aux jeunes gens qui viennent à moi avec une si touchante sympathie, comme vers un frère aîné. Je retrouve encore, parmi les visages affectueux qui m'environnent, des parents qui m'ont connu tout enfant, des camarades qui se sont assis avec moi sur les bancs du collège ou qui ont reçu, quand j'étais captif d'un bureau, la confidence de mes rimes de la vingtième année. Je reconnais enfin de chers artistes, d'excellents confrères de la presse et du théâtre, des amis de toutes conditions. Mais je ne suis pas embarrassé de trouver un toast auquel ils puissent tous s'associer. Il n'y a ici que des gens qui font des vers, ou des gens qui aiment les vers et ceux qui en font. M'adressant donc au sentiment qui vous est commun, messieurs, je bois et je vous invite à boire avec moi à l'art suprême, à l'art qui unit le mieux les esprits et les cœurs, à la noble, à la douce, à la consolante, à l'immortelle Poésie.

Il ne manquait au bonheur de François Coppée que celui de voir son éditeur et son ami, Alphonse Lemerre, celui qui le premier, après sa mère et sa sœur, avait cru en lui, joué hardiment sa partie décisive sur la chance encore hasardeuse de son talent et de son succès, associé à l'honneur, comme il l'avait été à la peine, de sa victoire. Cette joie fut donnée à Coppée, dès le mois de novembre 1884, de pouvoir être dans l'ordre de la Légion d'honneur, où il était entré dès 1876, le parrain d'Alphonse Lemerre.

Un banquet, justement appelé le *Banquet des Poètes*, réunit le 15 novembre 1884, autour du nouveau chevalier et du nouvel académicien, les hommes de lettres, les artistes, les employés qui composaient et composent encore la famille littéraire de l'éditeur. Nous empruntons à un journal qui en a publié le plus complet, le plus vivant compte rendu, les détails de cette fête caractéristique :

Hier a eu lieu à l'hôtel du Louvre, dans la grande salle des Fêtes, magnifiquement ornée pour la circonstance, le banquet offert par les auteurs à l'éditeur Lemerre.

La réunion était des plus brillantes.

M. Lemerre présidait, ayant à ses côtés MM. Théodore de Banville et Leconte de Lisle. Nous remarquons dans l'assistance MM. Paul Arène, d'Auriac, Canivet, Gonzalès, Léon Cladel, docteur Collin, F. Coppée, Courbet, Alphonse Daudet, Fontane, Giacomelli, Hugues, Octave Lacroix, Ledrain, Lemercier, Lemoyne, Marc, Martinet, Catulle Mendès, J. Mermier, Monnier, Nadar, Numa fils, Orse, général Pittié, Porel, F. et H. Rajon, Charles Royer, Steinhel père et fils, Armand Silvestre, Sully Prudhomme, Talbot, Theuriet, Tiercelin, Antony Valabrègue, Vaucaire, etc.

De nombreux toasts ont été portés. M. Coppée a

le premier pris la parole. Nous reproduisons en entier son discours :

Messieurs,

Excusez-moi de me lever le premier dans cette réunion où je vois tant de personnes considérables, illustres même. Je n'obtiens cet honneur qu'à l'ancienneté. Par un hasard dont je me réjouis, il se trouve qu'un des volumes les plus anciens de date, estampillé du fameux bêcheur, est mon premier recueil de vers. Cela remonte à 1866, et depuis dix-huit ans Alphonse Lemerre a été mon éditeur, mon seul éditeur, et est devenu l'un de mes plus chers amis. Les organisateurs de ce cordial banquet qui rassemble beaucoup de gens de lettres, ont sans doute pensé que des relations d'auteur à libraire, aussi cordiales, aussi fidèles que celles de Lemerre et de moi étaient d'un bon exemple, et ils m'ont chargé de complimenter notre ami, dans ce jour où, comme on dit à la caserne, nous arrosons son ruban.

Je m'acquitterai de cet agréable devoir, mon cher Lemerre, aussi brièvement que possible, certain de plaire ainsi à ta modestie et à ta simplicité.

Tout est bien changé depuis l'époque lointaine où les Parnassiens chevelus se rencontraient dans ton humble boutique du passage Choiseul, qu'on a si souvent comparée au pilier de Barbier... Les Parnassiens — un mot dont on ne rit plus — ont coupé leurs cheveux... ou les ont perdus; et toi tu es un des plus importants éditeurs de Paris. Le premier, tu es revenu aux vieilles et bonnes traditions de la librairie, tu t'es rappelé que le livre n'est pas seulement une chose à vendre, mais aussi un objet d'art, tu as ramené le public au goût des éditions élégantes et correctes.

Cet instinct aristocratique qui t'a fait fabriquer de si beaux volumes, ne t'a pas moins bien guidé dans le choix des auteurs dont tu as publié les ouvrages. Il suffit, pour s'en convaincre, de jeter un coup d'œil sur ton catalogue; les noms y sont nombreux, mais choisis; c'est une foule et c'est une élite. De plus — et c'est ton mérite le plus original — ta prédilection pour les rimeurs, qui t'a fait débuter par une réimpression de la Pléiade française du seizième siècle, a groupé autour de toi la majorité des poètes du dix-neuvième. Pour tous, tu as été un éditeur excellent; pour plusieurs d'entre eux — j'ai le droit de le dire, moi ton créancier d'aujourd'hui, qui ai été longtemps ton débiteur — tu t'es montré l'ami le plus serviable et le plus généreux. Mais la poésie est une bonne patronne; elle t'a su gré de l'aimer tant, et de la si bien servir. Donnant un éclatant démenti aux vieilles plaisanteries, tu n'as pas été réduit à l'hôpital. Au contraire, car ton amour des livres de vers et ton désintéressement ont fait ta fortune.

Elle n'est pas, d'ailleurs, ta seule récompense : tu en as trouvé une plus douce à ton cœur dans la considération, dans l'estime, dans l'amitié de tous ceux qui te connaissent. Il ne te manquait qu'une marque extérieure, officielle de ton mérite et de ton succès : tu viens de l'obtenir par cette décoration si bien gagnée. Le bijou de la Légion d'honneur ressemble à une étoile; il est surmonté d'une couronne de lauriers. Ces deux attributs poétiques vont bien à l'éditeur des poètes.

Je me résume, et je me fais l'interprète du sentiment général, mon cher Lemerre, en te disant combien nous sommes tous heureux de la distinction accordée en ta personne, à un homme d'intelligence, de travail, de goût et de cœur, et en invitant tous tes amis à lever les verres, je bois à Alphonse Lemerre, chevalier de la Légion d'honneur.

M. Lemerre prend ensuite la parole, très ému du « témoignage public de sympathie qu'on lui apporte aujourd'hui. » Mais il veut reporter à ses chers poètes et à ses auteurs tout le succès qui paraît lui revenir, et il reste « l'éditeur du passage Choiseul. »

« Et maintenant, » dit en terminant M. Lemerre, « je porte un toast à ce que nous aimons par-dessus tout, à la belle prose, à la poésie française. »

Enfin, MM. Vaucaire, le commandant Chevé et Léon Cladel ont dit des vers fort applaudis[*].

Tout n'est pas roses dans le métier de triomphateur. Après avoir épuisé jusqu'à la satiété la douceur cordiale et la fadeur banale des félicitations, après avoir répondu à des centaines de lettres et de cartes, payé jusqu'à l'indigestion, jusqu'à l'enrouement son écot d'appétit et d'éloquence dans les dîners et les banquets congratulatoires, Coppée, au moment où il aurait eu le plus besoin de repos, dut se mettre au travail.

[*] Le Banquet des Poètes. — *Gil Blas* du lundi 17 novembre 1884.

Il s'agissait de passer sans défaillance par l'épreuve de la consécration solennelle, de l'investiture publique de son nouveau titre. Il s'agissait de traverser sans encombre le défilé, fatal à plus d'un, du discours de réception. Là, encore une fois, il se montra de la bonne race des doux entêtés qui mêlent l'énergie des bilieux à la patience des lymphatiques, et dont la faiblesse herculéenne accomplit en souriant des tours de force de travail.

Le plus jeune des académiciens n'était pas fait pour s'endormir sur son laurier.

Il ne s'endormit pas non plus, et, dès le 18 décembre 1884, il prenait séance à l'Académie française, entre ses deux parrains, MM. Émile Augier et Sully Prudhomme, et prononçait l'éloge de son prédécesseur, Victor de Laprade, en termes dignes du sujet et de l'auteur. Le poète, dans Victor de Laprade, y était apprécié avec une délicatesse éloquente, qui n'excluait pas la finesse critique. L'un des grands disciples de Victor Hugo ne pouvait dissimuler ses préférences, et se dispenser de quelques réserves sur l'idéal d'art et les procédés de métier du dernier des grands Lamartiniens, réserves plutôt sous-entendues qu'indiquées, comme il convient dans une fête littéraire pour les vivants qui est aussi une fête funèbre pour la famille et les amis du mort. L'homme supérieur peut-être à l'artiste dans Laprade, qui fut autant un noble caractère qu'un noble talent, était loué sans restriction, avec l'estime émue et la sympathie cordiale d'un successeur consciencieux au point d'aller l'étudier, au cours d'un voyage dans le Forez et le Lyonnais, sur place et d'après nature, à son foyer même, sur le témoignage des traditions et des confidences de famille, sous l'impression des paysages inspirateurs et des horizons familiers.

François Coppée était reçu par M. Cherbuliez, qui rendait spirituellement hommage au talent original du poète des *Humbles* et des *Tableaux et Intérieurs parisiens*, tout en glissant un peu trop discrètement sur le talent du poète dramatique et de l'auteur de *Severo Torelli*.

Dès l'année suivante, le 21 novembre 1885, Coppée faisait représenter, à l'Odéon, *les Jacobites*.

Coppée avait donc bien travaillé, quoique de l'Académie, et échappé aux fatalités énervantes de ce titre, qui semble être aux yeux de certains railleurs du vieux jeu, un brevet de paresse ou d'impuissance. Ceux qui voient dans le garde-meuble traditionnel confié aux soins pieux de M. Pingard, l'oreiller de Sybaris ou l'éteignoir jésuitique, ont pris trop au sérieux la boutade de Diderot, dans son fragment sur les Académies et les manivelles académiques. C'est dans ce réquisitoire avant la Révolution que Chamfort a puisé plus d'une des pierres sacrilèges, des pierres parricides ingratement jetées par lui contre l'autel où il avait si longtemps sacrifié, contre le sein qui l'avait si longtemps nourri.

Au moment, dit son précurseur Diderot, où un homme de lettres entre à l'Académie française, il semble qu'il devienne stupide. Je n'en vois pas d'autres raisons que sa dépendance de la cour et la crainte de perdre sa place, qui lui ôtent toute énergie. Et puis, il a obtenu le cordon bleu de son état. Il est mêlé avec des grands auprès desquels il perd son temps et son élévation, avec le goût du travail. Il est assujetti à des séances régulières, où il prend celui de la paresse et de l'amusement. Et puis, le périodique de la pédanterie...

François Coppée n'était pas de ceux auxquels peut s'appliquer l'horoscope boudeur du cynique en robe de chambre. L'honneur de son caractère et de sa vie, c'est qu'il est toujours et en tout demeuré homme de lettres, ne voulant rien demander qu'aux lettres et rien devoir qu'au public. Certes, il ne fait point fi de la louange d'un prince ou d'une princesse, quand elle est juste et spirituelle. Mais le cas est si rare! Il n'a pas assez le respect des peuples pour se croire obligé de mépriser les rois, dont le métier est aujourd'hui si difficile, qu'il faut savoir quelque gré, pour l'honneur dudit métier, à ceux qui l'exercent convenablement.

Coppée n'est pas un parvenu : c'est un arrivé. Il n'a, comme disait le maréchal de Créqui, que les peurs qu'il est permis d'avoir. Il ne craint pas les princes et les grands, à qui il n'est pas défendu d'aimer les vers et d'avoir du goût. Mais il ne se croit pas pour cela obligé de les flatter. Il ne croit pas aux miracles de la protection, et n'a jamais fait la cour qu'à la gloire ou au malheur. Il se souvient pour les plaindre, plus encore que pour les blâmer, de ses aînés faméliques, obligés de se faire les familiers, les parasites, les clients des grands seigneurs, et de se disputer ce titre de *domestiques* (dans le sens de serviteurs, de commensaux de la maison) qui leur donnait un droit illusoire à des gages ou à des pensions souvent si mal payés. Il a senti ses entrailles s'émouvoir au reproche de Jodelle au protecteur titré qui le laissait mourir de faim :

Qui se sert de la lampe, au moins de l'huile y met.

Mais il applaudit d'esprit et de cœur à cette déclaration, aussi fière que sensée, de Voltaire, à propos du poète François Maynard, grand quémandeur, solliciteur souvent déçu, et qui se plaignait toujours de son sort, sans se demander s'il en méritait un meilleur.

C'est un des auteurs qui s'est plaint le plus de la mauvaise fortune attachée aux talents. Il ignorait que le succès d'un bon ouvrage est la seule récompense digne d'un artiste ; que si les princes et les ministres veulent se faire honneur en récompensant cette espèce de mérite, il y a plus d'honneur encore à attendre ces faveurs sans les demander, et que si un bon écrivain ambitionne la fortune, il doit la faire soi-même.

Ces idées de Voltaire sont celles de François Coppée sur les faveurs du pouvoir ou de la fortune. Il faut savoir les mériter et savoir attendre qu'elles frappent à votre porte.

Elles ne frappent pas toujours à celle du talent fier ou du mérite qui s'ignore ou se tait. Du moins en qualité de messagères, de déesses aveugles, elles se trompent souvent de porte.

A la veille de ses premiers succès, Coppée

avait obtenu, sans la demander, une place de bibliothécaire au palais du Sénat. Nous avons dit comment il quitta et pourquoi il quitta une de ces fonctions décevantes qu'on accepte parce qu'on croit qu'elles vous laisseront le temps de travailler, et qu'on abandonne lorsqu'on a fait l'expérience du contraire.

Au lendemain de ses premiers succès, qui lui rapportaient plus d'honneur que d'argent, Coppée avait accepté deux places, deux fonctions, qui n'avaient rien de la sinécure et qui, toutes deux, étaient venues le chercher. Il était, au moment de son élection à l'Académie, bibliothécaire-archiviste de la Comédie-Française, et il rendait compte, dans un feuilleton hebdomadaire, des pièces nouvelles au journal *la Patrie*. De ces deux places, il songeait à garder l'une, qui n'avait rien d'incompatible avec la dignité littéraire dont il venait d'être revêtu. Il songeait à quitter l'autre, qui ne convenait plus à ses goûts et encore moins à sa santé.

François Coppée se démit donc volontairement de ses fonctions de feuilletonniste dramatique de *la Patrie* non, comme quelques-uns ont affecté de le dire — sans le croire, — par dédain pour la critique dramatique, dont l'art n'est inférieur à aucun autre et dont il avait contribué à honorer à son tour en y ramant après des écrivains et des poètes comme les Jules Janin, les Théophile Gautier, les Paul de Saint-Victor, la galère dorée. Il renonça dès qu'il le put, et par les motifs qu'il a exposés si bien lui-même dans sa lettre d'adieux à *la Patrie*, à cette nécessité du tour de force hebdomadaire, écrasante à la fin pour les plus solides constitutions littéraires. Comme ses devanciers, Coppée ne se privait pas d'esquiver l'ennui du compte rendu de la pièce par les buissonnières délices du compte rendu *à côté* et le rafraîchissement du fruit défendu.

On ferait un volume charmant des promenades, des excursions, des escapades de Coppée hors du domaine légitime. Usant et abusant des privilèges de l'association des idées, profitant du moindre point de contact, du moindre rapport, du moindre pont, fût-il fragile et léger comme un fil de la vierge pour l'insecte, comme une touffe de volubilis pour le papillon, comme une courbure de liane pour l'oiseau, pour passer d'un sujet à un autre, le poète s'échappait du compte rendu d'une pièce saugrenue ou d'une reprise maussade par la tangente propice d'un souvenir de jeunesse ou d'un récit de voyage. Les lecteurs étaient loin de s'en plaindre. Plus d'un regrette qu'une main amie n'ait pas composé à mesure un recueil de ces péchés mignons, de ces fautes heureuses, de ces butins et de ces trophées d'école buissonnière. Nous l'avons essayé pour notre compte, en cousant, à tout propos, à la bure et à la serge de notre trame, des lambeaux de cette pourpre poétique brodée de tous les feux de l'imagination, de tous les diamants du style.

Personne d'ailleurs, ni au journal, ni dans les milieux amis, ne se méprit sur les honorables scrupules, sur les trop respectables raisons qui firent envisager au poète, impatient de quitter le travail servile pour le travail libre, et les succès de feuilleton pour le succès de théâtre, son élection à l'Académie, comme l'occasion favorable et décisive de dire adieu aux lecteurs de la Patrie. Le directeur de ce journal qui avait eu l'initiative de ce choix hardi et heureux d'un poète dramatique pour critique dramatique et d'un écrivain de style pour collaborateur, fut le premier à comprendre qu'après quatre ans du labeur hebdomadaire, Coppée avait droit à ce congé, comme il avait besoin de ce congé pour travailler à loisir, à l'aise, et se donner au besoin le luxe d'un voyage. Coppée, nous l'avons dit, est valétudinaire. Mais c'est un valétudinaire à la façon de Voltaire, délicat comme lui, mais de nerf tenace et de sang vivace. Sa santé toutefois commande les ménagements. Ce sont les plus fines épées qui sont le plus sensibles aux impuretés de l'air et le plus susceptibles de rouille.

Par tous ces motifs auxquels son directeur rendit hommage, François Coppée quitta donc la Patrie après un banquet de petits adieux de Fontainebleau, bons enfants et émus; et sur sa table de travail un bel encrier de bronze où la reproduction du Jour et de la Nuit du tombeau de Médicis, par Michel-Ange, accoude sur l'urne funéraire remplie d'une encre pure sa double figure au symbolisme contrasté, atteste, monument durable d'une fidèle et mutuelle affection, que les collaborateurs de Coppée apprécièrent dignement l'honneur d'une telle camaraderie et éprouvèrent, comme il convenait, le regret d'une telle perte.

M. François Coppée fut remplacé à la Patrie

par un homme de talent, d'esprit et de style, M. Anatole Claveau.

Il ne songeait point, avons-nous dit, à l'être à la bibliothèque de la Comédie-Française, estimant, avec raison, que nulle incompatibilité de goûts, de convenances, de loisir ne le condamnait à quitter ce fauteuil du bibliothécaire, de l'archiviste d'une illustre compagnie, frère naturel du fauteuil académique.

Tout le monde n'en jugeait pas ainsi, paraît-il, puisque après avoir quitté *la Patrie* par une démission volontaire et des deux parts affectueusement regrettée, Coppée dut sortir de la bibliothèque de la Comédie par la porte d'une démission publique, vengeresse de la dignité froissée et des droits méconnus, en secouant rudement, non sans dommage pour quelques nez indiscrets et pour quelques doigts impatients, l'huis du tripot comique.

Ainsi Coppée, avant son élection, avait deux fonctions, deux places. Son habit d'académicien était à peine étrenné, qu'il lui permettait de quitter la première et l'obligeait de quitter la seconde. C'était le cas de dire, comme Sedaine :

O mon habit, que je vous remercie !

dans la première occurrence, et de le répéter aussi dans la seconde. Car s'il faut remercier l'habit qui permet de renoncer à une tâche stérile, il faut le remercier aussi quand il permet à l'homme de talent froissé, de faire honneur à son caractère, de reprendre fièrement son rang oublié, et de faire justice de l'outrecuidance ou de l'ingratitude, aux applaudissements du public. En ce cas, un sacrifice rapporte plus qu'il ne coûte et Coppée ne tarda pas à recueillir, en bénéfices de sympathies et d'estime, les fruits du sien.

Nous rapporterons purement et simplement, avec l'impassibilité du procès-verbal, les deux lettres qui constituent tout le dossier de l'incident, nous bornant à y ajouter les réflexions amies, mais impartiales, d'un journaliste éminent, qui clôt ce débat par un jugement dont il n'a pas été fait appel et qui est devenu définitif. On lisait dans *le Figaro* du 25 janvier 1885 :

M. François Coppée vient d'adresser à M. Émile Perrin la lettre suivante :

Monsieur l'administrateur,

J'étais persuadé, et vous me le disiez vous-même récemment à propos de mon élection à l'Académie, qu'il ne pouvait être que flatteur et honorable pour la Comédie-Française de m'avoir comme bibliothécaire. Or, je viens d'apprendre, et de source certaine, que cet avis n'est pas celui de tous les membres du Comité d'administration. Il y a là, pour moi, une question de dignité personnelle dont je suis seul juge, et que je tranche en vous donnant ma démission.

Je vous prie également de considérer comme non avenues les conversations préliminaires que j'ai eues avec vous au sujet de mon nouveau drame, *les Jacobites*, car je renonce à faire connaître au Comité de lecture cet ouvrage que je destine désormais au théâtre de l'Odéon.

Recevez, monsieur l'administrateur, l'assurance de ma considération distinguée.

Signé : FRANÇOIS COPPÉE.

M. François Coppée n'avait pas nommé dans sa lettre M. Constant Coquelin, qui se trouva atteint et n'était pas homme à éviter cette occasion de paraître épistolairement en public. Nous reproduisons en même temps que sa lettre, le commentaire de M. Francis Magnard, qui en fait bonne et spirituelle justice.

M. Coquelin nous fait demander l'insertion d'une lettre qu'il a adressée à M. Coppée.

On remarquera que M. Coppée n'avait pas nommé M. Coquelin : celui-ci s'avoue donc responsable des propos qui ont froissé le jeune académicien.

Mon cher Coppée,

Vous savez que j'ai la bonne habitude de n'aimer que les situations franches. Nous avons eu ensemble de fort bons rapports, et je pense que vous n'avez eu qu'à vous louer de moi de toutes façons.

Votre lettre au *Figaro* me surprend au dernier point et je vous en exprime ma pénible surprise.

Dans la dernière séance du Comité, un membre a cru devoir demander s'il était convenable que la Comédie continuât à vous laisser dans une situation très inférieure, et je vous avoue que j'ai été entièrement de son avis. Votre lettre est prise de trop haut pour laisser place à la reconnaissance que vous devez à ce même Comité qui a été heureux de vous obliger, mais je ne puis en accepter les termes sans protester.

Vous ne lirez pas vos *Derniers Stuarts* au Théâtre-Français, tant pis pour vous et pour nous, et tant mieux pour l'Odéon ; mais vous avez obéi plus vite qu'il ne fallait, à mon sens, à un mouvement de mauvaise humeur que rien ne justifie.

Pour moi, mon cher Coppée, je suis à votre disposition pour vous rendre ou pour garder *le Luthier*, que j'avais l'intention de rejouer cet hiver. Je vous prouverai, si vous me le laissez, que je suis moins susceptible que vous, et je serai enchanté de tenir moi-même, au répertoire de notre théâtre, l'œuvre dans laquelle vous vous êtes montré le plus auteur dramatique.

COQUELIN.

P.-S. — J'envoie cette lettre au *Figaro*, comme vous l'avez fait vous-même. Seulement je vous en donne avis, ce que vous avez négligé de faire avec l'administration de la Comédie-Française.

Nous ne relèverons pas ce que la lettre de M. Coquelin a de blessant pour M. Perrin : il paraît que M. l'administrateur de la Comédie-Française est aux ordres de M. Coquelin, puisque celui-ci se pose comme maître de jouer ou de ne pas jouer une œuvre dramatique.

M. Coppée ne peut pas non plus se trouver atteint par le ton cassant et protecteur du comédien. Nous demandons toutefois, à titre d'observateur désintéressé, d'entrer à notre tour dans le débat.

M. Coquelin insinue que M. Coppée n'a pas été suffisamment reconnaissant envers la Comédie. Reconnaissance est un bien gros mot : rappelons sommairement qu'à la mort de M. Guillard, la place d'archiviste-bibliothécaire du Théâtre-Français fut partagée en deux, ainsi que le traitement. M. Coppée fut nommé bibliothécaire aux appointements de 3,000 francs ; il a toujours rempli ses fonctions au gré de tout le monde et il a le droit de se considérer comme quitte envers la Comédie.

Il convient d'ajouter qu'à tort ou à raison, M. Coppée sentait autour de lui une hostilité sourde, qui date d'un feuilleton où il avait dit sa pensée sur la *Princesse de Bagdad*. Les sociétaires n'aiment pas à être critiqués et le lui firent bien sentir. Ce *Luthier de Crémone*, qui était un des succès de M. Coquelin et auquel il s'avise de penser juste un jour trop tard, disparut de l'affiche ; quand Coppée parla de *Severo Torelli*, il ne fut point encouragé à risquer une lecture. Bref, il y avait un parti pris de rabaisser le poète dramatique en Coppée, et de ne voir en lui qu'un employé subalterne.

Où il s'est tout à fait révolté, c'est lorsque le Comité, ainsi que l'avoue M. Coquelin, a émis la prétention de discuter s'il était convenable que lui, Coppée, gardât sa place de bibliothécaire.

François Coppée est seul juge de sa dignité, et le Comité n'a rien à y voir : la démission était donc la seule issue qui lui fût laissée. — F. M.*

---

* *L'incident Coppée.* — *Figaro* du 16 janvier 1885.

Depuis le mois de janvier 1885, François Coppée n'a donc plus de place que celle qu'il a conquise aux premiers rangs de la littérature contemporaine ; il n'exerce plus de fonctions que celles qu'il tient de son génie poétique et qui consistent à émouvoir ou à charmer en beaux vers un public fidèle. Il n'est plus rien qu'un académicien, qui travaille et qui a encore bien des *choses* dans son *chosier*, comme disait de son nid de papiers le naïf et malin champenois Grosley.

Et maintenant, qu'ajouter à ces quelques petits événements d'une vie toute littéraire, toute domestique, tout intérieure, dont le bonheur n'a pas d'histoire et pourrait être symbolisé par un jardinier amateur, en veston et chapeau de paille, émondant ses rosiers, taillant sa vigne, le sécateur dans une main, un livre dans l'autre, posé de temps en temps pour rouler et allumer la rêveuse cigarette, avec la devise : *In angello cum libello*.

François Coppée a quarante-six ans. Il a eu de bonne heure le maréchalat académique et peut en épuiser les bonnes fortunes. Il vit entre sa sœur, ses livres, ses fleurs, ses amis et ses chats dans un célibat de goût et d'affection, de tempérament et d'habitude. Ce célibat, d'ailleurs, n'a rien d'égoïste ni de monastique, l'ascétisme ne convenant que par ses côtés méditatifs au Parisien spirituel et jovial, bon garçon, bon vivant, légèrement sceptique et gouailleur, à l'homme qui a beaucoup pensé, beaucoup senti, beaucoup souffert, beaucoup aimé, beaucoup vécu enfin, religieux d'ailleurs, comme tous les vrais poètes, mais point dévot ni mystique, sectateur du Dieu des bonnes gens. Coppée, si peu Béranger dans ses vers, est assez Béranger dans ses idées et ses opinions, qui sont d'un patriote, d'un chauvin, partisan d'un pouvoir fort, victorieux au besoin, d'un pays libre, tranquille et fier de sa gloire.

Au demeurant, pas homme politique du tout et qui ne le sera jamais, heureusement pour lui, car la cuisine des politiciens offenserait terriblement cet odorat habitué aux parfums du miel de l'Hymette, des lauriers-roses de l'Eurotas, des roses de Pœstum et du lait de Sicile.

François Coppée, dans la vie littéraire, réalisera donc le vœu de Duclos. Il sera un académicien simple homme de lettres. Dans sa vie privée, il sera aussi un peu selon le type de Duclos, droit et adroit, de l'habileté qui consiste non à se faire craindre, mais à se faire aimer et à demeurer loyal en tout; ami, comme Duclos prétendait que le sont les honnêtes femmes, des histoires un peu gauloises, mais point au delà de cette mesure que Duclos dépassait trop souvent et qui lui attirait, de la part de la maréchale de Mirepoix cette verte riposte : « Oh ! vous, monsieur Duclos, du pain, du fromage et la première venue, voilà votre paradis ! » Le paradis de Coppée est beaucoup plus délicat, distingué, raffiné que cela. La réalité n'y bouscule pas si brutalement l'idéal. Il y a plus d'une fleur bleue séchée dans l'herbier de ses souvenirs, dans le tiroir aux reliques de ses romans vécus. Bien qu'il ait écrit dans *Olivier* qu'il avait la gaîté populaire et le bonheur plébéien, bien que les confidences de ses *Poèmes d'Arrière-Saison*, dont nous ne risquerons pas l'indiscret et inutile commentaire, le poète ayant dit ce qu'il voulait dire et l'ayant bien dit sur l'amant, ne nous le représentent pas comme cherchant la rime et perdant la raison sur des genoux de duchesse, et comme buvant l'ambroisie de l'oubli et de la volupté sur des lèvres de marquise, nous croyons, nous savons que Coppée a toujours ennobli et purifié ses passions d'une fleur de poésie et d'une larme de sentiment. Il n'a jamais perdu la terre du pied que pour le ciel. Nous n'avons rien de plus à dire de l'homme, à ce point de vue, sinon que rien de ce qui est humain ne lui a été étranger, que son célibat n'a rien de ces aigreurs ou de ces illusions qui tournent parfois le célibat en mariage, qu'il est content de son sort, en amour comme en tout le reste, et que ses souvenirs, s'ils ne sont pas sans regrets, demeurent sans remords et non sans espérances.

Coppée est de ces hommes sages qui usent de tout, n'abusent de rien, et qui, toujours prêts à donner leur démission de tout si l'honneur l'exige, même de la vie, ne la donnent jamais, parce que l'honneur ne l'exige jamais. Il est valétudinaire, c'est connu. Mais ne vous y fiez pas. Il est de la race d'acier du roseau pensant, qui plie souvent, ne rompt jamais; et peu avisés seraient les rentiers qui placeraient en viager sur un homme capable de les faire attendre aussi longtemps que Voltaire, toujours malade, toujours mourant, mais qui mit quatre-vingts ans à mourir; peu avisés seraient les héritiers académiques trop pressés de lui succéder, et qui viendraient trop tôt, comme l'un d'eux se l'entendit dire par un visité mécontent, le visiter « pour lui prendre mesure. »

Je ne voudrais être ni l'héritier présomptif, ni le neveu de Coppée. C'est le meilleur des hommes à succession, le meilleur des oncles, mais il ne faut pas être pressé. Il faudra attendre; que ses héritiers et ses neveux se le disent.

Il l'espère bien, et s'en félicite. Vivre est encore le plus sûr. C'est encore le seul moyen connu d'exister. Nous ne médisons pas de l'inconnu. Il ne faut jamais dire de mal de ce qu'on ne connaît pas. Mais,

Guenille si l'on veut, ma guenille m'est chère,

et ni Coppée ni moi ne sommes de ces pleurards qui jettent leur verre en disant : « *Fi de la vie !* »

Ne sont pas non plus de cette école de dégoûtés plus ou moins sincères, les amis et les amies qui forment l'intimité littéraire et affectueuse, la famille d'adoption de Coppée. Il a son groupe, lui aussi, plus modeste et plus fidèle que celui de Chateaubriand, qui a compté plus d'un déserteur, que celui de Victor Hugo, où il y a eu tant de passants, qui ne sont pas revenus.

Citons d'abord Jules Barbey d'Aurevilly, l'ermite à peignoir blanc, à coiffure et à figure dantesque de la rue Rousselet, qui, le soir, dans sa toilette et dans sa causerie de dîner et d'après-dîner, redevient le dernier des lions. C'est là un revenant superbe et le type accompli de ce dandysme français qui n'est pas du brummélisme, qui, à la correction d'un Brummel, n'ajoute pas son égoïsme, et y ajoute, en revanche, cette galanterie chevaleresque et cet entrain, ce brio, cette éloquence de conversation, dont la fusée, grâce à Barbey d'Aurevilly, ne s'est pas éteinte avec Rivarol. Jules Barbey d'Aurevilly est le patriarche de ce cénacle, le héros de ce salon hospitalier et cordial comme celui de Nodier, où le dimanche se rencontrent avec la jeunesse poétique, les disciples du maître, ses compagnons de jeunesse ou de virilité, ses camarades de lutte et de triomphe, ses familiers des bons et surtout des mauvais jours, dont l'admiration a besoin de dévouement. Paul Bourget, dont Coppée aime comme tant d'autres l'esprit subtil et gentil, *spirto gentil*, la conversation fine et légère, qui Stendhalise à ravir, la virtuosité comme poète, comme romancier, comme critique, inspirée par un dilettantisme supérieur; le marquis de Queux de Saint-Hilaire, le savant et curieux helléniste; Louis Depret, le moraliste, l'observateur, le causeur, dépensant en monnaie d'argent l'or philosophique des La Bruyère, des Vauvenargues et des Joubert; Edmond de Guerle, le biographe de Milton, le traducteur de Mummsen; des artistes comme Delaplanche ou Giacomelli; l'auteur de ces lignes, modeste et sincère biographe, et, chose encore plus rare, car ce diable d'homme ensorcelle tout le monde, jusqu'à son biographe, jusqu'à son éditeur, Alphonse Lemerre, font partie, avec quelques autres que je demande pardon d'oublier, de cette intimité littéraire, morale, cordiale du poète.

De cette intimité du poète font aussi partie quelques dames du meilleur et même du plus grand monde, que je ne nommerai point, par respect, dont parfois dans son salon, parfois à sa table, ses amis ont pu apprécier l'aristocratie d'esprit et de cœur avant de savoir qu'elles appartenaient aussi à celle du rang et du nom. Ce sont des admiratrices du talent de Coppée qui ont facilement, heureusement pour lui et pour elles, cédé à l'envie de le connaître et de l'aimer. Ce sont les agapètes de l'ermite de la rue Oudinot, dont le couvent a gardé fenêtre ouverte sur le monde. Ce sont les pénitentes de ce directeur profane, qui a bien trop d'esprit pour conseiller le repentir. Ce sont les chanoinesses de ce chanoine, qui servent sa messe de poésie, comme dirait Barbey d'Aurevilly.

Avec eux, avec elles, les pieds sur les chenets ou les coudes sur la table, François Coppée peut causer à cœur ouvert, à esprit déboutonné, rire de tout, de peur d'en pleurer, parler de ses projets, de ses travaux, de ses voyages de Saintonge, de Bretagne, de Normandie, de Suisse, de Corse, de Hollande ou de Hongrie, de ses fugues sérieuses et laborieuses sur la plage de Coutainville, de ses fugues poétiques et amoureuses à travers les ombrages de Mortefontaine. Coppée adore la mer et la montagne, ces hauteurs de neige où l'on est près du ciel, où l'on respire quelque chose de l'air *angélique*, ces profondeurs azurées où l'œil se joue à travers les mystères de l'infini. Il adore, en un mot, la campagne dans ce monde et espère bien la retrouver dans l'autre, avec ses plaisirs de rêverie et d'amour, comme ce bon abbé de Saint-Pierre, qui ne voulait pas abandonner l'idylle, même avec la vie, et voyait d'un œil si naïvement champêtre, si héroïquement patriarcal, le passage de la vie à la mort.

« Il mourut en 1743, âgé de quatre-vingt-six ans, dit Voltaire, — qui *fit l'enfant* plus que cela, avant de se décider à mourir. — Je lui demandai, quelques jours avant sa mort, comment il regardait ce passage; il me répondit: « *Comme un voyage à la campagne.* »

François Coppée admirera comme nous ce mot d'une ingénuité charmante et sublime : « *Comme un voyage à la campagne,* » dit de la mort. Il serait capable de l'avoir trouvé. « C'est une jolie âme, » comme disait Mme d'Épinay de Mme d'Houdetot. Heureux ceux qui passeront doucement, comme lui, avec lui, grâce à lui, « cette chienne de fin de siècle, » comme le disait brutalement et justement Linguet, écrivant à Perregaux, le 12 octobre 1789, à une date dont nous venons de voir le centenaire.

TABLE

TABLE

I. — PRIME JEUNESSE (1842-1863)

Une visite à François Coppée. — Logis hospitalier. — Définition de la cigarette. — Un mot de Mme Helvétius. — Promenade de commémoration. — La rue Saint-Maur-Saint-Germain. — La maison natale. — Le dernier venu. — Le couvent des dames de Saint-Maur. — L'intérieur de Coppée. — Le jardin du Luxembourg. — Les Parisiens *parisiennants*. — Le nom de Coppée. — Influences ataviques. — Le Ministère de la Guerre nid de littérateurs. — Le père de Coppée. — Le bonhomme Charlet. — Migrations de la famille Coppée. — Souvenirs d'enfance et de famille. — Portrait du père de Coppée dans *Olivier*. — Portrait de la mère de Coppée. — Le discours aux orphelines d'Alsace-Lorraine au Vésinet. — Affection filiale de Coppée pour Paris. — Extrait d'une conférence faite à Bruxelles. — La vie d'écolier de François Coppée. — L'école buissonnière. — Discours à la distribution des prix du lycée Saint-Louis. — Le « coin vert. » — Épreuves domestiques. — Misères bureaucratiques. — Coppée n'est pas bachelier. — L'éducation personnelle. — La bibliothèque Sainte-Geneviève. — Un normalien de moins et un poète de plus. — Coppée commis d'architecte et surnuméraire au Ministère de la Guerre. — L'exil à Montmartre. — Coppée chef de famille et poète *in petto*. I

II. — *VITA NUOVA* (1863-1868)

Le poète chef de famille. — Drame intérieur. — La vie intime, de résignation, de préparation, d'incubation. — La vie de *derrière*. — Servitude et grandeur littéraires. — Nostalgie de la lumière. — Années mornes. — *Vita nuova* sans Béatrice. — Premiers essais. — *Le Causeur*. — La première comédie. — Confidences autobiographiques. — L'initiateur, le précurseur. — Le *Reliquaire* 1866. — *Les Intimités*, 1867. — Leconte de Lisle. — L'éditeur Lemerre. — Catulle Mendès. — *In illo tempore*. — Portrait littéraire de Catulle Mendès. — Opinion de Catulle et de son groupe sur Lamartine et Alfred de Musset. — Les impassibles. — *Les Mères ennemies*. — Le *Petit traité de poésie française*. — Théodore de Banville. — Le *Parnassisme* et les *Parnassiens*. — Définition et appréciation de ce mouvement de rénovation poétique. — Armand Renaud. — Le nouveau Cénacle en 1865. — Les réunions de la rue de Douai. — Coviélle. — Dénombrement homérique. — Léon Cladel. — Albert Glatigny. — Stéphane Mallarmé. — José-Maria de Heredia. — Léon Dierx. — Un sosie de Bonaparte. — Le premier *Parnasse contemporain*. — Le comte Auguste de Villiers de l'Isle-Adam. — Les *Contes cruels*. — La boutique du passage Choiseul. — Portrait d'Alphonse Lemerre. — Émile. — André Theuriet. — Il n'y a plus de premières places pour les poètes. — Les frères Cros. — Giacomelli. — Vers inédits de Victor Hugo. — Georges Lafenestre. — Le salon de Leconte de Lisle, boulevard des Invalides. — Les *Souvenirs* de Théodore de Banville. — Les diverses façons d'avoir de l'esprit. — Les thés littéraires de la rue La Fayette. — Albert Glatigny. — *Les Vignes folles*. — *Les Flèches d'or*. — Glatigny improvisateur à l'Alcazar. — Glatigny pris pour Jud en Corse. — Les premiers vers. — Charme de l'aube. — La *Légende du Parnasse contemporain*, par Catulle Mendès. — L'hôtel du Brésil. — Portrait de Coppée, par Catulle Mendès. — *Les Fleurs mortelles*. — Traits caractéristiques de la physionomie littéraire de Coppée dans ses premiers Recueils. — Coppée poète intime et élégiaque. — Le mal du soupir. — Prologue du *Reliquaire*. — Les camélias bleus. — Dédicace à Leconte de Lisle. — Influence de Baudelaire. — Le mancenillier. — Tableaux d'intérieur et de genre. — *Rédemption*. — Serments d'amoureux. — *Ritournelle*. — *La Trêve*. — Les *Intimités*. — François Coppée et André Chénier. — Les *Quadri*. — Première vision du *Passant*. — Comédie amoureuse de notre temps. — Théorie du pardon en amour. — *Toute la lyre*. — Le canevas et la broderie. — Tableaux parisiens. — Jugements sur les *Intimités*. —

Jules Lemaitre. — Robert de Bonnières. — Fin de la première phase de l'évolution poétique de Coppée. — Les *Poèmes modernes*. — *Le Justicier*. — *Angelus*. — Analyse et extraits. — La veine des *Humbles*. — *La Bénédiction*. — *La Grève des Forgerons*. — Première tentative dramatique. — Coppée va devenir célèbre du soir au lendemain. 29

III. — L'HÉGIRE (1869-1870)

Début au théâtre. — *Le Passant*. — L'Italie de la Renaissance. — L'Italie porte bonheur à Coppée. — L'*incognito* de la Providence. — Le *Chérubin* florentin. — L'année critique, 1869. — Pressentiments néfastes. — La cigale et la fourmi. — *Le Passant*, c'est la dernière idylle de l'Empire. — Succès retentissant. — Aube de gloire. — Témoignages contemporains. — Jules Claretie. — André Gill. — Robert de Bonnières. — Le salon de la rue de Courcelles. — Les Décamérons de Saint-Gratien. — Gustave Flaubert. — Souvenirs de Coppée sur Flaubert. — Le *gueuloir*. — La bibliothèque du Sénat. — Leconte de Lisle. — Malheurs d'un homme heureux. — La *scie* du *Passant*. — *Les deux Douleurs*. — La veine des *Humbles* 113

IV. — LES VACHES MAIGRES (1870-1874)

Le rêve et la vie. — Double fatalité, doubles déceptions. — La guerre étrangère et la guerre civile. — Le poète-citoyen. — *Les Humbles*. — Le patriarche de l'*Année terrible*. — Popularité patriotique. — Signet de deuil à l'histoire de François Coppée. — A la vie juvénile succède la vie virile. — Résultats intellectuels et moraux de l'année 1870-1871 et de leurs amères expériences. — Le siège. — Le lendemain de la fièvre obsidionale. — Erreur du *meminisse juvabit*. — Les quatre pièces du siège. — Les chants avaient cessé. — Tableau de Paris assiégé. — Rêverie de rempart. — Pauvre chien ! — L'Ambulance. — La *Lettre d'un Mobile breton*. — La Commune. — Le portrait des doges traîtres à Venise. — Misères des oiseaux chanteurs. — Le grain de mil. — Essais et efforts dramatiques. — *Fais ce que dois*. — La poésie au journal. — Vicissitudes et transformations du talent de Coppée. — Analyse des trois Recueils de maîtrise, tous trois datés des années fécondes pour sa gloire, stériles pour son bonheur. — Synthèse des *Humbles*. — Ce Recueil fonde un genre, crée une manière. — Il achève et consacre la renommée de Coppée. — Il fait entrer tout un monde, jusque-là disgracié et méprisé, dans le domaine de la poésie. — Fausse pudeur de la pitié banale; faux scrupules des virtuoses de la couleur. — Aristocratie d'esprit et de cœur, démocratie de goût et de mœurs. — La Muse pédestre. — Les sujets populaires et bourgeois. — Courage et témérité du novateur. — Tout système nouveau va facilement à l'extrême. — Les *Humbles* bravent la charge et la parodie. — Types des héroïsmes et des martyres bourgeois. — *La Nourrice*. — Le pessimisme de François Coppée. — *Le Petit Épicier*. — *Dans la rue*. — Destinées maudites. — Histoire de deux célibats. — Victimes de l'amour filial. — *Un Fils*. — *En Province*. — *Une femme seule*. — *Sœur novice*. — Les petits bonheurs. — *Petits bourgeois*. — *Le marchand de cercueils*. — Le poète des *Humbles* à l'Académie française. — Finesses et malices des discours de bienvenue académique. — La cause des petits sujets, des sujets bourgeois, plaidée par M. Cherbuliez. — C'est à Paris que devrait être dédié le recueil des *Promenades et Intérieurs*. — Le Paris de prédilection du poète. — Un passage de Montaigne. — Tableautins exquis. — Cabaret de banlieue. — Le pioupiou aux champs. — Rêve de bonheur agreste et plébéien. — Après le feu d'artifice. — Croquis à la Millet et à la Bastien Lepage. — Que de choses dans un dizain! — Paysages de peintre-poète. — Spectacles intérieurs. — Photographies instantanées de rêves. — Volupté des parfums. — *L'autre vie*. — *Le Cahier Rouge*. — État d'âme du poète à ce moment. — *Le tædium vitæ*. — Avant-propos ironique et mélancolique. — Pièces patriotiques : *Les Amputés de la guerre*. — *Le Sou des chaumières*. — *Le Canon*. — *Le Lion de Belfort*. — *A un sous-lieutenant*. — Nouveaux croquis parisiens. — *Le Soulier*. — Optimisme et pessimisme. — Roses et cyprès. — *Blessure rouverte*. — Volupté. — Petits chefs-d'œuvre d'art et de métier. — Sonnets magistraux. — Tableaux d'après nature. — Paysages et marines. — Qu'en dirait Esménard, qu'en dirait Roucher? 139

V. — OLIVIER (1874)

Olivier appartient encore aux années maigres : c'en est la fleur douce et triste. — Origines et influences. — C'est le *Jocelyn* de François Coppée. — Physionomie particulière du poème. — Sa saveur toute moderne, toute contemporaine. — La *Marie* de Brizeux. — La *Pernette* de V. de Laprade. — Fins tableaux parisiens, fins tableaux provinciaux. —

Problème psychologique subtilement étudié. — Dimanche de printemps à Paris. — La cassette aux reliques profanes. — Rien de pastiche ni de postiche dans les tableaux du poète. — Croquis de la vie populaire, croquis de la vie aristocratique. — Nostalgie du pays natal. — Figure immuable des choses. — Place de village. — Hospitalité agreste. — Première vue de Suzanne. — Enivrement de tête et de cœur produit par la nouveauté de la vie patriarcale. — La maison, aujourd'hui ferme, jadis château. — Le chien de la maison. — Suzanne. — Agnès. — Impressions contradictoires. — Scène à la Jean-Jacques. — Olivier amoureux. — Soirée intime. — Variations sur le thème du Paradis conquis. — Rêve de bonheur. — Le spectre du passé. — Double blessure. — Le charme est rompu. — La petite sultane. — Renoncement. — Retour à Paris. — La rédemption impossible. — Secrètes préférences de certains bons juges pour *Olivier*. — Parfums discrets, mais exquis, qui n'attirent pas la foule, mais qui retiennent l'élite............ 207

VI. — *LE THÉÂTRE (1870-1888)*

Le Théâtre-Français après l'Odéon. — *Deux Douleurs.* — Succès sévère au lieu du succès éclatant du *Passant*. — Différences de sujet et de manière. — Décor et costumes de deuil. — La grâce virile après la grâce un peu féminine. — Dédicace à la mère du poète malade et absent. — Extraits de la pièce. — Gamme passionnelle de la vengeance au pardon, du soufflet au baiser. — Crise inattendue d'incertitudes, de tâtonnements, de défaillances. — *Fais ce que dois*. — Succès littéraire et patriotique. — Jugement de la critique. — Courage civil du poète. — Défense de ce *Sursum corda!* Quatrième tentative dramatique. — *L'Abandonnée*. — Son échec. — Analyse et critique de la pièce par M. A. Vitu. — François Coppée est au moment de se tromper de route et d'entrer à *l'école du bon sens*. — *Les Bijoux de la délivrance*. — *Le Rendez-Vous*. — *Le Luthier de Crémone*. — L'Italie porte bonheur à Coppée. — Il a le bon œil. — Ses succès de pièce ont presque toujours été des succès d'acteur. — Coquelin. — Sujet de la pièce. — Canevas légendaire et anecdotique brodé des perles d'une poésie toute nouvelle. — Caractère original de Filippo. — Entre *Le Luthier de Crémone* et *Le Trésor* se place *La Guerre de Cent Ans*, pièce qui n'a jamais été jouée, et ne le sera probablement jamais. — La direction d'Offenbach à la Gaîté. — Préface un peu amère de *La Guerre de Cent Ans*. — Qualités et défauts de l'œuvre. — Romantisme hybride, shakespearianisme bâtard. — *Charles VII chez ses grands vassaux*, d'Alexandre Dumas.

— *Le Trésor*. — Analyse de la pièce. — Son succès. — Originale figure de l'abbé. — Première œuvre virile de Coppée au théâtre; première grande aventure dramatique. — *Madame de Maintenon*. — La pièce, lue à Genève avec succès sous le titre *Le Psautier*, demeure dix ans au portefeuille, avant de voir le feu de la rampe. — Lecture du *Psautier* en famille en 1872. — Souvenirs intimes. — Scène touchante d'amour filial et d'orgueil maternel. — Art de liseur de Coppée. — Succès de ses lectures et conférences en Suisse, en Belgique, en Hollande. — Figure énigmatique et décevante. — La veuve Scarron, femme Louis XIV. — Effort inférieur à une légitime ambition. — Succès d'estime et d'espérance. — Triomphe définitif de Coppée au théâtre. — *Severo Torelli*. — Méthode et procédés de composition et d'incubation dramatique de Coppée. — Sa théorie et sa pratique se rapprochent de celles exposées par Victorien Sardou dans sa lettre sur *La Haine*. — Théorie d'Alexandre Dumas père. — Analyse de *Severo Torelli*. — Le premier acte est un chef-d'œuvre d'exposition. — Le serment au théâtre. — Mise en scène originale et nouvelle. — L'aveu de Donna Pia, tour de force de difficulté vaincue. — Beautés de la scène finale. — Un mot cornélien. — *Severo Torelli* est le chef-d'œuvre de Coppée au théâtre, et un des chefs-d'œuvre de la littérature dramatique contemporaine. — *Les Jacobites*. — Genèse du drame. — L'œuvre est moins forte, dramatiquement, d'une action moins simple, moins une, d'une trame moins serrée que *Severo Torelli*, mais le style poétique y est d'une qualité supérieure. — Les beaux vers y foisonnent. — Originalité de la pièce à la fois dramatique et élégiaque. — Succès dramatique moindre, succès littéraire supérieur. — Opinion générale de la critique. — Coppée demeure seul à travailler dans l'héroïque, le dernier et le meilleur disciple de Shakespeare et de Victor Hugo dans le théâtre contemporain. — Lecture de la pièce par Coppée, avant la représentation, devant un cercle d'amis. — Inégalités et défaillances de l'interprétation. — Succès de Mlle Weber, lancée par Coppée, comme Raphaël Duflos et Albert Lambert. — Ajournement de la représentation du dernier drame de Coppée: *Pour la Couronne*, appelé d'abord: *Le Justicier*. — Succès de ses lectures publiques de la pièce en Suisse et en Hollande. . . .   225

VII. — *QUATRE ANS DE FEUILLETON*

(1880-1884)

François Coppée sous un aspect nouveau. — Critique dramatique à *la Patrie*. — Indépendance et originalité du poète dans ce rôle. — Nouvelle et imprévue incarnation de son talent. — Pourquoi il faut citer beaucoup de ces feuilletons oubliés, inconnus et presque inédits. — Ils constituent une œuvre à part, pleine de lumières et de révélations sur le poète et sur l'homme. — Coppée juge-dilettante en apparence, très fin critique en réalité. — Ses idées et ses opinions sur l'ancien répertoire. — Son feuilleton sur *L'École des femmes*. — Feu d'artifice littéraire sur le *Mariage de Figaro*. — Influence funeste de ce chef-d'œuvre. — Le théâtre moderne. — Réaction en faveur d'Alexandre Dumas père. — Renouveau de gloire. — Le point faible de cette renommée. — Alexandre Dumas a appris l'histoire au peuple. — Les critiques de Pécuchet. — Générosité et pureté du génie de Dumas. — *Les Demoiselles de Saint-Cyr*. — Reprise de *Henri III et sa Cour*. — Lever de soleil romantique. — Scribe plagiaire. — Le quatrième acte des *Huguenots* et le cinquième acte de *Henri III*. — Le public des soirées populaires. — Marie Stuart. — Portrait de M. Lebrun. — Le théâtre contemporain. — *Toujours!* — Le journalisme épicé et le théâtre faisandé. — *La Vie Parisienne*. — Naturalisme et idéalisme au théâtre. — *Un roman parisien* d'Octave Feuillet. — Portrait en profil d'Octave Feuillet. — *Pot-Bouille*. — M. William Busnach, tailleur. — Défense de la bourgeoisie de Paris. — *Le Bonheur des Dames*. — Portraits d'acteurs. — Frédérick Lemaitre. — *Le vieux Caporal*. — Charles Baudelaire. — *La Soupe et les Nuages*. — Soirée de mai dans le jardinet de la rue Oudinot. — *Mémoires d'un chef de claque*. — Ce qu'il y a et ce qu'il n'y a pas. — Les écoles buissonnières du feuilletonniste. — Les chansons populaires. — Le futur créateur d'Adoré Floupette. — *Les Décadents*. — *Les fichus quarts d'heure de l'existence*. — Variations sur Catulle. — *Azetez la Vénous, signor*. — Les Canonniers de Lille. — Feuilleton d'été. — Finesses de mandarins. — *Prenez garde à la peinture*. — Une soirée à Port-Créteil. — *Néron, césar romain*. — Les lions de Pezon. — Les gens de Béziers. — Paris port de mer. — Le port des Saints-Pères. — Le trois-mâts de la rue Saint-Jacques. — Lettre d'adieux de François Coppée à *la Patrie*. 298

VIII. — ROMANS ET CONTES PARISIENS

(1871-1887)

François Coppée sur la galère du feuilleton dramatique a appris à écrire en prose. — Le succès de ses premiers récits est tel que certains critiques ne veulent plus voir en lui que le conteur. — M. Cherbuliez. — M. Scherer. — Éloges à double tranchant. — Le premier roman. — *Une Idylle pendant le siège.* — Impressions que donne la lecture de ce premier roman. — Sensation de *vu*, de *vécu*. — Portraits et tableaux parisiens d'une rare intensité de couleur. — Coppée peintre de Paris par excellence. — Paysage parisien. — Croquis de combat. — Marius Cazaban. — Amours bourgeoises. — Le roman n'a pas de dénouement. — Que de romans, dans la réalité, n'en ont pas! — Marivaux n'a terminé aucun de ses deux romans. — Les *Contes en prose* sont pleins de récits exquis, de miniatures achevées. — Rajeunissement et renouvellement d'une des plus anciennes, des plus chères formes de l'esprit français. — Philosophie légèrement ironique. L'évolution du talent de Coppée dans la prose est semblable à son évolution dans la poésie. — *Maman Nunu.* — *La Robe blanche.* — Ces récits ont la saveur de la confidence auto-biographique. — Portraits de famille. — *La Saint-Philippe de 1847.* — *Un Vieux de la Vieille.* — La rue Plumet. — La rue Rousselet. — *Mon Ami meurtrier.* — La vie d'employé. — *Un mot d'auteur.* — *Vingt contes nouveaux.* — *La princesse Chocolawska.* — Croquis d'enfants. — Appartement de garçon. — *Clodion des Bouleaux* 383

IX. — *LA DOUBLE VEINE (1878-1888)*

Les Récits et les Élégies. — *Contes en vers et poésies diverses.* — Amours d'automne. — *L'Arrière-Saison.* — La route aux tilleuls et les sentiers de traverse. — Coppée donne à sa vie et à son talent leurs directions définitives. — Le *Jocelyn* de Coppée. — Sa petite *Légende des siècles.* — Filons nouveaux de la vieille mine épique. — L'*Ève* de Coppée. — *Les fils de Cham.* — *Sennachérib.* — *L'hirondelle d'Isalaba.* — *La tête de la Sultane.* — *Les Parias.* — *L'Exilée.* — Le secret du poète. — Laure slave, Beatrix scandinave. — Chefs-d'œuvre de poésie amoureuse. — Coppée en habit gris de lin, la fleur d'edelweiss à la boutonnière, renouvelant et appropriant à la française la forme du *lied* germanique. — *Les Mois.* — *Jeunes filles.* — Les fleurs de l'été et les fruits de l'automne. — Caractère des derniers Recueils poétiques de Coppée. — Leur physionomie littéraire, leur physionomie morale. — *La Marchande de journaux.* — *L'Enfant de la balle.* — *Les Boucles d'oreilles.* — *Le roman de Jeanne.* — *La Nymphe de Ville-d'Avray.* — Bouquet de dixains. — Coppée poète des grands événements contemporains. — Voyage en Hongrie. — Veine de ronsardisme. — Les dernières amours. — Les idylles de Mortefontaine. — Les petits bonheurs. — La Manette de Rivarol. — L'habitude et le souvenir. — *Désir de gloire.* — Bouquet d'aubépine et d'églantine, de bluets et de coquelicots 406

X. — INTIMITÉS (1874-1889)

Coppée intime. — *Genius loci*. — Logis de philosophe et logis de poète. — L'ermitage de la rue Oudinot. — La paroisse de Coppée. — Le cadre de la vie intime du poète est bordé de noir. — Le 2 septembre 1874. — Le bâton de maréchal. — Élection du poète à l'Académie française. — Le 21 février 1884. — Ce succès fait plaisir à tout le monde. — Popularité littéraire de Coppée. — Le banquet des poètes (25 mars 1884). — Discours de Sully Prudhomme. — Réponse de François Coppée. — Alphonse Lemerre chevalier de la Légion d'honneur. — Le banquet du 15 novembre 1884. — Discours de Coppée. — Les épines des roses triomphales. — Séance de réception du 18 décembre 1884. — Discours de M. Cherbuliez. — Éloge de Victor de Laprade par le récipiendaire. — Boutade de Diderot. — Coppée n'a été et ne veut être qu'homme de lettres, et ne dépendre que du public. — Un vers de Jodelle. — Épitaphe du poète Tristan. — Un mot de Voltaire. — Coppée quitte le feuilleton dramatique de *la Patrie*. — Banquet d'adieux. — *Le Jour et la Nuit*. — Coppée se démet de ses fonctions de bibliothécaire-archiviste de la Comédie Française. — Histoire de cette démission. — Coppée n'est plus rien qu'académicien. — Coppée à l'Académie et chez lui. — *In angello cum libello*. — François Coppée et son groupe. — Les *agapètes* de François Coppée. — La Mer et la Montagne. — Un mot naïf et sublime de l'abbé de Saint-Pierre : — « *Cette chienne de fin du siècle.* » 451

ERRATA

Page 10, ligne 12, au lieu de « un portrait de son *père* enfant, » lire : « *un portrait de son frère enfant.* »

Page 192, ligne 4, au lieu de « par l'espérance *ou* degré d'exaltation, lire : « *par l'espérance au degré d'exaltation.* »

Achevé d'imprimer

Le trente novembre mil huit cent quatre-vingt-huit

PAR ALPHONSE LEMERRE

(Springer, *conducteur*)

25, RUE DES GRANDS-AUGUSTINS, 25

A PARIS

www.ingramcontent.com/pod-product-compliance
Lightning Source LLC
Chambersburg PA
CBHW051134230426
43670CB00007B/805